Langenscheidt Universal Dictionary

Swedish

Swedish – English
English – Swedish

Langenscheidt

1. Auflage 2025 (1,01 - 2025)

www.langenscheidt.com

Print: Publikum d.o.o

ISBN 978-3-12-614018-8

Contents
Innehållsförteckning

Preface

In selecting the vocabulary and phrases for this dictionary, the editors have had the traveller's needs foremost in mind. This book will prove a useful companion to casual tourists and business travellers alike who appreciate the reassurance a small and practical dictionary can provide. It offers them – as well as beginners and students – all the basic vocabulary they will encounter and have to use, providing them with the key words and expressions to allow them to cope in everyday situations.

This dictionary is designed to slip into a pocket or bag so that it's always at hand.

It contains just about everything you would normally find in dictionaries, including these extras:

- simplified pronunciation after each foreign entry, making it easy to read and enunciate words with tricky spelling
- useful information on how to tell the time and how to count, on conjugating irregular verbs, common abbreviations and converting to the metric system, in addition to basic phrases.

While no dictionary of this size can claim to be complete, we are confident this dictionary will help you get the most out of your trip abroad.

Förord

När vi valt ut ord och uttryck för varje språk har vi framför allt tänkt på resenärens behov. Denna ordbok blir säkert ovärderlig för alla resenärer, turister och affärsfolk som uppskattar en liten, tillförlitlig och praktisk bok. Men inte bara resenärer utan även studerande och nybörjare kan ha nytta av det basordförråd som ordboken erbjuder.

Utöver det som man vanligen hittar i ordböcker kan den här boken erbjuda:

- en ljudskrift som följer det internationella fonetiska alfabetet (IPA)
- praktiska upplysningar om hur man anger klockslag, räkneord, oregelbundna verb, vanliga förkortningar och några användbara uttryck.

Ingen ordbok i detta format kan anses vara fullständig, men vi hoppas ändå att du känner dig väl rustad att göra en resa utomlands.

Introduction

This dictionary has been designed to take account of your practical needs. Unnecessary linguistic information has been avoided. The entries are listed in alphabetical order, regardless of whether the entry is printed as a single word or as two or more separate words. The only exception to this rule is that a few idiomatic expressions are listed alphabetically as main entries, according to the most significant word of the expression. When an entry is followed by sub-entries, such as expressions and locutions, these are also listed in alphabetical order*.

Each headword is followed by a phonetic transcription (see guide to pronunciation). Following the transcription the part of speech of the headword is provided whenever applicable. If a headword is used as more than one part of speech, the translations are grouped together after the respective part of speech.

Irregular plurals are given in brackets after the part of speech.

Whenever a headword is repeated in irregular forms or sub-entries, a tilde (~) is used to represent the full word. With plurals of long words, only the part that changes is written out fully, whereas the unchanged part is represented by a hyphen (-).

Entry word:	behållare (pl ~)	Plural:	behållare
	anställd (pl ~a)		anställda
	antibiotikum (pl -ka)		antibiotika

An asterisk (*) in front of a verb indicates that it is irregular. For more details, refer to the list of irregular verbs.

---

* Note that Swedish alphabetical order differs from our own for three letters: å, ä and ö. These are considered independent characters and come after z, in that order.

Inledning

Vid utarbetandet av denna ordbok har vi framför allt strävat efter att göra den så praktisk och användbar som möjligt. Mindre viktiga språkliga upplysningar har utelämnats. Uppslagsorden står i alfabetisk ordning oavsett om uppslagsordet skrivs i ett, två eller flera ord eller med bindestreck. Det enda undantaget från denna regel är några få idiomatiska uttryck som i stället står under huvudordet i uttrycket. När ett uppslagsord följs av flera sammansättningar och uttryck har dessa också satts i alfabetisk ordning.

Varje huvuduppslagsord följs av ljudskrift (se Uttal) och i de flesta fall av ordklass. Då uppslagsordet kan tillhöra mer än en ordklass står de olika betydelserna efter respektive ordklass. Oregelbundna pluralformer av substantiv har angivits och vi har också satt ut pluralformen i en del fall där tvekan kan uppstå. I stället för att upprepa uppslagsordet vid oregelbundna pluralformer eller i sammansättningar och uttryck används en symbol (~) som står för hela uppslagsordet i fråga.

Vid oregelbundna pluralformer av sammansatta ord skrivs endast den del ut som förändras, medan den oförändrade delen ersätts med ett streck (–).

En asterisk (*) före ett verb anger att detta är oregelbundet och att dess böjningsmönster återfinns i listan över oregelbundna verb. Ordboken är baserad på brittisk engelska. Amerikanska ord och uttryck har markerats med *Am*.

Guide to Pronunciation

Each main entry in this part of the dictionary is followed by a phonetic transcription which shows you how to pronounce the words. This transcription should be read as if it were English. It is based on Standard British pronunciation, though we have also tried to take account of General American pronunciation. Below is a list of those letters and symbols which we consider likely to be ambiguous or not immediately understood.

Syllables are separated by hyphens, and stressed syllables are printed in *italics*.

Of course, the sounds of any two languages are never exactly the same, but if you follow our instructions carefully, you should be able to pronounce the foreign words in such a way that will make you understood. To make your task easier, our transcriptions occasionally simplify the sound system of the language slightly while still reflecting the essential sound differences.

Consonants

g always hard, as in **g**o
s always hard, as in **s**o
t^y more or less as in hi**t y**ou: sometimes rather like **h** in **h**uge

The consonants **d**, **l**, **n**, **s**, **t**, if preceded by **r**, are generally pronounced with the tip of the tongue turned up well behind the front teeth. The **r** then ceases to be pronounced.

Vowels and diphthongs

aa	long **a**, as in c**a**r, but without any **r**-sound
ah	a short version of **aa**; between **a** in c**a**t and **u** in c**u**t
æ	like **a** in c**a**t
ææ	a long **æ**-sound
ai	as in **ai**r, without any **r**-sound
eh	like **e** in g**e**t
er	as in oth**er**, without any **r**-sound
ew	a "rounded **ee**-sound". Say the vowel sound **ee** (as in s**ee**), and while saying it, round your lips as for **oo** (as in s**oo**n), without moving your tongue; when your lips are in the **oo** position, but your tongue in the **ee** position, you should be pronouncing the correct sound
igh	as in s**igh**
o	as in h**o**t (British pronunciation)
ou	as in l**ou**d
ur	as in f**ur**, but with rounded lips and no **r**-sound

1) A bar over a vowel symbol (e.g. $\overline{\textbf{ew}}$) shows that this sound is long.
2) Raised letters (e.g. $^{\mathbf{y}}$**aa**) should be pronounced only fleetingly.

Tones

In Swedish there are two tones: one is falling, the other consists of two falling pitches, with the second starting higher than the first. As these tones are complex and very hard to copy, they have not been indicated, but their position has been marked as stressed.

Uttal

I denna del av ordboken anges uttalet av huvuduppslagsorden med internationell ljudskrift (IPA). Varje tecken i ljudskriften står för ett bestämt ljud. De tecken som inte närmare förklaras här uttalas ungefär som motsvarande svenska ljud.

Konsonanter

ð	tonande läspljud, dvs. med tungspetsen mot övre framtändernas baksida
g	alltid som i **g**å
k	alltid som i **k**all
ŋ	som **ng** i lå**ng**
r	som slappt **r** i **r**a**r** (ung. som **r** uttalas i Stockholmstrakten)
ʃ	tonlöst **sje**-ljud (ung. som i mellansvenskt uttal av **rs** i fo**rs**)
θ	tonlöst läspljud, dvs. med tungspetsen mot övre framtändernas baksida
w	mycket kort **o**-ljud (ung. som **oä** i **oä**ndlig)
z	tonande **s**-ljud
ʒ	som **g** i **g**elé, men tonande
Obs!	[sj] skall läsas som [s] följt av ett [j]-ljud och *inte* som **sj** i **sj**ö.

Vokaler

ɑː	som **a** i d**a**g
æ	som **ä** i sm**ä**rre
ʌ	ung. som **a** i k**a**tt
e	som i b**e**tt
ɛ	som **ä** i k**ä**lla
ə	som **e** i goss**e** (med dragning åt **ö**)
i	som i s**i**tt
ɔ	som **å** i f**å**tt
u	som **o** i b**o**tt

1) Kolon [ː] efter vokalljudstecknet anger lång vokal.
2) Ett fåtal franska låneord innehåller nasala vokaler, vilket anges med en til [˜] över vokalen (t. ex. [ɑ̃]). Nasala vokaler uttalas samtidigt genom munnen och näsan.

Diftonger

En diftong är en förening av två vokaler, varav en är starkare (betonad) och en svagare (obetonad). De uttalas tillsammans glidande, ung. som **au** i mj**au**. I engelska språket är alltid andra vokalen svagare.

Betoning

Tecknet ['] står framför betonad stavelse och [ˌ] framför stavelse med biaccent.

Amerikanskt uttal

Vår ljudskrift återger brittiskt-engelskt riksspråk. Det amerikanska uttalet skiljer sig från engelska på några punkter (det finns även en mängd lokala variationer, som vi inte tar upp här).

1) I motsats till brittiskt-engelskt uttal uttalas **r** även före en konsonant och i slutet av ett ord.
2) I många ord som t. ex. *ask*, *castle*, *laugh* osv. blir [ɑː] till [æː].
3) En amerikan uttalar [ɔ]-ljudet som [ɑ] eller också ofta som [ɔː].
4) I ord som *duty*, *tune*, *new* osv. bortfaller ofta [j]-ljudet framför [uː].
5) Många ord betonas annorlunda.

Abbreviations
Förkortningar

adjective	*adj*	adjektiv
adverb	*adv*	adverb
American	*Am*	amerikanska
article	*art*	artikel
common gender	*c*	realgenus
conjunction	*conj*	konjunktion
noun	*n*	substantiv
noun (American)	*nAm*	substantiv (amerikanska)
neuter	*nt*	neutrum
numeral	*num*	räkneord
past tense	*p*	preteritum
plural	*pl*	pluralis
plural (American)	*plAm*	pluralis (amerikanska)
past participle	*pp*	perfekt particip
present tense	*pr*	presens
prefix	*pref*	prefix (förstavelse)
preposition	*prep*	preposition
pronoun	*pron*	pronomen
suffix	*suf*	suffix (ändelse)
verb	*v*	verb
verb (American)	*vAm*	verb (amerikanska)

Swedish – English
Svensk – Engelsk

A

abborre (*ah*-bo-rer) *c* bass, perch
abonnemang (ah-bo-ner-*mahng*) *nt* subscription
abonnemangskort (ah-bo-ner-*mahngs*-koort) *nt* season ticket
abort (ah-*bort*) *c* abortion
absolut (ahp-so-*lewt*) *adv* absolutely; *adj* very
abstrakt (ahp-*strahkt*) *adj* abstract
absurd (ahp-*sewrd*) *adj* absurd
accent (ahk-*sehnt*) *c* accent
acceptera (ahks-ehp-*tay*-rah) *v* accept
ackompanjera (ah-*kom*-pahn-*ʸay*-rah) *v* accompany
adapter (ah-*dahp*-terr) *c* adaptor
addera (ah-*day*-rah) *v* add
addition (ah-di-*shoon*) *c* addition
adekvat (ah-der-*kvaat*) *adj* adequate
adel (*aa*-derl) *c* nobility
adjektiv (*ahd*-ʸayk-teev) *nt* adjective
adjö! (ah-*dʸur*) goodbye!
administration (ahd-mi-ni-strah-*shoon*) *c* administration
administrativ (ahd-mi-ni-strah-*teev*) *adj* administrative
adoptera (ah-doap-*tay*-rah) *v* adopt
adress (ahd-*rayss*) *c* address
adressat (ahd-ray-*saat*) *c* addressee
adressera (ahd-ray-*say*-rah) *v* address
adress-förteckning (ahd-*rayss*-furr-*tayk*-ning) *c* directory of adresses
adverb (ahd-*værb*) *nt* adverb
advokat (ahd-voo-*kaat*) *c* lawyer; attorney, barrister, solicitor
affisch (ah-*fish*) *c* poster
affär (ah-*fæær*) *c* store; business
affärer (ah-*fææ*-rerr) *pl* business; ***göra ~ med** *deal with; **i ~** on business
affärsbiträde (ah-*fæærs*-bi-*trai*-der) *nt* shop assistant
affärscentrum (ah-*fæærs*-*sehnt*-rewm) *nt* (pl -ra, -rer) shopping centre
affärsinnehavare (ah-*fæærs*-

i-ner-*haa*-vah-rer) *c* (pl ~) shopkeeper
affärskvinna (ah-*fæærs-kvi*-nah) *c* (pl -kvinnor) businesswoman
affärsman (ah-*fæærs*-mahn) *c* (pl -män) businessman
affärsmässig (ah-*fæærs*-meh-si) *adj* business-like
affärsresa (ah-*fæærs*-ray-sah) *c* business trip
affärstid (ah-*fæærs*-teed) *c* business hours
affärstransaktion (ah-*fæærs*-trahn-sahk-*shoon*) *c* deal
affärsuppgörelse (ah-*fæærs*-ewp-ʸur-rayl-ser) *c* deal
affärsverksamhet (ah-*fæærs*-værk-sahm-hayt) *c* business
Afrika (*aaf*-ri-kah) Africa
afrikan (ahf-ri-*kaan*) *c* African
afrikansk (ahf-ri-*kaansk*) *adj* African
aftonklädsel (*ahf*-ton-klaid-serl) *c* evening dress
agent (ah-*gaynt*) *c* agent; distributor
agentur (ah-gayn-*tewr*) *c* agency
aggressiv (*ahg*-rer-seev) *adj* aggressive
aids (eids) *c* AIDS
akademi (ah-kah-day-*mee*) *c* academy
akt (ahkt) *c* act; nude
akta (*ahk*-tah) *v* mind; ~ **sig** beware; ~ **sig för** mind
aktie (*ahkt*-si-ay) *c* share
aktiv (*ahk*-teev) *adj* active
aktivitet (ahk-ti-vi-*tayt*) *c* activity
aktning (*ahkt*-ning) *c* esteem, respect
aktningsvärd (*ahkt*-nings-*væærd*) *adj* respectable
aktris (ahk-*treess*) *c* actress
aktuell (ahk-tew-*ehl*) *adj* topical
aktör (ahk-*turr*) *c* actor
akut (ah-*kewt*) *adj* acute
akvarell (ahk-vah-*rayl*) *c* watercolo(u)r
alarm (ah-*lahrm*) *nt* alarm
album (*ahl*-bewm) *nt* album
aldrig (*ahld*-ri) *adv* never
alfabet (*ahl*-fah-bayt) *nt* alphabet
algebra (*ahl*-ʸer-*brah*) *c* algebra
algerier (ahl-*shay*-ri-err) *c* (pl ~) Algerian
Algeriet (ahl-shay-*ree*-ert) Algeria
algerisk (ahl-*shay*-risk) *adj* Algerian
alkohol (*ahl*-ko-hoal) *c* alcohol
alkoholhaltig (ahl-ko-*hoal*-hahl-ti) *adj* alcoholic
all (ahl) *adj* (nt ~t, pl ~a) all; *pron* all
alldaglig (*ahl*-daag-li) *adj* ordinary
alldeles (*ahl*-day-lerss) *adv* quite
allergi (ah-lær-*gee*) *c* allergy
allians (ah-li-*ahns*) *c* alliance
(de) allierade (ah-li-*ay*-rah-

der) Allies *pl*
allmän (*ahl*-mehn) *adj* universal, general, public, common; broad
i allmänhet (i *ahl*-mehn-hāyt) in general
allsmäktig (*ahls*-mehk-ti) *adj* omnipotent
alltför (*ahlt*-fūrr) *adv* too
alltid (*ahl*-teed) *adv* ever, always
allting (*ahl*-ting) *pron* everything
allvar (*ahl*-vaar) *nt* seriousness; gravity
allvarlig (*ahl*-vaar-li) *adj* serious; bad, grave
alm (ahlm) *c* elm
alpstuga (*ahlp*-stew-gah) *c* chalet
alstra (*ahlst*-rah) *v* generate
alt (ahlt) *c* alto
altare (*ahl*-tah-rer) *nt* altar
alternativ (ahl-tayr-nah-*teev*) *nt* alternative
alternerande (ahl-tayr-*nāy*-rahn-der) *adj* alternate
ambassad (ahm-bah-*saad*) *c* embassy
ambassadör (ahm-bah-sah-*dūrr*) *c* ambassador
ambition (ahm-bee-*shōōn*) *c* ambition
ambulans (ahm-bew-*lahns*) *c* ambulance
Amerika (ah-*māy*-ri-kah) America
amerikan (ah-may-ri-*kaan*) *c* American
amerikansk (ah-māy-ri-*kaansk*) *adj* American
ametist (ah-mer-*tist*) *c* amethyst
amma (*ahm*-ah) *v* nurse
ammoniak (ah-*mōō*-ni-ahk) *c* ammonia
amnesti (ahm-ner-*stee*) *c* amnesty
amulett (ah-mew-*layt*) *c* charm, lucky charm
analfabet (ahn-ahl-fah-*bāyt*) *c* illiterate
analys (ah-nah-*lewss*) *c* analysis
analysera (ah-nah-lew-*sāy*-rah) *v* analyse
analytiker (ah-nah-*lew*-ti-kerr) *c* (pl ~) analyst
ananas (*ah*-nah-nahss) *c* (pl ~, ~er) pineapple
anarki (ah-nahr-*kee*) *c* anarchy
anatomi (ah-nah-to-*mee*) *c* anatomy
anbefalla (ahn-ber-*fah*-lah) *v* enjoin, recommend
anda (*ahn*-dah) *c* breath
andas (*ahn*-dahss) *v* breathe
ande (*ahn*-der) *c* spirit, ghost
andedräkt (*ahn*-der-drehkt) *c* breath
andlig (*ahnd*-li) *adj* spiritual
andning (*ahnd*-ning) *c* respiration, breathing
andra (*ahnd*-rah) *num* second
anfall (*ahn*-fahl) *nt* attack; fit
***anfalla** (*ahn*-fah-lah) *v* attack
anförande (*ahn*-fūr-rahn-der) *nt* speech
anförtro (*ahn*-furr-trōō) *v*

entrust; commit
***ange** (*ahn*-ʸay͞) *v* *give; report
angelägen (*ahn*-ʸay-lai-gern) *adj* urgent; anxious
angelägenhet (*ahn*-ʸay-leh-gayn-hay͞t) *c* matter, affair, concern
angenäm (*ahn*-ʸay-naim) *adj* agreeable, pleasant, pleasing
***angripa** (*ahn*-gree-pah) *v* assault
angränsande (*ahn*-grehn-sahn-der) *adj* neighbouring
***angå** (*ahn*-goa͞) *v* concern
angående (*ahn*-goa͞-ern-der) *prep* concerning; as regards, about, regarding
anhängare (*ahn*-heh-ngah-rer) *c* (pl ~) supporter
aning (*aa*-ning) *c* notion
anka (*ahng*-kah) *c* duck
ankare (*ahng*-kah-rer) *nt* anchor
ankel (*ahng*-kayl) *c* (pl anklar) ankle
anklaga (*ahn*-klaa-gah) *v* accuse; charge; **anklagad person** accused
anklagelse (*ahn*-klaa-gayl-ser) *c* charge
***anknyta** (*ahn*-knew͞-tah) *v* connect
anknytning (*ahn*-knew͞t-ning) *c* connection
anknytningslinje (*ahn*-knew͞t-nings-*lin*-ʸer) *c* extension
ankomst (*ahn*-komst) *c* arrival; coming
ankomsttid (*ahn*-komst-teed) *c* time of arrival
anledning (*ahn*-lay͞d-ning) *c* occasion; cause; **med ~ av** owing to
anlända (*ahn*-lehn-dah) *v* arrive
anmäla (*ahn*-mæ-lah) *v* announce; report; **~ sig** report
anmärka (*ahn*-mær-kah) *v* remark
anmärkning (*ahn*-mærk-ning) *c* remark
anmärkningsvärd (*ahn*-mærk-nings-væærd) *adj* remarkable; noticeable
annan (*ahn*-nahn) *pron* other; different; **en ~** another
annars (*ah*-nahrs) *adv* else, otherwise
annektera (ah-nehk-*tay͞*-rah) *v* annex
annex (ah-*nayks*) *nt* annex
annons (ah-*nongs*) *c* advertisement
annorlunda (*ahn*-or-lewn-dah) *adv* otherwise
annullera (ah-new-*lay͞*-rah) *v* cancel
annullering (ah-new-*lay͞*-ring) *c* cancellation
anonym (ah-no-*new͞m*) *adj* anonymous
anordning (*ahn*-ord-ning) *c* apparatus, appliance
anpassa (*ahn*-pah-sah) *v* adapt, adjust
***anse** (*ahn*-say͞) *v* regard,

consider, reckon
anseende (*ahn*-sa̅y-ern-der) *nt* reputation
ansenlig (*ahn*-sa̅yn-li) *adj* substantial
ansikte (*ahn*-sik-ter) *nt* face
ansiktsdrag (*ahn*-sikts-draag) *nt* feature
ansiktskräm (*ahn*-sikts-kraim) *c* face cream
ansiktsmask (*ahn*-sikts-mahsk) *c* face pack
ansiktsmassage (*ahn*-sikts-mah-*saash*) *c* face massage
ansiktspuder (*ahn*-sikts-pe̅w̅-derr) *nt* face-powder
ansjovis (ahn-*sho̅o̅*-viss) *c* anchovy
anskaffa (*ahn*-skahf-ah) *v* *buy
anslag (*ahn*-slaag) *nt* bulletin; **~ stavla** *c* bulletin board
***ansluta** (*ahn*-sle̅w̅-tah) *v* connect; plug in; **~ sig till** join; **ansluten** affiliated, connected
anspråk (*ahn*-spro̅a̅k) *nt* claim
anspråksfull (*ahn*-spro̅a̅ks-fewl) *adj* presumptuous
anspråkslös (*ahn*-spro̅a̅ks-lu̅r̅ss) *adj* modest
anstalt (*ahn*-stahlt) *c* institute
anstränga sig (*ahn*-strehng-ah) labour
ansträngning (*ahn*-strehng-ning) *c* effort; strain
anställa (*ahn*-stehl-ah) *v* engage; appoint, employ
anställd (*ahn*-stehld) *c* (pl ~a) employee
anställning (*ahn*-stehl-ning) *c* employment; situation
anständig (*ahn*-stehn-di) *adj* decent; proper
anständighet (*ahn*-stehn-di-ha̅y̅t) *c* decency
anstöt (*ahn*-stu̅r̅t) *c* offence
anstötlig (*ahn*-stu̅r̅t-li) *adj* offensive
ansvar (*ahn*-svaar) *nt* responsibility
ansvarig (ahn-*svaa*-ri) *adj* responsible; **~ för** in charge of
ansvarighet (*ahn*-svaa-ri-ha̅y̅t) *c* responsibility
ansöka (*ahn*-su̅r̅-kah) *v* apply
ansökan (*ahn*-su̅r̅-kahn) *c* (pl -kningar) application
***anta** (*ahn*-taa) *v* assume, suppose; suspect; **~ att** supposing that
antal (*ahn*-taal) *nt* number, quantity
anteckna (*ahn*-tayk-nah) *v* note; record
anteckning (*ahn*-tehk-ning) *c* note; entry
anteckningsblock (*ahn*-tehk-nings-blok) *nt* writing pad
anteckningsbok (*ahn*-tehk-nings-bo̅o̅k) *c* (pl -böcker) notebook
antenn (ahn-*tayn*) *c* aerial
antibiotikum (ahn-ti-bi-*o̅a̅*-ti-kewm) *nt* (pl -ka) antibiotic
antik (ahn-*teek*) *adj* antique
antikvitet (ahn-ti-kvi-*ta̅y̅t*) *c*

antique; **antikviteter** antiquities *pl*
antikvitetshandlare (ahn-ti-kvi-*tayts*-hahnd-lah-rer) *c* (pl ~) antique dealer
antingen ... eller (*ahn*-ting-ern ... *eh*-lerr) either … or
antipati (ahn-ti-pah-*tee*) *c* dislike
antyda (*ahn*-tew-dah) *v* imply, indicate
antydan (*ahn*-tew-dahn) *c* (pl -dningar) indication
anvisning (*ahn*-veess-ning) *c* directions *pl*, instructions *pl*
använda (*ahn*-vehn-der) *v* use; employ; apply
användbar (*ahn*-vehnd-baar) *adj* usable, useful
användning (*ahn*-vehnd-ning) *c* use; application
apa (*aa*-pah) *c* monkey
apelsin (ah-payl-*seen*) *c* orange
aperitif (ah-pay-ri-*tif*) *c* aperitif
apotek (ah-poo-*tayk*) *nt* pharmacy; chemist's; drugstore *nAm*
apotekare (ah-poo-*tay*-kah-rer) *c* (pl ~) chemist, pharmacist *nAm*
app (ahp) *c* app
apparat (ah-pah-*raat*) *c* apparatus; machine, appliance
applåd (ahp-*load*) *c* applause
applådera (ahp-lo-*day*-rah) *v* applaud
aprikos (ah-pri-*kooss*) *c* apricot
april (ahp-*ril*) April
aptit (ahp-*teet*) *c* appetite
aptitlig (ahp-*teet*-li) *adj* appetizing
aptitretare (ahp-*teet*-ray-tah-rer) *c* (pl ~) appetizer
arab (ah-*raab*) *c* Arab
arabisk (ah-*raa*-bisk) *adj* Arab
arbeta (*ahr*-bay-tah) *v* work
arbetare (*ahr*-bay-tah-rer) *c* (pl ~) worker; workman; labourer
arbete (*ahr*-bay-ter) *nt* work; employment, labour, job
arbetsbesparande (*ahr*-bayts-bay-*spaa*-rahn-der) *adj* labour-saving
arbetsdag (*ahr*-bayts-daag) *c* working day
arbetsförmedling (*ahr*-bayts-furr-*mayd*-ling) *c* employment exchange
arbetsgivare (*ahr*-bayts-[y]ee-vah-rer) *c* (pl ~) employer
arbetskraft (*ahr*-bayts-krahft) *c* man-power
arbetslös (*ahr*-bayts-*lurss*) *adj* jobless
arbetslöshet (*ahr*-bayts-lurss-*hayt*) *c* unemployment
arbetsnarkoman (*ahr*-bayts-nahr-ko-*maan*) *c* workaholic
arbetsrum (*ahr*-bayts-rewm) *nt* study
arbetstillstånd (*ahr*-bayts-til-*stond*) *nt* work permit; labor permit *Am*
arg (ahr[y]) *adj* angry, cross

Argentina (ahr-gehn-*tee*-nah) Argentina
argentinare (ahr-gehn-*tee*-nah-rer) *c* (pl ~) Argentinian
argentinsk (ahr-gehn-*teensk*) *adj* Argentinian
argument (ahr-gew-*mehnt*) *nt* argument
argumentera (ahr-gew-mehn-*tay*-rah) *v* argue
ark (ahrk) *nt* sheet
arkad (ahr-*kaad*) *c* arcade
arkeolog (ahr-kay-o-*loag*) *c* archaeologist
arkeologi (ahr-kay-o-loa-*gee*) *c* archaeology
arkitekt (ahr-ki-*taykt*) *c* architect
arkitektur (ahr-ki-tehk-*tewr*) *c* architecture
arkiv (ahr-*keev*) *nt* archives *pl*
arm (ahrm) *c* arm; **arm i arm** arm-in-arm
armband (*ahrm*-bahnd) *nt* bracelet
armbandsur (*ahrm*-bahnds-ewr) *nt* wristwatch
armbåge (*ahrm*-boa-gay) *c* elbow
armé (ahr-*may*) *c* army
armstöd (*ahrm*-sturd) *nt* arm
arom (ah-*roam*) *c* aroma
arrangera (ah-rahn-*shay*-rah) *v* arrange
arrende (ah-*rayn*-der) *nt* lease
arrendera (ah-rern-*dayr*-ah) *v* lease; ~ **ut** lease
arrestera (ah-rayss-*tay*-rah) *v* arrest
arrestering (ah-rayss-*tay*-ring) *c* arrest
art (aart) *c* species; breed
artig (*aar*-ti) *adj* polite; courteous
artikel (ahr-*ti*-kerl) *c* (pl -klar) article
artistisk (ahr-*tiss*-tisk) *adj* artistic
arton (*aar*-ton) *num* eighteen
artonde (*aar*-ton-der) *num* eighteenth
arv (ahrv) *nt* inheritance
arvinge (*ahrv*-ing-er) *c* (pl arvingar) heir
arvode (*ahr*-voo-der) *nt* fee
arvtagerska (*ahrv*-taag-er-skah) *c* (pl -gerskor) heiress
asbest (*ahss*-behst) *c* asbestos
asfalt (*ahss*-fahlt) *c* asphalt
asiat (ah-si-*aat*) *c* Asian
asiatisk (ah-si-*aa*-tisk) *adj* Asian
Asien (*aa*-si-ern) Asia
ask (ahsk) *c* box
aska (*ahss*-kah) *c* ash
askkopp (*ahsk*-kop) *c* ashtray
aspekt (ah-*spehkt*) *c* aspect
assistent (ah-si-*staynt*) *c* assistant
associera (ah-so-si-*ay*-rah) *v* associate
astma (*ahst*-mah) *c* asthma
astronaut (*ahss*-tro-nout) *c* astronaut
astronomi (ahss-tro-no-*mee*) *c* astronomy
asyl (ah-*sewl*) *c* asylum
ateist (ah-ter-*ist*) *c* atheist
Atlanten (aht-*lahn*-tern)

Atlantic
atlet (aht-*layt*) *c* athlete
atmosfär (aht-moss-*fæær*) *c* atmosphere
atom (ah-*toam*) *c* atom; **atom-** atomic
att (aht) *conj* that; **för ~** in order to
attest (ah-*tayst*) *c* certificate
attraktion (ah-trahk-*shoon*) *c* attraction
augusti (ah-*gewss*-ti) August
auktion (ouk-*shoon*) *c* auction
auktoritet (ouk-too-ri-*tayt*) *c* authority
auktoritär (ouk-too-ri-*tæær*) *adj* authoritarian
Australien (ou-*straa*-li-ayn) Australia
australier (ou-*straa*-li-err) *c* (pl ~) Australian
australisk (ou-*straa*-lisk) *adj* Australian
autentisk (ou-*tayn*-tisk) *adj* authentic
automat (ou-to-*maat*) *c* vending machine, automat
automatisering (ou-to-mah-ti-*say*-ring) *c* automation
automatisk (ou-to-*maa*-tisk) *adj* automatic
automobilklubb (ou-to-mo-*beel*-klewb) *c* automobile club
autonom (ou-to-*noam*) *adj* autonomous
av (aav) *prep* of, for, with, by, from; *adv* off
avancerad (ah-vahng-*say*-rahd) *adj* advanced
avbeställa (*aav*-ber-stehl-ah) *v* cancel
avbetala (*aav*-ber-taa-lah) *v* *pay on account
avbetalning (*aav*-ber-taal-ning) *c* instalment
avbetalningsköp (*aav*-ber-*taal*-nings-t[y]urp) *nt* hire purchase, installment plan *Am*
avbrott (*aav*-brot) *nt* interruption
***avbryta** (*aav*-brewt-ah) *v* interrupt; discontinue
avdelning (*aav*-dayl-ning) *c* division; department, section
avdrag (*aav*-draag) *nt* discount
avdunsta (*aav*-dewns-tah) *v* evaporate
aveny (ah-vay-*new*) *c* avenue
avfall (*aav*-fahl) *nt* garbage, litter
avfatta (*aav*-fah-tah) *v* *draw up
avföringsmedel (*aav*-furr-rings-may-dayl) *nt* laxative
avgaser (*aav*-gaa-serr) *pl* exhaust gases
avgasrör (*aav*-gaass-*rurr*) *nt* exhaust pipe
avgift (*aav*-[y]ift) *c* charge; **avgifter** dues *pl*
avgud (*aav*-gewd) *c* idol
***avgå** (*aav*-goa) *v* pull out; resign
avgång (*aav*-gong) *c* departure

avgångstid (*aav*-gongs-teed) *c* time of departure
***avgöra** (*aav*-ʸūr-rah) *v* decide
avgörande (*aav*-ʸūr-rahn-der) *nt* decision
avhandling (*aav*-hahn-dling) *c* treatise; thesis
***avhålla sig från** (*aav*-hol-ah) abstain from
avigsida (*aa*-vig-see-dah) *c* reverse
avkalkningsmedel (*aav*-kahlk-nings-*māy*-dayl) *nt* water softener
avkoppling (*aav*-kop-ling) *c* relaxation
avlagring (*aav*-laag-ring) *c* deposit
***avlida** (*aav*-lee-dah) *v* pass away
avlopp (*aav*-lop) *nt* drain
avlång (*aav*-long) *adj* oblong
avlägsen (*aav*-laig-sern) *adj* remote; distant, far-off
avlägset (*aav*-laig-sayt) *adj* far
avlägsna (*aav*-laigs-nah) *v* remove; ~ **sig** depart
avlämna (*aav*-lehm-nah) *v* deliver
avlöna (*aav*-lūrn-ah) *v* remunerate
avlöning (*aav*-lur-ning) *c* pay, salary
avlösa (*aav*-lur-sah) *v* relieve
avog (*aa*-vōog) *adj* averse
avpassa (*aav*-pah-sah) *v* suit
avresa (*aav*-rāy-sah) *v* depart; *c* departure
avråda (*aav*-rōa-dah) *v* dissuade from
avrättning (*aav*-reht-ning) *c* execution
***avse** (*aav*-sāy) *v* destine
avsevärd (*aav*-say-væærd) *adj* considerable
avsides (*aav*-see-derss) *adj* remote; out of the way
avsikt (*aav*-sikt) *c* purpose, intention
avsiktlig (*aav*-sikt-li) *adj* intentional
avskaffa (*aav*-skah-fah) *v* abolish
avsked (*aav*-shāyd) *nt* parting; resignation
avskeda (*aav*-shāy-dah) *v* dismiss; fire
avskedsansökan (*aav*-shāyds-ahn-sūr-kahn) *c* (pl -kningar) resignation
avskilja (*aav*-shil-ʸah) *v* detach
***avskjuta** (*aav*-shēw-tah) *v* launch
avskrift (*aav*-skrift) *c* copy
avsky (*aav*-shew) *v* detest, loathe; *c* disgust, loathing
avskyvärd (*aav*-shēw-væærd) *adj* horrible; hideous
avsluta (*aav*-slēw-tah) *v* finish
avslutning (*aav*-slēwt-ning) *c* conclusion, end
***avslå** (*aav*-slōa) *v* reject
avslöja (*aav*-slur-ʸah) *v* reveal
avslöjande (*aav*-slur-ʸahn-der) *nt* revelation
avsnitt (*aav*-snit) *nt* passage

avspark (*aav*-spahrk) *c* kickoff
avspänd (*aav*-spehnd) *adj* easy-going, relaxed
***avstå från** (*aav*-stoa) abstain from
avstånd (*aav*-stond) *nt* distance; space, way
avståndsmätare (*aav*-stonds-mai-tah-rer) *c* (pl ~) range finder
avsända (*aav*-sehn-dah) *v* dispatch
avsändare (*aav*-sehn-dah-rer) *c* (pl ~) sender
avsändning (*aav*-sehnd-ning) *c* dispatch
avsky (*aav*-shew) *v* detest; *c* disgust
***avta** (*aav*-taa) *v* decrease
avtal (*aav*-taal) *nt* agreement, treaty
avtryck (*aav*-trewk) *nt* print
avtryckare (*aav*-trew-kah-rer) *c* (pl ~) trigger
avtäcka (*aav*-teh-kah) *v* uncover
avundas (*aav*-ewn-dahss) *v* envy
avundsam (*aav*-ewnd-sahm) *adj* envious
avundsjuk (*aav*-ewnd-shewk) *adj* envious
avundsjuka (*aa*-vewnd-shew-kah) *c* envy
***avvika** (*aav*-vee-kah) *v* deviate
avvisa (*aav*-vee-sah) *v* reject
axel (*ahks*-ayl) *c* (pl axlar) shoulder; axis, axle

B

baby (*bai*-bi) *c* baby
babykorg (*bai*-bi-kor[y]) *c* carrycot
bacill (bah-*sil*) *c* germ
backa (*bah*-kah) *v* reverse
backe (*bah*-ker) *c* hill; slope
backhoppning (*bahk*-hop-ning) *c* ski jump
backkrön (*bahk*-krurn) *nt* hilltop
backväxel (*bahk*-vehks-ayl) *c* (pl -växlar) reverse
bad (baad) *nt* bath
bada (*baa*-dah) *v* bathe
badbyxor (*baad*-bewk-serr) *pl* bathing suit, swimmingtrunks *pl*
badda (*bah*-dah) *v* dab
baddräkt (*baad*-drehkt) *c* bathing suit; swimsuit, swimming suit *Am*
badhandduk (*baad*-hahnd-dewk) *c* bath towel
badmössa (*baad*-murss-sah) *c* bathing cap
badort (*baad*-oort) *c* seaside resort
badrock (*baad*-roak) *c* bathrobe
badrum (*baad*-rewm) *nt* bathroom
badsalt (*baad*-sahlt) *nt* bath

salts
badvakt (*baad*-vahkt) *c* pool attendant
bagage (bah-*gaash*) *nt* baggage, luggage
bagagehylla (bah-*gaash*-hew-lah) *c* luggage rack
bagageinlämning (bah-*gaash*-in-lehm-ning) *c* left luggage office; baggage deposit office *nAm*
bagageutrymme (bah-*gaash*-ēwt-rew-mer) *nt* boot; trunk *nAm*
bagare (*baa*-gah-rer) *c* (pl ~) baker
bageri (baa-ger-*ree*) *nt* bakery
baka (*baa*-kah) *v* bake
bakdel (*baak*-dāyl) *c* bottom
bakelser (*baa*-kerl-serr) *pl* pastry
bakgrund (*baak*-grewnd) *c* background
baklykta (*baak*-lewk-tah) *c* rear light; taillight
bakom (*baak*-om) *prep* behind; *adv* behind
baksida (*baak*-seedah) *c* rear
baksmälla (*baak*-smeh-lah) *c* hangover
bakterie (bahk-*tai*-ri-er) *c* bacterium
bakverk (*baak*-vehrk) *nt* pastry, cake
bakåt (*baa*-kot) *adv* backwards
bal (baal) *c* ball
balansräkning (bah-*lahngs*-raik-ning) *c* balance sheet
balett (bah-*layt*) *c* ballet
balja (*bahl*-ʸah) *c* basin
balkong (bahl-*kong*) *c* balcony; circle
ballong (bah-*long*) *c* balloon
balsal (*baal*-saal) *c* ballroom
bana (*baa*-nah) *c* track
banan (bah-*naan*) *c* banana
band (bahnd) *nt* band; ribbon
bandspelare (*bahnd*-spāy-lah-rer) *c* (pl ~) tape recorder
baner (bah-*nāyr*) *nt* banner
bank (bahngk) *c* bank
bankett (bahng-*keht*) *c* banquet
bankkonto (*bahngk*-kon-too) *nt* bank account
bankomat (bahng-ko-*maat*) *c* ATM; automatic teller machine; cash dispenser; cash machine
bankrutt (bahng-*krewt*) *adj* bankrupt
bar (baar) *c* bar, saloon; *adj* bare
bara (*baarah*) *adv* only
bark (bahrk) *c* bark
barm (bahrm) *c* bosom
barmhärtighet (bahrm-*hær*-ti-hāyt) *c* mercy
barn (baarn) *nt* child; kid; **föräldralöst ~** orphan
barnbarn (baarn-baarn) *nt* (pl ~) grandchild
barnförlamning (*baarn*-furr-*laam*-ning) *c* polio
barnkammare (*baarn*-kah-mah-rer) *c* (pl ~) nursery
barnmorska (*baarn*-moors-kah) *c* midwife

barnsjukdom (*baarn*-sh$\overline{ew}$k-doom) *c* children's disease
barnsköterska (*baarn*-sh$\overline{ur}$-terr-skah) *c* nurse
barnsäng (*baarn*-sehng) *c* cot
barnvagn (*baarn*-vahngn) *c* pram; baby carriage *Am*
barnvakt (*baarn*-vahkt) *c* babysitter
barock (bah-*rok*) *adj* baroque
barometer (bah-ro-*m$\overline{ay}$*-terr) *c* (pl -trar) barometer
barriär (bah-ri-*^{y}ææ r*) *c* barrier
barrträd (*bahr*-traid) *nt* conifer, fir tree
barsk (bahrsk) *adj* grim
baryton (*bah*-ri-ton) *c* baritone
bas (baass) *c* base; bass
baseboll (*bayss*-bol) *c* baseball
basera (bah-*s$\overline{ay}$*-rah) *v* base
basilika (bah-*see*-li-kah) *c* basilica
basis (*baa*-siss) *c* basis
bassäng (*bah*-sehng) *c* pool
bastard (bah-*staard*) *c* bastard
bastu (*bahss*-tew) *c* sauna
batteri (bah-tay-*ree*) *nt* (pl ~er) battery
***be** (b$\overline{ay}$) *v* ask; beg
beakta (bay-*ahk*-tah) *v* pay attention to
bebo (ber-*b$\overline{oo}$*) *v* inhabit
beboelig (ber-*b$\overline{oo}$*-ay-li) *adj* habitable; inhabitable
***bedja** (*b$\overline{ay}$d*-^{y}ah) *v* pray
***bedra** (ber-*draa*) *v* deceive; cheat
bedrägeri (ber-drai-ger-*ri*) *nt* (pl ~er) deceit; fraud
bedrövad (ber-*dr$\overline{ur}$*-vahd) *adj* distressed; sad
bedrövelse (ber-*dr$\overline{ur}$*-verl-ser) *c* sorrow; grief
bedrövlig (ber-*dr$\overline{ur}$v*-li) *adj* lamentable
bedårande (ber-*d$\overline{oa}$*-rahn-der) *adj* adorable, enchanting
bedöma (ber-*dur*-mah) *v* judge
bedövning (ber-*d$\overline{ur}$v*-ning) *c* anaesthesia
bedövningsmedel (ber-*durv*-nings-*m$\overline{ay}$*-dayl) *nt* anaesthetic
befalla (ber-*fah*-lah) *v* command
befallning (ber-*fahl*-ning) *c* order, command
befatta sig med (ber-*fah*-tah) *deal with, concern oneself with
befolkning (ber-*folk*-ning) *c* population
befordra (ber-*f$\overline{oo}$*-drah) *v* promote
befordran (ber-*f$\overline{oo}$d*-rahn) *c* (pl -ringar) promotion
befria (*ber*-free-ah) *v* rid
befriad (ber-*free*-ahd) *adj* exempt; liberated
befrielse (ber-*free*-erl-ser) *c* liberation; exemption
befruktning (ber-*frewkt*-

ning) *c* conception
befälhavare (ber-*fail*-haa-vah-rer) *c* (pl ~) commander
begagnad (ber-*gahng*-nahd) *adj* second-hand
begeistrad (bay-*gighst*-rahd) *adj* enthusiastic
begrava (ber-*graa*-vah) *v* bury
begravning (ber-*graav*-ning) *c* funeral; burial
begravningsplats (bay-*graav*-nings-plahts) *c* cemetery; graveyard
begrepp (ber-*grayp*) *nt* idea, notion
***begripa** (bay-*gree*-pah) *v* grasp, *understand
begränsa (ber-*grehn*-sah) *v* limit
begränsad (ber-*grehn*-sahd) *adj* limited
begränsning (ber-*grehns*-ning) *c* limitation
begynna (ber-^{y}*ew*-nah) *v* *begin
begynnelse (ber-^{y}*ew*-nerl-ser) *c* beginning
***begå** (ber-*g$\overline{oa}$*) *v* commit
begåvad (ber-*g$\overline{oa}$*-vahd) *adj* brilliant, talented, gifted
begåvning (ber-*g$\overline{oa}$v*-ning) *c* talent; mind
begär (ber-^{y}*æær*) *nt* desire
begära (ber-^{y}*ææ*-rah) *v* ask, demand, request
begäran (ber-*gææ*-rahn) *c* request; demand
behaglig (ber-*haag*-li) *adj* pleasant, delightful
behandla (ber-*hahnd*-lah) *v* treat; handle
behandling (ber-*hahnd*-ling) *c* treatment
behov (ber-*h$\overline{oo}$v*) *nt* need, want; **starkt ~** urge
behå (*b$\overline{ay}$*-hoa) *c* bra
***behålla** (ber-*ho*-lah) *v* *keep
behållare (ber-*ho*-lah-rer) *c* (pl ~) container
behändig (ber-*hehn*-di) *adj* handy; sweet
behärska (ber-*hærs*-kah) *v* master; **~ sig** control oneself
behöva (ber-*h$\overline{ur}$*-vah) *v* need
beige (baish) *adj* beige
bekant (ber-*kahnt*) *c* (pl ~a) acquaintance
beklaga (ber-*klaa*-gah) *v* regret; pity
beklagande (ber-*klaa*-gahn-der) *nt* regret
beklaglig (ber-*klaag*-li) *adj* regrettable
bekräfta (ber-*krehf*-tah) *v* confirm; acknowledge
bekräftelse (ber-*krehf*-tayl-ser) *c* confirmation
bekväm (ber-*kvaim*) *adj* comfortable; convenient; easy
bekvämlighet (ber-*kvaim*-li-h$\overline{ay}$t) *c* comfort
bekymmer (ber-*t^{y}ew*-merr) *nt* worry; anxiety, care; trouble
bekymrad (ber-*t^{y}ewm*-rahd) *adj* concerned
bekämpa (ber-*t^{y}ehm*-pah) *v* combat

bekänna (ber-*t^{y}eh*-nah) *v* confess
bekännelse (ber-*t^{y}eh*-nayl-ser) *c* confession
belastning (ber-*lahst*-ning) *c* charge
belgare (*bayl*-gah-rer) *c* (pl ~) Belgian
Belgien (*bayl*-g^{y}ayn) Belgium
belgisk (*bayl*-gisk) *adj* Belgian
belopp (ber-*lop*) *nt* amount
belysning (ber-*lewss*-ning) *c* illumination; lighting
belåten (ber-*loa*-tern) *adj* satisfied, happy
belåtenhet (ber-*loa*-tern-hayt) *c* satisfaction
belägen (ber-*lai*-gern) *adj* situated
belöna (ber-*lur*-nah) *v* reward
belöning (ber-*lur*-ning) *c* prize, reward; remuneration
bemästra (ber-*mehst*-rah) *v* master
bemöda sig (ber-*mur*-dah) try, endeavour
bemötande (beh-*mur*-tahn-der) *nt* treatment; reply
ben (bayn) *nt* leg; bone
bena (*bay*-nah) *c* parting
bensin (bayn-*seen*) *c* fuel, petrol; gasoline *nAm*, gas *nAm*; **blyfri ~** unleaded petrol
bensindunk (bayn-*seen*-dewngk) *c* jerrycan
bensinmack (bayn-*seen*-mahk) *c* petrol station
bensinpump (bayn-*seen*-pewmp) *c* petrol pump; fuel pump *Am*; gas pump *Am*
bensinstation (bayn-*seen*-stah-*shoon*) *c* service station, filling station; gas station *Am*
bensintank (bayn-*seen*-tahngk) *c* petrol tank; gas tank *Am*
benådning (ber-*noad*-ning) *c* pardon
benägen (ber-*nai*-gern) *adj* inclined; ***vara ~** *be inclined to
benägenhet (ber-*nai*-gern-hayt) *c* tendency; inclination
benämning (ber-*nehm*-ning) *c* denomination
beredd (ber-*rayd*) *adj* prepared
berg (bær^y) *nt* mountain; mount
bergig (*bær*-^{y}i) *adj* mountainous
bergsbestigning (*bær^{y}s*-ber-*steeg*-ning) *c* mountaineering
bergskam (*bær^{y}s*-kahm) *c* mountain ridge
bergskedja (*bær^{y}s*-t^{y}ayd-^{y}ah) *c* mountain range
bergsklyfta (*bær^{y}s*-klewf-tah) *c* gorge
bergspass (*bær^{y}s*-pahss) *nt* mountain pass
bero på (ber-*roo*) depend on
beroende (ber-*roo*-ern-der) *adj* dependant
berusad (ber-*rew*-sahd) *adj*

intoxicated; drunk
beryktad (ber-*rewk*-tahd) *adj* notorious
beräkna (ber-*raik*-nah) *v* calculate
beräkning (ber-*raik*-ning) *c* calculation; estimate
berätta (ber-*reh*-tah) *v* *tell; relate
berättelse (ber-*reh*-tayl-ser) *c* tale
berättiga (ber-*reh*-ti-gah) *v* entitle, justify
berättigad (ber-*reh*-ti-gahd) *adj* entitled, justified
beröm (ber-*rurm*) *nt* praise
berömd (ber-*rurmd*) *adj* famous
berömdhet (ber-*rurmd*-hāyt) *c* celebrity
berömma (ber-*rur*-mah) *v* praise
berömmelse (ber-*rur*-mayl-ser) *c* fame; glory
beröra (ber-*rūr*-rah) *v* touch; affect
beröring (ber-*rūr*-ring) *c* touch, contact
beröva (ber-*rūr*-vah) *v* deprive of
besatt (ber-*saht*) *adj* possessed
besatthet (ber-*saht*-hāyt) *c* obsession
besegra (ber-*sāyg*-rah) *v* defeat; *beat, conquer
beskatta (ber-*skah*-tah) *v* tax
beskattning (ber-*skaht*-ning) *c* taxation
besked (ber-*shāyd*) *nt* message
***beskriva** (ber-*skree*-vah) *v* describe
beskrivning (ber-*skreev*-ning) *c* description
beskylla (ber-*shew*-lah) *v* accuse
beslut (ber-*slēwt*) *nt* decision
***besluta** (ber-*slēw*-tah) *v* decide
beslutsam (ber-*slēwt*-sahm) *adj* determined, resolute
besläktad (ber-*slehk*-tahd) *adj* related
besmitta (ber-*smi*-tah) *v* infect
besparingar (ber-*spaa*-ring-ahr) *pl* savings *pl*
bestick (ber-*stik*) *nt* cutlery
***bestiga** (ber-*stee*-gah) *v* ascend; mount
***bestrida** (ber-*stree*-dah) *v* dispute; deny
***bestå av** (ber-*stoa*) consist of
beståndsdel (ber-*stonds*-dāyl) *c* element
beställa (ber-*steh*-lah) *v* order; reserve
beställning (ber-*stehl*-ning) *c* order; booking; **gjord på ~** made to order
bestämd (ber-*stehmd*) *adj* definite
bestämma (ber-*steh*-mah) *v* decide; determine, define; designate
bestämmelse (ber-*stehm*-erl-ser) *c* stipulation
bestämmelseort (ber-*steh*-merl-ser-oort) *c* destination

beständig (ber-*stehn*-di) *adj* permanent
besvara (ber-*svaa*-rah) *v* answer
besvikelse (ber-*svee*-kerl-ser) *c* disappointment; ***vara en ~** *be disappointing
besviken (ber-*svee*-kern) *adj* disappointed; ***göra ~** disappoint
besvär (ber-*svæær*) *nt* trouble; inconvenience; nuisance; ***göra sig ~** bother
besvära (ber-*svææ*-rah) *v* trouble; bother
besvärlig (ber-*svæær*-li) *adj* inconvenient, troublesome
besynnerlig (ber-*sewn*-err-li) *adj* strange; queer
***besätta** (ber-*seht*-ah) *v* occupy
besättning (ber-*seht*-ning) *c* crew
besök (ber-*sūrk*) *nt* visit; call
besöka (ber-*sūr*-kah) *v* visit; call on
besökare (ber-*sūr*-kah-rer) *c* (pl ~) visitor
besökstid (ber-*sūrks*-teed) *c* visiting hours
beta (*bāy*-tah) *c* beet; *v* graze
betala (ber-*taa*-lah) *v* *pay
betalbar (ber-*taal*-baar) *adj* due
betalning (ber-*taal*-ning) *c* payment
bete (*bāy*-ter) *nt* bait
betecknande (ber-*tehk*-nahn-der) *adj* characteristic
beteckning (ber-*tehk*-ning) *c* denomination, designation
betesmark (*bāy*-terss-mahrk) *c* pasture
betjäning (ber-*tʸai*-ning) *c* service
betjäningsavgift (ber-*tʸai*-nings-aav-*ʸift*) *c* service charge
betjänt (ber-*tʸehnt*) *c* valet, servant
betona (ber-*tōō*-nah) *v* stress; emphasize
betong (ber-*tong*) *c* concrete
betoning (ber-*tōō*-ning) *c* stress
betrakta (ber-*trahk*-tah) *v* consider, regard; watch, view
beträda (ber-*trai*-dah) *v* *tread, *set foot on
beträffa (ber-*trehf*-ah) *v* concern
beträffande (ber-*trehf*-ahn-der) *prep* concerning; about, regarding; with reference to
bett (bayt) *nt* bite
betvivla (ber-*tveev*-lah) *v* doubt; query
betyda (ber-*tēw*-dah) *v* *mean
betydande (ber-*tēw*-dahn-der) *adj* considerable
betydelse (ber-*tēw*-derl-ser) *c* importance; sense
betydelsefull (ber-*tēw*-derl-ser-*fewl*) *adj* important; significant
betydlig (ber-*tēwd*-li) *adj* considerable
betydligt (ber-*tȳwd*-lit) *adj* by

far
betyg (ber-*tewg*) *nt* mark
betänklig (ber-*tængk*-li) *adj* dubious; serious, critical
beundra (ber-*ewnd*-rah) *v* admire
beundran (ber-*ewnd*-rahn) *c* admiration
beundrare (ber-*ewnd*-rah-rer) *c* (pl ~) admirer; fan
bevaka (ber-*vaa*-kah) *v* guard
bevara (ber-*vaa*-rah) *v* *keep; preserve
bevilja (ber-*vil*-yah) *v* grant; allow
beviljande (ber-*vil*-yahn-der) *nt* concession
bevis (ber-*veess*) *nt* proof, evidence; token
bevisa (ber-*vee*-sah) *v* prove; demonstrate; *show
beväpna (ber-*vaip*-nah) *v* arm
beväpnad (ber-*vaip*-nahd) *adj* armed
bi (bee) *nt* bee
***bibehålla** (*bee*-ber-*ho*-lah) *v* *hold, *keep, preserve
bibel (*bee*-berl) *c* (pl biblar) bible
bibetydelse (*bee*-ber-*tew*-derl-ser) *c* connotation, subordinate sense
bibliotek (bi-bli-oo-*tayk*) *nt* library
***bidra** (*bee*-draa) *v* contribute
bidrag (*bee*-draag) *nt* contribution; grant
bifall (*bee*-fahl) *nt* approval; consent
biff (bif) *c* steak
biffburgare (bif-*bewr*-yah-rer) *c* (pl ~) beefburger
biflod (*bee*-flood) *c* tributary
bifoga (*bee*-foo-gah) *v* attach; enclose
bijouterier (*bee*-shoo-ter-ree-err) *pl* costume jewellery
bikt (bikt) *c* confession; **bikta sig** confess
bikupa (*bee*-kew-pah) *c* beehive
bil (beel) *c* car; automobile, motorcar
bila (*bee*-lah) *v* motor
bilaga (*bee*-laa-gah) *c* enclosure; annex
bild (bild) *c* picture; image
bilda (*bil*-dah) *v* form
bildad (*bil*-dahd) *adj* cultivated
bildskärm (*bild*-shærm) *c* screen
bilist (bi-*list*) *c* motorist
biljard (bil-*yaard*) *c* billiards *pl*
biljett (bil-*yayt*) *c* ticket; coupon
biljettautomat (bil-*yayt*-ou-too-*maat*) *c* ticket machine
biljettkassa (bil-*yayt-kah*-sah) *c* box office
biljettlucka (bil-*yayt*-lew-kah) *c* booking-office
biljettpris (bil-*yayt*-preess) *nt* (pl ~, ~er) fare
bilkapning (*beel*-kaap-ning) *c* carjacking
billig (*bil*-i) *adj* inexpensive; cheap

biltur (*beel*-tewr) *c* drive
biluthyrning (*beel*-ewt-*hewr*-ning) *c* car hire; car rental *Am*
***binda** (*bin*-dah) *v* *bind, tie
bindestreck (*bin*-der-strehk) *nt* hyphen
bio (*bee*-oo) *c* pictures; movies *Am*, movie theater *Am*
biograf (bee[oo]-*graaf*) *c* cinema
biologi (bee-o-lo-*gee*) *c* biology
biologiskt nedbrytbar (bee-o-*lo*-giskt nayd-brewt-*baar*) *adj* biodegradable
bipolär (bee-poo-lœœr) *adj* bipolar
biskop (*biss*-kop) *c* bishop
***bistå** (*bee*-stoa) *v* assist; aid
bistånd (*bee*-stond) *nt* assistance
bit (beet) *c* bit; piece; morsel, lump, scrap
***bita** (*bee*-tah) *v* *bite
bitter (*bi*-terr) *adj* bitter
***bjuda** (*b*ʸ*ew*-dah) *v* offer
bjälke (*b*ʸ*ehl*-ker) *c* beam
björk (bʸurrk) *c* birch
björn (bʸurrn) *c* bear
björnbär (*b*ʸ*urrn*-bæær) *nt* blackberry
Blackberry® (*blehk*-ber-ri) *c* Blackberry®
blad (blaad) *nt* leaf; sheet
bladguld (*blaad*-gewld) *nt* gold leaf
bland (blahnd) *prep* among; amid; **~ annat** among other things
blanda (*blahn*-dah) *v* mix; shuffle; **~ sig i** interfere with
blandad (*blahn*-dahd) *adj* mixed; miscellaneous
blandning (*blahnd*-ning) *c* mixture
blank (blahngk) *adj* blank; glossy
blazer (*blai*-serr) *c* (pl -zrar) blazer
bleckburk (*blehk*-bewrk) *c* canister
blek (blayk) *adj* pale
bleka (*blay*-kah) *v* bleach
blekna (*blayk*-nah) *v* turn pale; fade
***bli** (blee) *v* *become; *get; *grow, *go
blick (blik) *c* look; glance; **kasta en ~** glance
blid (bleed) *adj* gentle
blind (blind) *adj* blind
blindtarm (*blin*-tahrm) *c* appendix
blindtarmsinflammation (*blin*-tahrms-in-flah-mah-*shoon*) *c* appendicitis
blinker (*bling*-kerr) *c* (pl -krar) indicator
blixt (blikst) *c* lightning
blixtlampa (*blikst*-lahm-pah) *c* flashgun; flashbulb
blixtlås (*blikst*-loass) *nt* zip, zipper
block (blok) *nt* pad; pulley
blockera (blo-*kay*-rah) *v* block
blod (blood) *nt* blood
blodbrist (*blood*-brist) *c*

anaemia
blodcirkulation (*blood*-seer-kew-lah-*shoon*) *c* circulation
blodförgiftning (*blood*-furr-ʸift-ning) *c* blood poisoning
blodig (*bloo*-day) *adj* bloody
blodkärl (*blood*-tʸærl) *nt* blood vessel
blodtryck (*blood*-trewk) *nt* blood pressure
blogg (blohg) *c* Blog
blomkål (*bloom*-koal) *c* cauliflower
blomlök (*bloom*-lurk) *c* bulb
blomma (*bloo*-mah) *c* (pl blommor) blossom
blomsterhandel (*bloms*-terr-hahn-dayl) *c* flower shop
blomstrande (*blomst*-rahn-der) *adj* prosperous
blond (blond) *adj* fair
blondin (*blon*-deen) *c* (pl blondiner) blond
blott (blot) *adv* only
blus (blewss) *c* blouse
bly (blew) *nt* lead
blyertspenna (*blew*-errts-*peh*-nah) *c* pencil
blyg (blewg) *adj* timid, shy
blyghet (*blewg*-hayt) *c* timidity
blygsam (*blewg*-sahm) *adj* modest
blygsamhet (*blewg*-sahm-*hayt*) *c* modesty
blå (bloa) *adj* blue
blåmussla (*bloa*-mewss-lah) *c* mussel
blåmärke (*bloa*-mær-ker) *nt* bruise
blåsa (*bloa*-sah) *v* *blow; ~ **upp** blow up
blåsig (*bloa*-si) *adj* windy
blåsinstrument (*bloass*-in-strew-*mehnt*) *nt* horn
bläck (blehk) *nt* ink
bläckfisk (*blehk*-fisk) *c* octopus
blända (*blehn*-dah) *v* blind
bländande (*blehn*-dahn-der) *adj* glaring
blänka (*blehng*-kah) *v* *shine
blöda (*blur*-dah) *v* *bleed
blödning (*blurd*-ning) *c* haemorrhage
blöja (*blur*-ʸah) *c* nappy; diaper *nAm*
blöta (*blur*-tah) *v* soak
bo (boo) *v* live; reside; *nt* nest
bock (bok) *c* bow; tick; buck *colloquial*
bocka (*bo*-kah) *v* bow, *bend; tick
bod (bood) *c* booth
bofast (*boo*-fahst) *adj* resident
bofink (*boo*-fingk) *c* finch
bogsera (boog-*say*-rah) *v* tow, tug
bogserbåt (boog-*sayr*-boat) *c* tug
boj (boi) *c* buoy
bok[1] (book) *c* (pl böcker) book
bok[2] (book) *c* beech
boka (*boo*-kah) *v* book
bokband (*book*-bahnd) *nt* volume
bokföra (*book*-fur-rah) *v* book

bokhandel (*bōōk*-hahn-dayl) *c* (pl -dlar) bookstore
boklåda (*bōōk*-lōā-dah) *c* bookstore
bokomslag (*bōōk*-om-slaag) *nt* jacket; wrapper
bokstav (*book*-staav) *c* (pl -stäver) letter; **stor ~** capital letter
bokstånd (*bōōk*-stond) *nt* bookstand
bolag (*bōō*-laag) *nt* company
Bolivia (boo-*lee*-v^{y}ah) Bolivia
bolivian (boo-li-*v^{y}aan*) *c* Bolivian
boliviansk (boo-liv-*^{y}aansk*) *adj* Bolivian
boll (bol) *c* ball
bollplan (*bol*-plaan) *c* recreation ground
bom (boom) *c* (pl ~mar) barrier
bomb (bomb) *c* bomb
bombardera (bom-bahr-*dāy*-rah) *v* bomb
bomull (*boo*-mewl) *c* cotton wool; cotton; **bomulls-** cotton
bomullssammet (*boo*-mewls-sah-mayt) *c* velveteen
bonde (*boon*-der) *c* (pl bönder) peasant
bondgård (*boond*-gōard) *c* farmhouse
bong (bong) *c* voucher
bord (bōōrd) *nt* table; **gående ~** buffet
bordduk (*bōōrd*-dēwk) *c* tablecloth
bordell (bor-*dehl*) *c* brothel
bordtennis (*bōōrd*-*tehn*-iss) *c* ping-pong; table tennis
borg (bor^y) *c* castle
borgen (*bor*-^{y}ern) *c* (pl ~) bail; security
borgerlig (*bor*-^{y}ehr-li) *adj* middle-class
borgmästare (*bor*^{y}-mehss-tah-rer) *c* (pl ~) mayor
borr (bor) *c* drill
borra (*bor*-ah) *v* drill; bore
borsta (*bors*-tah) *v* brush
borste (*bors*-ter) *c* brush
bort (bort) *adv* away
borta (*bor*-tah) *adv* gone
bortkommen (*bort*-ko-mern) *adj* lost
bortom (*bort*-om) *adv* beyond; *prep* beyond
bortre (*bort*-rer) *adj* farther
bortsett från (*bort*-sayt) apart from
boskap (*bōō*-skaap) *c* cattle *pl*
bostad (*bōō*-staad) *c* (pl -städer) house; residence
***bosätta sig** (*bōō*-seh-tah) settle down
bota (*bōō*-tah) *v* cure
botanik (boo-tah-*neek*) *c* botany
botemedel (*bōō*-ter-māy-dayl) *nt* remedy
botten (*bo*-tern) *c* bottom
bottenvåning (*bo*-tern-vōā-ning) *c* ground floor
boutique (boo-*tik*) *c* boutique

bowlingbana (*bov*-ling-baa-nah) *c* bowling alley
boxas (*books*-ahss) *v* box
boxningsmatch (*books*-nings-mahch) *c* boxing match
boyscout (*boi*-skahewt) *c* scout
bra (brah) *adv* well; *adj* good; **bra!** all right!
brak (braak) *nt* boom
brandalarm (*brahnd*-ah-*lahrm*) *c* fire alarm
brandgul (*brahnd*-gewl) *adj* orange
brandkår (*brahnd*-kōar) *c* fire brigade
brandman (*brahnd*-mahn) *c* (pl -män) firefighter
brandsläckare (*brahnd*-sleh-kah-rer) *c* (pl ~) fire extinguisher
brandstege (*brahnd*-stāy-ger) *c* fire escape
brandsäker (*brahnd*-sai-kerr) *adj* fireproof
brandvägg (brahnd vehg) *c* firewall
brant (brahnt) *adj* steep
brasilianare (brah-si-li-*aa*-nah-rer) *c* (pl ~) Brazilian
brasiliansk (brah-si-li-*aansk*) *adj* Brazilian
Brasilien (brah-*see*-li-ern) Brazil
bred (brāyd) *adj* wide, broad
bredband (brāyd-bahnd) *c* broadband
bredd (brayd) *c* breadth; width
breddgrad (*brayd*-graad) *c* latitude
bredvid (*brāy*-veed) *prep* beside; next to
brev (brāyv) *nt* letter; **rekommenderat ~** registered letter
brevbärare (*brāyv*-bææ-rah-rer) *c* (pl ~) postman
brevkort (*brāyv*-kōort) *nt* postcard; card
brevlåda (*brāyv*-lōa-dah) *c* pillarbox, letterbox; mailbox *nAm*
brevlådstömning (*brāyv*-lo-ds-turm-ning) *c* collection
brevpapper (*brāyv*-pah-pahr) *nt* notepaper, writing paper
brevväxling (*brāyv*-vehks-ling) *c* correspondence
bricka (*bri*-kah) *c* tray
bridge (bridsh) *c* bridge
briljant (bril-*yahnt*) *adj* brilliant
***brinna** (*bri*-nah) *v* *burn
bris (breess) *c* breeze
brist (brist) *c* shortage, lack, want; deficiency
***brista** (*briss*-tah) *v* *burst
bristfällig (*brist*-feh-li) *adj* defective; faulty
britt (brit) *c* Briton
brittisk (*bri*-tisk) *adj* British
bro (brōo) *c* bridge
brock (brok) *nt* hernia
broder (*brōo*-derr) *c* (pl bröder) brother
brodera (broo-*dāy*-rah) *v* embroider

broderi (broo-der-*ree*) *nt* (pl ~er) embroidery
broderlighet (*broo*-derr-li-hayt) *c* fraternity
brokig (*broo*-ki) *adj* gay
broms (broms) *c* brake
bromsa (*brom*-sah) *v* brake
bromsljus (*broms*-[y]ewss) *nt* brake lights
bromstrumma (*broms*-trew-mah) *c* brake drum
brons (brons) *c* bronze; **brons-** bronze
bror (broor) *c* (pl bröder) brother
brorsdotter (*broors*-do-tayr) *c* (pl -döttrar) niece
brorson (*broor*-soan) *c* (pl -söner) nephew
brosch (broash) *c* brooch
broschyr (bro-*shewr*) *c* brochure
brosk (brosk) *nt* cartilage
brott (brot) *nt* crime; fracture
brottslig (*brots*-li) *adj* criminal
brottslighet (*brots*-li-*hayt*) *c* criminality
brottsling (*brots*-ling) *c* criminal; convict
brottstycke (*brot*-stew-ker) *nt* fragment
brud (brewd) *c* bride
brudgum (*brewd*-gewm) *c* (pl -gummar) groom
bruk (brewk) *nt* custom
bruka (*brew*-kah) *v* use, employ; cultivate
bruklig (*brewk*-li) *adj* customary
bruksanvisning (*brewks*-ahn-*veess*-ning) *c* directions for use
brun (brewn) *adj* brown
brunett (brew-*nayt*) *c* brunette
brunn (brewn) *c* well
brus (brewss) *nt* fizz
brutal (brew-*taal*) *adj* brutal
brutto- (*brew*-too) gross
bry sig om (brew) care for; mind; care about
brydsam (*brewd*-sahm) *adj* awkward
brygga (*brew*-gah) *v* brew; *c* landingstage
bryggeri (brew-ger-*ree*) *nt* (pl ~er) brewery
brysselkål (*brew*-serl-koal) *c* Brussels sprouts
***bryta** (*brew*-tah) *v* *break; fracture; **~ samman** collapse
brytning (*brewt*-ning) *c* breaking, refraction; accent
brådska (*bross*-kah) *c* hurry, haste
brådskande (*bross*-kahn-der) *adj* urgent; pressing
bråk (broak) *nt* row; fuss
bråkdel (*broak*-dayl) *c* fraction
***ha bråttom** (*bro*-tom) *be in a hurry
bräckjärn (*brehk*-[y]æærn) *nt* crowbar
bräcklig (*brehk*-li) *adj* fragile
bräda (*brai*-dah) *c* board
brädd (brehd) *c* brim
bränna (*breh*-nah) *v* *burn
brännmärke (*brehn*-mær-

ker) *nt* brand
brännolja (*brehn*-ol-ʸah) *c* fuel oil
brännpunkt (*brehn*-pewngkt) *c* focus
brännsår (*brehn*-sōār) *nt* burn
bränsle (*brehns*-lay) *nt* fuel
bröd (brūrd) *nt* bread; **rostat** ~ toast
brödrost (*brūrd*-rost) *c* toaster
bröllop (*brur*-lop) *nt* wedding
bröllopsresa (*brur*-lops-*rāy*-sah) *c* honeymoon
bröst (brurst) *nt* breast; bosom, chest
bröstkorg (*brurst*-korʸ) *c* chest
bröstsim (*brurst*-sim) *nt* breaststroke
bubbla (*bewb*-lah) *c* bubble
buckla (*bewk*-lah) *c* dent
bud (bēwd) *nt* messenger; bid
budget (*bewd*-ʸert) *c* budget
buga sig (*bew*-gah) bow
buk (bēwk) *c* belly; abdomen
bukett (bew-*kayt*) *c* bunch, bouquet
bukt (bewkt) *c* gulf
bula (*bēw*-lah) *c* lump
bulgar (bewl-*gaar*) *c* Bulgarian
Bulgarien (bewl-*gaa*-ri-ern) Bulgaria
bulgarisk (bewl-*gaa*-risk) *adj* Bulgarian
bulle (*bewl*-er) *c* bun
buller (*bew*-lerr) *nt* noise
bullrig (*bewl*-ri) *adj* noisy
bult (bewlt) *c* bolt
bundsförvant (*bewnds*-furr-vahnt) *c* associate; ally, confederate
bunt (bewnt) *c* bundle; batch
bunta ihop (*bewn*-tah i-*hōōp*) bundle
bur (bēwr) *c* cage
burk (bewrk) *c* tin
busig (*bēw*-si) *adj* rowdy
buske (*bewss*-ker) *c* bush; shrub
buss (bewss) *c* bus; coach
butik (bew-*teek*) *c* shop
by (bēw) *c* village
bygga (*bew*-gah) *v* *build; construct
bygge (*bew*-ger) *nt* construction
byggnad (*bewg*-nahd) *c* building, construction
byggnadskonst (*bewg*-nahds-konst) *c* architecture
byggnadsställning (*bewg*-nahds-stehl-ning) *c* scaffolding
byrå[1] (*bēw*-ro) *c* (pl ~ar) chest of drawers; bureau *nAm*
byrå[2] (*bēw*-ro) *c* (pl ~er) agency
byråkrati (bēw-ro-krah-*tee*) *c* bureaucracy
byrålåda (*bēw*-ro-lōā-dah) *c* drawer
byst (bewst) *c* bust
bysthållare (*bewst*-ho-lah-rer) *c* (pl ~) brassiere
byta (*bēw*-tah) *v* change; swap; **~ ut** exchange
byte (*bēw*-ter) *nt* exchange;

prey
byxdräkt (*bewks*-drehkt) *c* pant suit
byxor (*bewk*-serr) *pl* trousers *pl*, pants *plAm*
båda (*bōā*-dah) *pron* both, either
både ... och (*bōā*-der ... ok) both ... and
båge (*bōā*-ger) *c* bow
bågformig (*bōāg*-for-mi) *adj* arched
bår (bōār) *c* stretcher
båt (bōāt) *c* boat
bäck (behk) *c* stream, brook
bäcken (*behk*-ern) *nt* pelvis
bädda (*beh*-dah) *v* *make the bed
bälte (*behl*-ter) *nt* belt
bänk (behngk) *c* bench
bär (bæær) *nt* berry
***bära** (*bææ*-rah) *v* carry; *wear, *bear
bärbar (*bæær*-baar) *adj* portable
bärbar dator (*bæær*-baar *dah*-torr) *c* laptop
bärare (*bææ*-rah-rer) *c* (pl **~**) porter
bärgningsbil (*bærʸ*-nings-beel) *c* breakdown truck
bärnsten (*bææm*-stāyn) *c* amber
bäst (behst) *adj* best
bättre (*beht*-rer) *adj* superior; better
bäver (*bai*-verr) *c* (pl bävrar) beaver
bödel (*būr*-derl) *c* (pl bödlar) executioner
böja (*bur*-ʸah) *v* *bend; **~ sig** *bend down
böjd (burʸd) *adj* bent; curved
böjlig (*burʸ*-li) *adj* flexible, supple
böjning (*burʸ*-ning) *c* bending; flexion
böld (burld) *c* abscess
bön (būrn) *c* prayer
böna (*būr*-nah) *c* bean
***bönfalla** (*būrn*-fahl-ah) *v* beg
bör (būr) *v* ought
***böra** (*būr*-rah) *v* *ought to
börda (*būrr*-dah) *c* burden, load; charge
börja (*burr*-ʸah) *v* *begin; commence, start; **~ om** recommence
början (*burr*-ʸahn) *c* beginning; start; **i ~** at first
börs (burrs) *c* purse; exchange; **svarta börsen** black market
böter (*būr*-terr) *pl* ticket, fine; penalty

C

cancer (*kahn*-serr) *c* cancer
cape (kāyp) *c* cape; cloak
CD-(ROM) (sāy-day-rohm) *c* (pl ~) CD(-ROM)
CD-skiva (*sāy*-day-*sheev*-ah) *c* compact disc
CD-spelare (*sāy*-day-*spāy*-lah-rer) *c* compact disc player
cell (sayl) *c* cell
cement (say-*maynt*) *nt* cement
censur (sayn-*sewr*) *c* censorship
center (*sayn*-ter) *nt* center
centimeter (sayn-ti-*māy*-terr) *c* (pl ~) centimetre
central (sayn-*traal*) *adj* central
centralisera (sayn-trah-li-*sāy*-rah) *v* centralize
centralvärme (sayn-*traal*-vær-mer) *c* central heating
centrum (*sehnt*-rewm) *nt* centre
ceremoni (say-ray-mo-*nee*) *c* ceremony
certifikat (sehr-ti-fi-*kaat*) *nt* certificate
champagne (shahm-*pahn*ʸ) *c* champagne
champinjon (shahm-pin-*ʸoon*) *c* button mushroom
chans (shahngs) *c* chance
charlatan (shahr-lah-*taan*) *c* quack
charm (shahrm) *c* charm
charmerande (shahr-*māy*-rahn-der) *adj* charming
charterflyg (*tʸaar*-terr-flēwg) *nt* charter flight
chassi (*shah*-si) *nt* chassis
chaufför (sho-*furr*) *c* chauffeur
check (tʸayk) *c* cheque, check *nAm*
checka in (*tʸeh*-kah) check in
checkhäfte (*tʸayk*-hehf-ter) *nt* chequebook; checkbook *nAm*
chef (shāyf) *c* boss; manager, chief
chefssekreterare (*shāyfs*-sayk-ray-*tāy*-rah-rer) *c* executive assistant
chic (shik) *adj* smart
Chile (*tʸee*-ler) Chile
chilenare (tʸi-*lee*-nah-rer) *c* (pl ~) Chilean
chilensk (tʸi-*lāynsk*) *adj* Chilean
chock (shok) *c* shock
chockera (sho-*kāy*-rah) *v* shock
chockerande (sho-*kāy*-rahn-der) *adj* shocking
choke (shoak) *c* choke
choklad (shook-*laad*) *c* chocolate
chokladpralin (shook-*laad*-prah-*leen*) *c* chocolate
cigarr (si-*gahr*) *c* cigar

cigarraffär (si-*gahr*-ah-*fææʀ*) *c* cigar shop
cigarrett (si-gah-*rayt*) *c* cigarette
cigarrettetui (si-gah-*rayt*-ay-tew-*ee*) *nt* cigarette case
cigarrettmunstycke (si-gah-*rayt*-mewn-stew-ker) *nt* cigarette holder
cigarrettobak (si-gah-*reht-too*-bahk) *c* cigarette tobacco
cigarrettändare (si-gah-*rayt*-tehn-dah-rer) *c* (pl ~) cigarette lighter
cirka (*seer*-kah) *adv* approximately
cirkel (*seer*-kerl) *c* (pl -klar) circle
cirkulation (seer-kew-lah-*shoo͞n*) *c* circulation
cirkus (*seer*-kewss) *c* circus
cirkusarena (*seer*-kewss-ah-*ray̅*-nah) *c* ring
citat (si-*taat*) *nt* quotation
citationstecken (si-tah-*shoo͞ns*-tay-kern) *pl* quotation marks
citera (si-*tay̅*-rah) *v* quote
citron (si-*troo͞n*) *c* lemon
civil (si-*veel*) *adj* civilian
civilisation (si-vi-li-sah-*shoo͞n*) *c* civilization
civiliserad (si-vi-li-*say̅*-rahd) *adj* civilized
civilist (si-vi-*list*) *c* civilian
civilrätt (si-*veel*-reht) *c* civil law
clown (kloun) *c* clown
cocktail (*kok*-tayl) *c* cocktail
Colombia (ko-*lom*-bi-ah) Colombia
colombian (ko-lom-bi-*aan*) *c* Colombian
colombiansk (ko-lom-bi-*aansk*) *adj* Colombian
container *c* (pl ~, -nrar) container
crawlsim (*kroa͞l*-sim) *nt* crawl
curry (*kew*-ri) *c* curry
cykel (*sew*-kerl) *c* (pl cyklar) bicycle; cycle
cykla (*sewk*-lah) *v* *ride a bicycle
cyklist (sewk-*list*) *c* cyclist
cylinder (sew-*lin*-derr) *c* (pl -drar) cylinder

D

dag (daag) *c* day; **om dagen** by day; **per ~** per day
dagbok (*daag*-boo͞k) *c* (pl -böcker) diary
dagbräckning (*daag*-brehk-ning) *c* daybreak
dagg (dahg) *c* dew
daghem (daag-hehm) *nt* day nursery
daglig (*daag*-li) *adj* everyday, daily
dagning (*daag*-ning) *c* dawn
dagordning (*daag*-ord-ning) *c* agenda

dagsljus (*dahgs-*ʸewss) *nt* daylight
dagsnyheter (*daags*-new-hay-terr) *pl* news
dagstidning (*dahgs*-teed-ning) *c* daily; newspaper
dagsutflykt (*dahgs*-ewt-flewkt) *c* day trip
dal (daal) *c* valley
dalsänka (*daal*-sehng-kah) *c* depression, valley
dam (daam) *c* lady
dambinda (*daam*-bin-dah) *c* sanitary towel
damfrisör (*daam*-fri-*surr*) *c* hairdresser
damm (dahm) *nt* dust; *c* dam
dammig (*dah*-mi) *adj* dusty
***dammsuga** (*dahm*-sew-gah) *v* hoover; vacuum *vAm*
dammsugare (*dahm*-sew-gah-ray) *c* (pl ~) vacuum cleaner
damspel (*daam*-spayl) *nt* draughts; checkers *plAm*
damtoalett (*daam*-tooah-*layt*) *c* ladies' room
damunderkläder (*daam*-ewn-derr-klai-derr) *pl* lingerie
Danmark (*dahn*-mahrk) Denmark
dans (dahns) *c* dance
dansa (*dahn*-sah) *v* dance
dansk (dahnsk) *c* Dane; *adj* Danish
darra (*dah*-rah) *v* tremble
data (*daa*-tah) *pl* data *pl*
dator (*daa*-tor) *c* computer
datum (*daa*-tewm) *nt* (pl data, ~) date
de (day) *pron* they; **~ där** those; **~ här** these
debatt (der-*baht*) *c* debate; discussion
debattera (der-bah-*tay*-rah) *v* discuss; argue
debet (*day*-bayt) *c* debit
december (der-*saym*-berr) December
decimalsystem (day-si-*maal*-sew-*staym*) *nt* decimal system
defekt (der-*fehkt*) *c* fault
definiera (der-fi-ni-*ay*-rah) *v* define
definition (der-fi-ni-*shoon*) *c* definition
deg (dayg) *c* dough
deklaration (day-klah-rah-*shoon*) *c* declaration; statement
dekoration (day-ko-rah-*shoon*) *c* decoration
dekorera (day-ko-*ray*-rah) *v* decorate
del (dayl) *c* part; share
dela (*day*-lah) *v* divide; share; **~ sig** fork; **~ ut** *deal; administer
delegat (day-ler-*gaat*) *c* delegate
delegation (day-ler-gah-*shoon*) *c* delegation
delfin (dayl-*feen*) *c* dolphin
delikatess (day-li-kah-*tayss*) *c* delicacy
delikatessaffär (day-li-kah-*tayss*-ah-*fær*) *c* delicatessen
delning (*dayl*-ning) *c* division

***delta** (dāyl-taa) *v* participate
deltagande (*dāyl*-taa-gahn-der) *adj* sympathetic; *nt* attendance
deltagare (*dāyl*-taa-gah-rer) *c* (pl ~) participant
delvis (*dāyl*-veess) *adv* partly; *adj* partial
delägare (*dāyl*-ai-gah-rer) *c* (pl ~) associate
dem (dom) *pron* them
demokrati (day-mo-krah-*tee*) *c* democracy
demokratisk (day-moa-*kraa*-tisk) *adj* democratic
demonstration (day-mons-trah-*shōōn*) *c* demonstration
demonstrera (day-mons-*trāy*-rah) *v* demonstrate
den (dayn) *pron* (nt det, pl de) that; ~ **där** that; ~ **här** this
denna (*deh*-nah) *pron* (nt detta, pl dessa) this
dental (dayn-*taal*) *adj* dental
deodorant (dāy-o-do-*rahnt*) *c* deodorant
departement (der-pahr-ter-*mehnt*) *nt* department; ministry
deponera (der-po-*nāy*-rah) *v* deposit; bank
depression (der-pray-*shōōn*) *c* depression
deprimera (der-pri-*māy*-rah) *v* depress
deprimerad (der-pri-*māy*-rahd) *adj* depressed
deputation (der-pew-tah-*shōōn*) *c* deputation, delegation
deputerad (der-pew-*tāy*-rahd) *c* (pl ~e) deputy
depå (der-*pōā*) *c* depot
deras (*dāy*-rahss) *pron* their
desertera (der-sehr-*tāy-rah*) *v* desert
desinfektera (diss-in-fayk-*tāy*-rah) *v* disinfect
desinfektionsmedel (diss-in-fayk-*shōōns*-māy-dayl) *nt* disinfectant
desperat (derss-pay-*raat*) *adj* desperate
dess (dehss) *pron* its
dessert (der-*sæær*) *c* dessert; sweet
dessförinnan (dehss-fur-*ri*-nahn) *adv* before then
dessutom (dehss-*ēw*-tom) *adv* besides; moreover, also, furthermore
dessvärre (dehss-*væ*-rer) *adv* unfortunately
ju … desto (ʸēw ... *dehss*-too) the … the
det (dāy) *pron* it; **det beror på** that depends
detalj (der-*tahlʸ*) *c* detail
detaljerad (der-tahl-ʸ*āy*-rahd) *adj* detailed
detaljhandel (der-*tahlʸ*-hahn-dayl) *c* retail trade
detaljhandlare (der-*tahlʸ*-*hahnd*-lah-rer) *c* (pl ~) retailer
detaljist (der-tahl-ʸ*ist*) *c* retailer
detektiv (day-tehk-*teev*) *c* detective
detektivroman (day-tehk-

teev-roo-*maan*) *c* detective story
devalvera (der-vahl-*vāy*-rah) *v* devalue
devalvering (der-vahl-*vāy*-ring) *c* devaluation
diabetes (diah-*bāy*-terss) *c* diabetes
diabetiker (di-ah-*bāy*-ti-kerr) *c* (pl ~) diabetic
diagnos (dee-ahg-*nōass*) *c* diagnosis; **ställa en ~** diagnose
diagonal (di-ah-go-*naal*) *c* diagonal; *adj* diagonal
diagram (dee-ah-*grahm*) *nt* graph; chart, diagram
dialekt (dee-ah-*laykt*) *c* dialect
diamant (dee-ah-*mahnt*) *c* diamond
diapositiv (*dee*-ah-poo-si-*teev*) *nt* slide
diarré (dee-ah-*rāy*) *c* diarrhoea
diesel (*dee*-serl) *c* diesel
diet (di-*āyt*) *c* diet
difteri (dif-ter-*ree*) *c* diphtheria
dig (day) *pron* you, yourself
digital (di-gi-*taal*) *adj* digital
digital projektor (di-gi-*taal* pro-*shayk*-torr) *nt* digital projector
digitalfoto (di-gi-*taal* -*fōo*-too) *nt* digital photo
digitalkamera (di-gi-*taal*-*kaa*-meh-rah) *c* digital camera
dike (*dee*-ker) *nt* ditch
dikt (dikt) *c* poem
diktamen (dik-*taa*-mern) *c* (pl ~, -mina) dictation
diktare (*dik*-tah-rer) *c* (pl ~) poet
diktator (dik-*taa*-tor) *c* dictator
diktera (dik-*tāy*-rah) *v* dictate
dimension (di-mehn-*shōon*) *c* dimension, size
dimma (*di*-mah) *c* mist, fog
dimmig (*di*-mi) *adj* foggy
din (din) *pron* yours
diplom (di-*plōam*) *nt* diploma; certificate
diplomat (di-plo-*maat*) *c* diplomat
diplomatisk (dip-lo-*maa*-tisk) *adj* diplomatic
direkt (di-*raykt*) *adj* direct
direktion (di-rehk-*shōon*) *c* direction, management
direktiv (di-rehk-*teev*) *nt* directive
direktmeddelande (di-*raykt*-māyd-dāy-lahn-der) *nt* instant message
direktör (di-rayk-*tūrr*) *c* director; executive, manager
dirigent (di-ri-*shaynt*) *c* conductor
dirigera (di-ri-*shāy*-rah) *v* conduct
dis (deess) *nt* haze
disciplin (di-si-*pleen*) *c* discipline
disig (*dee*-si) *adj* misty, hazy
disk (disk) *c* counter, bar; washingup
diska (*diss*-kah) *v* wash up

diskbråck (*disk*-brok) *nt* slipped disc
diskonto (diss-*kon*-too) *nt* bank rate
diskussion (diss-kew-*shoon*) *c* discussion; argument
diskutera (diss-kew-*tay*-rah) *v* argue, discuss
disponibel (diss-poo-*nee*-berl) *adj* available
dispyt (diss-*pewt*) *c* dispute
distrikt (dist-*rikt*) *nt* district
dit (deet) *adv* there
djungel (*ʸewng*-ayl) *c* (pl djungler) jungle
djup (*ʸewp*) *nt* depth; *adj* deep, low
djupsinnig (*ʸewp*-si-ni) *adj* profound
djur (*ʸewr*) *nt* beast, animal
djurkretsen (*ʸewr*-kreht-sern) zodiac
djurpark (*ʸewr*-pahrk) *c* zoological gardens
djurreservat (*ʸewr*-ray-sær-*vaat*) *nt* game reserve
djurskinn (*ʸewr*-shin) *nt* skin
djärv (*ʸærv*) *adj* bold
djävul (*ʸai*-vewl) *c* (pl -vlar) devil
dock (dok) *conj* yet, nevertheless; but, yet
docka[1] (*doa*-kah) *c* doll
docka[2] (*doa*-kah) *c* dock; *v* dock
dockteater (*dok*-tay-*aa*-terr) *c* (pl -trar) puppet-show
doft (doft) *c* scent
doktor (*doak*-toar) *c* doctor
dokumentportfölj (do-kew-*maynt*-port-*furlʸ*) *c* attaché case
dollar (*dol*-laar) *c* (pl ~) dollar
dom (doom) *c* judgment; verdict, sentence; **fällande ~** conviction
domare (*doo*-mah-rer) (pl ~) judge; *c* umpire, referee
domkraft (*doom*-krahft) *c* jack
domkyrka (*doom*-tʸewr-kah) *c* cathedral
domnad (*dom*-nahd) *adj* numb
domslut (*doom*-slewt) *nt* verdict
domstol (*doom*-stool) *c* court; law court
donation (do-nah-*shoon*) *c* donation
donator (do-*naa*-tor) *c* donor
donera (do-*nay*-rah) *v* donate
dop (doop) *nt* baptism; christening
doppvärmare (*dop*-vær-mah-rer) *c* (pl ~) immersion heater
dos (dooss) *c* dose
dotter (*do*-terr) *c* (pl döttrar) daughter
dotterdotter (*do*-terr-do-terr) *c* (pl -döttrar) granddaughter
dotterson (*do*-terr-soan) *c* (pl -söner) grandson
dov (doav) *adj* dull
***dra** (draa) *v* *draw; pull; **~ av** deduct; **~ ifrån** subtract; **~ sig tillbaka** *v* retire; **~ till**

tighten; ~ **tillbaka** *withdraw; ~ **upp** *wind; ~ **ur** disconnect; ~ **åt** tighten
drag (draag) *nt* move; trait; draught
dragning (*draag*-ning) *c* draw; tendency; tinge
drake (*draa*-ker) *c* dragon
drama (*draa*-mah) *nt* (pl -mer) drama
dramatisk (drah-*maa*-tisk) *adj* dramatic
dressera (drer-*sāy*-rah) *v* train
***dricka** (*dri*-kah) *v* *drink
drickbar (*drik*-baar) *adj* for drinking
dricks (driks) *c* tip
dricksvatten (*driks*-vah-tern) *nt* drinking water
drink (drink) *c* drink
***driva** (*dree*-vah) *v* drift; ~ **framåt** propel; ~ **med** kid
drive-in (driye-in) *v* drive--thru
drivhus (*dreev*-hēwss) *nt* greenhouse
drivkraft (*dreev*-krahft) *c* driving force
drog (drōag) *c* drug
droppe (*dro*-per) *c* drop
drottning (*drot*-ning) *c* queen
drunkna (*drewngk*-nah) *v* *be drowned
dryck (drewk) *c* drink; beverage; **alkoholfri** ~ soft drink
dränera (dreh-*nāy*-rah) *v* drain
dränka (drehng-kah) *v* drown
dröm (drurm) *c* (pl ~mar) dream
drömma (*drur*-mah) *v* *dream
du (dēw) *pron* you
dubbdäck (*dewb*-dehk) *nt* spiked tyre
dubbel (*dew*-behl) *adj* double
dubbelsäng (*dew*-berl-sehng) *c* double bed
duggregn (*dewg*-rehngn) *nt* drizzle
duglig (*dēwg*-li) *adj* capable, able
duk (dēwk) *c* tablecloth
duka (*dēw*-kah) *v* *set the table
duka under (*dēw*-kah) succumb
duktig (*dewk*-ti) *adj* capable; skilful, smart
dum (dewm) *adj* silly; foolish, stupid, dumb
dumbom (*dewm*-boom) *c* (pl ~mar) fool
dumdristig (*dewm*-driss-ti) *adj* daring, foolhardy
dumheter (*dewm*-hāy-terr) *pl* nonsense
dun (dēwn) *nt* down
dunka (*dewng*-kah) *v* thump; bump
dunkel (*dewng*-kerl) *adj* obscure; dim
dunkelhet (*dewng*-kerl-hāyt) *c* gloom
duntäcke (*dēwn*-teh-ker) *nt* eiderdown
durkslag (*dewrk*-slaag) *nt* strainer

dusch (dewsh) *c* shower
duschgelé (*dewsh*-shay-*lay*) *c or nt* shower gel
dussin (*dew*-sin) *nt* dozen
duva (*dew*-vah) *c* pigeon
DVD (day-vay-day) *c* DVD
DVD-ROM (day-vay-day-raam) *c* DVD-ROM
dvärg (dværʸ) *c* dwarf
dygd (dewgd) *c* virtue
dygn (dewngn) *nt* twenty-four hours
***dyka** (*dew*-kah) *v* dive
dykarglasögon (*dew*-kahr-glaa-sur-gon) *pl* diving goggles
dylik (*dew*-leek) *adj* such, similar
dyn (dewn) *c* dune
dyna (*dew*-nah) *c* pad
dynamo (*dew*-nah-moo) *c* dynamo
dynga (*dewng*-ah) *c* dung
dyr (dewr) *adj* expensive; dear
dyrbar (*dewr*-baar) *adj* precious; dear, valuable, expensive
dyrka (*dewr*-kah) *v* worship
dyster (*dewss*-terr) *adj* gloomy; sombre
då (doa) *adv* then; *conj* when; **då och då** occasionally; now and then
dålig (*doa*-li) *adj* bad; ill
dån (doan) *nt* roar
dåraktig (*doar*-ahk-ti) *adj* foolish
dåre (*doa*-rer) *c* fool
däck (dehk) *nt* tire, tyre; deck
däckshytt (*dehks*-hewt) *c* deck cabin
däggdjur (*dehg*-ʸewr) *nt* mammal
där (dæær) *adv* there; **~ borta** over there; **~ nere** downstairs; down there; **~ uppe** upstairs; up there
därefter (*dæær*-ayf-terr) *adv* afterwards; then
däremot (dæær-ay-*moot*) *adv* on the other hand
därför (*dæær*-furr) *adv* therefore; **~ att** because, as
därifrån (*dæær*-i-froan) *adv* from there
***dö** (dur) *v* die
död (durd) *c* death; *adj* dead
döda (*dur*-dah) *v* kill
dödlig (*durd*-li) *adj* mortal, fatal
dödsstraff (*durds*-strahf) *nt* death penalty
***dölja** (*durl*-ʸah) *v* conceal; *hide
döma (*dur*-mah) *v* judge; sentence
döpa (*dur*-pah) *v* baptize; christen
dörr (durr) *c* door
dörrklocka (*durr*-klo-kah) *c* doorbell
dörrvaktmästare (*durr*-vahkt-mehss-tah-rer) *c* (pl ~) doorman
döv (durv) *adj* deaf

E

ebb (ayb) *c* low tide
ebenholts (āy-bayn-holts) *c* ebony
e-biljett (āy-bil-*yayt*) *c* e-ticket
e-brev (āy-brāyv) *nt* e-mail
Ecuador (ayk-vah-*dōar*) Ecuador
ecuadorian (ayk-vah-*dōa*-ri-aan) *c* Ecuadorian
ed (āyd) *c* oath, vow
effektförvaring (*ay*-fehkt-furr-vaa-ring) *c* left-luggage office
effektiv (ay-fayk-*teev*) *adj* effective; efficient
efter (*ayf*-terr) *prep* after
efterforska (*ayf*-terr-fors-kah) *v* investigate
efterfrågan (*ayf*-terr-frōa-gahn) *c* demand
efterlikna (*ayf*-terr-leek-nah) *v* imitate
efterlämna (*ayf*-terr-lehm-nah) *v* *leave behind
eftermiddag (*ayf*-terr-mi-daag) *c* afternoon; **i ~** this afternoon
efternamn (*ayf*-terr-nahmn) *nt* surname; family name
eftersom (*ayf*-terr-som) *conj* because, as, since
eftersträva (*ayf*-terr-strai-vah) *v* pursue; aim at
eftersända (*ayf*-terr-sehn-dah) *v* forward
efterträda (*ayf*-terr-trai-dah) *v* succeed
efteråt (*ayf*-terr-ōat) *adv* afterwards
egen (āy-gayn) *adj* own
egendom (āy-gayn-doom) *c* property
egendomlig (āy-gern-doom-li) *adj* peculiar
egendomlighet (āy-gern-doom-li-*hāyt*) *c* peculiarity
egenskap (āy-gern-skaap) *c* quality; property
egentligen (ay-ʸ*aynt*-li-ern) *adv* really
egoism (ay-goo-*ism*) *c* selfishness
Egypten (ay-ʸ*ewp*-tern) Egypt
egypter (ay-ʸ*ewp*-terr) *c* (pl ~) Egyptian
egyptisk (ay-ʸ*ewp*-tisk) *adj* Egyptian
ehuru (āy-*hew*-rew) *conj* though
ek (āyk) *c* oak
eker (āy-kerr) *c* (pl ekrar) spoke
ekipage (ay-ki-*paash*) *nt* carriage
eko (āy-koo) *nt* echo
ekollon (*āyk*-o-lon) *nt* acorn
ekonom (ay-ko-*nōam*) *c* economist
ekonomi (ay-ko-no-*mee*) *c* economy

ekonomisk (ay-ko-*noa*-misk) *adj* economical, economic; thrifty
ekorre (*ayk*-orer) *c* squirrel
ekoturist (*ay*-ko-*tew*-rist) *c* eco-tourist
eksem (ehk-*saym*) *nt* eczema
ekvatorn (ayk-*vaa*-torn) equator
elak (*ay*-lahk) *adj* evil; ill
elakartad (*ay*-lahk-aar-tahd) *adj* malignant
elasticitet (ay-lahss-ti-si-*tayt*) *c* elasticity
elastisk (ay-*lahss*-tisk) *adj* elastic
eld (ayld) *c* fire; **~ upphör** *nt* ceasefire
eldfarlig (*ayld*-faar-li) *adj* inflammable
eldfast (*ayld*-fahst) *adj* fireproof
eldstad (*ayld*-staad) *c* (pl -städer) hearth
eldsvåda (*aylds*-voa-dah) *c* fire
elefant (ay-lay-*fahnt*) *c* elephant
elegans (ay-lay-*gahns*) *c* elegance
elegant (ay-lay-*gahnt*) *adj* elegant
elektricitet (ay-layk-tri-si-*tayt*) *c* electricity
elektriker (ay-*layk*-tri-kerr) *c* (pl ~) electrician
elektrisk (ay-*layk*-trisk) *adj* electric
elektronisk (ay-layk-*troa*-nisk) *adj* electronic
element (ay-lay-*mehnt*) *nt* element
elementär (ay-lay-mehn-*tæær*) *adj* primary
elev (ay-*layv*) *c* pupil
elfenben (*ayl*-fayn-bayn) *nt* ivory
elfte (*aylf*-tay) *num* eleventh
eliminera (ay-li-mi-*nay*-rah) *v* eliminate
eller (*ayl*-err) *conj* or
elva (*ayl*-vah) *num* eleven
elände (*ay*-lehn-der) *nt* misery
eländig (ay-*lehn*-di) *adj* miserable
emalj (ay-*mahl*[y]) *c* enamel
emaljerad (ay-mahl-[y]*ay*-rahd) *adj* enamelled
embargo (aym-*bahr*-goo) *nt* embargo
embarkering (aym-bahr-*kay*-ring) *c* embarkation
emblem (aym-*blaym*) *nt* emblem
emellertid (ay-*meh*-lerr-teed) *adv* though, however
emot (ay-*moot*) *prep* against; towards; ***ha något ~** mind
en[1] (ayn) *art* (nt ett) a *art*
en[2] (ayn) *num* one
-en[3] (ayn) *suf* (nt -et) the *art*
enaktare (*ayn*-ahk-tah-rer) *c* (pl ~) one-act play
enastående (*ay*-nah-stoa-ayn-der) *adj* exceptional
enbart (*ayn*-baart) *adv* exclusively
enda (*ayn*-dah) *pron* only; **en ~** single

endast (*ayn*-dahst) *adv* alone, only; merely
endera (*ayn*-da͞y-rah) *pron* either
endossera (ayn-do-*sa͞y*-rah) *v* endorse
energi (ay-nær-*shee*) *c* power, energy
energisk (ay-*nær*-gisk) *adj* energetic
engelsk (*ehng*-erlsk) *adj* English
Engelska kanalen (*eh*-ngerls-kah kah-*naa*-lern) English Channel
engelsman (*ehng*-erls-mahn) *c* (pl -män) Englishman
England (*ehng*-lahnd) England; Britain
engångs- (*a͞yn*-gongs) disposable
engångsflaska (*a͞yn*-gongs-flahss-kah) *c* no return bottle
enhet (*a͞yn*-ha͞yt) *c* unit, unity
***vara enig** (*vaa*-rah *a͞y*-ni) agree
enighet (*a͞y*-ni-ha͞yt) *c* agreement
enkel (*ayng*-kayl) *adj* simple; plain
enkelrum (*ayng*-kayl-rewm) *nt* single room
enkelt (*ayng*-kerlt) *adv* simply; **helt ~** simply
enligt (*a͞yn*-lit) *prep* according to
enorm (ay-*norm*) *adj* enormous; immense
ensam (*ayn*-sahm) *adj* lonely; sole
ensidig (*a͞yn*-see-di) *adj* one-sided
enskild (*a͞yn*-shild) *adj* individual
enstämmig (*a͞yn*-stehm-i) *adj* unanimous
entreprenör (ehnt-rer-pray-*nu͞rr*) *c* contractor
entusiasm (*ayn*-tew-si-*ahsm*) *c* enthusiasm
entusiastisk (*ayn*-tew-si-*ahss*-tisk) *adj* enthusiastic
envar (ayn-*vaar*) *pron* everyone
envis (*a͞yn*-veess) *adj* stubborn; obstinate
epidemi (ay-pi-der-*mee*) *c* epidemic
epilepsi (ay-pi-lehp-*see*) *c* epilepsy
epilog (eh-pi-*lo͞ag*) *c* epilogue
episk (*a͞y*-pisk) *adj* epic
episod (eh-pi-*so͞od*) *c* episode
epos (*a͞y*-poss) *nt* epic
e-post (*a͞y*-post) *c* (pl **~**) e-mail
e-postadress (*a͞y*-post-ahd-*rayss*) *c* e-mail address
e-postmeddelande (*a͞y*-post-*ma͞y*-*da͞y*-lahn-der) *nt* e-mail
er (a͞yr) *pron* you; your; yourselves
era (*a͞y*-rah) *pron* your
***erbjuda** (*a͞yr*-b[y]e͞w-dah) *v* offer; **~ sig** offer one's services
erbjudande (*a͞yr*-b[y]e͞w-dahn-der) *nt* offer
***erfara** (*a͞yr*-faa-rah) *v*

experience
erfaren (*ayr*-faa-rern) *adj* experienced
erfarenhet (*ayr*-faa-rern-hāyt) *c* experience
erforderlig (*ayr*-fōor-derr-li) *adj* requisite
***erhålla** (*āyr*-ho-lah) *v* obtain
erinra sig (*āyr*-in-rah) recall
erkänna (*āyr*-t^y^eh-nah) *v* admit; confess, acknowledge, recognize
erkännande (*āyr*-t^y^eh-nahn-der) *nt* recognition
***ersätta** (*āyr*-seh-tah) *v* substitute; replace
ersättning (*āyr*-seht-ning) *c* indemnity; compensation
erövra (*āyr*-ūrv-rah) *v* conquer
erövrare (*āyr*-ūrv-rah-rer) *c* (pl ~) conqueror
erövring (*āyr*-ūrv-ring) *c* conquest; capture
eskort (ayss-*kort*) *c* escort
eskortera (ayss-kor-*tāy*-rah) *v* escort
esplanad (ayss-plah-*naad*) *c* esplanade
essens (ay-*sehns*) *c* essence
essä (ay-*sai*) *c* essay
etablera (ay-tah-*blāy*-rah) *v* establish
etapp (ay-*tahp*) *c* stage, lap
eter (*āy*-terr) *c* ether
etikett (ay-ti-*kayt*) *c* label; tag
etikettera (ayti-keh-*tāy*-rah) *v* label
Etiopien (ay-ti-*ōo*-pi-ern) Ethiopia
etiopier (ay-ti-*ōo*-pi-err) *c* (pl ~) Ethiopian
etiopisk (ay-ti-*ōo*-pisk) *adj* Ethiopian
etsning (*ehts*-ning) *c* etching
etui (ay-tew-*ee*) *nt* case
EU (āy-ēw) EU
euro (*ēw*-rōo) *c* (pl ~) Euro
Europa (āy-*rōo*-pah) Europe
europé (āy-roo-*pāy*) *c* European
europeisk (āy-roo-*pāy*-isk) *adj* European
Europeiska Unionen (ay-roo-*pay*-is-kah ēw-ni-*ōon*-en) *c* European Union
evakuera (ay-vah-kew-*āy*-rah) *v* evacuate
evangelium (ay-vahn-^y^*āy*-li-^y^ewm) *nt* (pl -lier) gospel
eventuell (ay-vehn-tew-*ayl*) *adj* possible
evolution (ay-vo-lew-*shōon*) *c* evolution
exakt (ayks-*ahkt*) *adv* exactly; *adj* exact
examen (ayk-*saa*-mern) *c* examination; ***ta ~** graduate
excentrisk (ayk-*sehnt*-risk) *adj* eccentric
exempel (ayk-*sehm*-perl) *nt* example; instance; **till ~** for example; for instance
exemplar (ayks-aym-*plaar*) *nt* copy; specimen
existens (ayk-si-*stehns*) *c* existence
existera (ayk-si-*stāy*-rah) *v* exist
exklusiv (*ehks*-kloo-*seev*) *adj*

exclusive
exotisk (ehk-*sōā*-tisk) *adj* exotic
expansion (ehks-*pahng*-shōn) *c* expansion
expedit (ehks-pay-*deet*) *c* shop assistant
expedition (ayks-pay-di-*shōōn*) *c* expedition
experiment (ayks-peh-ri-*mehnt*) *nt* experiment
experimentera (ayks-peh-ri-mayn-*tāy*-rah) *v* experiment
expert (ayks-*pært*) *c* expert
explodera (ayks-plo-*dāy*-rah) *v* explode
explosion (ayks-plo-*shōōn*) *c* blast, explosion
explosiv (ayks-plo-*seev*) *adj* explosive
exponering (ayks-po-*nāy*-ring) *c* exposure
exponeringsmätare (ayks-po-*nāy*-rings-*mai*-tah-rer) *c* (pl ~) exposure meter
exportera (ayks-por-*tāy*-rah) *v* export
expresståg (ayks-*prayss*-tōāg) *nt* express train
expressutdelning (ayks-*prayss*-ewt-*dāyl*-ning) *c* special delivery
extas (ayks-*taass*) *c* ecstasy
extra (*aykst*-rah) *adj* extra, additional; spare
extrastorlek (*aykst*-rah-stōōr-lāyk) *c* outsize
extravagant (ayk-strah-vah-*gahnt*) *adj* extravagant
extrem (ehk-*strāym*) *adj* extreme

F

fabrik (fahb-*reek*) *c* factory; works *pl*; plant, mill
fabrikant (fahb-ri-*kahnt*) *c* manufacturer
fack (fahk) *nt* compartment; trade
fackförening (*fahk*-furr-*āy*-ning) *c* trade union
fackla (*fahk*-lah) *c* torch
fackman (*fahk*-mahn) *c* (pl -män) expert
fager (*faa*-gerr) *adj* fair
faktisk (*fahk-tisk*) *adj* actual, factual
faktiskt (*fahk*-tist) *adv* in effect, actually, as a matter of fact, really
faktor (*fahk*-tor) *c* factor
faktum (*fahk*-tewm) *nt* (pl fakta) fact
faktura (fahk-*tēw*-rah) *c* invoice
fakturera (fahk-tew-*rāyrah*) *v* bill
fakultet (fah-kewl-*tāyt*) *c* faculty
falk (fahlk) *c* hawk
fall (fahl) *nt* fall; case, instance; **i varje ~** at any rate; anyway

***falla** (*fahl*-ah) *v* *fall
fallenhet (*fahl*-ern-hāyt) *c* faculty
fallfärdig (*fahl*-fææ-di) *adj* ramshackle
falsk (fahlsk) *adj* false
familj (fah-*mil^y*) *c* family
familjär (fah-mil-*^yææ*) *adj* familiar
famn (fahmng) *c* (pl famnar) arms
fanatisk (fah-*naa*-tisk) *adj* fanatical
fantasi (fahn-tah-*see*) *c* imagination, fantasy
fantasilös (fahn-tah-*see*-lūrss) *adj* unimaginative
fantastisk (fahn-*tahss*-tisk) *adj* fantastic
fantom (fahn-*tōām*) *c* phantom
far (faar) *c* (pl fäder) father
fara (*faa*-rah) *c* peril, risk, danger
***fara** (*faa*-rah) *v* *go away; **~ runt om** by-pass
farbror (*fahr*-brōōr) *c* (pl -bröder) uncle
farfar (*fahr*-faar) *c* (pl -fäder) grandfather
farföräldrar (*faar*-furr-*ehld*-rahr) *pl* grandparents *pl*
farlig (*faar*-li) *adj* dangerous
farmakologi (fahr-mah-ko-loo-*gee*) *c* pharmacology
farmor (*fahr*-mōōr) *c* (pl -mödrar) grandmother
fart (faart) *c* speed; rate
fartbegränsning (*faart*-bay-*grehns*-ning) *c* speed limit
fartyg (*faar*-tēwg) *nt* ship; vessel
fas (faass) *c* stage, phase
fasa (*faa*-sah) *c* horror
fasad (fah-*saad*) *c* façade
fasan (fah-*saan*) *c* pheasant
fascinera (fah-shi-*nāy*-rah) *v* fascinate
fascism (fah-*shism*) *c* fascism
fascist (fah-*shist*) *c* fascist
fascistisk (fah-*shiss*-tisk) *adj* fascist
fast (fahst) *adj* fixed; firm; permanent; *adv* tight
faster (*fahss*-terr) *c* (pl -trar) aunt
fastighet (fahss-ti-*hāyt*) *c* house, property; premises *pl*
fastighetsmäklare (*fahss*-ti-hāyts-*maik*-lah-rer) *c* (pl ~) house agent
fastland (*fahst*-lahnd) *nt* mainland
fastställa (*fahst*-steh-lah) *v* establish; determine, ascertain, state
fastän (*fahst*-ehn) *conj* though, although
fat (faat) *nt* dish; barrel
fatal (fah-*taal*) *adj* fatal
fatta (*fah*-tah) *v* conceive; *take
fattas (*fah*-tahss) *v* fail
fattig (*fah*-ti) *adj* poor
fattigdom (*fah*-ti-*doom*) *c* poverty
fatöl (faat-ūrl) *nt* draught beer
favorit (fah-vōō-*reet*) *c* favourite

fax (fahgs) *nt* fax; **skicka ett ~** send a fax
fe (fay) *c* fairy
feber (*fay*-berr) *c* fever
febrig (*fayb*-ri) *adj* feverish
februari (fayb-rew-*aa*-ri) February
federation (fay-day-rah-*shoon*) *c* federation
feg (fayg) *adj* cowardly
fel (fayl) *nt* mistake, error, fault; *adj* false, wrong; ***ha ~** *be wrong; ***ta ~** err
felaktig (*fayl*-ahk-ti) *adj* incorrect; mistaken
felfri (*fayl*-free) *adj* faultless
felsteg (*fayl*-stayg) *nt* slip
fem (fehm) *num* five
feminin (*fay*-mi-neen) *adj* feminine
femte (*fehm*-ter) *num* fifth
femtio (*fehm*-ti) *num* fifty
femton (fehm-ton) *num* fifteen
femtonde (*fehm*-ton-der) *num* fifteenth
feodal (fay-o-*daal*) *adj* feudal
ferieläger (*fay*-ri-er-lai-gerr) *nt* holiday camp
fernissa (fær-*nee*-sah) *c* varnish; *v* varnish
fest (fehst) *c* party; feast
festival (fayss-ti-*vaal*) *c* festival
festlig (*fayst*-li) *adj* festive
fet (fayt) *adj* fatty; fat; corpulent
fett (fayt) *nt* fat, grease
fettfri (fayt-free) *adj* fat free
fettsugning (*fayt*-*sewg*-ning) *c* liposuction
fiber (*fee*-berr) *c* fibre
ficka (*fi*-kah) *c* pocket
fickalmanacka (*fik*-ahl-mah-nah-kah) *c* diary
fickkniv (*fik*-kneev) *c* pocketknife
ficklampa (*fik*-lahm-pah) *c* torch; flashlight
fiende (*fee*-ayn-der) *c* enemy
fientlig (fi-*ehnt*-li) *adj* hostile
figur (*fi*-*gewr*) *c* figure
fikon (*fee*-kon) *nt* fig
fiktion (fik-*shoon*) *c* fiction
fil (feel) *c* file; row; lane
filial (fil-i-*aal*) *c* branch
Filippinerna (fi-li-*pee*-nerr-nah) Philippines *pl*
filippinsk (fi-li-*peensk*) *adj* Philippine
film (film) *c* film; movie; **tecknad ~** cartoon
filma (*fil*-mah) *v* film
filmduk (*film*-dewk) *c* screen
filmkamera (*film*-kaa-mer-rah) *c* film camera
filosof (fi-lo-*soaf*) *c* philosopher
filosofi (fi-lo-so-*fee*) *c* philosophy
filt (filt) *c* blanket; felt
filter (*fil*-terr) *nt* filter
fin (feen) *adj* fine; delicate; **fint!** all right!; okay!
finanser (fi-*nahng*-serr) *pl* finances *pl*
finansiell (fi-nahng-si-*ayl*) *adj* financial
finansiera (fi-nahng-*si*-*ay*-rah) *v* finance

finger (*fing*-err) *nt* (pl fingrar) finger
fingeravtryck (*fing*-err-aav-trewk) *nt* fingerprint
fingerborg (*fing*-er-bor[y]) *c* thimble
finhacka (*feen*-hah-kah) *v* mince
Finland (*fin*-lahnd) Finland
finländare (*fin*-lehn-der-rer) *c* (pl ~) Finn
finmala (*feen*-maa-lah) *v* *grind
***finna** (*fi*-nah) *v* *find
finne (*fi*-ner) *c* pimple; **finnar** acne
finsk (finsk) *adj* Finnish
fiol (fi-*ōōl*) *c* violin
fira (*fee*-rah) *v* celebrate
firande (fee-rahn-der) *nt* celebration
firma (*feer*-mah) *c* firm; company
fisk (fisk) *c* fish
fiska (*fiss*-kah) *v* fish
fiskaffär (*fisk*-ah-*fææ**r*) *c* fish shop
fiskare (*fiss*-kah-rer) *c* (pl ~) fisherman
fiskben (*fisk*-bāyn) *nt* fishbone; bone
fiskedon (*fiss*-ker-dōōn) *nt* fishing tackle
fiskekort (*fiss*-ker-kōōrt) *nt* fishing licence
fiskerinäring (fiss-ker-*ree*-næ-ring) *c* fishing industry
fiskmås (*fisk*-mōass) *c* seagull
fisknät (*fisk*-nait) *nt* fishing net
fiskredskap (*fisk*-rāyd-skaap) *nt* fishing gear
fiskrom (*fisk*-rom) *c* roe
fjorton (*f[y]ōōr*-ton) *num* fourteen
fjortonde (*f[y]ōōr*-ton-der) *num* fourteenth
fjäder (*f[y]ai*-derr) *c* (pl -drar) feather; spring
fjäderfä (*f[y]ai*-derr-fai) *nt* poultry; fowl
fjädring (*f[y]aid*-ring) *c* suspension
fjäll (f[y]ehl) *nt* scale; mountain
fjälla (*f[y]eh*-lah) *v* peel
fjärde (*f[y]ææ**r*-der) *num* fourth
fjäril (*f[y]ææ*-ril) *c* butterfly
fjärilsim (*f[y]ææ*-ril-sim) *nt* butterfly stroke
fjärrkontroll (*fyairr*-kon-troll) *c* remote control
flagga (*flah*-gah) *c* flag
flamingo (*flahm*-ing-goo) *c* flamingo
flanell (flah-*nayl*) *c* flannel
flanera (flah-*nāy*-rah) *v* stroll
flanör (flah-*nūrr*) *c* stroller
flaska (*flahss*-kah) *c* bottle
flaskhals (*flahsk*-hahls) *c* bottleneck
flasköppnare (*flahsk*-urp-nah-rer) *c* (pl ~) bottle opener
flat (flaat) *adj* flat
fler (flāyr) *adj* more; **(de) flesta** most; **flera** several
flicka (*fli*-kah) *c* girl
flicknamn (*flik*-nahmn) *nt*

maiden name; girl's name
flickvän (flik-vehn) *c* girlfriend
flin (fleen) *nt* grin
flina (*flee*-nah) *v* grin
flintskallig (*flint*-skah-li) *adj* bald
flintsten (*flint*-stay̅n) *c* flint
flisa (*flee*-sah) *c* chip
flit (fleet) *c* diligence
flitig (*flee*-ti) *adj* industrious, diligent
flod (flo͞od) *c* river; flood
flodbank (*flo͞od*-bahngk) *c* bank
flodmynning (*flo͞od*-mew-ning) *c* river mouth, estuary
flodstrand (flo͞od-strahnd) *c* (pl -stränder) riverside; river bank
flott (flott) *adj* posh *colloquial*
flotta (*flo*-tah) *c* navy; fleet; **flott-** naval
flotte (*flo*-ter) *c* raft
flottig (*flo*-ti) *adj* greasy
flottör (flo-*tu̅rr*) *c* float
fluga (*flew̅*-gah) *c* fly; bow tie
fly (flew̅) *v* flee
flyg (*flew̅g*) *nt* flight
***flyga** (*flew̅*-gah) *v* *fly
flygbolag (*flew̅g*-bo͞o-laag) *nt* airline
flygel (*flew̅*-gerl) *c* (pl -glar) grand piano
flygfält (*flew̅g*-fehlt) *nt* airfield
flygkapten (*flew̅g*-kahp-tay̅n) *c* captain
flygolycka (*flew̅g*-oo-*lew*-kah) *c* plane crash
flygplan (*flew̅g*-plaan) *nt* aeroplane, aircraft, plane; airplane *nAm*
flygplats (*flew̅g*-plahts) *c* airport
flygpost (*flew̅g*-post) *c* airmail
flygresa (*flew̅g*-ray̅-sah) *c* flight
flygsjuka (*flew̅g*-shew̅-kah) *c* airsickness
flygvärdinna (*flew̅g*-vær-*di*-nah) *c* stewardess
flykt (flewkt) *c* escape
flyktig (*flewk*-ti) *adj* passing; volatile
flykting (*flewk*-ting) *c* refugee
***flyta** (*flew̅*-tah) *v* flow; float
flytande (*flew̅*-tahn-der) *adj* fluent; liquid, fluid
flytta (*flewt*-ah) *v* move
flyttbar (*flewt*-baar) *adj* movable
flyttning (*flewt*-ning) *c* move
flytväst (*flew̅t*-vehst) *c* life jacket
fläck (flehk) *c* stain, spot; speck, blot; **fläcka ned** stain
fläckborttagningsmedel (*flehk*-boart-taag-nings-*may̅*-dayl) *nt* stain remover
fläckfri (*flehk*-free) *adj* spotless, stainless
fläckig (*fleh*-ki) *adj* spotted
fläkt (flehkt) *c* breath of air, breeze; fan
fläktrem (*flehkt*-rehm) *c* (pl ~mar) fan belt
flämta (*flehm*-tah) *v* pant
flöjt (flur[y]t) *c* flute

fnittra (*fnit*-rah) *v* giggle
foajé (foo-ah-*ʸay*) *c* lobby, foyer
foder (*foo*-derr) *nt* lining; forage
foderbehållare (*foo*-derr-bay-*ho*-lah-rer) *c* (pl ~) manger
fodral (foo-*draal*) *nt* case; cover
fogde (*foog*-der) *c* bailiff
folk (folk) *nt* folk, nation, people; *pl* people *pl*; **folk-** national, popular
folkdans (*folk*-dahns) *c* folk dance
folklore (*folk*-loar) *c* folklore
folkmassa (*folk*-mah-sah) *c* crowd
folkrik (*folk*-reek) *adj* populous
folkvisa (*folk*-vee-sah) *c* folk song
fond (fond) *c* fund
fondbörs (*fond*-burrs) *c* stock exchange
fondmarknad (*fond*-mahrk-nahd) *c* stock market
fonetisk (fo-*nay*-tisk) *adj* phonetic
fontän (fon-*tain*) *c* fountain
forcera (for-*say*-rah) *v* force
fordon (*foo*-doon) *nt* vehicle
fordra (*food*-rah) *v* demand; claim
fordran (*food*-rahn) *c* (pl -ringar) claim
fordringsägare (*food*-rings-ai-gah-rer) *c* (pl ~) creditor
[for]ell (fo-*rayl*) *c* trout
form (form) *c* form; shape
forma (*for*-mah) *v* form; model, shape
formalitet (for-mah-li-*tayt*) *c* formality
format (for-*maat*) *nt* format; size
formel (*for*-merl) *c* (pl -mler) formula
formell (for-*mehl*) *adj* formal
formulär (for-mew-*læær*) *nt* form
forntida (*foorn*-tee-dah) *adj* ancient
forskning (*forsk*-ning) *c* research
fort(foort) *adv* in a hurry
***fortgå** (*foort*-goa) *v* continue
fortkörning (*foort*-tʸurr-ning) *c* speeding
***fortsätta** (*foort*-seh-tah) *v* *keep on; continue; *go on, *go ahead, carry on; proceed
fortsättning (*foort*-seht-ning) *c* continuation
fosterföräldrar (*fooss*-terr-furr-*ehld*-rahr) *pl* foster parents *pl*
fosterland (*fooss*-terr-lahnd) *nt* (pl -länder) native country
fot (foot) *c* (pl fötter) foot; **till fots** on foot; walking
fotboll (*foot*-bol) *c* football; soccer
fotbollslag (*foot*-bols-laag) *nt* soccer team
fotbollsmatch (*foot*-bols-mahch) *c* football match

fotbroms (*foot*-broms) *c* foot brake
fotgängare (*foot*-ʸehng-ah-rer) *c* (pl ~) pedestrian
fotnot (*foot*-noot) *c* note
foto (*foo*-too) *nt* photo
fotoaffär (*foo*-too-ah-*fæær*) *c* camera shop
fotogen (fo-to-*shayn*) *c* paraffin; kerosene
fotograf (foo-too-*graaf*) *c* photographer
fotografera (foo-too-grah-*fay*-rah) *v* photograph
fotografering (foo-too-grah-*fay*-ring) *c* photography
fotografi (foo-too-grah-*fee*) *nt* photograph
fotomeddelande (*foo*-too-may-*day*-lahn-der) *nt* photo message
fotostatkopia (*foo*-too-*staat*-koo-*pee*-ah) *c* photostat
fotpuder (*foot*-pew-derr) *nt* foot powder
frakt (frahkt) *c* freight
fram (frahm) *adv* forward
framför (*frahm*-furr) *prep* before; in front of; *adv* ahead
framföra (*frahm*-fur-rah) *v* present, state
***framgå** (*frahm*-goa) *v* appear
framgång (*frahm*-gong) *c* prosperity
framgångsrik (*frahm*-gongs-reek) *adj* successful
framkalla (*frahm*-kah-lah) *v* develop
***framlägga** (*frahm*-lehg-ah) *v* present
framsida (*frahm*-see-dah) *c* front; face
framsteg (*frahm*-stayg) *nt* progress; advance; ***göra ~** advance, *make progress; *get on
framstegsvänlig (*frahm*-staygs-vehn-li) *adj* progressive
framstående (*frahm*-stoa-ayn-der) *adj* prominent; distinguished
framställa (*frahm*-steh-lah) *v* produce, represent
framtid (*frahm*-teed) *c* future
framtida (*frahm*-tee-dah) *adj* future
framträda (*frahm*-trai-dah) *v* appear
framträdande (*frahm*-treh-dahn-der) *nt* appearance
framvisa (*frahm*-vee-sah) *v* *show
framåt (*frahm*-oat) *adv* onwards, forward, ahead
framåtsträvande (*frahm*-oat-strai-vahn-der) *adj* progressive
frankera (frahng-*kay*-rah) *v* stamp
franko (*frahng*-koo) *adj* post-paid
Frankrike (*frahngk*-ri-ker) France
frans (frahns) *c* fringe
fransa sig (frahn-sah) fray
fransk (frahnsk) *adj* French
fransman (*frahns*-mahn) *m*

(pl -män) Frenchman
fras (fraass) *c* phrase
frasig (*fraa*-si) *adj* crisp
fred (frayd) *c* peace
fredag (*fray*-daag) *c* Friday
frekvens (frer-*kvehns*) *c* frequency
fresta (*frayss*-tah) *v* tempt
frestelse (*frayss*-tayl-ser) *c* temptation
fri (free) *adj* free
fribiljett (*free*-bil-yayt) *c* free ticket
frid (freed) *c* peace
fridfull (*freed*-fewl) *adj* peaceful; serene
***frige** (*fri*-yay) *v* release
frigivande (*free*-yee-vahn-der) *nt* liberation
frigörelse (*free*-yur-rerl-ser) *c* emancipation, liberation
frihet (*free*-hayt) *c* liberty, freedom
friidrott (*free*-ee-drot) *c* athletics *pl*
frikalla (*free*-kah-lah) *v* exempt
frikostig (*free*-koss-ti) *adj* liberal
friktion (frik-*shoon*) *c* friction
frikännande (*free*-tyeh-nahn-der) *nt* acquittal
frimärke (*free*-mær-ker) *nt* postage stamp
frisk (frisk) *adj* well, healthy
friskintyg (*frisk*-in-tewg) *nt* health certificate
frisyr (fri-*sewr*) *c* hairdo
***frita** (*free*-taa) *v* exempt; ~ *ån discharge of
fritid (*free*-teed) *c* spare time
fritidscenter (*free*-teeds-sehn-terr) *nt* recreation centre
frivillig[1] (*free*-vi-li) *c* (pl ~a) volunteer
frivillig[2] (*free*-vi-li) *adj* voluntary
frivol (fri-*vol*) *adj* frivolous
from (froom) *adj* pious
frost (frost) *c* frost
frostskyddsvätska (*frost*-shewds-vehts-kah) *c* antifreeze
frotté (fro-*tay*) *c* terry cloth
fru (frew) *c* madam
frukost (*frew*-kost) *c* breakfast
frukt (frewkt) *c* fruit
frukta (*frewk*-tah) *v* dread, fear
fruktan (*frewk*-tahn) *c* dread, fright
fruktansvärd (frewk-tahns-værd) *adj* awful
fruktbar (*frewkt*-baar) *adj* fertile
fruktos (frewk-*toos*) *c* fructose; **fruktosfri** (frewk-*toos*-free) *adj* fructose-free
fruktsaft (*frewkt*-sahft) *c* squash, juice
fruktträdgård (*frewkt*-trai-goard) *c* orchard
frusen (*frew*-sern) *adj* frozen, cold
frys (frewss) *c* (pl frysar) freezer
***frysa** (*frew*-sah) *v* *be cold; *freeze

fryspunkt (*frewss*-pewngkt) *c* freezing point
fråga (*froa*-gah) *c* question; matter, issue; *v* ask
frågesport (*froa*-ger-sport) *c* quiz
frågetecken (*froa*-ger-tay-kern) *nt* question mark
frågvis (*froag*-veess) *adj* inquisitive
från (froan) *prep* from; off, as from, out of; ~ **och med** from; as from
frånstötande (*froan*-stur-tahn-der) *adj* repellent; repulsive
frånvarande (*froan*-vaa-rahn-der) *adj* absent
frånvaro (*froan*-vaa-roo) *c* absence
fräck (frehk) *adj* impertinent, insolent; bold; cheeky *colloquial*
fräckhet (*frehk*-hayt) *c* nerve
frälsa (*frehl*-sah) *v* redeem; deliver
frälsning (*frehls*-ning) *c* delivery
främling (*frehm*-ling) *c* stranger; alien
främmande (*frehm*-ahn-der) *adj* strange; foreign
frö (frur) *nt* seed
fröjd (frur[y]d) *c* joy
fröken (*frur*-kayn) *c* miss; spinster
fukt (fewkt) *c* damp
fukta (*fewk*-tah) *v* moisten; damp
fuktig (*fewk*-ti) *adj* damp; humid, moist
fuktighet (*fewk*-ti-hayt) *c* humidity, moisture
ful (fewl) *adj* ugly
full (fewl) *adj* full; drunk
fullborda (*fewl*-boor-dah) *v* accomplish; finish
***fullgöra** (*fewl*-[y]ur-rah) *v* fulfill; perform
fullkomlig (*fewl*-kom-li) *adj* complete; perfect; **fullkomligt** completely; entirely
fullkomlighet (*fewl*-kom-li-hayt) *c* perfection
fullkornsbröd (*fewl*-koorns-brurd) *nt* wholemeal bread
fullpackad (*fewl*-pahk-ahd) *adj* chockfull; crowded
fullsatt (*fewl*-saht) *adj* full up
fullständig (*fewl*-stehn-di) *adj* complete, total, utter; **fullständigt** completely
fullända (*fewl*-ehn-dah) *v* complete
fundera på (fewn-*day*-rah) *think over, ponder upon
fungera (fewng-*gay*-rah) *v* work; operate
funktion (fewngk-*shoon*) *c* function; working, operation
funktionsoduglig (fewngk-*shoons*-oo-dewg-li) *adj* out of order
fuska (*fewss*-kah) *v* cheat
fy! (few) shame!
fylla (*few*-lah) *v* fill; ~ **i** fill in; fill out *Am*
fylld (fewld) *adj* stuffed
fyllning (*fewl*-ning) *c* filling;

stuffing
fynd (fewnd) *nt* discovery, find; bargain
fyr (fewr) *c* lighthouse
fyra (*few*-rah) *num* four
fyrtio (*furr*-ti) *num* forty
fysik (few-*seek*) *c* physics
fysiker (*few*-si-kerr) *c* (pl ~) physicist
fysiologi (few-si-o-lo-*gee*) *c* physiology
fysisk (*few*-sisk) *adj* physical
få (foa) *adj* few
***få** (foa) *v* *get; *may, *have, *be allowed to
fåfänglig (*foa*-fehng-li) *adj* vain
fågel (*foa*-gerl) *c* (pl fåglar) bird
fåll (fol) *c* hem
fånga (*fong*-ah) *v* *catch
fånge (*fong*-er) *c* prisoner
fångenskap (*fong*-ayn-skaap) *c* imprisonment
får (foar) *nt* sheep
fåra (*foa*-rah) *c* furrow, groove
fårkött (*foar*-tʸurt) *nt* mutton
***få tag i** (faw taag ee) *come across
fåtölj (foa-*turlʸ*) *c* armchair; easy chair
fäkta (*fehk*-tah) *v* fence
fälg (fehlʸ) *c* rim
fälla (*fehl*-ah) *c* trap
fält (fehlt) *nt* field
fältkikare (*fehlt*-tʸee-kah-rer) *c* (pl ~) field glasses
fältsäng (*fehlt*-sehng) *c* camp bed
fängelse (*fehng*-ayl-ser) *nt* prison; jail
fängsla (*fehngs*-lah) *v* imprison, captivate
färdig (*fæær*-di) *adj* finished; ready
färg (færʸ) *c* colour; dye
färga (*fær*-ʸah) *v* dye
färgad (*fær*-ʸahd) *adj* coloured, dyed
färgblind (*færʸ*-blind) *adj* colour-blind
färgfilm (*færʸ*-film) *c* colour film
färglåda (*færʸ*-loa-dah) *c* paintbox
färgrik (*færʸ*-reek) *adj* richly coloured, vivid
färgstark (*færʸ*-stahrk) *adj* colourful
färja (*fær*-ʸah) *c* ferry-boat
färsk (færsk) *adj* fresh
fästa (*fehss*-tah) *v* attach, fasten; *stick; **~ med nål** pin; **fäst vid** attached to
fästman (*fehst*-mahn) *c* (pl -män) fiancé
fästmö (*fehst*-mur) *c* fiancée
fästning (*fehst*-ning) *c* fortress; stronghold
föda (*fur*-dah) *c* food
född (furd) *adj* born
födelse (*fur*-dayl-ser) *c* birth
födelsedag (*fur*-dayl-ser-daag) *c* birthday
födelseort (*fur*-dayl-ser-oort) *c* place of birth
födsel (*furd*-serl) *c* (pl -slar) birth
föga (*fur*-gah) *adj* little
följa (*furl*-ʸah) *v* accompany;

follow; ~ **efter** follow
följaktligen (*furl*ʸ-ahkt-li-gayn) *adv* consequently
följande (furl-ʸahn-der) *adj* following; next, subsequent
följd (furlʸd) *c* consequence; result; succession
följeslagare (furl-ʸer-slaa-gah-rer) *c* (pl ~) companion
följetong (*furl*-ʸer-tong) *c* serial
fönster (*furns*-terr) *nt* window
fönsterbräde (*furn*-sterr-braider) *nt* windowsill
fönstergaller (*furns*-terr-gahl-err) *nt* bar
fönsterlucka (*furns*-terr-lew-kah) *c* shutter
för (furr) *prep* for, *conj* for; ~ **alltid** forever, for ever; ~ **att** to; ~ **en gångs skull** for once
föra (*fur*-rah) *v* convey, carry
förakt (furr-*ahkt*) *nt* scorn, contempt
förakta (furr-*ahk*-tah) *v* despise; scorn
förare (*fur*-rah-rer) *c* (pl ~) driver
förarga (furr-*ahr*-ʸah) *v* annoy; displease
förargelse (furr-*ahr*-ʸerl-ser) *c* annoyance
förarglig (furr-*ahr*ʸ-li) *adj* annoying
förband (furr-*bahnd*) *nt* bandage
förbandslåda (furr-*bahnds*-loa-dah) *c* first aid kit
förbanna (furr-*bahn*-ah) *v* damn; **förbannat** Damn!
förbehåll (*furr*-ber-hol) *nt* reservation; qualification; **utan** ~ unconditionally
förbereda (*furr*-ber-*ray*-dah) *v* prepare
förberedelse (*furr*-ber-*ray*-dayl-ser) *c* preparation
förbi (furr-*bee*) *prep* past; ***gå** ~ pass by
***förbinda** (furr-*bin*-dah) *v* connect; join; dress
förbindelse (furr-*bin*-dehl-ser) *c* connection
förbipasserande (furr-*bee*-pah-say-rahn-der) *c* (pl ~) passer-by
***förbise** (*furr*-bi-say) *v* overlook
förbiseende (*furr*-bi-say-ayn-der) *nt* oversight
***förbjuda** (furr-*b*ʸ*ew*-dah) *v* *forbid; prohibit
förbjuden (furr-*b*ʸ*ew*-dayn) *adj* prohibited
***förbli** (furr-*blee*) *v* remain; stay
förbluffa (furr-*blew*-fah) *v* amaze
förbruka (furr-*brew*-kah) *v* consume; *spend; use up
förbrukning (furr-*brewk*-ning) *c* consumption
förbryllande (furr-*brew*-lahn-der) *adj* puzzling
förbrytare (furr-*brew*-tah-rer) *c* (pl ~) criminal
förbud (furr-*bewd*) *nt* prohibition
förbund (furr-*bewnd*) *nt*

league; **förbunds-** federal
förbundsstat (furr-*bewnd*-staat) *c* federation
förbättra (furr-*beht*-rah) *v* improve
förbättring (furr-*beht*-ring) *c* improvement
fördel (*fūrr*-dāyl) *c* advantage; profit
fördelaktig (*fūrr*-dāyl-ahk-ti) *adj* advantageous; attractive
fördom (*fūrr*-doom) *c* prejudice
***fördriva** (furr-*dree*-vah) *v* expel, chase
fördröja (furr-*drur*-ʸah) *v* delay; slow down
fördämning (furr-*dehm*-ning) *c* dike
fördärva (furr-*dær*-vah) *v* *spoil
före (*fūr*-rer) *prep* before; ahead of; ~ **detta** former
förebrå (*fūr*-rer-brōa) *v* reproach; blame
förebråelse (*fūr*-rer-brōa-ayl-ser) *c* reproach
förebygga (*fūr*-rer-bewg-ah) *v* prevent
förebyggande (*fūr*-rer-bew-gahn-der) *adj* preventive
***föredra** (*fūr*-rer-draa) *v* prefer
föredrag (*fūr*-rer-draag) *nt* lecture, talk
***föregripa** (*fūr*-rer-gree-pah) *v* anticipate
***föregå** (*fur*-rer-gōa) *v* precede
föregående (*fūr*-rer-gōa-ern-der) *adj* previous; preceding; prior
föregångare (*fūr*-rer-gong-ah-rer) *c* (pl ~) predecessor
***förekomma** (*fūr*-rer-ko-mah) *v* occur; anticipate
förekomst (*fūr*-rer-komst) *c* frequency
föreläsning (fūr-rer-laiss-ning) *c* lecture
föremål (*fūr*-rer-mōal) *nt* object
förena (furr-*āy*-nah) *v* join, unite
förenad (furr-*āy*-nahd) *adj* united, combined, joint
förening (furr-*āy*-ning) *c* association; society, club; union
Förenta Staterna (fur-*rayn*-tah-*staa*-terr-nah) United States; the States
***föreslå** (*fūr*-rer-slōa) *v* propose; suggest
förespråkare (*fūr*-rer-sprōa-kah-ray) *c* (pl ~) spokesman, advocate
förestående (*fūr*-rer-stōa-ayn-der) *adj* oncoming
föreståndarinna (*fūr*-rer-ston-dah-*ri*-nah) *c* matron; manageress
föreställa (*fūr*-rer-stehl-ah) *v* introduce; represent; ~ **sig** imagine; fancy
föreställning (*fūr*-rer-stehl-ning) *c* idea; performance, show
***företa** (*fūr*-rer-tah) *v* *undertake

företag (*fūr*-rer-taag) *nt* enterprise; undertaking; concern, company
företräde (*fūr*-rer-trai-der) *nt* priority
förevisa (*fūr*-rer-vee-sah) *v* exhibit
förevändning (*fūr*-rer-vehnd-ning) *c* pretence
förfader (*fūrr*-faa-derr) *c* (pl -fäder) ancestor
förfall (furr-*fahl*) *nt* decay
***förfalla** (furr-*fah*-lah) *v* deteriorate; expire
förfallen (furr-*fahl*-ern) *adj* dilapidated; **~ till betalning** overdue
förfallodag (furr-*fah*-lo-daag) *c* due date, day of maturity
förfalska (furr-*fahls*-kah) *v* forge; counterfeit
förfalskning (furr-*fahlsk*-ning) *c* fake, falsification
förfaringssätt (furr-*faa*-rings-seht) *nt* method
författare (furr-*fah*-tah-rer) *c* (pl ~) author; writer
förfluten (furr-*flew*-tayn) *adj* past; **det förflutna** the past
***förflyta** (furr-*flew*-tah) *v* pass
förflyttning (furr-*flewt*-ning) *c* transfer
förfogande (furr-*foog*-ahn-der) *nt* disposal
förfriskning (furr-*frisk*-ning) *c* refreshment
förfråga sig (furr-*froag*-ah) inquire
förfrågan (furr-*froa*-gahn) *c* (pl -gningar) request, inquiry; query
förfärlig (furr-*fæær*-li) *adj* terrible; dreadful, frightful
förfölja (furr-*furl*-yah) *v* pursue; chase
förföra (furr-*fūr*-rah) *v* seduce
förförisk (furr-*fūr*-risk) *adj* seductive
förgasare (furr-*gaa*-sah-rer) *c* (pl ~) carburettor
förgifta (furr-*yif*-tah) *v* poison
förgrenas (furr-*grāy*-nahss) *v* fork, ramify
förgrund (*fūrr*-grewnd) *c* foreground
förgylld (furr-*yewld*) *adj* gilt
***förgå sig** (furr-*goa*) offend
förgäves (furr-*yaiv*-erss) *adv* in vain
på förhand (poa *fūrr*-hahnd) in advance
förhandla (furr-*hahnd*-lah) *v* negotiate
förhandling (furr-*hahnd*-ling) *c* negotiation
förhandsvisning (furr-*hahnds*-veess-ning) *c* preview
förhastad (furr-*hahss*-tahd) *adj* rash; premature
förhindra (furr-*hin*-drah) *v* prevent
förhoppning (furr-*hop*-ning) *c* hope
förhållande (furr-*hol*-ahn-der) *nt* relation; affair
förhör (furr-*hūrr*) *nt* interrogation; examination
förhöra (furr-*hūr*-rah) *v*

interrogate; ~ **sig** inquire; enquire
förkasta (furr-*kahss*-tah) *v* reject; turn down
förklara (furr-*klaa*-rah) *v* explain; declare; ~ **skyldig** convict
förklaring (furr-*klaa*-ring) *c* explanation; declaration
förklä sig (furr-*klai*) disguise
förkläde (*furr*-klai-der) *nt* apron
förklädnad (furr-*klaid*-nahd) *c* disguise
förkorta (furr-*kor*-tah) *v* shorten
förkortning (furr-*kort*-ning) *c* abbreviation
förkylning (furr-*t^y^ewl*-ning) *c* cold; ***bli förkyld** *catch a cold
förkämpe (*furr*-t^y^ehm-per) *c* advocate, champion
förkärlek (*furr*-t^y^ær-layk) *c* preference
förkörsrätt (*furr*-t^y^urrs-reht) *c* right of way
förlag (furr-*laag*) *nt* publishing house
förlamad (furr-*laa*-mahd) *adj* paralyzed; lame
förlikning (furr-*leek*-ning) *c* settlement
förlopp (furr-*lop*) *nt* process
förlora (furr-*loo*-rah) *v* *lose
förlorare (furr-*loh*-rah-rer) *c* (pl ~) loser
förlossning (furr-*loss*-ning) *c* delivery; redemption
förlovad (furr-*loa*-vahd) *adj* engaged
förlovning (furr-*loav*-ning) *c* engagement
förlovningsring (furr-*loav*-nings-ring) *c* engagement ring
förlust (furr-*lewst*) *c* loss
***förlåta** (furr-*loa*-tah) *v* *forgive; **förlåt!** sorry!
förlåtelse (furr-*loa*-tayl-ser) *c* pardon
förlägen (furr-*lai*-gern) *adj* embarrassed; ***göra ~** embarrass
förlägenhet (furr-*lai*-gen-hayt) *c* embarrassment
***förlägga** (furr-*leh*-gah) *v* place; *mislay
förläggare (furr-*leh*-gah-rer) *c* (pl ~) publisher
förlänga (furr-*lehng*-ah) *v* lengthen; extend; renew
förlängning (furr-*lehng*-ning) *c* extension
förlängningssladd (furr-*lehng*-nings-slahd) *c* extension cord
förlöjliga (furr-*lur^y^*-li-gah) *v* ridicule
förman (*furr*-mahn) *c* (pl -män) foreman
förmedlare (furr-*mayd*-lah-rer) *c* (pl ~) intermediary
förmiddag (*furr*-mi-daag) *c* morning
förminska (furr-*mins*-kah) *v* lessen, reduce
förmoda (furr-*mood*-ah) *v* suppose; guess, reckon, assume

förmodan (furr-*mōōd*-ahn) *c* (pl ~den) supposition
förmyndare (*fūrr*-mewn-dah-rer) *c* (pl ~) tutor; guardian
förmynderskap (*fūrr*-mewn-derr-*skaap*) *nt* custody, guardianship
förmå att (furr-*mōā*) *be able to; cause to
förmåga (furr-*mōā*-gah) *c* ability; faculty, capacity
förmån (*fūrr*-mōān) *c* benefit; **till ~ för** in favour of …
förmånlig (*fūrr*-mōān-li) *adj* advantageous
förmögen (furr-*mūr*-gern) *adj* wealthy
förmögenhet (furr-*mūr*-gern-hāyt) *c* fortune
förmörkelse (furr-*murr*-kehl-ser) *c* eclipse
förnamn (*fūrr*-nahmn) *nt* first name; Christian name
förneka (furr-*nāy*-kah) *v* deny
***förnimma** (furr-*nim*-ah) *v* sense, perceive; apprehend
förnimmelse (furr-*nim*-erl-ser) *c* sensation; perception
förnuft (furr-*newft*) *nt* reason; sense
förnuftig (furr-*newf*-ti) *adj* reasonable, sensible
förnya (furr-*nēw*-ah) *v* renew
förnybar (fūrr-*nēw*-baar) *adj* renewable
förnämst (furr-*naimst*) *adj* leading, foremost, greatest
förolämpa (*fūrr*-ōō-lehm-pah) *v* insult
förolämpning (*furr*-ōō-lehmp-ning) *c* insult
förorda (*fūrr*-ōōr-dah) *v* recommend
förorena (*fūr*-oo-rāy-nah) *v* pollute
förorening (*fūrr*-oo-*rāy*-ning) *c* pollution
förorsaka (*fūrr*-oor-saa-kah) *v* cause
förort (*furr*-oort) *c* suburb
förpackning (furr-*pahk*-ning) *c* packing; package
förpliktelse (furr-*plik*-terl-ser) *c* obligation; engagement
förr (furr) *adv* formerly
förra (*furr*-ah) *adj* last; past
förresten (furr-*rehss*-tayn) *adv* by the way; besides
i förrgår (ee *furr*-gōār) the day before yesterday
förråd (furr-*rōād*) *nt* supply
förråda (furr-*rōād*-ah) *v* betray; *give away
förrådsbyggnad (fur-*rōāds*-bewg-nahd) *c* warehouse
förrädare (furr-*rai*-dah-rer) *c* traitor
förräderi (furr-aid-er-*ree*) *nt* treason
förrätt (*furr*-reht) *c* hors d'œuvre; first course
församling (furr-*sahm*-ling) *c* assembly; parish, congregation
***förse** (furr-*sāy*) *v* supply, furnish
förseelse (furr-*sāy*-ayl-ser) *c* offence
försena (furr-*sāy*-nah) *v*

delay; **försenad** late; delayed; overdue
försening (furr-*sāy*-ning) *c* delay
försiktig (furr-*sik*-ti) *adj* cautious, careful
försiktighet (furr-*sik*-ti-hāyt) *c* caution; precaution
försiktighetsåtgärd (furr-*sik*-ti-hayts-ōat-ʸæærd) *c* precaution
förskott (*fūrr*-skot) *nt* advance; **betald i ~** prepaid
förskottera (*fūrr*-sko-*tāy*-rah) *v* advance
förskräcka (furr-*skreh*-kah) *v* terrify; ***bli förskräckt** *be frightened
förskräcklig (furr-*skrehk*-li) *adj* frightful; dreadful, terrible, horrible
förslag (furr-*slaag*) *nt* proposal; suggestion, proposition
försoning (furr-*sōōn*-ing) *c* reconciliation
***försova sig** (furr-*sōa*-vah) *oversleep
försprång (*fūrr*-sprong) *nt* lead, start
först (furrst) *adv* at first
första (*furrs*-tah) *num* first; *adj* foremost, initial, earliest, original
förstad (*fūrr*-staad) *c* (pl -städer) suburb; **förstads-** suburban
förstavelse (*fūrr*-staa-vayl-ser) *c* prefix
förstklassig (*furrst*-klahss-i) *adj* first-class; first-rate
förstoppning (furr-*stop*-ning) *c* constipation
förstora (furr-*stōō*-rah) *v* magnify
förstoring (furr-*stōō*-ring) *c* enlargement
förstoringsglas (furr-*stōō*-rings-glaass) *nt* magnifying glass
förströelse (furr-*strūr*-ayl-ser) *c* amusement; diversion
***förstå** (furr-*stōa*) *v* *understand; *see; comprehend
förståelse (furr-*stōa*-ayl-ser) *c* understanding
förstående (furr-*stōa*-ern-der) *adj* understanding
förstånd (furr-*stond*) *nt* intellect; reason, brain
förstöra (furr-*stūr*-rah) *v* damage, destroy
förstörelse (furr-*stūr*-rayl-ser) *c* destruction
försumlig (furr-*sewm*-li) *adj* neglectful
försumma (furr-*sewm*-ah) *v* neglect; fail
försvar (furr-*svaar*) *nt* defence
försvara (furr-*svaa*-rah) *v* defend, justify
***försvinna** (furr-*svi*-nah) *v* disappear; vanish
försvunnen (furr-*svew*-nayn) *adj* lost; missing
försäkra (furr-*saik*-rah) *v* assure; insure; affirm
försäkring (furr-*saik*-ring) *c*

insurance
försäkringsbrev (furr-*saik*-rings-bra̅yv) *nt* insurance policy; policy
försäkringspremie (furr-*saik*-rings-pra̅y-mi-ay) *c* premium
försäljare (furr-*sehl*-[y]ah-rer) *c* (pl ~) salesman
försäljerska (furr-*sehl*-[y]errs-kah) *c* salesgirl
försäljning (furr-*sehl*[y]-ning) *c* sale
försändelse (furr-*sehn*-dayl-ser) *c* consignment; item of mail
försök (furr-*su̅rk*) *nt* attempt; experiment, try
försöka (furr-*su̅r*-kah) *v* try; attempt
förtal (furr-*taal*) *nt* slander, calumny
förteckning (furr-*tayk*-ning) *c* index, list
förtjusande (furr-*t*[y]*e̅wss*-ahn-der) *adj* delightful; lovely
förtjusning (furr-*t*[y]*e̅wss*-ning) *c* delight
förtjust (furr-*t*[y]*e̅wst*) *adj* delighted; joyful
förtjäna (furr-*t*[y]*ai*-nah) *v* merit, deserve; earn
förtjänst (furr-*t*[y]*ehnst*) *c* gain; merit
förtret (furr-*tra̅yt*) *c* annoyance
förtroende (furr-*tro̅o̅*-ern-der) *nt* confidence; trust
förtrolig (furr-*tro̅o̅*-li) *adj* intimate
förtrollande (furr-*trol*-ahn-der) *adj* enchanting; glamorous
förtrycka (furr-*trew*-kah) *v* oppress
förträfflig (furr-*trehf*-li) *adj* excellent
förtulla (furr-*tew*-ler) *v* declare
förtunna (furr-*tewn*-ah) *v* dilute
förtvivla (furr-*tveev*-lah) *v* despair
förtvivlan (furr-*tveev*-lahn) *c* despair
förundran (furr-*ewnd*-rahn) *c* wonder
förundra sig (furr-*ewnd*-rah) wonder
förut (*fu̅rr*-e̅wt) *adv* before; formerly
förutsatt att (furr-*e̅wt*-saht aht) provided that
***förutse** (*fu̅rr*-e̅wt-sa̅y) *v* anticipate
förutspå (*fu̅rr*-e̅wt-spo̅a) *v* predict
***förutsäga** (*fu̅rr*-e̅wt-seh-[y]ah) *v* forecast
förutsägelse (*fu̅rr*-e̅wt-sayayl-ser) *c* forecast
förutvarande (*fu̅r*-re̅wt-vaa-rahn-der) *adj* former
förvaltande (*fu̅rr*-vahl-tahn-der) *adj* administrative
förvaltare (furr-*vahl*-tah-rer) *c* (pl ~) administrator; trustee
förvaltning (furr-*vahlt*-ning)

c administration
förvaltningsrätt (furr-*vahlt*-nings-reht) *c* administrative law
förvandla (furr-*vahnd*-lah) *v* transform; **förvandlas till** turn into
förvaring (furr-*vaa*-ring) *c* custody
förvaringsbox (furr-*vaa*-rings-boks) *c* locker
förverkliga (furr-*værk*-li-gah) *v* realize
förvirra (furr-*vi*-rah) *v* confuse; muddle
förvirrad (furr-*vi*-rahd) *adj* confused
förvirring (furr-*vi*-ring) *c* confusion
förvissa sig om (furr-*viss*-ah) ascertain
förvåna (furr-*vōān*-ah) *v* astonish; surprise; amaze
förvånansvärd (furr-*vōā*-nahns-væærd) *adj* astonishing
förvåning (furr-*vōāning*) *c* astonishment; amazement
i förväg (ee *furr*-vaig) in advance
förväntan (furr-*vehn*-tahn) *c* (pl -tningar) expectation
förvänta sig (furr-*vehn*-tah) expect
förvärv (furr-*værv*) *nt* acquisition
förväxla (furr-*vehks*-lah) *v* *mistake, confuse, mix up
föråldrad (furr-*old*-rahd) *adj* antiquated, out-of-date
förälder (fūrr-*ehl*-der) *c* (pl föräldrar) parent
föräldrar (furr-*ehld*-rahr) *pl* parents *pl*
förälskad (furr-*ehls*-kahd) *adj* in love
förändra (furr-*ehnd*-rah) *v* change; alter
förändring (furr-*ehnd*-ring) *c* change, variation, alteration
föröva (furr-*ūrv*-ah) *v* commit

G

gagnlös (*gahngn*-lūrss) *adj* futile, useless, fruitless
galen (*gaa*-lern) *adj* crazy
galge (*gahl*-ʸer) *c* coat hanger; gallows *pl*
galla (*gahl*-ah) *c* bile; gall
gallblåsa (*gahl*-blōāss-ah) *c* gall bladder
galleri (gah-ler-*ree*) *nt* gallery
gallsten (*gahl*-stāyn) *c* gallstone
galopp (gah-*lop*) *c* gallop
gam (gaam) *c* vulture
gammal (*gahm*-ahl) *adj* old; ancient, aged; stale
gammaldags (*gahm*-ahl-dahks) *adj* old-fashioned; quaint
gammalmodig (*gahm*-ahl-mōō-di) *adj* old-fashioned,

outmoded
ganska (*gahns*-kah) *adv* fairly; pretty, rather, quite
gap (gaap) *nt* jaws *pl*, mouth
gapa (*gaapah*) *v* open one's mouth
garage (gah-*raash*) *nt* garage
garantera (gah-rahn-*tāy*-rah) *v* guarantee
garanti (gah-rahn-*tee*) *c* guarantee
garderob (gahr-der-*rōab*) *c* wardrobe; closet *nAm*; checkroom *nAm*
gardin (gahr-*deen*) *c* curtain
garn (gaarn) *nt* (pl ~er) yarn
gas (gaass) *c* gas
gaskök (*gaass*-t^y^ūrk) *nt* gas cooker
gaspedal (*gaass*-pay-*daal*) *c* accelerator
gasspis (*gaass*-speess) *c* gas cooker
gastronom (gahst-ro-*nōam*) *c* gourmet
gasverk (*gaass*-værk) *nt* gasworks
gata (gaa-tah) *c* street; road
gatubeläggning (*gaa*-tew-bay-lehg-ning) *c* pavement
gatukorsning (*gaatew*-kors-ning) *c* crossroads
gavel (*gaa*-vayl) *c* (pl gavlar) gable
***ge** (^y^*āy*) *v* *give; pass; **~ efter** *give in; indulge; **~ sig** surrender; **~ sig av** *set out, *leave; **~ upp** *give up; quit; **~ ut** publish
gedigen (^y^ay-*dee*-gern) *adj* solid
gelé (shay-*lāy*) *c* jelly
gemen (^y^ay-*māyn*) *adj* mean, foul
gemensam (^y^ay-*māyn*-sahm) *adj* common; joint, mutual; **gemensamt** jointly; in common
gemenskap (^y^ay-*māyn*-skaap) *c* community, fellowship
genast (^y^*āy*-nahst) *adv* immediately, at once, straight away
genera (shay-*nāy*-rah) *v* embarrass
general (^y^ay-nay-*raal*) *c* general
generation (^y^ay-nay-rah-*shōon*) *c* generation
generator (^y^ay-nay-*raa*-tor) *c* generator
generös (shay-nay-*rūrss*) *adj* generous
geni (^y^*āy*-nee) *nt* (pl ~er) genius
genljud (^y^*āyn*-^y^ēwd) *nt* echo
genom (^y^*āy*-nom) *prep* through
genomborra (^y^*āy*-nom-bo-rah) *v* pierce
genomföra (^y^*āy*-nom-fūr-rah) *v* carry out
***genomgå** (^y^*āy*-nom-gōa) *v* *go through
genomresa (^y^*āy*-nom-rāy-sah) *c* passage, transit
genomskinlig (^y^*āy*-nom-sheen-li) *adj* transparent; sheer

genomsnitt (*ʸay*-nom-snit) *nt* average; mean; **i ~** on the average
genomsnittlig (*ʸay*-nom-snit-li) *adj* average; medium
genomsöka (*ʸay*-nom-sūr-kah) *v* search, ransack
genomtränga (*ʸay*-nom-trehng-ah) *v* penetrate
gentemot (ʸaynt-ay-*moot*) *prep* towards
genus (*gay*-newss) *nt* gender
geografi (ʸay-o-grah-*fee*) *c* geography
geologi (ʸay-o-lo-*gee*) *c* geology
geometri (ʸay-o-mayt-*ree*) *c* geometry
gest (shehst) *c* gesture
gestikulera (shehss-ti-kew-*layr*-ah) *v* gesticulate
get (ʸayt) *c* (pl ~ter) goat; **getabock** billy goat
geting (*ʸay*-ting) *c* wasp
getskinn (*ʸayt*-shin) *nt* kid
gevär (ʸer-*væær*) *nt* rifle; gun
gift (ʸift) *nt* poison
gifta sig (*ʸif*-tah) marry
giftig (*ʸif*-ti) *adj* poisonous; toxic
gikt (ʸikt) *c* gout
gilla (*ʸi*-lah) *v* like; approve
gillande (*ʸi*-lahn-der) *nt* approval
giltig (*ʸil*-ti) *adj* valid
gips (ʸips) *c* plaster
gissa (*ʸi*-sah) *v* guess
gisslan (*ʸiss*-lahn) *c* hostage
gitarr (ʸi-*tahr*) *c* guitar
givetvis (*ʸee*-vert-veess) *adv* of course
givmild (*ʸeev*-mild) *adj* generous; liberal
givmildhet (*ʸeev*-mild-hayt) *c* generosity
***gjuta** (*ʸew*-tah) *v* *cast
glaciär (glah-si-*ʸæær*) *c* glacier
glad (glaad) *adj* glad; cheerful, joyful
gladlynt (*glaad*-lewnt) *adj* good-humoured
glans (glahns) *c* gloss
glas (glaass) *nt* glass; **färgat ~** stained glass; **glas-** glass
glasera (glah-*say*-rah) *v* glaze
glass (glahss) *c* ice cream
glasögon (*glaass*-ūr-gon) *pl* glasses; spectacles
***glida** (*glee*-dah) *v* *slide; glide
glidning (*gleed*-ning) *c* slide
glimt (glimt) *c* glimpse; flash
glob (gloob) *c* globe
globalisera (gloo-baal-i-*say*-rah) *v* globalize
globalisering (gloo-baali-*say*-ring) *c* globalization
global uppvärmning (gloo-*baal ewp*-værm-ning) *c* global warming
glupsk (glewpsk) *adj* greedy
gluten (*glew*-tern) *nt* gluten; **glutenfri** (*glew*-tern-free) *adj* gluten-free
***glädja** (*glaid*-ʸah) *v* please, delight
glädje (*glaid*-ʸer) *c* joy, pleasure; gladness; **med ~** gladly

glänsa (*glehn*-sah) *v* *shine
glänsande (*glehn*-sahn-der) *adj* shining, lustrous
glänta (*glehn*-tah) *c* glade
glöd (glūrd) *c* embers *pl*; glow
glöda (*glūr*-dah) *v* glow
glödlampa (*glūrd*-lahm-pah) *c* light bulb
glödlampshållare (*glūrd*-lahmps-*ho*-lah-rer) *c* (pl ~) socket
glömma (*glur*-mah) *v* *forget
glömsk (glurmsk) *adj* forgetful
***gnida** (*gneed*-ah) *v* rub
gnissla (*gniss*-lah) *v* creak
gnista (*gniss*-tah) *c* spark
gnistra (*gnist*-rah) *v* sparkle
gnistrande (*gnist*-rahn-der) *adj* sparkling
god (gōōd) *adj* nice; good; kind; **var ~** please; **var så ~** here you are
goddag! (*gōō*-daa) hello!
godis (*gōōd*-iss) *nt* candy *nAm*
godkänna (*gōōd*-tʸehn-ah) *v* approve of
godlynt (*gōōd*-lewnt) *adj* good-tempered
godmodig (*gōōd*-mōō-di) *adj* good-natured
gods (goods) *nt* estate
godståg (*goods*-tōag) *nt* goods train; freight train *nAm*
godsvagn (*goods*-vahngn) *c* waggon
godtrogen (*gōōd*-trōō-gern) *adj* credulous
godtycklig (*gōōd*-tewk-li) *adj* arbitrary, fortuitous
golf (golf) *c* golf
golfbana (*golf*-baa-ner) *c* golf course; golf links
golv (golv) *nt* floor
gondol (gon-*dōal*) *c* gondola
gosse (*goss*-er) *c* lad
gottaffär (*got*-ah-*fæær*) *c* sweetshop; candy store *Am*
gotter (*got*-err) *pl* sweets
***gottgöra** (*got*-ʸūrr-ah) *v* *make good, indemnify
gottgörelse (*got*-ʸūr-rerl-ser) *c* indemnity
GPS (ge-peh-s) *c* GPS ; global positioning system
grabb (grahb) *c* chap
grace (graass) *c* grace
graciös (grah-si-*ūrss*) *adj* graceful
grad (graad) *c* degree; grade; **till den ~** so
gradvis (*graad*-veess) *adj* gradual
grafisk (*graa*-fisk) *adj* graphic; **~ framställning** diagram
gram (grahm) *nt* gram
grammatik (grah-mah-*teek*) *c* grammar
grammatisk (grah-*mah*-tisk) *adj* grammatical
grammofon (grah-mo-*fōan*) *c* record player; gramophone
grammofonskiva (grah-mo-*fōan*-shee-vah) *c* record; disc
gran (graan) *c* fir tree
granit (grah-*neet*) *c* granite
granne (*grah*-ner) *c*

neighbour
grannskap (*grahn*-skaap) *nt* neighbourhood
grapefrukt (*graip*-frewkt) *c* grapefruit
gratis (*graa*-tiss) *adj* free; gratis
gratulation (grah-tew-lah-*shōōn*) *c* congratulation
gratulera (grah-tew-*lay*-rah) *v* compliment, congratulate
grav (graav) *c* grave; tomb
gravera (grah-*vay*-rah) *v* engrave
gravid (grah-*veed*) *adj* pregnant
gravsten (*graav*-stayn) *c* gravestone; tombstone
gravsättning (*graav*-seht-ning) *c* burial
gravyr (grah-*vewr*) *c* engraving
gravör (grah-*vurr*) *c* engraver
grej (gray) *c* gadget
grek (grayk) *c* Greek
grekisk (*gray*-kisk) *adj* Greek
Grekland (*grayk*-lahnd) Greece
gren (grayn) *c* branch
grepp (grayp) *nt* grasp; clutch, grip
greve (*gray*-ver) *c* count; earl
grevinna (gray-*vi*-nah) *c* countess
grevskap (*grayv*-skaap) *nt* county
griffeltavla (*gri*-ferl-taav-lah) *c* slate
grill (grill) *c*; (pl griller) barbecue
grilla (*gri*-lah) *v* grill; roast
grillrestaurang (*gril*-rayss-tew-*rahng*) *c* grillroom
grind (grind) *c* gate
***gripa** (*greep*-ah) *v* grasp; *take, grip, seize, *catch
gripbar (*greep*-baar) *adj* tangible
gris (greess) *c* pig
grisköttt (*greess*-t[y]urt) *nt* pork
groda (*grōō*-dah) *c* frog
grodd (grood) *c* germ
grop (grōōp) *c* pit
gropig (*grōō*-pi) *adj* bumpy, rough
gross (gross) *nt* gross
grossist (gro-*sist*) *c* wholesale dealer
grotta (*gro*-tah) *c* grotto; cave
grov (grōōv) *adj* coarse; gross
grund (grewnd) *c* cause; ground; *adj* shallow; **på ~ av** because of; on account of, for
grunda (*grewn*-dah) *v* found; base, ground
grundlag (*grewnd*-laag) *c* constitutional law
grundlig (*grewnd*-li) *adj* thorough
grundläggande (*grewnd*-leh-gahn-der) *adj* fundamental; basic
grundprincip (*grewnd*-prin-*seep*) *c* basis
grundsats (*grewnd*-sahts) *c* fundamental principle
grundval (*grewnd*-vaal) *c* base, foundation
grupp (grewp) *c* group; set

grus (grewss) *nt* gravel; grit
grusväg (*grewss*-vaig) *c* gravelled road
gruva (*grew*-vah) *c* mine; pit
gruvarbetare (*grewv*-ahr-*bay*-tah-rer) *c* (pl ~) miner
gruvdrift (*grewv*-drift) *c* mining
grym (grewm) *adj* cruel; harsh
gryning (*grew*-ning) *c* dawn
gryta (*grew*-tah) *c* pot, casserole
grå (groa) *adj* grey
***gråta** (*groa*-tah) *v* cry; *weep
grädde (*greh*-der) *c* cream
gräddfärgad (*grehd*-fær-^{y}ahd) *adj* cream
gräl (grail) *nt* quarrel; dispute
gräla (*grai*-lah) *v* argue, quarrel; ~ **på** scold
gränd (grehnd) *c* alley; lane
gräns (grehns) *c* frontier, border; limit, bound
gränslinje (*grehns*-lin-^{y}er) *c* boundary
gräs (graiss) *nt* grass
gräshoppa (*graiss*-ho-pah) *c* grasshopper
gräslig (*graiss*-li) *adj* horrible
gräslök (*graiss*-lurk) *c* chives *pl*
gräsmatta (*graiss*-mah-tah) *c* lawn
grässtrå (*graiss*-stroa) *nt* blade of grass
gräva (*grai*-vah) *v* *dig; ~ **ut** excavate
grön (grurn) *adj* green
grönsak (*grurn*-saak) *c* vegetable
grönsakshandlare (*grurn*-saaks-*hahnd*-lah-rer) *c* (pl ~) greengrocer; vegetable merchant
grönsallad (*grurn*-sahl-ahd) *c* lettuce
gud (gewd) *c* god
gudfar (*gewd*-faar) *c* (pl -fäder) godfather
gudinna (gew-*din*-ah) *c* goddess
gudmor (gewd-moor) *c* (pl -mödrar) godmother
gudomlig (gew-*doom*-li) *adj* divine
gudstjänst (*gewds*-t^{y}ehnst) *c* worship, divine service
guide (gighd) *c* guide
gul (gewl) *adj* yellow
guld (gewld) *nt* gold
guldsmed (*gewld*-smayd) *c* goldsmith
gulsot (*gewl*-soot) *c* jaundice
gummi (*gew*-mi) *nt* rubber; gum
gummiband (*gew*-mi-bahnd) *nt* rubber band
gunga (*gewng*-ah) *c* swing; *v* rock, *swing
gungbräda (*gewng*-brai-dah) *c* seesaw
gunstling (*gewnst*-ling) *c* favourite
gurgla (*gewrg*-lah) *v* gargle
gurka (*gewr*-kah) *c* cucumber
guvernant (*gew*-verr-*nahnt*) *c* governess
guvernör (gew-verr-*nurr*) *c* governor

gylf (ʸewlf) *c* fly
gyllene (ʸ*ewl*-ler-ner) *adj* golden
gymnast (ʸewm-*nahst*) *c* gymnast
gymnastik (ʸewm-nah-*steek*) *c* gymnastics *pl*
gymnastikbyxor (ʸewm-nah-*steek*-bewk-serr) *pl* trunks *pl*
gymnastiksal (ʸewm-nah-*steek*-saal) *c* gymnasium
gymnastikskor (ʸewm-nah-*steek*-skōōr) *pl* gym shoes; plimsolls *pl*; sneakers *plAm*
gynekolog (ʸew-nay-ko-*lōag*) *c* gynaecologist
gynna (ʸ*ewn*-ah) *v* favour
gynnsam (ʸ*ewn*-sahm) *adj* favourable
gyttja (ʸ*ewt*-ʸah) *c* mud
***gå** (gōa) *v* *go; walk; ~ **förbi** pass by; ~ **igenom** pass through; ~ **i land** land; ~ **in** enter; ~ **med på** consent to; ~ **ombord** embark; ~ **till val** go to the polls; ~ **upp** *rise; ~ **ut** *go out
gång (gong) *c* time; passage, corridor, aisle; **en** ~ once; some time; **en** ~ **till** once more; **gång på gång** again and again; **någon** ~ some day; **två gånger** twice
gångart (*gong*-aart) *c* gait
gångbana (*gong*-baan-ah) *c* sidewalk *nAm*
gångjärn (*gong*-ʸæærn) *nt* hinge
gångstig (*gong*-steeg) *c* footpath
gård (gōard) *c* farm; yard
gås (gōass) *c* (pl gäss) goose
gåshud (*gōass*-hēwd) *c* goose flesh
gåta (*gōa*-tah) *c* riddle; enigma
gåtfull (*gōat*-fewl) *adj* mysterious
gåva (*gōa*-vah) *c* gift; present
gädda (ʸ*eh*-dah) *c* pike
gäl (ʸail) *c* gill
gäll (ʸehl) *adj* loud
gälla (ʸ*ehl*-ah) *v* apply
gällande (ʸ*ehl*-ahn-der) *adj* current, valid
gäng (ʸehng) *nt* gang
gärna (ʸ*ææn*-nah) *adv* gladly, willingly
gärning (ʸ*æær*-ning) *c* deed, act
gäspa (ʸ*ehss*-pah) *v* yawn
gäst (ʸehst) *c* guest
gästfri (ʸ*ehst*-free) *adj* hospitable
gästfrihet (ʸ*ehst*-free-hāyt) *c* hospitality
gästrum (ʸ*ehst*-rewm) *nt* guest room; spare room
gödsel (ʸ*ur*-serl) *c* manure
gök (ʸūrk) *c* cuckoo
gömma (ʸ*ur*-mah) *v* *hide
***göra** (ʸ*ūr*-rah) *v* *do; *make; ~ **illa** harm; ~ **ljusare** brighten; ~ **modfälld** discourage; ~ **sig av med** get rid of; ~ **upp** settle; *make up
gördel (ʸ*ūrr*-dayl) *c* (pl -dlar) girdle

H

***ha** (haa) *v* *have
habegär (*haa*-bay-^{y}*ææ*r) *nt* greed
hacka (*hahk*-ah) *c* hoe; *v* hoe, chop
hagalen (*haa*-gaa-lern) *adj* greedy
hagel (*haa*-gerl) *nt* hail
haj (high) *c* shark
haka (*haa*-kah) *c* chin
hal (haal) *adj* slippery
halka (*hahl*-kah) *v* slip
hall (hahl) *c* hall
hallon (*hah*-lon) *nt* raspberry
halm (hahlm) *c* straw
halmtak (*hahlm*-taak) *nt* thatched roof
hals (hahls) *c* throat; neck
halsband (*hahls*-bahnd) *nt* necklace; collar
halsbränna (*hahls*-breh-nah) *c* heartburn
halsduk (*hahls*-de͞wk) *c* scarf
halsfluss (*hahls*-flewss) *c* tonsilitis
halsmandlar (*hahls*-mahnd-lahr) *pl* tonsils *pl*
halsont (*hahls*-oont) *nt* sore throat
halstra (*hahl*-strah) *v* roast
halt (hahlt) *adj* lame
halta (*hahl*-tah) *v* limp
halv (hahlv) *adj* half
halvcirkel (*hahlv*-seer-kerl) *c* (pl -klar) semicircle
halvera (hahl-*v͞ay*-rah) *v* halve
halvlek (*hahlv*-l͞ayk) *c* half time
halvpension (*hahlv*-pahng-*sh͞oon*) *c* half board
halvvägs (*hahl*-vaigs) *adv* halfway
halvö (*hahlv*-͞ur) *c* peninsula
hammare (*hah*-mah-rer) *c* (pl ~) hammer
hamn (hahmn) *c* port, harbour
hamnarbetare (*hahmn*-ahr-*b͞ay*-tah-rer) *c* (pl ~) docker
hamnpir (*hahmn*-peer) *c* jetty
hamnstad (*hahmn*-staad) *c* (pl -städer) seaport
hampa (*hahm*-pah) *c* hemp
han (hahn) *pron* he
han- (haan) *pref* male
hand (hahnd) *c* (pl händer) hand; **hand-** handheld; ***ta ~ om** look after; *take care of
handarbete (*hahnd*-ahr-*b͞ayt*-er) *nt* needlework
handbagage (*hahnd*-bah-*gaash*) *nt* hand luggage; hand baggage *Am*
handbojor (*hahnd*-bo-^{y}or) *pl* handcuffs *pl*
handbok (*hahnd*-b͞ook) *c* (pl -böcker) handbook
handbroms (*hahnd*-broms) *c* handbrake
handduk (*hahnd*-de͞wk) *c*

towel
handel (*hahn*-derl) *c* trade; business, commerce; ***driva ~** trade; **handels-** commercial
handelsidkare (*hahn*-derls-*eed*-kaar-rer) *c* (pl ~) tradeswoman
handelsman (*hahn*-derls-mahn) *c* (pl -män) tradesman
handelsrätt (*hahn*-derls-reht) *c* commercial law
handelsvara (*hahn*-derls-vaa-rah) *c* merchandise
handfat (*hahnd*-faat) *nt* washbasin
handflata (*hahnd*-flaa-tah) *c* palm
handfull (*hahnd*-fewl) *c* handful
handgjord (*hahnd*-ʸoord) *adj* hand-made
handikapp (*hahn*-di-kahp) *nt* (pl ~) handicap
handikappad (*hahn*-di-kahp-ahd) *adj* handicapped, disabled
handkräm (*hahnd*-kraim) *c* hand cream
handla (*hahnd*-lah) *v* shop; act
-handlare (*hahnd*-lah-rer) dealer
handled (*hahnd*-layd) *c* wrist
handling (*hahnd*-ling) *c* action; act, plot, deed; certificate; **handlingar** documents *pl*
handpenning (*hahnd*-pay-ning) *c* down payment, deposit
handske (*hahnd*-sker) *c* glove
handslag (*hahnd*-slaag) *nt* handshake
handstil (*hahnd*-steel) *c* handwriting
handtag (*hahnd*-taag) *nt* knob, handle
handväska (*hahnd*-vehss-kah) *c* handbag; bag
hans (hahns) *pron* his
hantera (hahn-*tay*-rah) *v* handle
hanterlig (hahn-*tayr*-li) *adj* manageable
hantverk (*hahnt*-værk) *nt* handicraft
hare (*haa*-rer) *c* hare
harmoni (hahr-mo-*nee*) *c* harmony
harpa (*hahr*-pah) *c* harp
hasselnöt (*hahss*-erl-*nurt*) *c* (pl ~ter) hazelnut
hast (hahst) *c* haste
hastig (*hahss*-ti) *adj* fast, rapid; hasty
hastighet (*hahss*-ti-hayt) *c* speed
hastighetsbegränsning (*hahss*-ti-hayts-ber-*grehns*-ning) *c* speed limit
hastighetsmätare (*hahss*-ti-hayts-*mai*-tah-rer) *c* (pl ~) speedometer
hat (haat) *nt* hatred, hate
hata (*haa*-tah) *v* hate
hatt (haht) *c* hat
hatthylla (*haht*-hew-lah) *c* hat

rack
hav (haav) *nt* sea
havande (*haa*-vahn-der) *adj* pregnant
havre (*haav*-rer) *c* oats *pl*
havsstrand (*hahvs*-strahnd) *c* (pl -stränder) seashore
havsvatten (*hahvs*-vah-tern) *nt* sea water
hebreiska (hay-*bray*-iss-kah) *c* Hebrew
hed (hayd) *c* heath
heder (*hay*-derr) *c* honour
hederlig (*hay*-derr-li) *adj* honest, straight
hederskänsla (*hay*-derrs-t[y]ehns-lah) *c* sense of honour
hedning (*hayd*-ning) *c* pagan, heathen
hednisk (*hayd*-nisk) *adj* heathen; pagan
hedra (*hayd*-rah) *v* honour
hej! (hay) hello!; **hej då!** Bye--bye! *colloquial*
hel (hayl) *adj* entire; whole
helgdag (*hehl*[y]-daag) *c* holiday
helgedom (*hehl*-ger-doom) *c* shrine, sanctuary
helgeflundra (*hehl*-[y]er-flewnd-rah) *c* halibut
helgerån (*hehl*-[y]eh-roan) *nt* sacrilege
helgon (*hehl*-gon) *nt* saint
helhet (*hayl*-hayt) *c* whole
helig (*hay*-li) *adj* holy; sacred
helikopter (heh-li-*kop*-ter) *c* (pl -koptrar) helicopter
hellre (*hehl*-rer) *adv* rather; sooner
helpension (*hayl*-pahng-*shoon*) *c* full board; bed and board; board and lodging
helt (haylt) *adv* entirely; quite; **~ och hållet** wholly; altogether
helvete (*hehl*-vay-ter) *nt* hell
hem (hehm) *nt* home; *adv* home; ***gå ~** *go home;
hem- domestic
hembiträde (*hehm*-bee-*trai*-der) *nt* housemaid
hemgjord (*hehm*-[y]oord) *adj* home-made
hemland (*hehm*-lahnd) *nt* (pl -länder) native country
hemlig (*hehm*-li) *adj* secret
hemlighet (*hehm*-li-hayt) *c* secret
hemlängtan (*hehm*-lehng-tahn) *c* homesickness
hemma (*hehm*-ah) *adv* at home; home
hemmafru (*heh*-mah-frew) *c* house-wife
hemorrojder (*heh*-mo-*roi*-derr) *pl* haemorrhoids *pl*; piles *pl*
hemort (*hehm*-oort) *c* domicile
hemsk (hehmsk) *adj* terrible
hemtrevlig (*hehm*-trayv-li) *adj* cosy
henne (*hehn*-er) *pron* her
hennes (*hehn*-erss) *pron* her
herde (*hayr*-der) *c* shepherd
herr (hær) mister
herravälde (*hær*-ah-vehl-der) *nt* domination;

dominion
herre (*hær*-er) *c* gentleman; **min ~** sir
herrfrisör (*hær*-fri-*sūrr*) *c* barber
herrgård (*hær*-gōard) *c* manor house
herrtoalett (*hær*-tōō-ah-*layt*) *c* men's room
hertig (*hær*-tig) *c* duke
hertiginna (*hær*-ti-*gin*-ah) *c* duchess
hes (hāyss) *adj* hoarse
het (hāyt) *adj* hot
heta (*hāy*-tah) *v* *be called
heterosexuell (*heh*-ter-ro-sehk-sew-*ayl*) *adj* heterosexual
hetlevrad (*hāyt*-lāyv-rahd) *adj* hot-tempered
hetta (*hay*-tah) *c* heat
hicka (*hi*-kah) *c* hiccup
hierarki (hi-err-ahr-*kee*) *c* hierarchy
himmel (*him*-erl) *c* (pl -mlar) sky; heaven
hinder (*hin*-derr) *nt* obstacle; impediment
hindra (*hind*-rah) *v* hinder; impede; embarrass
hink (hingk) *c* bucket
hinna (*hin*-ah) *c* membrane
***hinna** (*hin*-ah) *v* *catch; *find time
hip-hop (hip-hop) *c* hip-hop
hiss (hiss) *c* lift; elevator *nAm*
hissa (*hiss*-ah) *v* hoist
historia (hiss-*tōō*-ri-ah) *c* history; story
historiker (hiss-*tōō*-ri-kerr) *c* (pl ~) historian
historisk (hiss-*tōō*-risk) *adj* historic; historical
hitta (*hit*-ah) *v* *find
hittegods (*hi*-ter-goods) *nt* lost and found
hittegodsmagasin (*hi*-ter-goods-mah-gah-*seen*) *nt* lost property office
hittills (*heet*-tils) *adv* so far
hjord (ʸōord) *c* herd; flock
hjort (ʸoort) *c* deer
hjortkalv (*ʸoort*-kahlv) *c* fawn
hjul (ʸēwl) *nt* wheel
hjulaxel (ʸēwl-*ahk*-serl) *c* (pl -axlar) axle
hjälm (ʸehlm) *c* helmet
hjälp (ʸehlp) *c* help; aid, assistance; relief; helper; **första hjälpen** first aid
hjälpa (*ʸehl*-pah) *v* help; aid, assist
hjälpsam (*ʸehlp*-sahm) *adj* helpful
hjälpstation (*ʸehlp*-stah-*shōōn*) *c* first aid post
hjälte (*ʸehl*-ter) *c* hero
hjärna (*ʸæær*-nah) *c* brain
hjärnskakning (*ʸæærn*-skaak-ning) *c* concussion
hjärta (*ʸær*-tah) *nt* heart
hjärtattack (*ʸært*-ah-*tahk*) *c* heart attack
hjärtklappning (*ʸært*-klahp-ning) *c* palpitation
hjärtlig (*ʸært*-li) *adj* cordial; hearty
hjärtlös (*ʸært*-lūrss) *adj*

heartless
hobby (*ho*-bi) *c* (pl -bies, ~er) hobby
hockey (*ho*-ki) *c* hockey
hoj (hōōy) *c* (pl hojar) bike *colloquial*
Holland (*ho*-lahnd) Holland
holländare (*ho*-lehn-dah-rer) *c* (pl ~) Dutchman
holländsk (*ho*-lehndsk) *adj* Dutch
homosexuell (*ho*-moo-sehk-sew-*ayl*) *adj* homosexual
hon (hoon) *pron* she
hon- (hōōn) *pref* female
honom (*ho*-nom) *pron* him
honung (*hōā*-newng) *c* honey
hop (hōōp) *c* crowd; bunch
hopp (hop) *nt* hope; jump, leap, hop
hoppa (*ho*-pah) *v* jump; *leap, hop; **~ över** skip, jump over
hoppas (*ho*-pahss) *v* hope
hoppfull (*hop*-fewl) *adj* hopeful, confident
hopplös (*hop*-lūrss) *adj* hopeless
hora (*hōō*-rah) *c* whore
horisont (ho-ri-*sont*) *c* horizon
horisontal (ho-ri-son-*taal*) *adj* horizontal
horn (hoorn) *nt* horn
hos (hooss) *prep* at
hosta (*hooss*-tah) *v* cough; *c* cough
hot (hōōt) *nt* threat
hota (*hōō*-tah) *v* threaten
hotande (*hōō*-tahn-der) *adj* threatening
hotell (ho-*tayl*) *nt* hotel
hov[1] (hōāv) *nt* court
hov[2] (hōōv) *c* hoof
hovmästare (*hōāv*-mehss-tah-rer) *c* (pl ~) head waiter
hud (hēwd) *c* skin
hudkräm (*hēwd*-krehm) *c* skin cream
hudutslag (*hēwd*-ēwt-slaag) *nt* rash
***hugga** (*hew*-gah) *v* *hew
humle (*hewm*-lay) *nt* hop
hummer (*hew*-merr) *c* (pl -mrar) lobster
humor (*hēw*-mor) *c* humour
humoristisk (hēw-mo-*riss*-tisk) *adj* humorous
humör (hēw-*mūrr*) *nt* mood; temper, temperament
hund (hewnd) *c* dog
hundkoja (*hewnd*-ko-ʸah) *c* kennel
hundra (*hewnd*-rah) *num* hundred
hunger (*hewng*-err) *c* hunger
hungrig (*hēwng*-ri) *adj* hungry
hur (hēwr) *adv* how; **~ mycket** how much; **~ många** how many; **~ som helst** anyhow; any way
hus (hēwss) *nt* house; home
husblock (*hēwss*-blok) *nt* house block *Am*
husbåt (*hēwss*-bōāt) *c* houseboat
hushåll (*hēwss*-hol) *nt* household
hushållerska (*hēwss*-ho-

lerrs-kah) *c* housekeeper
hushållning (*hewss*-holning) *c* housekeeping; economy
hushållsarbete (*hewss*-hols-*ahr*-bay-ter) *nt* housework
hushållssysslor (*hewss*-hols-sewss-lor) *pl* housekeeping
husmor (*hewss*-moor) *c* (pl -mödrar) mistress
husrum (*hewss*-rewm) *nt* accommodation; lodging
hustru (*hewst*-rew) *c* wife
husvagn (*hewss*-vahngn) *c* caravan; trailer *nAm*
huttra (*hewt*-rah) *v* shiver
huvud (*hewv*-er) *nt* (pl ~, ~en) head; **huvud-** main; chief, cardinal, principal, capital, primary
huvudbry (*hew*-verd-brew) *nt* puzzle
huvudgata (*hew*-verd-gaatah) *c* main street; thoroughfare
huvudkudde (*hew*-verd-kewder) *c* pillow
huvudledning (*hew*-verd-*layd*-ning) *c* mains *pl*
huvudlinje (*hew*-verd-*lin*-[y]er) *c* main line
huvudrätt (*hew*-verd-reht) *c* main course
huvudsaklig (*hew*-verd-*saak*-li) *adj* cardinal, capital; **huvudsakligen** mainly
huvudstad (*hew*-verd-*staad*) *c* (pl -städer) capital
huvudväg (*hew*-verd-*vaig*) *c* main road; thoroughfare
huvudvärk (*hew*-verd-*værk*) *c* headache
hy (hew) *c* complexion, skin
hycklande (*hewk*-lahn-der) *adj* hypocritical
hycklare (*hewk*-lah-rer) *c* (pl ~) hypocrite
hyckleri (hewk-ler-*ree*) *nt* (pl ~er) hypocrisy
hydda (*hew*-dah) *c* hut; cabin
hygien (hew-gi-*ayn*) *c* hygiene
hygienisk (hew-gi-*ay*-nisk) *adj* hygienic
hylla (*hew*-lah) *v* congratulate, honour; *c* shelf, rack
hyllning (*hewl*-ning) *c* tribute; homage; congratulations *pl*
hymn (hewmn) *c* hymn, anthem
hypotek (hew-po-*tayk*) *nt* mortgage
hyra (*hew*-rah) *v* rent, hire; lease; *c* rent; **~ ut** *let
hyresgäst (*hew*-rerss-[y]ehst) *c* tenant
hyreshus (*hew*-*rerss*-*hewss*) *nt* block of flats; apartment house *Am*
hyreskontrakt (*hew*-rerss-kon-*trahkt*) *nt* lease
hyresvärd (*hew*-rerss-væærd) *c* landlord
hyresvärdinna (*hew*-rerss-vær-*di*-nah) *c* landlady
hysterisk (hewss-*tay*-risk) *adj* hysterical

hytt (hewt) *c* cabin; booth
hyttventil (*hewt*-vehn-*teel*) *c* porthole
hågkomst (*hōag*-komst) *c* remembrance
hål (hōal) *nt* hole; ***göra ~** pierce
håla (*hōal*-ah) *c* cavern
hålighet (*hōal*-i-hāyt) *c* cavity, hollow
håll (hol) *nt* way; stitch
***hålla** (*ho*-lah) *v* *hold; *keep; **~ av** love; **~ fast** *hold; **~ tillbaka** restrain; **~ uppe** support; *hold up; **~ upp med** stop; **~ ut** *keep up
hållning (*hol*-ning) *c* gait, carriage; attitude
hållplats (*hol*-plahts) *c* stop, halt
hån (hōan) *nt* scorn; mockery, derision
håna (*hōa*-nah) *v* mock, deride
hår (hōar) *nt* hair; **~ gelé** *nt* hair gel
hårborste (*hōar*-bors-ter) *c* hairbrush
hård (hōard) *adj* hard
hårdnackad (*hōard*-nahk-ahd) *adj* obstinate, stubborn
hårig (*hōar*-i) *adj* hairy
hårklippning (*hōar*-klip-ning) *c* haircut
hårklämma (*hōar*-kleh-mah) *c* bobby pin *Am*
hårkräm (*hōar*-kraim) *c* hair cream
hårnål (*hōar*-nōal) *c* hairpin
hårnät (*hōar*-nait) *nt* hair net
hårolja (*hōar*-ol-ʸah) *c* hair oil
hårrullar (*hōar*-rew-lahr) *pl* hair rollers
hårspray (*hōar*-spray) *nt* hair spray
hårspänne (*hōar*-speh-nay) *nt* hairgrip
hårtork (*hōar*-tork) *c* hairdrier, hairdryer
hårvatten (*hōar*-vah-tern) *nt* hair tonic
häck (hehk) *c* hedge
häftig (*hehf*-ti) *adj* violent, severe; intense, fierce
häftklammer (*hehft*-klah-merr) *c* (pl ~, -mrar) staple
häftplåster (*hehft*-ploss-terr) *nt* sticking-plaster
häftstift (*hehft*-stift) *nt* drawing pin; thumbtack *nAm*
häger (*hai*-gerr) *c* heron
häkte (*hehk*-ter) *nt* custody
häl (hail) *c* heel
hälft (hehlft) *c* half; **till hälften** half
hälla (*heh*-lah) *v* pour
hälsa (*hehl*-sah) *v* greet; salute; *c* health
hälsning (*hehls*-ning) *c* greeting
hälsosam (*hehl*-soo-sahm) *adj* wholesome, salubrious
hälsovårdscentral (*hehl*-soo-vōards-sehn-*traal*) *c* health centre
hämma (*hehm*-mah) *v* inhibit
hämnd (hehmnd) *c* revenge
hämta (*hehm*-tah) *v* fetch;

*get, collect, pick up
hända (*hehn*-dah) *v* happen; occur
händelse (*hehn*-dayl-ser) *c* event, happening; incident; **i ~ av** in case of
händig (*hehn*-di) *adj* skilful
hänga (*hehng*-ah) *v* *hang; **~ med** *keep up with
hängare (*hehng*-ah-rer) *c* (pl ~) peg, hook, hanger
hängbro (*hehng*-broo) *c* suspension bridge
hänglås (*hehng*-loass) *nt* padlock
hängmatta (*hehng*-mah-tah) *c* hammock
hängslen (*hehngs*-lern) *pl* braces *pl*; suspenders *plAm*
hängsmycke (*hehng*-smew-ker) *nt* pendant
hänsyn (*hain*-sewn) *c* regard; **med ~ till** considering; as regards; ***ta ~ till** consider
hänsynsfull (*hain*-sewns-fewl) *adj* considerate
hänsynsfullhet (*hain*-sewns-*fewl*-hayt) *c* consideration
hänvisa till (*hain*-vee-sah) refer to
hänvisning (*hain*-veess-ning) *c* reference
häpnads-väckande (*hep*-nahds-*vayk*-ahn-der) *adj* amazing
här (hæær) *adv* here
härbärge (*hæær*-bær-[y]ah) *nt* hostel
härbärgera (*hær*-bær-[y]*ay*-rah) *v* accommodate
härkomst (*hæær*-komst) *c* origin
härleda (*hæær*-layd-ah) *v* deduce
härlig (*hæær*-li) *adj* wonderful; delightful; fine
häromdagen (*hæær*-om-daa-gern) *adv* recently
härskare (*hærs*-kah-rer) *c* (pl ~) ruler; sovereign
härsken (*hærs*-kayn) *adj* rancid
härstamning (*hæær*-stahm-ning) *c* origin
häst (hehst) *c* horse
hästkapplöpning (*hehst*-kahp-lurp-ning) *c* horserace
hästkapplöpningsbana (*hehst*-kahp-lurp-nings-baa-nah) *c* racecourse
hästkraft (*hehst*-krahft) *c* horsepower
hästsko (*hehst*-skoo) *c* horseshoe
hävarm (*haiv*-ahrm) *c* lever
hävstång (*haiv*-stong) *c* (pl -stänger) lever
häxa (*hehk*-sah) *c* witch
hö (hur) *nt* hay
höft (hurft) *c* hip
höfthållare (*hurft*-ho-lah-rer) *c* (pl ~) girdle
hög (hurg) *c* lot, heap, pile; *adj* high; tall
högdragen (*hurg*-draa-gern) *adj* haughty
höger (*hur*-gerr) *adj* right, right-hand; **på ~ hand** on the right-hand side; **till ~** to the right

högkvarter (*hūrg*-kvahr-*tair*) *nt* headquarters *pl*
högland (*hūrg*-lahnd) *nt* (pl -länder) uplands *pl*
högljudd (*hūrg*-ʸewd) *adj* loud
högmodig (*hūrg*-mōō-di) *adj* haughty
högskola (*hūrg*-skōō-lah) *c* college
högsäsong (*hūrg*-seh-song) *c* peak season; high season
högt (hurkt) *adv* aloud
högtalare (*hūrg*-taa-lah-rer) *c* loudspeaker
högtalartelefon (*hūrg*-taa-lahr-tay-lay-*fōan*) *c* speaker phone
högtidlig (*hūrg*-teed-li) *adj* solemn, ceremonious
högvatten (*hūrg*-vah-tern) *nt* high tide
höja (*hur*ʸ-ah) *v* raise; lift
höjd (hurʸd) *c* height; altitude; **på sin ~** at most
höjdpunkt (*hur*ʸ*d*-pewngt) *c* height; peak, climax
hök (hūrk) *c* hawk
höna (*hūr*-nah) *c* hen
höra (*hūr*-rah) *v* *hear
hörbar (*hūrr*-baar) *adj* audible
hörn (hūrrn) *nt* corner
hörsal (*hūrr*-saal) *c* auditorium
hörsel (*hurr*-sayl) *c* hearing
hösnuva (*hūr*-snēw-vah) *c* hay fever
höst (hurst) *c* autumn; fall *nAm*
hövding (*hurv*-ding) *c* chieftain
hövlig (*hūrv*-li) *adj* polite, civil
***iaktta** (*ee*-ahkt-taa) *v* observe; watch

I

iakttagelse (*eeahkt*-taa-gerl-ser) *c* observation
ibland (i-*blahnd*) *adv* sometimes; *prep* among
icke-rökare (*i*-keh-*rūr*-kah-rer) *c* (pl ~) non-smoker
idag (i-*daag*) *adv* today
idé (i-*day*) *c* idea
ideal (i-day-*aal*) *nt* ideal
idealisk (i-day-*aal*-isk) *adj* ideal
identifiera (i-dayn-ti-fi-*ayr*-ah) *v* identify
identifiering (i-dayn-ti-fi-*ay*-ring) *c* identification
identisk (i-*dayn*-tisk) *adj* identical
identitet (i-dayn-ti-*tayt*) *c* identity
identitetskort (i-dayn-ti-*tayts*-koort) *nt* identity card
idiom (i-di-*ōam*) *nt* idiom
idiomatisk (i-di-o-*maa*-tisk) *adj* idiomatic
idiot (i-di-*ōot*) *c* idiot
idiotisk (i-di-*ōot*-isk) *adj*

idiotic
idol (i-doal) *c* idol
idrottskvinna (*eed*-rots-*kvi*-nah) *c* (pl -kvinnor) sportswoman
idrottsman (*eed*-rots-mahn) *c* (pl -män) sportsman
ifall (i-*fahl*) *conj* if; in case
igelkott (*ee*-gerl-kot) *c* hedgehog
igen (i-^{y}*ehn*) *adv* again
igenvuxen (i-^{y}*n*-vewk-sern) *adj* overgrown
ignorera (ing-noa-*ray*-rah) *v* ignore
igår (i-*goar*) *adv* yesterday
ihålig (*ee*-hoa-li) *adj* hollow
ihärdig (*ee*-hæær-di) *adj* persevering, tenacious
ikon (i-*koan*) *c* icon
illaluktande (*i*-lah-lewk-tahn-der) *adj* smelly
illamående (*i*-lah-moa-ayn-der) *nt* nausea, sickness; *adj* sick
illegal (il-er-*gaal*) *adj* illegal
illtjut (*il*-t^{y}ewt) *nt* shriek
illusion (il-ew-*shoon*) *c* illusion
illustration (i-lew-strah-*shoon*) *c* illustration; picture
illustrera (i-lew-*stray*-rah) *v* illustrate
illvillig (*il*-vi-li) *adj* spiteful, malicious
ilska (*ils*-kah) *c* anger
imitation (i-mi-tah-*shoon*) *c* imitation
imitera (i-mi-*tay*-rah) *v* imitate
immigrera (i-mi-*gray*-rah) *v* immigrate
immunisera (i-mew-ni-*say*-rah) *v* immunize
immunitet (i-mew-ni-*tayt*) *c* immunity
imperium (im-*pay*-ri-ewm) *nt* empire; **imperial-** imperial
imponera (im-po-*nay*-rah) *v* impress
imponerande (im-po-*nayr*-ahn-der) *adj* impressive; imposing
impopulär (*im*-po-pew-*læær*) *adj* unpopular
import (im-*port*) *c* import
importera (im-por-*tay*-rah) *v* import
importtull (im-*port*-tewl) *c* import duty
importvara (im-*port*-vaa-rah) *c* import
importör (im-por-*turr*) *c* importer
impotens (im-po-*tayns*) *c* impotence
impotent (im-po-*taynt*) *adj* impotent
impregnerad (im-prayng-*nay*-rahd) *adj* rainproof, impregnated
improvisera (im-pro-vi-*sayr*-ah) *v* improvise
impuls (im-*pewls*) *c* impulse
impulsiv (im-pewl-*seev*) *adj* impulsive
in (in) *adv* in; ***gå ~** *go in; **~ i** into; inside
inackordering (*in*-ahk-or-*dayr*-ing) *c* boarder; lodger

inandas (*in*-ahn-dahss) *v* inhale
***inbegripa** (*in*-ber-*gree*-pah) *v* comprise
inberäknad (*in*-ber-*raik*-nahd) *adj* included
inbetalning (*in*-ber-taal-ning) *c* payment, deposit
inbillad (*in*-bi-lahd) *adj* imaginary
inbilla sig (*in*-bi-lah) imagine
inbillning (*in*-bil-ning) *c* imagination
***inbjuda** (*in*-byew-dah) *v* invite; ask
inbjudan (*in*-byew-dahn) *c* invitation
inblanda (*in*-blahn-dah) *v* involve
inblandad (*in*-blahn-dahd) *adj* involved; concerned
inblandning (*in*-blahnd-ning) *c* interference
inbrott (*in*-brot) *nt* burglary; ***göra ~** burgle
inbrottstjuv (*in*-brots-tyewv) *c* burglar
inbördes (*in*-burr-derss) *adj* mutual
indela (*in*-dayl-ah) *v* divide; classify
indian (in-di-*aan*) *c* Indian
indiansk (in-di-*aansk*) *adj* Indian
Indien (*in*-di-ayn) India
indier (*in*-di-yerr) *c* (pl ~) Indian
indignation (in-ding-nah-*shoon*) *c* indignation
indirekt (*in*-di-raykt) *adj* indirect
indisk (*in*-disk) *adj* Indian
individ (in-di-*veed*) *c* individual
individuell (in-di-vee-dew-*ayl*) *adj* individual
indones (in-doo-*nayss*) *c* Indonesian
Indonesien (in-doo-*nay*-si-yern) Indonesia
indonesisk (in-doo-*nayss*-isk) *adj* Indonesian
industri (in-dewss-*tree*) *c* industry
industriell (in-dewss-tri-*ayl*) *adj* industrial
industriområde (in-dew-*stree*-om-*roa*-der) *nt* industrial area
ineffektiv (*in*-ay-fehk-*teev*) *adj* ineffective; inefficient
infall (*in*-fahl) *nt* whim; idea
infanteri (in-fahn-ter-*ree*) *nt* infantry
infektion (in-fehk-*shoon*) *c* infection
infinitiv (*in*-fi-ni-teev) *c* infinitive
inflammation (in-flah-mah-*shoon*) *c* inflammation; ***bli inflammerad** *become septic
inflation (in-flah-*shoon*) *c* inflation
influensa (in-flew-*ayn*-sah) *c* flu; influenza
inflytelserik (*in*-flew-tayl-say-reek) *adj* influential
infoga (*in*-foo-gah) *v* insert
informator (in-for-*maa*-tor) *c*

tutor
informell (in-for-*mayl*) *adj* informal; casual
informera (in-for-*māyr*-ah) *v* inform
infraröd (*in*-frah-rūrd) *adj* infra-red
infödd (*in*-furd) *adj* native
inföding (*in*-fūr-ding) *c* native
införa (*in*-fūrr-ah) *v* import; introduce
införsel (*in*-fūrr-serl) *c* (pl -slar) import
ingefära (*i*-nger-fææ-rah) *c* ginger
ingen (*ing*-ayn) *pron* nobody; none, no one; no
ingendera (*i*-ngayn-dāy-rah) *pron* neither
ingenjör (in-shayn-*ʸūrr*) *c* engineer
ingenstans (*ing*-ayn-stahns) *adv* nowhere
ingenting (*ing*-ayn-ting) *pron* nothing; nil
ingrediens (ing-gray-di-*ayns*) *c* ingredient
***ingripa** (*in*-gree-pah) *v* interfere; intervene
ingång (*in*-gong) *c* entrance; way in, entry
inhemsk (*in*-haymsk) *adj* domestic
initial (i-ni-tsi-*aal*) *c* initial
initiativ (i-nit-si-ah-*teev*) *nt* initiative
injektion (in-ʸayk-*shōōn*) *c* injection
injektionsspruta (in-ʸehk-*shōōns*-sprēw-tah) *c* syringe
inkassera (*in*-kah-*sāy*-rah) *v* cash
inklusive (ing-klew-*see*-ver) *adj* inclusive; **allt inkluderat** all included, all in
inkompetent (in-kom-per-*tehnt*) *adj* incompetent
inkomst (*in*-komst) *c* income; revenue; **inkomster** earnings *pl*
inkomstskatt (*in*-komst-skaht) *c* income tax
inkräkta (*in*-krehk-tah) *v* trespass
inkräktare (*in*-krehk-tah-rer) *c* (pl ~) trespasser
inkvartera (*in*-kvahr-*tāy*-rah) *v* lodge
inkvartering (*in*-kvahr-tāy-ring) *c* lodgings *pl*
inköpspris (*in*-tʸūrps-preess) *nt* cost price
inledande (*in*-lāyd-ahn-der) *adj* preliminary
inledning (*in*-lāyd-ning) *c* introduction
innan (*i*-nahn) *conj* before; *adv* before
innanför (*in*-ahn-fūrr) *prep* inside
innanmäte (*in*-ahn-mait-er) *nt* entrails, pulp
inne (*i*-ner) *adv* inside, indoors
***innebära** (*i*-ner-bæær-ah) *v* imply
innefatta (*i*-ner-fah-tah) *v* include
innehavare (*i*-ner-haa-vah-

rer) *c* (pl ~) owner; occupant
innehåll (*i*-ner-hol) *nt* contents *pl*
***innehålla** (*i*-ner-ho-lah) *v* contain
innehållsförteckning (*i*-ner-hols-furr-*tayk*-ning) *c* table of contents
innerslang (*in*-err-slahng) *c* inner tube
innersta (*in*-ayrs-tah) *nt* heart
innertak (*i*-nerr-taak) *nt* ceiling
***innesluta** (*i*-ner-slēwt-ah) *v* encircle; enclose
inneställe (i-ner-*steh*-ler) *c* hotspot
inofficiell (*in*-o-fi-si-*ayl*) *adj* unofficial
inom (*in*-om) *prep* within; **~ kort** soon; shortly
inomhus (*in*-om-hēwss) *adj* indoor; *adv* indoors
inre (*in*-rer) *adj* inner; internal, inside
inrikes (*in*-reeh-kez) *adj* domestic
inringa (*in*-ring-ah) *v* encircle
inrätta (*in*-reh-tah) *v* institute, establish
insats (*in*-sahts) *c* bet, inset; contribution
***inse** (*in*-sāy) *v* realize; *see
insekt (*in*-sehkt) *c* insect; bug *nAm*
insektsgift (*in*-sehkts-ʸift) *nt* insecticide
insektsmedel (*in*-sehkts-māy-dayl) *nt* insect repellent
insida (*in*-seed-ah) *c* inside; interior
insikt (*in*-sikt) *c* insight
insistera (in-si-*stāyr*-ah) *v* insist
inskription (in-skrip-*shōōn*) *c* inscription
***inskriva** (*in*-skree-vah) *v* list, enter, inscribe; **~ sig** register
inskrivningsblankett (*in*-skreev-nings-blahng-*kayt*) *c* registration form
inskränkning (*in*-skrehngk-ning) *c* restriction, limitation
inskränkt (*in*-skrehngkt) *adj* restricted; limited; narrow-minded
inspektera (in-spayk-*tāy*-rah) *v* inspect
inspektion (in-spayk-*shōōn*) *c* inspection
inspektör (in-spayk-*tūrr*) *c* inspector
inspelning (*in*-spāyl-ning) *c* recording
inspirera (in-spi-*rāyr*-ah) *v* inspire
inspruta (*in*-sprēw-tah) *v* inject
instabil (in-stah-*beel*) *adj* unstable
installation (in-stah-lah-*shōōn*) *c* installation
installera (in-stah-*lāy*-rah) *v* install; induct
instinkt (*in*-stingt) *c* instinct
institut (in-sti-*tēwt*) *nt* institute
institution (in-sti-tew-*shōōn*) *c* institution
instruera (in-strew-*āy*-rah) *v*

instruct
instruktion (in-strewk-*shoon*) *c* direction
instruktör (in-strewk-*turr*) *c* instructor
instrument (in-strew-*maynt*) *nt* instrument
instrumentbräda (in-strew-*maynt*-brai-dah) *c* dashboard
inställning (*in*-stehl-ning) *c* attitude; position
instämma (*in*-stehm-ah) *v* agree
***inta** (*in*-taa) *v* capture, take
intagning (*in*-taag-ning) *c* admission
intakt (in-*tahkt*) *adj* unbroken; intact
inte (*in*-ter) *adv* not; ~ **alls** by no means; ~ **desto mindre** nevertheless; ~ **ens** not even; ~ **heller** nor; ~ **längre** no longer
inteckning (*in*-tayk-ning) *c* mortgage
integrera (in-ter-*gray*-rah) *v* integrate
intellekt (in-ter-*laykt*) *nt* intellect
intellektuell (in-ter-layk-tew-*ayl*) *adj* intellectual
intelligens (in-ter-li-*gayns*) *c* intelligence
intelligent (in-ter-li-*gaynt*) *adj* intelligent; clever
intendent (in-tern-*daynt*) *c* superintendent, curator, controller
intensiv (in-tayn-*seev*) *adj* intense
intern (in-*tæærn*) *c* prisoner
internationell (in-terr-naht-shoo-*nayl*) *adj* international
internatskola (in-terr-*naat*-skoo-lah) *c* boarding school
Internet (*in*-terr-nayht) *nt* (pl ~) Internet
interrogativ (in-ter-ro-gahteev) *adj* interrogative
intervall (in-terr-*vahl*) *c* interval
intervju (in-terr-*v*[y]*ew*) *c* interview
intet (in-*tert*) *nt* nothing
intetsägande (*in*-tert-sai-gahn-der) *adj* insignificant
intressant (in-tray-*sahnt*) *adj* interesting
intresse (in-*treh*-ser) *nt* interest
intressera (in-trer-*say*-rah) *v* interest
intresserad (in-trer-*say*-rahd) *adj* interested
introducera (in-tro-dew-*sayr*-ah) *v* introduce
intryck (*in*-trewk) *nt* impression; ***göra ~ på** impress
inträde (*in*-trai-der) *nt* entrance; admission
inträdesavgift (*in*-traiderss-aav-[y]ift) *c* entrance fee
intyg (*in*-tewg) *nt* certificate; document; testimonial
intyga (*in*-tewg-ah) *v* attest
intäkter (*in*-tehk-terr) *pl* earnings *pl*
inuti (*in*-ew-ti) *adv* within,

inside
invadera (in-vah-*d͞ay*-rah) *v* invade
invalid (in-vah-*leed*) *c* invalid
invalidiserad (*in*-vah-li-di-*s͞ay*-rahd) *adj* crippled; invalid, disabled
invand (*in*-vaand) *adj* habitual
invandrare (*in*-vahnd-rah-rer) *c* (pl ~) immigrant
invandring (*in*-vahnd-ring) *c* immigration
invasion (in-vah-*sh͞oon*) *c* invasion
invecklad (*in*-vayk-lahd) *adj* complicated; complex, involved
inventering (in-vayn-*t͞ay*-ring) *c* inventory
investera (in-vayss-*t͞ay*-rah) *v* invest
investering (in-vayss-*t͞ay*-ring) *c* investment
invånare (*in*-v͞oa-nah-rer) *c* (pl ~) inhabitant; resident
invända (*in*-vehn-dah) *v* object
invändig (*in*-vehn-di) *adj* internal, inside
invändning (*in*-vehnd-ning) *c* objection
inåt (*in*-͞oat) *adv* inwards
inälvor (*in*-ehl-vor) *pl* bowels *pl*; intestines *pl*
Irak (i-*raak*) Iraq
irakier (i-*raa*-ki-err) *c* (pl ~) Iraqi
irakisk (i-*raak*-isk) *adj* Iraqi
Iran (i-*raan*) Iran
iranier (i-*raan*-i-err) *c* (pl ~) Iranian
iransk (i-*raansk*) *adj* Iranian
Irland (*eer*-lahnd) Ireland
irländsk (*eer*-lehnsk) *adj* Irish
ironi (i-roo-*nee*) *c* irony
ironisk (i-*r͞oon*-isk) *adj* ironical
irra (eer-ah) *v* err
irritera (eer-i-*t͞ayr*-ah) *v* irritate; annoy
is (eess) *c* ice
isblåsa (*eess*-bl͞oa-sah) *c* ice bag
iskall (*eess*-kahl) *adj* freezing
Island (*eess*-lahnd) Iceland
isländsk (*eess*-lehnsk) *adj* Icelandic
isländning (*eess*-lehn-ing) *c* Icelander
isolator (i-soo-laa-*tor*) *c* insulator, insulant
isolera (i-soo-*l͞ay*-rah) *v* isolate; insulate
isolerad (i-soo-*l͞ay*-rahd) *adj* isolated
isolering (i-soo-*l͞ay*-ring) *c* isolation; insulation
Israel (*eess*-rah-ayl) Israel
israelier (iss-rah-*͞ay*-li-err) *c* (pl ~) Israeli
israelisk (iss-rah-*͞ay*-lisk) *adj* Israeli
isvatten (*eess*-vah-tern) *nt* iced water
isär (i-*sæær*) *adv* apart
Italien (i-*taal*-^{y}ayn) Italy
italienare (i-tahl-^{y}*͞ay*-nah-rer) *c* (pl ~) Italian
italiensk (i-tahl-^{y}*aynsk*) *adj*

Italian
iver (*ee*-verr) *c* zeal; eagerness
ivrig (*eev*-ri) *adj* eager; anxious
iväg (i-*vaig*) *adv* off

J

ja (ʸaa) yes; **ja ja!** well!
jacka (ʸ*ah*-kah) *c* jacket
jade (ʸ*aa*-der) *c* jade
jag (ʸaa) *pron* I; *nt* self
jaga (ʸ*aa*-gah) *v* hunt; **~ bort** chase; **~ efter** hunt for
jakande (ʸ*aa*-kahn-der) *adj* affirmative
jakt (ʸahkt) *c* hunt; chase
jaktstuga (ʸ*ahkt*-stew̄g-ah) *c* lodge
januari (ʸah-new-*aa*-ri) January
Japan (ʸ*aa*-pahn) Japan
japan (ʸah-*paan*) *c* Japanese
japansk (ʸah-*paansk*) *adj* Japanese
jeans (djiins) *pl* jeans
jerseytyg (ʸ*ūrr*-si-tew̄g) *nt* jersey
jet lag (ʸeyt lehg) *c* jet lag
jetplan (ʸ*eht*-plaan) *nt* jet
jobb (ʸob) *nt* job
jockey (*djo*-ki) *c* jockey
jod (ʸod) *c* iodine
jolle (ʸ*o*-ler) *c* dinghy
jord (ʸōōrd) *c* earth; soil
Jordanien (ʸōōr-*daa*-ni-ern) Jordan
jordanier (ʸōōr-*daa*-ni-err) *c* (pl ~) Jordanian
jordansk (ʸōōr-*daansk*) *adj* Jordanian
jordbruk (ʸ*ōōrd*-brew̄k) *nt* agriculture
jordbävning (ʸ*ōōrd*-behv-ning) *c* earthquake
jordgubbe (ʸ*ōōrd*-gew-ber) *c* strawberry
jordisk (ʸōōr-*disk*) *adj* earthly
jordklot (ʸ*ōōrd*-klōōt) *nt* globe
jordlott (ʸ*ōōrd*-lot) *c* allotment, plot
jordmån (ʸ*ōōrd*-mōan) *c* soil
jordnöt (ʸ*ōōrd*-nūrt) *c* (pl ~ter) peanut
jordvall (ʸ*ōōrd*-vahl) *c* dam
journalfilm (shoor-*naal*-film) *c* newsreel
journalism (shoor-nah-*lism*) *c* journalism
journalist (shoor-nah-*list*) *c* journalist
jubileum (ʸew-bi-*lāy*-ewm) *nt* (pl -leer) jubilee
jude (ʸ*ew̄*-der) *c* Jew
judisk (ʸ*ew̄*-disk) *adj* Jewish
juice (ʸōōss) *c* juice
jul (ʸew̄l) *c* Christmas; Xmas; **god ~!** Merry Christmas!; **~ gåva** *c* Christmas present
juli (ʸ*ew̄*-li) July
jumper (ʸ*ewm*-perr) *c* (pl -prar) jumper

jungfru (*yewng*-frew) *c* virgin
juni (*yew*-ni) June
junior (*yew*-ni-or) *adj* junior
juridik (yew-ri-*deek*) *c* law
juridisk (yew-*ree*-disk) *adj* juridical, legal
jurist (yew-*rist*) *c* lawyer
jury (*yewr*-i) *c* jury
just[1] (yewst) *adv* just
just[2] (shewst) *adj* fair
justera (shew-*stayr*-ah) *v* adjust
juvel (yew-*vayl*) *c* gem; **juveler** jewellery
juvelerare (*yew*-ver-lay-rah-rer) *c* (pl ~) jeweller
jägare (*yai*-gah-rer) *c* (pl ~) hunter
jämföra (*yehm*-fur-rah) *v* compare
jämförelse (*yehm*-fur-rayl-say) *c* comparison
jämlikhet (*yehm*-leek-hayt) *c* equality
jämlöpande (*yehm*-lur-pahn-der) *adj* parallel
jämn (yehmn) *adj* even; smooth, level
jämna (*yehm*-nah) *v* level
jämra sig (*yehm*-rah) moan
jämvikt (*yehm*-vikt) *c* balance
järn (yærn) *nt* iron; **järn-** iron
järnhandel (*yærn*-hahn-dayl) *c* hardware store
järnvaror (*yærn*-vaa-ror) *pl* hardware
järnväg (*yærn*-vaig) *c* railway; railroad *nAm*
järnvägsspår (*yærn*-vaig-spoar) *nt* track
järnvägsstation (*yærn*-vaig-stah-*shoon*) *c* station
järnvägsvagn (*yærn*-vaigs-vahngn) *c* carriage; passenger car *Am*
järnvägsövergång (*yærn*-vaigs-ur-verr-gong) *c* railway crossing, level crossing
jäsa (*yaiss*-ah) *v* ferment
jäst (yehst) *c* yeast
jätte (*yeht*-er) *c* giant
jättestor (*yeh*-ter-stoor) *adj* huge

K

kabel (*kaab*-erl) *c* (pl kablar) cable
kabin (kah-*been*) *c* cabin
kabinett (kah-bi-*nayt*) *nt* cabinet
kafé (kah-*fay*) *nt* (pl ~er) café
kafeteria (kah-fer-*tay*-ri-ah) *c* cafeteria
kaffe (*kah*-fay) *nt* coffee
kaffebryggare (*kah*-fay-brew-gah-rer) *c* (pl ~) percolator
kagge (*kah*-ger) *c* cask
kaj (kigh) *c* quay; dock
kajuta (kah-*yew*-tah) *c* cabin
kaka (*kaa*-kah) *c* cake
kakel (*kaa*-kerl) *nt* tile
kaki (*kaa*-ki) *c* khaki

kal (kaal) *adj* bare, naked
kalas (kah-*laass*) *nt* party
kalcium (*kahl*-si-ewm) *nt* calcium
kalender (kah-*layn*-derr) *c* (pl -drar) calendar
kalk (kahlk) *c* lime
kalkon (kahl-*kōōn*) *c* turkey
kall (kahl) *adj* cold
kalla (*kahl*-ah) *v* call; **så kallad** so-called
kalori (kah-loo-*ree*) *c* calorie
kalsonger (kahl-*song*-err) *pl* drawers; briefs *pl*; shorts *plAm*; underpants *plAm*
kalv (kahlv) *c* calf
kalvinism (kahl-vi-*nism*) *c* Calvinism
kalvkött (*kahlv*-t^y^urt) *nt* veal
kalvskinn (*kahlv*-shin) *nt* calf skin
kam (kahm) *c* (pl ~mar) comb
kamé (kah-*māy*) *c* cameo
kamel (kah-*māyl*) *c* camel
kamera (*kaa*-mer-rah) *c* camera
kamin (kah-*meen*) *c* heater, stove
kamma (*kah*-mah) *v* comb
kammare (*kah*-mah-rer) *c* (pl ~, kamrar) chamber
kammartjänare (*kahm*-ahr-*t^y^ai*-nah-rer) *c* (pl ~) valet
kamp (kahmp) *c* fight; struggle, combat, battle
kampa (*kahm*-pah) *v* camp
kampanj (kahm-*pahn^y^*) *c* campaign
kampare (*kahm*-pah-rer) *c* (pl ~) camper
kampingplats (*kahm*-ping-plahts) *c* camping site
kamrat (kahm-*raat*) *c* comrade
Kanada (*kah*-nah-dah) Canada
kanadensare (kah-nah-*dayn*-sah-rer) *c* (pl ~) Canadian
kanadensisk (kah-nah-*dayn*-sisk) *adj* Canadian
kanal (kah-*naal*) *c* canal; channel
kanariefågel (kah-*naa*-ri-er-fōā-gerl) *c* (pl -glar) canary
kandidat (kahn-di-*daat*) *c* candidate
kanel (kah-*nāyl*) *c* cinnamon
kanhända (kahn-*hehn*-dah) *adv* perhaps
kanin (kah-*neen*) *c* rabbit
kanon (kah-*nōōn*) *c* gun
kanot (kah-*nōōt*) *c* canoe
kanske (*kahn*-sher) *adv* perhaps; maybe
kant (kahnt) *c* edge; border; verge, rim
kantin (kahn-*teen*) *c* canteen
kaos (*kaa*-oss) *nt* chaos
kaotisk (kah-*ōā*-tisk) *adj* chaotic
kapa (*kaa*-pah) *v* hijack
kapabel (kah-*paa*-berl) *adj* capable
kapacitet (kah-pah-si-*tāyt*) *c* capacity
kapare (*kaa*-pah-rer) *c* (pl ~) hijacker
kapell (kah-*payl*) *nt* chapel
kapital (kah-pi-*taal*) *nt* capital

kapitalism (kah-pi-tah-*lism*) *c* capitalism
kapitalplacering (kah-pi-*taal*-plah-*sāy*-ring) *c* investment
kapitulation (kah-pi-tew-lah-*shōōn*) *c* capitulation, surrender
kaplan (kah-*plaan*) *c* chaplain
kappa (*kah*-pah) *c* coat
kapplöpning (*kahp*-lūrp-ning) *c* race
kapplöpningshäst (*kahp*-lūrp-nings-hehst) *c* racehorse
kapprum (*kahp*-rewm) *nt* cloakroom
kappsegling (*kahp*-sāyg-ling) *c* regatta
kappsäck (*kahp*-sehk) *c* suitcase, grip
kapsyl (kahp-*sēwl*) *c* capsule
kapten (kahp-*tāyn*) *c* captain
kapuschong (kah-pew-*shong*) *c* hood
karakterisera (kah-rahk-ter-ri-*sāy*-rah) *v* characterize
karakteristisk (kah-rahk-ter-*riss*-tisk) *adj* characteristic; typical
karaktär (kah-rahk-*tæær*) *c* character
karaktärsdrag (kah-rahk-*tææ'rs*-draag) *nt* characteristic
karamell (kah-rah-*mayl*) *c* caramel, sweet; candy *nAm*
karantän (kah-rahn-*tain*) *c* quarantine
karat (kah-*raat*) *c* (pl ~) carat
karbonkopia (kahr-*bōān*-koo-*pee*-ah) *c* carbon copy
karbonpapper (kahr-*bōān*-pah-perr) *nt* carbon paper
kardinal (kahr-di-*naal*) *c* cardinal
karg (kahr[y]) *adj* bare
karl (kaar) *c* guy; chap, fellow
karmosinröd (kahr-mo-*seen*-rūrd) *adj* crimson
karneval (kahr-nay-*vaal*) *c* carnival
kaross (kah-*ross*) *c* coach
karosseri (kah-ro-ser-*ree*) *nt* (pl ~er) motor body *Am*
karp (kahrp) *c* carp
karriär (kah-ri-*æær*) *c* career
karta (*kaar*-tah) *c* map
kartong (kahr-*tong*) *c* carton
karusell (kah-rew-*sayl*) *c* merry-go-round
kaschmir (kahsh-*meer*) *c* cashmere
kasern (kah-*sæærn*) *c* barracks *pl*
kasino (kah-*see*-no) *nt* casino
kassa (*kah*-sah) *c* cash, fund; pay desk
kassaskåp (*kah*-sah-skōāp) *nt* safe
kassavalv (*kah*-sah-vahlv) *nt* vault
kasse (*kah*-ser) *c* shopping bag
kassera (kah-*sāy*-rah) *v* discard
kassett (kah-*seht*) *c* cassette
kassör (kah-*sūrr*) *c* cashier
kassörska (kah-*sūrrs*-kah) *c* cashier

kast (kahst) *nt* throw; cast
kasta (*kahss*-tah) *v* *throw; toss, *cast; *overcast
kastanj (kahss-*tahn*^{y}) *c* chestnut
kastby (*kahst*-b$\overline{\text{ew}}$) *c* gust
kastrull (kahst-*rewl*) *c* saucepan
katakomb (kah-tah-*komb*) *c* catacomb
katalog (kah-tah-*l$\overline{\text{oa}}$g*) *c* catalogue
katarr (kah-*tahr*) *c* catarrh
katastrof (kah-tah-*str$\overline{\text{oa}}$f*) *c* catastrophe; disaster; calamity
katastrofal (kah-tah-stro-*faal*) *adj* disastrous
katedral (kah-ter-*draal*) *c* cathedral
kategori (kah-ter-g$\overline{\text{oa}}$-*ree*) *c* category
katolsk (kah-*t$\overline{\text{oo}}$lsk*) *adj* catholic; **romersk ~** Roman Catholic
katrinplommon (kaht-*reen*-*ploo*-mon) *nt* prune
katt (kaht) *c* cat
kavaj (kah-*vigh*) *c* jacket
kaviar (*kah*-vi-^{y}ahr) *c* caviar
kedja (*t$^{y}\overline{ay}$d*-^{y}ah) *c* chain
kejsardöme (*t^{y}ay*-sahr-d$\overline{\text{ur}}$-mer) *nt* empire
kejsare (*t^{y}ay*-sah-rer) *c* (pl ~) emperor
kejsarinna (*t^{y}ay*-sah-*ri*-nah) *c* empress
kejserlig (*t^{y}ay*-serr-li) *adj* imperial
kelgris (*t$^{y}\overline{ay}$l*-greess) *c* pet
kemi (t^{y}ay-*mee*) *c* chemistry
kemikalieaffär (t^{y}ay-mi-*kaa*-li-ay-ah-*fær*) *c* chemist's; drugstore *nAm*
kemisk (*t$^{y}\overline{ay}$*-misk) *adj* chemical
kemtvätt (*t$^{y}\overline{ay}$m*-tveht) *c* dry cleaner's
kemtvätta (*t$^{y}\overline{ay}$m*-tveh-tah) *v* dry-clean
kennel (*keh*-nerl) *c* (pl -nlar) kennel
Kenya (*k$\overline{ay}$n*-i-ah) Kenya
keramik (t^{y}ay-rah-*meek*) *c* ceramics *pl*; pottery
kex (kayks) *nt* biscuit; cookie *nAm*; cracker *nAm*
kika (*t^{y}ee*-kah) *v* peep
kikare (*t^{y}ee*-kah-rer) *c* (pl ~) binoculars *pl*
kikhosta (*t^{y}eek*-hooss-tah) *c* whooping-cough
kil (t^{y}eel) *c* wedge, gusset
kilo (*t^{y}ee*-loo) *nt* kilogram
kilometer (t^{y}ee-loo-*m$\overline{ay}$*-terr) *c* (pl ~) kilometre
Kina (*t^{y}ee*-nah) China
kind (t^{y}ind) *c* cheek
kindben (*t^{y}ind*-b$\overline{\text{ay}}$n) *nt* cheekbone
kindtand (*t^{y}ind*-tahnd) *c* (pl -tänder) molar
kines (t^{y}i-*n$\overline{ay}$ss*) *c* Chinese
kinesisk (t^{y}i-*n$\overline{ay}$*-sisk) *adj* Chinese
kinkig (*t^{y}ing*-ki) *adj* difficult
kiosk (t^{y}i-*osk*) *c* kiosk
kirurg (t^{y}i-*rewrg*) *c* surgeon
kissekatt (ki-ser-*kaht*) *c* pussy-cat

kista (*tʸiss*-tah) *c* chest; coffin
kittel (*tʸi*-terl) *c* (pl -tlar) kettle
kittla (*tʸit*-lah) *v* tickle
kiv (tʸeev) *nt* strife, quarrelling
kivas (*tʸeev*-ahss) *v* quarrel
kjol (tʸōōl) *c* skirt
klack (klahk) *c* heel
klaga (*klaa*-gah) *v* complain
klagomål (*klaa*-goo-mōal) *nt* complaint
klander (*klahn*-derr) *nt* blame
klandra (*klahn*-drah) *v* blame
klang (klahng) *c* tone
klar (klaar) *adj* ready; clear, serene
klara (*klaa*-rah) *v* cope with; **klara sig** manage; get along; pass; **klara sig med** *make do with
***klargöra** (*klaar*-ʸūr-rah) *v* clarify
***klarlägga** (*klaar*-lehg-ah) *v* elucidate
klass (klahss) *c* class; form
klassificera (klah-si-fi-*sāy*-rah) *v* classify, grade
klassisk (*klah*-sisk) *adj* classical
klasskamrat (*klahss*-kahm-*raat*) *c* classmate
klassrum (*klahss*-rewm) *nt* classroom
klatsch (klahch) *c* smack
klausul (klahew-*sēwl*) *c* clause
klenod (klay-*nōōd*) *c* gem
klia (*klee*-ah) *v* itch
klibbig (*kli*-bi) *adj* sticky
klicka (*klik*-ah) *v* click; **~ fast** click into place
klient (kli-*aynt*) *c* client; customer
klimat (kli-*maat*) *nt* climate
klimpig (*klim*-pi) *adj* lumpy
klinik (kli-*neek*) *c* clinic
klippa[1] (*kli*-pah) *v* *cut; **~ av** *cut off
klippa[2] (*kli*-pah) *c* rock; cliff
klippbok (*klip*-bōōk) *c* (pl -böcker) scrapbook
klippig (*kli*-pi) *adj* rocky
klipsk (klipsk) *adj* smart, shrewd
klister (*kliss*-terr) *nt* gum
klistermärke (*kliss*-terr-*mær*-ker) *nt* sticker
klisterremsa (*kliss*-terr-raym-sah) *c* adhesive tape
klistra (*kliss*-trah) *v* paste; *stick
klo (klōō) *c* claw
kloak (kloo-*aak*) *c* sewer
klocka (*klo*-kah) *c* watch; bell; **klockan ...** at ... o'clock; **klockan tolv** noon
klockarmband (*klok*-ahrm-bahnd) *nt* watchstrap
klockspel (*klok*-spāyl) *nt* chimes *pl*
klok (klōōk) *adj* clever
klon (klōan) *c* clone
klona (*klōa*-nah) *v* clone
klor (klōar) *c* chlorine
kloss (kloss) *c* block
kloster (*kloss*-terr) *nt* cloister; convent, monastery
klot (klōōt) *nt* sphere

klubb (klewb) *c* club
klubba (*klew*-bah) *c* club; mallet; lollipop
klump (klewmp) *c* lump
klumpig (*klewm*-pi) *adj* clumsy; awkward
klumpsumma (*klewmp*-sewm-ah) *c* lump sum
klyfta (*klewf*-tah) *c* cleft; cleavage; segment
***klyva** (*klēw*-vah) *v* *split
klåda (*klōa*-dah) *c* itch
klä (klai) *v* *become; clothe; cover; **~ av sig** undress; **~ om sig** change; **~ på** dress; **~ på sig** *put on; **~ sig** dress; ***vara klädd i** *wear
kläder (*klai*-derr) *pl* clothes *pl*
klädhängare (*klehd*-hehng-ah-rer) *c* (pl **~**) hanger
klädskåp (*klaid*-skōap) *nt* wardrobe
klämma (*klehm*-ah) *c* clamp; *v* squeeze
klänga sig (*klenhg*-ah say) *v* cling; **~ fast** cling to
klänning (*klehn*-ing) *c* dress; frock, gown
klättra (*kleht*-rah) *v* climb
klättring (*kleht*-ring) *c* climb
klösa (*klūr*-sah) *v* scratch
klöver (*klūr*-verr) *c* clover
knacka (*knah*-kah) *v* knock; tap
knackning (*knahk*-ning) *c* knock
knapp[1] (knahp) *c* button
knapp[2] (knahp) *adj* scarce; **knappast** scarcely; **knappt** *adv* hardly
knappast (*knahp*-ahst) hardly
knapphet (*knahp*-hāyt) *c* scarcity
knapphål (*knahp*-hōal) *nt* buttonhole
knappnål (*knahp*-nōal) *c* pin
knaprig (*knaap*-ri) *adj* crisp
knekt (knehkt) *c* knave
***knipa** (*knee*-pah) *v* pinch
kniptång (*kneep*-tong) *c* (pl -tänger) pincers *pl*
kniv (kneev) *c* knife
knivblad (*kneev*-blaad) *nt* blade
knoge (*knōo*-ger) *c* knuckle
knopp (knop) *c* bud
knorra (*kno*-rah) *v* grumble
knubbig (*knewb*-i) *adj* plump
knuff (knewf) *c* push
knulla (*knewl*-ah) *v* fuck V
knut (knēwt) *c* knot
knutpunkt (*knēwt*-pewngkt) *c* junction
***knyta** (*knēw*-tah) *v* tie; knot; **~ upp** untie
knytnäve (*knēwt*-nai-ver) *c* fist
knytnävsslag (*knēwt*-naivs-slaag) *nt* punch
knä (knai) *nt* knee
knäböja (*knai*-bur-[y]ah) *v* *kneel
knäppa (*knehp*-ah) *v* button; zap; **~ upp** unbutton
knäskål (*knai*-skōal) *c* kneecap
ko (kōo) *c* cow
kock (kok) *c* cook

kod (kōad) *c* code
koffein (ko-fer-*een*) *nt* caffeine
koffeinfri (ko-fer-*een*-free) *adj* decaf(feinated)
koffert (*ko*-ferrt) *c* trunk
kofta (*kof*-tah) *c* cardigan
kofångare (*kōō*-fong-ah-rer) *c* (pl ~) bumper
koj (koi) *c* bunk
koka (*kōō*-kah) *v* boil
kokain (koo-kah-*een*) *nt* cocaine
kokbok (*kōōk*-bōōk) *c* (pl -böcker) cookery book; cookbook *nAm*
kokmöjligheter (*kōōk*-mur[y]-li-hāy-ter) *pl* cooking facilities *pl*
kokosnöt (*koo*-kooss-nūrt) *c* (pl ~ter) coconut
kol (kōal) *nt* coal
kola (*kōa*-lah) *c* toffee
kolja (*kol*-[y]ah) *c* haddock
kolla (*kol*-ah) *v* check
kollapsa (ko-*lahp*-sah) *v* collapse
kollega (ko-*lāy*-gah) *c* colleague
kollektiv (*ko*-lehk-teev) *adj* collective
kollidera (ko-li-*dāy*-rah) *v* collide; crash
kollision (ko-li-*shōōn*) *c* collision; crash
koloni (ko-lo-*nee*) *c* colony
kolonn (ko-*lon*) *c* column
kolossal (ko-lo-*saal*) *adj* huge
koltrast (*kōal*-trahst) *c* blackbird
kolumn (ko-*lewmn*) *c* column
kolv (kolv) *c* piston
kolvring (*kolv*-ring) *c* piston ring
koma (*kōa*-mah) *c* coma
kombination (kom-bi-nah-*shōōn*) *c* combination
kombinera (koam-bi-*nāy*-rah) *v* combine
komedi (ko-may-*dee*) *c* comedy; **musikalisk ~** musical comedy
komfort (kom-*fort*) *c* comfort
komfortabel (kom-for-*taa*-berl) *adj* comfortable
komiker (*kōō*-mi-kerr) *c* (pl ~) comedian
komisk (*kōō*-misk) *adj* comic
***komma** (*ko*-mah) *v* *come; **~ ihåg** remember; **~ tillbaka** return; *get back
kommatecken (*ko*-mah-tay-kern) *nt* comma
kommentar (ko-mayn-*taar*) *c* comment
kommentera (ko-mayn-*tāy*-rah) *v* comment
kommersiell (ko-mær-si-*ayl*) *adj* commercial
kommission (ko-mi-*shōōn*) *c* commission
kommitté (ko-mi-*tāy*) *c* committee
kommun (ko-*mēwn*) *c* municipality; commune; **kommunal-** municipal
kommunfullmäktige (ko-*mēwn*-fewl-mehk-ti-ger) *pl* municipality council

kommunikation (ko-mew-ni-kah-*shoon*) *c* communication
kommuniké (ko-mew-ni-*kay*) *c* communiqué
kommunism (ko-mew-*nism*) *c* communism
kommunist (ko-mew-*nist*) *c* communist
kompakt (kom-*pahkt*) *adj* compact
kompanjon (koam-pahn-*yoon*) *c* partner; associate
kompass (kom-*pahss*) *c* compass
kompensation (kom-payn-sah-*shoon*) *c* compensation
kompensera (kom-pern-*say*-rah) *v* compensate
kompetent (koam-pay-*taynt*) *adj* qualified
kompis (*kom*-piss) *c* buddy *colloquial*
komplett (kom-*playt*) *adj* complete
komplex (kom-*plehks*) *nt* complex
komplicerad (kom-pli-*sayr*-ahd) *adj* complicated
komplimang (kom-pli-*mahng*) *c* compliment
komplimentera (kom-pli-mern-*tayr*-ah) *v* compliment
komplott (kom-*plot*) *c* plot; conspiracy
komponera (kom-poo-*nay*-rah) *v* compose
komposition (kom-po-si-*shoon*) *c* composition
kompositör (kom-po-si-*turr*) *c* composer
kompromiss (kom-pro-*miss*) *c* compromise
koncentration (kon-sayn-trah-*shoon*) *c* concentration
koncentrera (kon-sayn-*tray*-rah) *v* concentrate
koncern (kon-*surrn*) *c* concern
koncession (kon-ser-*shoon*) *c* concession
koncis (kon-*seess*) *adj* concise
kondition (kon-di-*shoon*) *c* condition
konditor (kon-*dee*-toar) *c* confectioner
konditori (kon-di-too-*ree*) *nt* (pl ~er) pastry shop
kondom (kon-*doam*) *c* condom
konduktör (kon-dewk-*turr*) *c* ticket collector
konfektionssydd (kon-fayk-*shoon*-sewd) *adj* ready--made
konferens (kon-fer-*rayns*) *c* conference
konfidentiell (kon-fi-dayn-tsi-*ayl*) *adj* confidential
konfiskera (kon-fi-*skayr*-ah) *v* confiscate
konflikt (kon-*flikt*) *c* conflict
konfrontera (kon-fron-*tay*-rah) *v* confront, face
kongregation (kon-gray-gah-*shoon*) *c* congregation
kongress (kong-*rayss*) *c* congress
konjak (*kon*-yahk) *c* cognac

konkret (kon-*krāyt*) *adj* concrete
konkurrens (kon-kew-*rayns*) *c* competition
konkurrent (kon-kew-*raynt*) *c* competitor
konkurrera (kon-kew-*rāyr*-ah) *v* compete
konkursmässig (kon-*kewrs*-meh-si) *adj* bankrupt
konsekvens (kon-ser-*kvayns*) *c* consequence; issue
konsert (kon-*sæær*) *c* concert
konsertsal (kon-*sær*-saal) *c* concert hall
konservativ (kon-sær-vah-*teev*) *adj* conservative
konservatorium (kon-*sær*-vah-*tōō*-ri-ewm) *nt* (pl -rier) music academy
konservburk (kon-*særv*-bewrk) *c* can, tin
konserver (kon-*særv*-err) *pl* tinned food
konservera (kon-sær-*vāy*-rah) *v* preserve
konservering (kon-sær-*vāy*-ring) *c* preservation
konservöppnare (kon-*særv*-urp-nah-rer) *c* (pl ~) can opener, tin opener
konst (konst) *c* art; **de sköna konsterna** fine arts
konstakademi (*konst*-ah-kah-day-*mee*) *c* art school
konstatera (kons-tah-*tāyr*-ah) *v* ascertain, establish; diagnose
konstgalleri (*konst*-gah-ler-*ri*) *nt* (pl ~er) art gallery; gallery
konstgjord (*konst*-ʸōōrd) *adj* artificial
konsthantverk (*konst*-hahnt-værk) *nt* handicraft
konsthistoria (*konst*-hiss-tōō-ri-ah) *c* art history
konstig (*kons*-ti) *adj* funny, odd; queer
konstindustri (*konst*-in-dew-*stree*) *c* arts and crafts
konstnär (*konst*-næær) *c* artist
konstnärinna (*konst*-næ-*ri*-nah) *c* artist
konstnärlig (konst-*næær*-li) *adj* artistic
konstruera (kon-strew-*āyr*-ah) *v* construct
konstruktion (kon-strewk-*shōōn*) *c* construction
konstsamling (*konst*-sahm-ling) *c* art collection
konstsiden (*konst*-see-dern) *c* rayon
konststycke (*konst*-stew-ker) *nt* trick
konstutställning (*konst*-ēwt-stehl-ning) *c* art exhibition
konstverk (*konst*-værk) *nt* work of art
konsul (*kon*-sewl) *c* consul
konsulat (kon-sew-*laat*) *nt* consulate
konsultation (kon-sewl-tah-*shōōn*) *c* consultation
konsument (kon-sew-*maynt*) *c* consumer
konsumera (kon-sew-*māy*-

rah) *v* consume
kontakt (kon-*tahkt*) *c* contact
kontakta (kon-*tahk*-tah) *v* contact
kontaktlinser (kon-*tahkt*-lin-serr) *pl* contact lenses
kontanter (kon-*tahn*-terr) *pl* cash
kontinent (kon-ti-*naynt*) *c* continent
kontinental (kon-ti-nayn-*taal*) *adj* continental
kontinuerlig (kon-ti-new-*āyr*-li) *adj* continuous
konto (*kon*-too) *nt* account
kontokort (*kon-toh*-koort) *nt* debit card
kontor (kon-*tōōr*) *nt* office
kontorist (kon-too-*rist*) *c* clerk
kontorsartiklar (kon-*tōōrs*-ahr-tik-lahr) *pl* stationery
kontorstid (kon-*tōōrs*-teed) *c* office hours; business hours
kontra (*kont*-rah) *prep* versus
kontrakt (kon-*trahkt*) *nt* contract; agreement
kontrast (kon-*trahst*) *c* contrast
kontroll (kon-*trol*) *c* control; inspection; supervision
kontrollera (kon-tro-*lāy*-rah) *v* control; check, inspect, supervise
kontur (kon-*tēwr*) *c* contour
konversation (kon-vær-sah-*shōōn*) *c* conversation
kooperation (koo-o-per-rah-*shōōn*) *c* co-operative
kooperativ (koo-o-per-rah-*teev*) *adj* co-operative
kopia (ko-*pee*-ah) *c* copy
kopiera (koo-pi-*āyr*-ah) *v* copy
kopp (kop) *c* cup
koppar (*ko*-pahr) *c* copper
koppel (*ko*-payl) *nt* leash; lead
koppla (*kop*-lah) *v* connect; **~ av** relax; **~ på** switch on; **~ till** connect; **~ ur** disconnect; declutch
koppling (*kop*-ling) *c* clutch
kopplingsbord (*kop*-lings-bōōrd) *nt* switchboard
korall (ko-*rahl*) *c* coral
korg (kor^y) *c* basket; hamper
korint (ko-*rint*) *c* currant
kork (kork) *c* cork
korka upp (*kor*-kah) uncork
korkskruv (*kork*-skrēwv) *c* corkscrew
korn (kōōrn) *nt* grain; corn, barley
korp (korp) *c* raven
korpulent (kor-pew-*laynt*) *adj* corpulent; stout
korrekt (ko-*raykt*) *adj* correct
korrespondens (ko-ray-spon-*dahngs*) *c* correspondence
korrespondent (ko-rayss-pon-*daynt*) *c* correspondent
korrespondera (ko-rayss-pon-*dāy*-rah) *v* correspond
korridor (ko-ri-*dōār*) *c* corridor
korrumpera (ko-rewm-*pāy*-rah) *v* corrupt
korrumperad (ko-rewm-*pāy*-

rahd) *adj* corrupt
korruption (ko-rewp-*shoon*) *c* corruption
kors (kors) *nt* cross
korsett (kor-*sayt*) *c* corset
korsfästa (*kors*-fehss-tah) *v* crucify
korsfästelse (*kors*-fehss-tayl-ser) *c* crucifixion
korsning (*kors*-ning) *c* crossing
korståg (*kors*-toag) *nt* crusade
kort[1] (kort) *adj* short; brief
kort[2] (koort) *nt* card; snapshot; **grönt** ~ green card
kortfattad (*kort*-faht-ahd) *adj* brief; concise
kortslutning (*kort*-slewt-ning) *c* short circuit
korv (korv) *c* sausage
kosmetika (koss-*may*-ti-kah) *pl* cosmetics *pl*
kost (kost) *c* fare
kosta (*koss*-tah) *v* *cost
kostnad (*kost*-nahd) *c* cost
kostnadsfri (*kost*-nahds-free) *adj* free of charge
kostsam (*kost*-sahm) *adj* expensive
kostym (koss-*tewm*) *c* suit
kotlett (kot-*leht*) *c* chop; cutlet
krabba (*krah*-bah) *c* crab
kraft (krahft) *c* force; energy, strength, power
kraftig (*krahf*-ti) *adj* strong, powerful; robust
kraftverk (*krahft*-værk) *nt* power station
krage (*kraa*-gay) *c* collar
kragknapp (*kraag*-knahp) *c* collar stud
kram (kraam) *c* hug
krama (*kraam*-ah) *v* cuddle, embrace
kramp (krahmp) *c* cramp; convulsion
krampa (*krahm*-pah) *c* clamp
kran (kraan) *c* tap
kranvatten (*kraan*-vah-tern) *nt* tap water
krasslig (*krahss*-li) *adj* unwell
krater (*kraa*-terr) *c* (pl -trar) crater
kratta (*krah*-tah) *c* rake
krav (kraav) *nt* requirement
kreativ (*kray*-ah-teev) *adj* creative
kredit (kray-*deet*) *c* credit
kreditera (kray-di-*tay*-rah) *v* credit
kreditiv (kray-*di*-teev) *nt* letter of credit
kreditkort (kray-*deet*-koort) *nt* credit card; charge card *nAm*
kremera (kray-*mayr*-ah) *v* cremate
krets (krayts) *c* circuit; circle
kretslopp (*krayts*-lop) *nt* circulation, orbit, cycle
kricket (*kri*-kayt) *nt* cricket
krig (kreeg) *nt* war
krigsfånge (*kriks*-fong-er) *c* prisoner of war
kriminell (kri-mi-*nayl*) *adj* criminal
kringliggande (*kring*-li-

gahn-der) *adj* surrounding
kris (kreess) *c* crisis
kristall (kriss-*tahl*) *c* crystal; **kristall-** crystal
kristen[1] (*kriss*-tern) *c* (pl -tna) Christian
kristen[2] (*kriss*-tern) *adj* Christian
Kristus (*kriss*-tewss) Christ
krita (*kreet*-ah) *c* chalk
kritik (kri-*teek*) *c* criticism
kritiker (*kree*-ti-kerr) *c* (pl ~) critic
kritisera (kri-ti-*sāy*-rah) *v* criticize
kritisk (*kree*-tisk) *adj* critical
krockkudde (*crock-kew*-day) *c* airbag
krog (krōōg) *c* restaurant
krok (krōōk) *c* hook
krokig (*krōōk*-i) *adj* crooked, curved, bent
krokodil (kroo-koo-*deel*) *c* crocodile
krona (*krōō*-nah) *c* crown
kronblad (*krōōn*-blaad) *nt* petal
kronisk (*krōō*-nisk) *adj* chronic
kronologisk (kroo-noo-*lōāg*-isk) *adj* chronological
kronärtskocka (*krōōn*-ærts-ko-kah) *c* artichoke
kropp (krop) *c* body; **fast ~** solid
krossa (*krōs*-sah) *v* crush
krucifix (krew-si-*fiks*) *nt* crucifix
kruka (*krēw*-kah) *c* jar
krus (krēwss) *nt* pitcher
krusa (*krēw*-sah) *v* curl
krusbär (*krēwss*-bæær) *nt* gooseberry
krut (krēwt) *nt* gunpowder
krycka (*krew*-kah) *c* crutch
krydda (*krew*-dah) *c* spice; *v* flavour
kryddad (*krew*-dahd) *adj* spiced; spicy
krympa (*krewm*-pah) *v* *shrink
krympfri (*krewmp*-free) *adj* shrinkproof
***krypa** (*krēwp*-ah) *v* *creep; crawl
kryssning (*krewss*-ning) *c* cruise
kråka (*krōāk*-ah) *c* crow
kräfta (*krehf*-tah) *c* crayfish
kräkas (*krai*-kahss) *v* vomit
kräldjur (*krail*-ʸēwr) *nt* reptile
kräm (kraim) *c* cream
krämpa (*krehm*-pah) *c* ailment
kränka (*krehng*-kah) *v* offend
kränkande (*krehng*-kahn-der) *adj* offensive
kränkning (*krehngk*-ning) *c* offence; violation
kräsen (*krai*-sern) *adj* choosy, fastidious, particular
kräva (*krai*-vah) *v* demand; require, claim
krök (krūrk) *c* bend
kröna (*krūr*-nah) *v* crown
kub (kēwb) *c* cube
Kuba (*kēw*-bah) Cuba
kuban (kew-*baan*) *c* Cuban
kubansk (kew-*baansk*) *adj*

Cuban
kudde (*kew*-day) *c* cushion; pillow
kuggas (*kewg*-ahss) *v* fail
kula (*kēw*-lah) *c* bullet
kull (kewl) *c* litter
kulle (*kew*-lay) *c* hill; mound
kullkasta (*kewl*-kahss-tah) *v* *upset
kulspetspenna (*kēwl*-spayts-pay-nah) *c* ballpoint pen
kultiverad (kewl-ti-*vāy*-rahd) *adj* cultured, refined
kultur (kewl-*tēwr*) *c* culture
kund (kewnd) *c* customer; client
kung (kewng) *c* king
kungarike (*kewng*-ah-ree-ker) *nt* kingdom
kunglig (*kewng*-li) *adj* royal
***kungöra** (*kewn*-ʸūrr-ah) *v* proclaim
kungörelse (*kewn*-ʸūr-rayl-ser) *c* announcement; proclamation, notice
***kunna** (*kewn*-ah) *v* *can; *may, *be able to
kunskap (*kewn*-skaap) *c* knowledge
kupé (kēw-*pāy*) *c* compartment
kuperad (kēw-*pāy*-rahd) *adj* hilly
kupol (kēw-*pōal*) *c* dome
kupong (kēw-*pong*) *c* coupon; voucher
kur (kēwr) *c* cure
kurort (*kēwr*-oort) *c* spa
kurs (kewrs) *c* course
kurva (*kewr*-vah) *c* curve, turning, bend
kusin (kew-*seen*) *c* cousin
kuslig (*kēwss*-li) *adj* creepy
kust (kewst) *c* coast; seashore, seaside
kuvert (kew-*væær*) *nt* envelope
kuvertavgift (kēw-*væær*-aav-ʸift) *c* cover charge
kvacksalvare (*kvahk*-sahl-vah-rer) *c* (pl ~) quack
kvadrat (kvah-*draat*) *c* square
kvadratisk (kvah-*draa*-tisk) *adj* square
kvalificera sig (kvah-li-fi-*sāyr*-ah) qualify
kvalificerad (kvah-li-fi-*sāyr*-ahd) *adj* qualified
kvalifikation (kvah-li-fi-kah-*shōon*) *c* qualification
kvalitet (kvah-li-*tāyt*) *c* quality
kvantitet (kvahn-ti-*tāyt*) *c* quantity
kvar (kvaar) *adv* left
kvarleva (*kvaar*-lāy-vah) *c* remnant
kvarn (kvaarn) *c* mill
kvart (kvahrt) *c* quarter of an hour; quarter
kvartal (kvahr-*taal*) *nt* quarter; **kvartals-** quarterly
kvarter (kvahr-*tāyr*) *nt* block
kvast (kvahst) *c* broom
kvav (kvaav) *adj* stuffy
kvick (kvik) *adj* quick
kvicksilver (*kvik*-sil-vehr) *nt* mercury
kvicktänkt (*kvik*-tehngkt) *adj* bright

kvinna (*kvi*-nah) *c* woman
kvinnlig (*kvin*-li) *adj* feminine
kvist (kvist) *c* twig
kvitto (*kvi*-too) *nt* receipt
kvot (kv$\overline{oo}$t) *c* quota
kväll (kvehl) *c* evening; night; **i ~** tonight
kvällsmat (*kvehls*-maat) *c* supper
kväva (*kvai*-vah) *v* choke
kvävas (*kvai*-vahss) *v* choke
kväve (*kvai*-ver) *nt* nitrogen
kyckling (*t^{y}ewk*-ling) *c* chicken
kyla (*t$^{y}\overline{ew}$*-lah) *c* cold
kylig (*t$^{y}\overline{ew}$*-li) *adj* cool; chilly
kylskåp (*t$^{y}\overline{ew}$l*-sk$\overline{oa}$p) *nt* fridge, refrigerator
kypare (*t$^{y}\overline{ew}$*-pah-rer) *c* (pl ~) waiter
kyrka (*t^{y}ewr*-kah) *c* church
kyrkogård (*t^{y}ewr*-koo-g$\overline{oa}$rd) *c* churchyard; cemetery
kyrktorn (*t^{y}ewrk*-toorn) *nt* church tower
kyrkvaktmästare (*t^{y}ewrk*-vahkt-mehss-tah-rer) *c* (pl ~) sexton
kysk (t^{y}ewsk) *adj* chaste
kyss (t^{y}ewss) *c* kiss
kyssa (*t^{y}ew*-sah) *v* kiss
kål (k$\overline{oa}$l) *c* cabbage
käck (t^{y}ehk) *adj* plucky
käft (t^{y}ehft) *c* mouth
kägelspel (*t^{y}ai*-gerl-sp$\overline{ay}$l) *nt* bowling
käke (*t^{y}ai*-ker) *c* jaw
kälkborgerlig (*t^{y}ehlk*-bor-^{y}err-li) *adj* bourgeois
kälke (*t^{y}ehl*-ker) *c* sleigh, sledge
källa (*t^{y}ehl*-ah) *c* spring; source, fountain
källare (*t^{y}eh*-lah-rer) *c* (pl ~) cellar
källarvåning (*t^{y}eh*-lahr-v$\overline{oa}$-ning) *c* basement
kämpa (*t^{y}ehm*-pah) *v* *fight; struggle, combat, battle
känd (t^{y}ehnd) *adj* famous, known, noted
känguru (*t^{y}ehng*-gew-rew) *c* kangaroo
känna (*t^{y}ehn*-ah) *v* *feel; *know; **~ igen** recognize
kännare (*t^{y}eh*-nah-rer) *c* (pl ~) connoisseur
kännbar (*t^{y}ehn*-baar) *adj* perceptible, noticeable
kännedom (*t^{y}ehn*-er-doom) *c* knowledge
kännemärke (*t^{y}ehn*-er-mær-ker) *nt* feature
kännetecken (*t^{y}eh*-ner-*tay*-kern) *nt* characteristic
känsel (*t^{y}ehn*-serl) *c* touch; feeling; **utan ~** numb
känsla (*t^{y}ehns*-lah) *c* emotion, sensation
känslig (*t^{y}ehns*-li) *adj* sensitive; delicate
känslolös (*t^{y}ayns*-loo-*$\overline{ur}$ss*) *adj* insensitive
käpp (t^{y}ehp) *c* cane; stick
käpphäst (*t^{y}ehp*-hehst) *c* hobbyhorse
kär (t^{y}ær) *adj* dear
kärl (t^{y}ærl) *nt* vessel
kärlek (*t^{y}ær*-l$\overline{ay}$k) *c* love

kärleksaffär (*tʸæær*-layks-ah-*fæær*) *c* affair
kärleksfull (*tʸæær*-layks-fewl) *adj* affectionate
kärlekshistoria (*tʸæær*-layks-hiss-*too*-ri-ah) *c* love story
kärn- (tʸæærn) nuclear; atomic
kärna (*tʸær*-nah) *c* stone, pip; core, essence; nucleus
kärnhus (*tʸæærn*-hewss) *nt* core
kärnkraft (*tʸæærn*-krahft) *c* nuclear energy
kärra (*tʸæ*-rah) *c* cart; barrow
kö (kur) *c* queue
köa (*kur*-ah) *v* queue; stand in line *Am*
kök (tʸurk) *nt* kitchen
kökschef (*tʸurks*-shayf) *c* chef
kökshandduk (*tʸurks*-hahn-dewk) *c* kitchen towel
köksredskap (*tʸurks*-rayd-skaap) *nt* utensil
köksspis (*tʸurk*-speess) *c* stove, cooker
köksträdgård (*tʸurks*-trai-goard) *c* kitchen garden
köl (tʸurl) *c* keel
kön (tʸurn) *nt* sex; **köns-** genital
könssjukdom (*tʸurns*-shewk-doom) *c* venereal disease
köp (tʸurp) *nt* purchase
köpa (*tʸur*-pah) *v* *buy; purchase
köpare (*tʸur*-pah-rer) *c* (pl ~) buyer; purchaser
köpcenter (*tyurp*-sayn-ter) *nt* (pl -centra) mall
köpesumma (*tʸur*-per-sew-mah) *c* purchase price
köpman (*tʸurp*-mahn) *c* (pl -män) merchant; trader
***köpslå** (*tʸurp*-sloa) *v* bargain
kör (kurr) *c* choir
köra (*tʸur*-rah) *v* *drive; **~ för fort** *speed; **~ om** *overtake; pass *vAm*
körbana (*tʸurr*-baan-ah) *c* carriageway; roadway *nAm*
körfil (*tʸurr*-feel) *c* lane
körkort (*tʸurr*-koort) *nt* (pl ~) driver's licence, driving licence
körriktningsvisare (*tʸurr*-rikt-nings-vee-sah-rer) *c* (pl ~) trafficator; directional signal *Am*
körsbär (*tʸurrs*-bæær) *nt* cherry
körsnär (tʸurrs-*næær*) *c* furrier
körtel (*tʸurr*-terl) *c* (pl -tlar) gland
kött (tʸurt) *nt* flesh; meat

L

labyrint (lah-bew-*rint*) *c* labyrinth; maze
lack (lahk) *nt* lacquer; varnish
lada (*laa*-dah) *c* barn
laddare (*laa*-dah-rer) *c* charger
ladda upp (lah-dah *ewp*) *v* upload
laddning (*lahd*-ning) *c* charge; cargo
lag (laag) *c* law; *nt* team
laga (*laa*-gah) *v* fix; mend
lager (*laa*-gerr) *nt* store, stock; layer
laglig (*laag*-li) *adj* legal; lawful
lagra (*laag*-rah) *v* store; stock
lagring (*laag*-ring) *c* storage
lagun (lah-*gewn*) *c* lagoon
lakan (*laa*-kahn) *nt* sheet
lakrits (*laa*-krits) *c* liquorice
laktos (lahk-*toos*) *c* lactose
laktosfri (lahk-*toos*-free) *adj* lactose-free
laktosintolerant (lahk-*toos*-in-tool-e-*rahnt*) *adj* lactose intolerant
lamm (lahm) *nt* lamb
lammkött (*lahm*-t^{y}urt) *nt* lamb
lampa (*lahm*-pah) *c* lamp
lampskärm (*lahmp*-shærm) *c* lampshade
land (lahnd) *nt* (pl länder) land; country; ***gå i ~** land, disembark; **i ~** ashore
landa (*lahn*-dah) *v* land
landgräns (*lahnd*-grehns) *c* boundary
landgång (*lahnd*-gong) *c* gangway
landmärke (*lahnd*-mær-ker) *nt* landmark
landsbygd (*lahnds*-bewgd) *c* countryside; country
landsflykt (*lahnds*-flewkt) *c* exile
landsflykting (*lahnds*-flewk-ting) *c* exile
landskap (*lahnd*-skaap) *nt* province, landscape; scenery
landsman (*lahnds*-mahn) *c* (pl -män) countryman
***landstiga** (*lahnd*-steeg-ah) *v* disembark
landsväg (*lahnds*-vaig) *c* highway
lantbruk (*lahnt*-brewk) *nt* farm
lantbrukare (*lahnt*-brew-kah-rer) *c* (pl ~) farmer
lantlig (*lahnt*-li) *adj* rural
lantställe (*lahnt*-steh-ler) *nt* country house
larma (*lahr*-mah) *v* alarm; clamour
lasarett (lah-sah-*reht*) *nt* hospital
last (lahst) *c* cargo; load, freight; vice
lasta (*lahss*-tah) *v* load;

charge; ~ **av** unload
lastbil (*lahst*-beel) *c* lorry; truck *nAm*
lastkaj (*lahst*-kigh) *c* wharf
lastrum (*lahst*-rewm) *nt* hold
lat (laat) *adj* lazy; idle
Latinamerika (lah-*teen*-ah-*māy*-ri-kah) Latin America
latinamerikansk (lah-*teen*-ah-*may*-ri-*kaansk*) *adj* Latin-American
lavin (lah-*veen*) *c* avalanche
lax (lahks) *c* salmon
***le** (lāy) *v* smile
led (lāyd) *c* joint; **ur ~** dislocated
leda (*lāyd*-ah) *v* *lead; head, direct
ledande (*lāy*-dahn-der) *adj* leading
ledare (*lāy*-dah-rer) *c* (pl ~) leader
ledarhund (*lāyd*-ahr-hewnd) *c* guide dog
ledarskap (*lāyd*-ahr-skaap) *nt* leadership
ledig (*lāy*-di) *adj* vacant; unoccupied
ledighet (*lāy*-di-hāyt) *c* leave; leisure
ledning (*lāyd*-ning) *c* lead, guidance; management
ledsaga (*lāyd*-saag-ah) *v* accompany; conduct
ledsen (*lay*-sayn) *adj* sad, sorry
ledstång (*lāyd*-stong) *c* (pl -stänger) rail, banister
leende (*lāy*-ern-der) *nt* smile
legal (lay-*gaal*) *adj* legal
legalisering (lay-gah-li-*sāyr*-ing) *c* legalization
legat (lay-*gaat*) *nt* legacy
legation (lay-gah-*shōōn*) *c* legation
legitimation (*lay*-gi-ti-mah-*shōōn*) *c* identification
lejon (*lay*-on) *nt* lion
lek (lāyk) *c* play
leka (*lāyk*-ah) *v* play
lekman (*lāyk*-mahn) *c* (pl -män) layman
lekplats (*lāyk*-plahts) *c* playground
leksak (*lāyk*-saak) *c* toy
leksaksaffär (*lāyk*-sahks-ah-*fæær*) *c* toyshop
lekskola (*lāyk*-skōōl-ah) *c* kindergarten
lektion (lehk-*shōōn*) *c* lesson
lektor (*lehk*-tor) *c* lecturer, senior master
lem (laym) *c* (pl ~mar) limb
len (lāyn) *adj* soft, smooth
lera (*lāy*-rah) *c* clay
lergods (*lair*-goods) *nt* pottery, ceramics *pl*; crockery
lerig (*lāy*-ri) *adj* muddy
leta efter (*lāy*-tah) look for
leva (*lāy*-vah) *v* live
levande (*lāy*-vahn-der) *adj* alive; live
lever (*lāy*-verr) *c* (pl levrar) liver
leverans (lay-vay-*rahns*) *c* delivery; supply
leverera (lay-vay-*rāy*-rah) *v* deliver; furnish
levnadsstandard (*lāyv*-nahds-stahn-dahrd) *c*

standard of living
levnadssätt (*lay*v-nahds-*seht*) *nt* (pl ~) living
libanes (li-bah-*nayss*) *c* Lebanese
libanesisk (li-bah-*nayss*-isk) *adj* Lebanese
Libanon (*lee*-bah-non) Lebanon
liberal (li-bay-*raal*) *adj* liberal
Liberia (li-*bayri*-ah) Liberia
liberian (li-bay-ri-*aan*) *c* Liberian
liberiansk (li-bay-ri-*aansk*) *adj* Liberian
licens (li-*sayns*) *c* licence
***lida** (*lee*-dah) *v* suffer
lidande (*leed*-ahn-der) *nt* suffering
lidelse (*leed*-erl-ser) *c* passion
lidelsefull (*leed*-erl-ser-*fewl*) *adj* passionate
lifta (*lif*-tah) *v* hitchhike
liftare (*lif*-tah-rer) *c* (pl ~) hitchhiker
***ligga** (*li*-gah) *v* *lie; *be situated
lik (leek) *nt* corpse; *adj* alike, like
lika (*lee*-kah) *adj* equal; even; *adv* equally, as; ~ **mycket** as much
likadan (*lee*-kah-*daan*) *adj* alike
likaledes (*lee*-kah-*layd*-erss) *adv* likewise
likasinnad (*lee*-kah-*sin*-ahd) *adj* like-minded
likaså (*lee*-kah-*soa*) *adv* likewise; as well, as much
likformig (*leek*-for-mi) *adj* uniform, homogeneous
likgiltig (*leek*-[y]il-ti) *adj* indifferent
likhet (*leek*-hayt) *c* resemblance; similarity
likna (*leek*-nah) *v* resemble
liknande (*leek*-nahn-der) *adj* similar, such
liksom (*lik*-som) *conj* as
likström (*leek*-strurm) *c* direct current
liktorn (*leek*-toarn) *c* corn
likväl (leek-*vail*) *adv* yet; however, still
likvärdig (*leek*-vær-di) *adj* equivalent; ***vara ~** equal
likör (li-*kurr*) *c* liqueur
lilja (*lil*-[y]ah) *c* lily
lillfinger (*lil*-fing-ayr) *nt* (pl -fingrar) little finger
lim (lim) *nt* glue
limpa (*lim*-pah) *c* loaf; carton of cigarettes
lina (*leen*-ah) *c* cord, line
lind (lind) *c* lime; limetree
linda (*lin*-dah) *v* *wind
lindra (*lind*-rah) *v* relieve, mitigate, soothe
linjal (lin-*[y]aal*) *c* ruler
linje (*leen*-[y]er) *c* line
linjefartyg (*leen*-[y]er-faar-tewg) *nt* liner
linjerederi (*lin*-[y]er-ray-day-*ree*) *nt* (pl ~er) shipping line
linne (*li*-ner) *nt* linen
lins (lins) *c* lens; lentil
list (list) *c* ruse; artifice; border

lista (*liss*-tah) *c* list
listig (*liss*-ti) *adj* cunning
lita på (*lee*-tah) trust; rely on
liten (*lee*-tern) *adj* (pl små) minor, small; little; petty, short; **ytterst ~** minute
liter (*lee*-terr) *c* litre
litteratur (li-ter-rah-*tewr*) *c* literature; **litteratur-** literary
litterär (li-ter-*ræær*) *adj* literary
liv (leev) *nt* life
livbälte (*leev*-behl-ter) *nt* lifebelt
livfull (*leev*-fewl) *adj* lively
livförsäkring (*liv*-furr-*saik*-ring) *c* life insurance
livlig (*leev*-li) *adj* vivid; busy
livmoder (*leev*-mōōd-err) *c* (pl -drar) womb
livräddare (*leev*-reh-dah-rer) *c* (pl ~) life-saver
livsfarlig (*lifs*-faar-li) *adj* perilous
livsmedel (*lifs*-māy-derl) *nt* food
livsmedelsbutik (*lifs*-māy-derls-bew-teek) *c* grocer's
livstid (*lifs*-teed) *c* lifetime
livsviktig (*lifs*-vik-ti) *adj* vital
livvakt (*leev*-vahkt) *c* bodyguard
ljud (*ʸēwd*) *nt* sound
***ljuda** (*ʸēw*-dah) *v* sound
ljudband (*ʸēwd*-bahnd) *nt* tape
ljuddämpare (*ʸēwd*-dehm-pah-rer) *c* (pl ~) silencer; muffler *nAm*
ljudisolerad (*ʸēwd*-i-soo-lāy-rahd) *adj* soundproof
***ljuga** (*ʸēwg*-ah) *v* lie
ljum (ʸewm) *adj* lukewarm, tepid
ljumske (*ʸewms*-ker) *c* groin
ljung (ʸewng) *c* heather
ljunghed (*ʸewng*-hāyd) *c* moor
ljus (ʸēwss) *adj* light; *nt* light
ljushårig (*ʸēwss*-hōa-ri) *adj* fair
ljuvlig (*ʸēwv*-li) *adj* lovely
lock (lok) *nt* cover, lid, top; *c* curl
locka (*lok*-ah) *v* curl; entice, tempt
lockelse (*lo*-kayl-ser) *c* attraction
lockig (*lo*-ki) *adj* curly
lodrät (*lōōd*-rait) *adj* vertical; perpendicular
logera (lo-*shāy*-rah) *v* accommodate
logga in (loo-gah-*in*) *v* log in; **~ ut** log off
logi (lo-*shee*) *nt* (pl ~er, ~n) accommodation
logik (loo-*geek*) *c* logic
logisk (*lawg*-isk) *adj* logical
lojal (lo-*ʸaal*) *adj* loyal
lok (lōōk) *nt* locomotive
lokal (loo-*kaal*) *adj* local; **lokal-** local
lokalisera (loo-kah-li-*sāy*-rah) *v* locate
lokalsamtal (loo-*kaal*-sahm-taal) *nt* local call
lokaltåg (loo-*kaal*-tōag) *nt* local train
lokomotiv (loo-koo-moo-

teev) *nt* engine
longitud (*long*-gi-tēwd) *c* longitude
lopp (lop) *nt* race; course
lort (loort) *c* dirt, filth
lortig (*loort*-i) *adj* filthy, dirty
lossa (*loss*-ah) *v* loosen; unfasten; discharge
lots (loots) *c* pilot
lott (lot) *c* lot; lottery ticket
lotteri (lo-ter-*ree*) *nt* lottery
lov (lōav) *nt* vacation; permission
lova (*lōa*-vah) *v* promise
LP-skiva (ayl-pay-*shee*-vah) *c* long-playing record
lucka (*lew*-kah) *c* hatch
luffare (*lewf*-ah-rer) *c* (pl ~) tramp
luft (lewft) *c* air; sky; **luft-** air-; pneumatic
lufta (*lewf*-tah) *v* air, ventilate
luftfilter (*lewft*-fil-terr) *nt* (pl ~, -trer) air-filter
luftig (*lewf*-ti) *adj* airy
luftkonditionerad (*lewft*-kon-di-shoo-*nāy*-rahd) *adj* air-conditioned
luftkonditionering (*lewft*-kon-di-shoo-*nāyr*-ing) *c* air conditioning
luftrörskatarr (*lewft*-rūrrs-kah-*tahr*) *c* bronchitis
lufttryck (*lewft*-trewk) *nt* atmospheric pressure
lufttät (*lewft*-tait) *adj* airtight
lugn (lewngn) *adj* calm; quiet, tranquil; restful
lugna (*lewng*-nah) *v* calm down; reassure; **~ sig** calm down
lukt (lewkt) *c* smell; odour
lukta (*lewk*-tah) *v* *smell
lunch (lewnsh) *c* lunch; luncheon
lunga (*lewng*-ah) *c* lung
lunginflammation (*lewng*-in-flah-mah-*shōōn*) *c* pneumonia
lura (*lēwr*-ah) *v* cheat
lus (lēwss) *c* (pl löss) louse
lust (lewst) *c* desire; zest; ***ha ~ att** *feel like; fancy
lustig (*lewss*-ti) *adj* funny; amusing, jolly, humorous
lustjakt (*lewst*-[y]ahkt) *c* yacht
lustspel (*lewst*-spāyl) *nt* comedy
luta (*lēw*-tah) *v* *lean; **~ sig** *lean
lutande (*lēw*-tahn-der) *adj* slanting
lutning (*lēwt*-ning) *c* inclination
luxuös (lewk-sew-*ūrss*) *adj* luxurious
lya (*lēw*-ah) *c* den
lycka (*lewk*-ah) *c* happiness; fortune, luck; **~ till!** Good luck!
lyckas (*lewk*-ahss) *v* manage, succeed
lycklig (*lewk*-li) *adj* happy; fortunate; **lyckligtvis** *adv* fortunately
lyckosam (*lew*-ko-sahm) *adj* lucky
lyckönska (*lewk*-urns-kah) *v* congratulate
lyckönskning (*lewk*-urnsk-

ning) *c* congratulation
lyda (*lewd*-ah) *v* obey
lydig (*lew*-di) *adj* obedient
lydnad (*lewd*-nahd) *c* obedience
lyfta (*lewf*-tah) *v* lift; *take off
lyftkran (*lewft*-kraan) *c* crane
lykta (*lewk*-tah) *c* lantern
lymmel (*lew*-merl) *c* (pl -mlar) rascal
lysande (*lew*-sahn-der) *adj* luminous
lysa upp (*lew*-sah) illuminate, light up; brighten
lyssna (*lewss*-nah) *v* listen
lyssnare (*lewss*-nah-rer) *c* (pl ~) listener
lyx (lewks) *c* luxury
låda (*loa*-dah) *c* drawer
låg (loag) *adj* low
låga (*loa*-gah) *c* flame
lågland (*loag*-lahnd) *nt* (pl -länder) lowlands *pl*
lågsäsong (*loag*-seh-*song*) *c* low season; off season
lågtryck (*loag*-trewk) *nt* depression
lågvatten (*loag*-vaht-ern) *nt* low tide
lån (loan) *nt* loan
låna (*loa*-nah) *v* borrow; **~ ut** *lend
lång (long) *adj* long; tall
långbyxor (*long*-bewks-err) *pl* trousers *pl*; slacks *pl*
långsam (*long*-sahm) *adj* slow
långt (longt) *adv* far; **längre bort** further away; **längst bort** furthest; **långt bort** far away; **på ~ när** by far
långtråkig (*long*-troa-ki) *adj* boring; dull
långvarig (*long*-vaar-i) *adj* long, lengthy
lår (loar) *nt* thigh
lås (loass) *nt* lock
låsa (*loa*-sah) *v* lock; **~ in** lock up; **~ upp** unlock
***låta** (*loa*-tah) *v* sound; allow to, *let; *leave
låtsa (*lot*-sah) *v* simulate, pretend
läcka (*leh*-kah) *c* leak; *v* leak
läcker (*lehk*-err) *adj* delicious
läder (*leh*-derr) *nt* leather; **läder-** leather
läge (*lai*-ger) *nt* location; position; situation, site
lägenhet (*lai*-gern-hayt) *c* flat; apartment *nAm*
läger (*lai*-gerr) *nt* camp
***lägga** (*lehg*-ah) *v* *put; *lay; **~ på** *put on; apply; add; **~ sig** *lie down; **~ till** add; **~ ut på entreprenad** outsource
läggningsvätska (*lehg*-nings-vehts-kah) *c* setting lotion
läka (*lai*-kah) *v* heal
läkare (*lai*-kah-rer) *c* (pl ~) doctor; physician; **allmänpraktiserande ~** general practitioner
läkarmottagning (*lai*-kahr-moot *taag*-ning) *c* surgery
läkarvetenskap (*lai*-kahr-vay-tern-skaap) *c* medicine
läkemedel (*lai*-ker-*may*-dayl) *nt* remedy

läktare (*lehk*-tah-rer) *c* (pl ~) stand

lämna (*lehm*-nah) *v* *leave; check out; **~ i sticket** *let down

lämplig (*lehmp*-li) *adj* appropriate; proper, fit, convenient

län (lain) *nt* province

längd (lehngd) *c* length; **på längden** lengthways

längs (lehngs) *prep* along; past

längta (*lehng*-tah) *v* desire; **~ efter** long for

längtan (*lehng*-tahn) *c* longing; wish

länk (lehngk) *c* link

läpp (lehp) *c* lip

läppstift (*lehp*-stift) *nt* lipstick

lära (*læær*-ah) *c* teachings *pl*; *v* *teach; **~ sig** *learn; **~ sig utantill** memorize

lärare (*læær*-ah-rer) *c* (pl ~) teacher; master, schoolmaster, schoolteacher

lärarinna (læær-ah-*rin*-ah) *c* teacher

lärd (læærd) *c* scholar

lärka (*lær*-kah) *c* lark

lärling (*læær*-ling) *c* apprentice

lärobok (*lææ*-roo-bo͞ok) *c* (pl -böcker) textbook

lärorik (*lææ*-roo-reek) *adj* instructive

läroverk (*lææ*-roo-værk) *nt* secondary school

läsa (*lai*-sah) *v* *read

läsesal (*lai*-ser-saal) *c* reading room

läsk (lehsk) *c* soda

läskedryck (*lehss*-ker-drewk) *c* lemonade

läskpapper (*lehsk*-pahp-err) *nt* blotting paper

läslampa (*laiss*-lahm-pah) *c* reading lamp

läslig (*laiss*-li) *adj* legible

läsning (*laiss*-ning) *c* reading

lätt (leht) *adj* easy; light, slight

lätta (*leht*-ah) *v* relieve; lighten, ease

lätthanterlig (*leht*-hahn-tayr-li) *adj* easy to handle

lätthet (*leht*-hay͞t) *c* ease

lättnad (*leht*-nahd) *c* relief

lättretad (*leht*-ray͞-tahd) *adj* irritable

lättretlig (*leht*-ray͞t-li) *adj* touchy; quick-tempered

lättsmält (*leht*-smehlt) *adj* digestible

läxa (*lehks*-ah) *c* (pl läxor) homework, lesson

lödder (*lur*-derr) *nt* lather

löfte (*lurf*-ter) *nt* promise; vow

lögn (lurngn) *c* lie

lögnare (*lurng*-nah-rer) *c* (pl ~) liar

löjeväckande (*lur*-ʸer-veh-kahn-der) *adj* ludicrous

löjlig (*lur*ʸ-li) *adj* ridiculous; ludicrous, foolish

lök (lūrk) *c* onion

lön (lūrn) *c* salary; wages *pl*, pay

löna sig (*lūrn*-ah) *pay
lönande (lūrn-ahn-der) *adj* paying
löneförhöjning (*lūrn*-er-furr-*hur*ʸ-ning) *c* rise; raise *nAm*
lönlös (*lūrn*-lūrss) *adj* useless, futile
lönn (lurn) *c* maple
lönsam (*lūrn*-sahm) *adj* profitable
löntagare (*lūrn*-taa-gah-rer) *c* (pl ~) employee
löpare (*lūr*-pah-rer) *c* (pl ~) runner
lördag (*lūrr*-daag) *c* Saturday
lös (lūrss) *adj* loose
lösa (*lūr*-sah) *v* solve; **~ in** cash; **~ upp** *undo
lösen (*lūr*-sern) *c* ransom
lösenord (*lūrss*-ern-ōōrd) *nt* password
löshår (*lūrss*-hōar) *nt* hair piece
löslig (*lūrss*-li) *adj* soluble
lösning (*lūrss*-ning) *c* solution
löständer (*lūrss*-tehn-derr) *pl* false teeth
löv (lūrv) *nt* leaf

M

madrass (mah-*drahss*) *c* mattress
magasin (mah-gah-*seen*) *nt* store house; warehouse
mage (*maa*-ger) *c* stomach; **mag-** gastric
mager (*maa*-gerr) *adj* thin; lean
magisk (*maag*-isk) *adj* magic
magnetapparat (mahng-*nāyt-ah*-pah-raat) *c* magneto
magnetisk (mahng-*nāy*-tisk) *adj* magnetic
magnifik (mahng-ni-*feek*) *adj* magnificent
magont (*maag*-oont) *nt* stomach ache
magplågor (*maag*-plōag-or) *pl* stomach ache
magra (*maag*-rah) *v* slim
magsår (*maag*-sōar) *nt* gastric ulcer
maj (migh) May
major (mah-*ʸōōr*) *c* major
majoritet (mah-ʸoo-ri-*tāyt*) *c* majority
majs (mighss) *c* maize
majskolv (*mighss*-kolv) *c* corn on the cob
maka (*maak*-ah) *c* wife
make (*maak*-er) *c* husband
makrill (*mahk*-ril) *c* mackerel
makt (mahkt) *c* power; might, force; rule
maktbefogenhet (*mahkt*-bay-fōō-gern-hāyt) *c* authority
maktlös (*mahkt*-lūrss) *adj* powerless
mal (maal) *c* moth
mala (*maa*-lah) *v* *grind
malaria (mah-*laa*-ri-ʸah) *c*

malaria
Malaysia (mah-*ligh*-si-ah) Malaysia
malaysier (mah-*ligh*-si-err) *c* (pl ~) Malay
malaysisk (mah-*ligh*-sisk) *adj* Malaysian
mallig (*mahl*-i) *adj* cocky
malm (mahlm) *c* ore
malplacerad (mahl-plah-*sāyr*-ahd) *adj* misplaced
man[1] (mahn) *pron* one
man[2] (mahn) *c* (pl män) man
manchester (mahn-*shayss*-terr) *c* corduroy
mandarin (mahn-dah-*reen*) *c* mandarin; tangerine
mandat (mahn-*daat*) *nt* mandate
mandel (*mahn*-dayl) *c* (pl -dlar) almond
manet (mah-*nāyt*) *c* jellyfish
mani (mah-*nee*) *c* craze
manikyr (mah-ni-*kēwr*) *c* manicure
manikyrera (mah-ni-kew-*rāy*-rah) *v* manicure
manlig (*mahn*-li) *adj* masculine
mannekäng (mah-ner-*kehng*) *c* model
manschett (mahn-*shayt*) *c* cuff
manschettknappar (mahn-*shayt*-knah-pahr) *pl* cuff links *pl*
manuskript (mah-new-*skript*) *nt* manuscript
mardröm (*maar*-drurm) *c* (pl ~mar) nightmare
margarin (mahr-gah-*reen*) *nt* margarine
marginal (mahr-ʸi-*naal*) *c* margin
marinmålning (mah-*reen*-mōal-ning) *c* seascape
maritim (mah-ri-*teem*) *adj* maritime
mark (mahrk) *c* ground, earth; grounds
markant (mahr-*kahnt*) *adj* striking
markera (mahr-*kāy*-rah) *v* mark
markis (mahr-*kees*) *c* awning; marquis
marknad (*mahrk*-nahd) *c* fair
marmelad (mahr-may-*laad*) *c* marmalade
marmor (*mahr*-moor) *c* marble
marockan (mah-ro-*kaan*) *c* Moroccan
marockansk (mah-ro-*kaansk*) *adj* Moroccan
Marocko (mah-*rok*-o) Morocco
mars (mahrs) March
marsch (mahrsh) *c* march
marschera (mahr-*shāy*-rah) *v* march
marschfart (*mahrsh*-faart) *c* cruising speed
marsvin (*maar*-sveen) *nt* guinea pig
martyr (mahr-*tēwr*) *c* martyr
mask (mahsk) *c* worm; mask
maska (*mahss*-kah) *c* mesh; ladder
maskara (mahss-*kaa*-rah) *c*

mascara
maskin (mah-*sheen*) *c* engine; machine; **livsuppehållande ~** life support; ***skriva ~** type
maskineri (mah-shi-ner-*ree*) *nt* (pl ~er) machinery
maskinskriverska (mah-*sheen*-skree-vayrs-kah) *c* typist
maskros (*mahsk*-rōōss) *c* dandelion
massa (*mahss*-ah) *c* mass; bulk
massage (mah-*saash*) *c* massage
massera (mah-*sāy*-rah) *v* massage
massförstörelsevapen (*mahss*-furr-stūr-ayl-se-*vaap*-ern) *nt* (pl ~) weapons of mass destruction; WMD
massiv (mah-*seev*) *adj* solid; massive
massmöte (*mahss*-mūr-ter) *nt* rally
massproduktion (*mahss*-pro-dewk-*shōōn*) *c* mass production
massör (mah-*sūrr*) *c* masseur
mast (mahst) *c* mast
mat (maat) *c* food; fare; **djupfryst ~** frozen food; **laga ~** cook; **~ och logi** bed and board; room and board, board and lodging; **smälta maten** digest
mata (*maa*-tah) *v* *feed
match (mahch) *c* match
matematik (mah-tay-mah-*teek*) *c* mathematics
matematisk (mah-tay-*maat*-isk) *adj* mathematical
materia (mah-*tāy*-ri-ah) *c* matter
material (mah-teh-ri-*aal*) *nt* material
materiell (mah-teh-ri-*ayl*) *adj* material
matförgiftning (*maat*-furr-ʸ*ift*-ning) *c* food poisoning
matlust (*maat*-lewst) *c* appetite
matros (mah-*trōōss*) *c* seaman
maträtt (*maat*-reht) *c* dish
matsal (*maat*-saal) *c* dining room
matsedel (*maat*-sāy-derl) *c* menu
matservis (*maat*-sehr-*veess*) *c* dinner service
matsked (*maat*-shāyd) *c* tablespoon
matsmältning (*maat*-smehlt-ning) *c* digestion
matsmältningsbesvär (*maat*-smehlt-nings-bay-svæær) *nt* indigestion
matt (maht) *adj* dim, mat; dull
matta (*mah*-tah) *c* carpet; mat
matvaror (*maat*-vaa-roor) *pl* foodstuffs *pl*
mausoleum (mou-so-*lāy*-ewm) *nt* (pl -leer) mausoleum
med (māyd) *prep* with; by; ***ha ~ sig** *bring
medalj (may-*dahl*ʸ) *c* medal
medan (*māy*-dahn) *conj*

while; whilst
medarbetare (*ma̅y̅d*-ahr-ba̅y̅-tah-rer) *c* (pl ~) colleague
medborgare (*ma̅y̅d*-bor-^{y}ah-rer) *c* (pl ~) citizen; **medborgar-** civic
medborgarskap (*ma̅y̅d*-bor-^{y}ahr-skaap) *nt* citizenship
medborgerlig (*ma̅y̅d*-bor-^{y}ayr-li) *adj* civil
meddela (*ma̅y̅d*-da̅y̅-lah) *v* inform; report, communicate, notify
meddelande (*ma̅y̅d*-da̅y̅-lahn-day) *nt* message; information, communication
meddelandeforum (*ma̅y̅*-da̅y̅-lahn-day-*foar*-ewm) *c* message board
medel (*ma̅y̅*-derl) *nt* means; **antiseptiskt ~** antiseptic; **lugnande ~** sedative; tranquillizer; **smärtstillande ~** analgesic; **stärkande ~** tonic
medel- (*ma̅y̅*-derl) medium
Medelhavet (*ma̅y̅*-derl-haa-vert) Mediterranean
medelklass (*ma̅y̅*-derl-klahss) *c* middle class
medelmåttig (*ma̅y̅d*-erl-mot-i) *adj* moderate; medium
medelpunkt (*ma̅y̅d*-erl-pewngt) *c* centre
medeltida (*ma̅y̅*-derl-tee-dah) *adj* mediaeval
Medeltiden (*ma̅y̅*-derl-tee-dern) Middle Ages
medfödd (*ma̅y̅d*-furd) *adj* inborn
medföra (*ma̅y̅d*-fu̅r̅-rah) *v* *bring
***medge** (*ma̅y̅d*-^{y}a̅y̅) *v* admit; grant
medhjälpare (*ma̅y̅d*-^{y}ehl-pah-rer) *c* (pl ~) assistant
media (*ma̅y̅*-di-ah) *pl* media
medicin (may-di-*seen*) *c* medicine; drug
medicinsk (may-di-*seensk*) *adj* medical
meditera (may-di-*ta̅y̅r*-ah) *v* meditate
medkänsla (*ma̅y̅d*-t^{y}ehns-lah) *c* sympathy
medla (*ma̅y̅d*-lah) *v* mediate
medlare (*ma̅y̅d*-lah-rer) *c* (pl ~) mediator
medlem (*ma̅y̅d*-laym) *c* (pl ~mar) member; associate
medlemskap (*ma̅y̅d*-laym-skaap) *nt* membership
medlidande (*ma̅y̅d*-lee-dahn-der) *nt* pity; ***ha ~ med** pity
medräkna (*ma̅y̅d*-raik-nah) *v* count, include
medströms (*ma̅y̅d*-strurms) *adv* downstream
medtävlare (*ma̅y̅d*-taiv-lah-rer) *c* (pl ~) competitor
medvetande (*ma̅y̅d*-va̅y̅-tahn-der) *nt* consciousness
medveten (*ma̅y̅d*-va̅y̅-tern) *adj* conscious; aware
medvetslös (*ma̅y̅d*-va̅y̅ts-lurss) *adj* unconscious
mejeri (may-^{y}ay-*ree*) *nt* (pl ~er) dairy

mejsel (*may*-sayl) *c* (pl -slar) chisel
mekaniker (may-*kaa*-ni-kerr) *c* (pl ~) mechanic
mekanisk (may-*kaa*-nisk) *adj* mechanical
mekanism (may-kah-*nism*) *c* mechanism
mellan (*may*-lahn) *prep* between; among
mellanmål (*may*-lahn-moal) *nt* snack
mellanrum (*may*-lahn-rewm) *nt* space
mellanspel (*may*-lahn-spayl) *nt* interlude
mellantid (*may*-lahn-teed) *c* interim
mellersta (*may*-lerrs-tah) *adj* middle
melodi (may-lo-*dee*) *c* melody; tune
melodisk (mer-*lood*-isk) *adj* melodious
melodrama (may-loo-*draam*-ah) *nt* (pl -mer) melodrama
melon (may-*loon*) *c* melon
memorandum (may-moo-*rahn*-dewm) *nt* (pl -da) memo
men (mayn) *conj* but; only
mena (*mayn*-ah) *v* *mean
mened (*mayn*-ayd) *c* perjury
mening (*may*-ning) *c* sentence; sense; meaning
meningslös (*may*-nings-lurss) *adj* meaningless
menstruation (mayn-strew-ah-*shoon*) *c* menstruation
mental (mayn-*taal*) *adj* mental
mentalsjukhus (mehn-*taal*-shewk-hewss) *nt* asylum
meny (mer-*new*) *c* menu; **fast ~** set menu
mer (mayr) *adv* more; **lite ~** some more
mest av allt (mayst aav ahlt) most of all
för det mesta (furr day *mayss*-tah) mostly
meta (*mayt*-ah) *v* fish; angle
metall (may-*tahl*) *c* metal; **metall-** metal
meter (*may*-terr) *c* (pl ~) metre
metkrok (*mayt*-krook) *c* fishing hook
metod (may-*tood*) *c* method
metodisk (may-*too*-disk) *adj* methodical
metrev (*mayt*-rayv) *c* fishing line
metrisk (*mayt*-risk) *adj* metric
metspö (*mayt*-spur) *nt* fishing rod
mexikanare (mayks-i-*kaa*-nah-rer) *c* (pl ~) Mexican
mexikansk (mayks-i-*kaansk*) *adj* Mexican
Mexiko (*mayks*-i-koo) Mexico
middag (*mi*-dah) *c* dinner; ***äta ~** dine
midja (*meed*-yah) *c* waist
midnatt (*meed*-naht) *c* midnight
midsommar (*mid*-so-mahr) *c* midsummer

mig (may) *pron* me; myself
migrän (mi-*grain*) *c* migraine
mikrofon (mik-ro-*foan*) *c* microphone
mil (meel) *c* ten kilometres
mild (mild) *adj* mild; gentle
miljard (mil-^{y}*aard*) *c* billion
miljon (mil-^{y}*oon*) *c* million
miljonär (mil-^{y}oo-*næær*) *c* millionaire
miljö (mil-^{y}*ur*) *c* environment; milieu
milstolpe (*meel*-stol-per) *c* milestone
min (min) *pron* (nt mitt, pl mina) my
mindervärdig (*min*-derr-væær-di) *adj* inferior
minderårig (*min*-derr-*oa*-ri) *adj* under age; *c* minor
mindre (*mind*-rer) *adv* less; *adj* minor
mineral (mi-ner-*raal*) *nt* mineral
mineralvatten (mi-ner-*raal*-vah-tern) *nt* mineral water; soda water
mingla (*ming*-lah) *v* mingle
miniatyr (mi-ni-ah-*tewr*) *c* miniature
minimum (*mee*-ni-mewm) *nt* (pl ~, -ma) minimum
minister (mi-*niss*-terr) *c* (pl -trar) minister
mink (mingk) *c* mink
minnas (*min*-ahss) *v* remember, recollect
minne (*minah*) *nt* memory; remembrance
minnesfest (*mi*-nayss-fehst) *c* commemoration
minnesmärke (*mi*-nayss-mær-ker) *nt* memorial; monument
minnesvärd (*mi*-nayss-væærd) *adj* memorable
minoritet (mi-noo-ri-*tayt*) *c* minority
minska (*mins*-kah) *v* decrease; subtract; lower
minskning (*minsk*-ning) *c* decrease, reduction
minst (minst) *adj* least
minus (*mee*-newss) *prep* minus
minut (mi-*newt*) *c* minute
mirakel (mi-*raa*-kayl) *nt* (pl -kler) miracle
missa (*miss*-ah) *v* miss
missbelåten (*miss*-ber-*loa*-tern) *adj* discontented
missbruk (*miss*-brewk) *nt* abuse; misuse
missbruka (*miss*-brewkah) *v* abuse
missfall (*miss*-fahl) *nt* miscarriage
missfärgad (*miss*-fær-^{y}ahd) *adj* discoloured
***missförstå** (*miss*-furr-*stoa*) *v* *misunderstand
missförstånd (*miss*-furr-*stond*) *nt* misunderstanding
misshaga (*miss*-haa-gah) *v* displease
misslyckad (*miss*-lew-kahd) *adj* unsuccessful
misslyckande (*miss*-lew-kahn-der) *nt* failure
misslyckas (*miss*-lew-kahss)

v fail
missnöjd (*miss*-nur^y^d) *adj* dissatisfied
***missta** (*miss*-taa) *be mistaken; err
misstag (*miss*-taag) *nt* mistake; error
misstanke (*miss*-tahng-ker) *c* suspicion
misstro (*miss*-troo) *v* mistrust; *c* distrust
misstrogen (*miss*-troo-gern) *adj* distrustful
misstänka (*miss*-tehng-kah) *v* suspect
misstänksam (*miss*-tehngk-sahm) *adj* suspicious
misstänksamhet (*miss*-tayngk-sahm-hayt) *c* suspicion
misstänkt[1] (*miss*-tehngt) *c* (pl ~a) suspect
misstänkt[2] (*miss*-tehngt) *adj* suspicious, suspected
missunna (*miss*-ewn-ah) *v* grudge
missöde (*miss*-ur-day) *nt* mishap
mista (*miss*-tah) *v* *lose
mitt (mit) *c* middle; midst; **~ i** amid; **~ ibland** amid
mittemellan (*mit*-ay-may-lahn) *adv* in between
mittemot (mit-ay-*moot*) *prep* opposite; facing
mixer (*miks*-err) *c* (pl ~) mixer
mjuk (m^y^ewk) *adj* soft; smooth; supple
mjuka upp (m^y^ew-kah) soften
mjäll (m^y^ehl) *nt* dandruff; *adj* tender
mjöl (m^y^url) *nt* flour
mjölk (m^y^urlk) *c* milk
mjölkig (*m^y^url*-ki) *adj* milky
mjölnare (*m^y^url*-nah-rer) *c* (pl ~) miller
mobil (moo-*beel*) *adj* mobile; *c* mobile (phone), cell(phone)
mobiltelefon (moo-*beel*-tay-lay-foan) *c* mobile (phone), cell(phone)
mockaskinn (*mo*-kah-shin) *nt* suede
mod (mood) *nt* courage; guts
mode (*moo*-der) *nt* fashion
modell (moo-*dayl*) *c* model
modellera (*moo*-day-*layr*-ah) *v* model
modem (moo-*daym*) *nt* (pl ~) modem
moderat (moo-der-*raat*) *adj* moderate
modern (moo-*dærn*) *adj* modern; fashionable
modersmål (*moo*-derrs-*moal*) *nt* mother tongue; native language
modig (*moo*-di) *adj* brave, courageous
mogen (*moo*-gayn) *adj* mature; ripe
mognad (*moog*-nahd) *c* maturity
moln (moaln) *nt* cloud
molnig (*moal*-ni) *adj* cloudy
monark (moo-*nahrk*) *c* monarch

monarki (moo-nahr-*kee*) *c* monarchy
monetär (mo-ner-*tæær*) *adj* monetary
monolog (mo-noo-*loag*) *c* monologue
monopol (mo-no-*poal*) *nt* monopoly
monoton (mo-no-*toan*) *adj* monotonous
monter (*mon*-terr) *c* (pl -trar) showcase
montera (mon-*tay*-rah) *v* assemble
montering (mon-*tay*-ring) *c* assembly
montör (mon-*turr*) *c* fitter, assembler
monument (mo-new-*mehnt*) *nt* monument
moped (moo-*payd*) *c* moped; motorbike *nAm*
mor (moor) *c* (pl mödrar) mother
moral (moo-*raal*) *c* moral
moralisk (moo-*raa*-lisk) *adj* moral
morallära (moo-*raal*-lææ-rah) *c* morality
morbror (*moor*-broor) *c* (pl -bröder) uncle
mord (moord) *nt* murder; assassination
morfar (*moor*-fahr) *c* (pl -fäder) grandfather
morfin (mor-*feen*) *nt* morphine
morgon (*mor*-on) *c* (pl -gnar) morning; **i ~** tomorrow
morgonrock (*mo*-ron-rok) *c* dressing gown
morgontidning (*mo*-ron-teed-ning) *c* morning paper
morgonupplaga (*mor*-on-ewp-laag-ah) *c* morning edition
mormor (*moor*-moor) *c* (pl -mödrar) grandmother
morot (*moo*-root) *c* (pl morötter) carrot
morra (*mor*-ah) *v* growl
i morse (ee *mor*-ser) this morning
mosa (*mooss*-ah) *v* mash
mosaik (moo-sah-*eek*) *c* mosaic
moské (moss-*kay*) *c* mosque
moskit (mo-*skeet*) *c* mosquito
mossa (*moss*-ah) *c* moss
moster (*mooss*-terr) *c* (pl -trar) aunt
mot (moot) *prep* against; towards
motbjudande (*moot*-b^y^ew-dahn-day) *adj* revolting
motell (moo-*tayl*) *nt* motel
motgång (*moot*-gong) *c* adversity
motion (mot-*shoon*) *c* exercise; motion
motiv (moo-*teev*) *nt* motive
motivera (moo-tee-*vay*-rah) *v* motivate
motor (*moo*-tor) *c* engine, motor
motorbåt (*moo*-tor-boat) *c* motorboat
motorcykel (*moo*-tor-sew-kerl) *c* (pl -klar) motorcycle
motorfartyg (*moo*-tor-*faar*-

tew̄g) *nt* motor vessel
motorhuv (*moo̅-*tor-hew̄v) *c* bonnet; hood *nAm*
motorskada (*moo̅-*tor-skaa-dah) *c* engine failure
motorstopp (*moo̅-*tor-stop) *nt* breakdown
motorväg (*moo̅-*tor-vaig) *c* motorway; highway *nAm*
motsats (moo̅t-sahts) *c* contrary; reverse
motsatt (*moo̅t-*saht) *adj* opposite; contrary
motstående (*moo̅t-*stoa̅-ayn-der) *adj* opposite
motstånd (*moo̅t-*stond) *nt* resistance; resistor
motståndare (*moo̅t-*ston-dah-rer) *c* (pl ~) opponent
motsvara (*moo̅t-*svaar-ah) *v* correspond to
motsvarande (*moo̅t-*svaar-ahn-der) *adj* equivalent
motsvarighet (*moo̅t-*svaa-ri-hay̅t) *c* equivalence
***motsäga** (*moo̅t-*say-ah) *v* contradict
motsägande (*moo̅t-*say-ahn-der) *adj* contradictory
***motta** (*moo̅t-*taa) *v* receive; accept
mottagande (*moo̅t-*taag-ahn-der) *nt* reception; receipt
mottagning (*moo̅t-*taag-ning) *c* reception;
mottagningstid consultation hours
mottagningsbevis (*moo̅t-*taag-nings-ber-*veess*) *nt* receipt
motto (*mot-*oo) *nt* motto
motvilja (*moo̅t-*vil-ʸah) *c* antipathy; dislike; aversion
mousserande (moo-*sa̅y-*rahn-der) *adj* sparkling
mugg (mewg) *c* mug
mulen (*mew̄l-*ern) *adj* overcast, cloudy
multikulturell (*mewl-*ti-kewl-tew-*rell*) *adj* multicultural
multiplex (mewl-ti-*plex*) *c* multiplex
multiplicera (mewl-ti-pli-*sa̅y-*rah) *v* multiply
multiplikation (mewl-ti-pli-kah-*shoo̅n*) *c* multiplication
mulåsna (*mew̄l-*oa̅ss-nah) *c* mule
mun (mewn) *c* (pl ~nar) mouth
munk (mewngk) *c* monk
munsbit (*mewns-*beet) *c* bite
munstycke (*mewn-*stew-ker) *nt* nozzle
munter (*mewn-*terr) *adj* merry; gay, cheerful
munterhet (*mewn-*terr-hay̅t) *c* gaiety
muntlig (*mewnt-*li) *adj* oral; verbal
muntra upp (*mewnt-*rah) cheer up
munvatten (*mewn-*vah-tern) *nt* mouthwash
mur (mew̄r) *c* wall
mura (*mew̄r-*ah) *v* *lay bricks
murare (*mew̄-*rah-rer) *c* (pl ~) bricklayer
murgröna (*mew̄r-*grūr-nah) *c*

ivy
mus (mewss) *c* (pl möss) mouse
museum (mew-*say*-ewm) *nt* (pl museer) museum
musik (mew-*seek*) *c* music
musikal (mew-si-*kaal*) *c* musical
musikalisk (mew-si-*kaa*-lisk) *adj* musical
musiker (*mew*-si-kerr) *c* (pl ~) musician
musikinstrument (mew-*seek*-in-strew-*mehnt*) *nt* musical instrument
muskel (*mewss*-kerl) *c* muscle
muskotnöt (*mewss*-kot-*nurt*) *c* (pl ~ter) nutmeg
muskulös (mewss-kew-lurss) *adj* muscular
muslin (mewss-*leen*) *nt* muslin
mustasch (mewss-*taash*) *c* moustache
muta (*mewt*-ah) *v* bribe
mutning (*mewt*-ning) *c* bribery
mutter (*mew*-terr) *c* (pl -trar) nut
mycket (*mew*-ker) *adv* very; much, far
mygga (*mewg*-ah) *c* mosquito
myggnät (*mewg*-nait) *nt* mosquito net
myndig (*mewn*-di) *adj* of age
myndigheter (*mewn*-di-*hay*-terr) *pl* authorities *pl*
mynning (*mewn*-ing) *c* mouth
mynt (mewnt) *nt* coin
mynta (*mewn*-tah) *c* mint
myntenhet (*mewnt*-ayn-*hayt*) *c* monetary unit
myntöppning (*mewnt*-urp-ning) *c* slot
myra (*mew*-rah) *c* ant
mysig (*mew*-si) *adj* cosy
mysterium (mewss-*tay*-ri-ewm) *nt* (pl -rier) mystery
mystisk (*mewss*-tisk) *adj* mysterious
myt (mewt) *c* myth
myteri (mew-ter-*ree*) *nt* (pl ~er) mutiny
må (moa) *v* *feel
mål (moal) *nt* goal; meal
måla (*moal*-ah) *v* paint
målare (*moa*-lah-rer) *c* (pl ~) painter
målarfärg (*moa*-lahr-fær[y]) *c* paint
mållinje (*moal*-lin-[y]er) *c* finish, finishing line
mållös (*moal*-lurss) *adj* speechless
målning (*moal*-ning) *c* painting
målsättning (*moal*-seht-ning) *c* objective, aim
måltavla (*moal*-taav-lah) *c* target
måltid (*moal*-teed) *c* meal
målvakt (*moal*-vahkt) *c* goalkeeper
månad (*moa*-nahd) *c* month
månadstidning (*moa*-nahds-*teed*-ning) *c* monthly magazine
månatlig (*moa*-naht-li) *adj*

monthly
måndag (*mon*-daag) *c* Monday
måne (*mōā*-ner) *c* moon
många (*mong*-ah) *adj* many; much
månsken (*mōān*-shāyn) *nt* moonlight
mås (mōāss) *c* gull
***måste** (*moss*-ter) *v* *must; *be obliged to, *have to, need to; *be bound to
mått (mot) *nt* measure
måttband (*mot*-bahnd) *nt* tape measure
måttlig (*mot*-li) *adj* moderate
mäklare (*maik*-lah-rer) *c* (pl ~) broker
mäktig (*mehk*-ti) *adj* powerful; mighty
mängd (mehngd) *c* amount; lot
människa (*meh*-ni-shah) *c* human being; man
mänsklig (*mehnsk*-li) *adj* human
mänsklighet (*mehn*-skli-hāyt) *c* humanity; mankind
märg (mææry) *c* marrow
märka (*mææ*r-kah) *v* notice, sense; mark
märkbar (*mærk*-baar) *adj* noticeable; perceptible
märke (*mær*-ker) *nt* mark; brand; ***lägga ~ till** notice
märkvärdig (*mærk*-vææ*r*-di) *adj* curious
mässa (*meh*-sah) *c* Mass
mässing (*meh*-sing) *c* brass
mässling (*mehss*-ling) *c* measles
mästare (*mayss*-tah-rer) *c* (pl ~) master; champion
mästerverk (*mehss*-terr-værk) *nt* masterpiece
mäta (*mai*-tah) *v* measure
mätare (mait-ah-rer) *c* (pl ~) meter; gauge
möbelben (*mūr*-berl-*bāyn*) *nt* leg
möbler (*mūrb*-lerr) *pl* furniture
möblera (mūr-*blāy*-rah) *v* furnish
möda (*mūrdah*) *c* pains, trouble
mögel (*mūr*-gerl) *nt* mildew
möglig (*mūrg*-li) *adj* mouldy
möjlig (*mur*y-li) *adj* possible
***möjliggöra** (*mur*y-li-y*ūr*-rah) *v* *make possible; enable
möjlighet (*mur*y-li-hāyt) *c* possibility
mönster (*murns*-terr) *nt* pattern
mör (mūrr) *adj* tender
mörda (*mūrr*-dah) *v* murder
mördare (*mūrr*-dah-rer) *c* (pl ~) murderer
mörk (murrk) *adj* dark; obscure
mörker (*murr*-kerr) *nt* dark; darkness
mört (murrt) *c* roach
mössa (*mur*-sah) *c* cap
möta (*mūr*-tah) *v* *meet; encounter
mötande (*mūr*-tahn-der) *adj* oncoming

möte (*mūrt*-er) *nt* meeting; **avtalat ~** appointment; engagement

mötesplats (*mūr*-tayss-plahts) *c* meeting place

N

nacke (*nahk*-er) *c* nape of the neck

nagel (*naa*-gayl) *c* (pl naglar) nail

nagelfil (*naa*-gayl-feel) *c* nail file

nagellack (*naa*-gayl-lahk) *nt* nail polish

nagelsax (*naa*-gayl-sahks) *c* nail scissors *pl*

naiv (nah-*eev*) *adj* naïve

nakenstudie (*naa*-kern-*stēw*-di-er) *c* nude

namn (nahmn) *nt* name; **i ... namn** in the name of

narkos (nahr-*kōass*) *c* narcosis

narkotika (nahr-*kōa*-ti-kah) *c* narcotic

nation (naht-*shōon*) *c* nation

nationaldräkt (naht-shoo-*naal*-drehkt) *c* national dress

nationalisera (naht-shoo-nah-li-*sāyr*-ah) *v* nationalize

nationalitet (naht-shoo-nah-li-*tāyt*) *c* nationality

nationalpark (naht-shoo-*naal*-pahrk) *c* national park

nationalsång (naht-shoo-*naal*-song) *c* national anthem

nationell (naht-shoo-*nayl*) *adj* national

natt (naht) *c* (pl nätter) night; **i ~** tonight; **om natten** by night; **över natten** overnight

nattaxa (*naht*-tahk-sah) *c* night rate

nattflyg (*naht*-flēwg) *nt* night flight

nattklubb (*naht*-klewb) *c* nightclub; cabaret

nattkräm (*naht*-kraim) *c* night cream

nattlig (*naht*-li) *adj* nightly

nattåg (*naht*-tōag) *nt* night train

natur (nah-*tēwr*) *c* nature

naturlig (nah-*tēwr*-li) *adj* natural

naturligtvis (nah-*tēwr*-lit-*veess*) *adv* of course; naturally

naturskön (nah-*tēwr*-shūrn) *adj* scenic

naturvetenskap (nah-*tēwr*-vāyt-ern-*skaap*) *c* physics

navel (*naav*-erl) *c* (pl navlar) navel

navigation (nah-vi-gah-*shōon*) *c* navigation

navigationssystem (nah-vi-gah-*shōons*-sewss-*tāym*) *nt* navigation system, sat nav, GPS

navigera (nah-vi-*gāy*-rah) *v*

navigate
necessär (nay-ser-*sær*) *c* toilet case
ned (na͞yd) *adv* down
nedan (*na͞y*-dahn) *adv* beneath, below
nedanför (*na͞y*-dahn-fu͞rr) *prep* below; under
nederbörd (*na͞yd*-err-*bu͞rrd*) *c* precipitation
nederlag (*na͞yd*-err-*laag*) *nt* defeat
nederländare (*na͞y*-derr-lehn-dah-rer) *c* (pl ~) Dutchman
Nederländerna (*na͞y*-derr-lehn-derr-nah) the Netherlands
nederländsk (*na͞y*-dayr-lehnsk) *adj* Dutch
nedersta (*na͞y*-derr-stah) *adj* bottom, lowest
nedladdning (*na͞yd*-lahd-ning) *c* download
nedre (*na͞yd*-rer) *adj* inferior, lower
nedslående (*na͞yd*-slo͞a-ayn-der) *adj* depressing
nedsmutsad (*na͞yd*-smewt-sahd) *adj* soiled
nedstigning (*na͞yd*-steeg-ning) *c* descent
nedstämd (*na͞yd*-stehmd) *adj* low; down, down-hearted
nedåt (*na͞yd*-ot) *adv* down; downwards
negativ (*nay*-gah-teev) *adj* negative; *nt* negative
negligé (nay-gli-*sha͞y*) *c* negligee
nej (nay) no
neka (*na͞yk*-ah) *v* deny
nekande (*na͞yk*-ahn-der) *adj* negative
ner (na͞yr) *adv* down, downstairs
nerladdning (*na͞yr*-lahd-ning) *c* download
nerv (nærv) *c* nerve
nervös (nær-*vu͞rss*) *adj* nervous
netto- (*nayt*-oo) net
neuralgi (nayv-rahl-*gee*) *c* neuralgia
neuros (nayv-*ro͞ass*) *c* neurosis
neutral (*nay*[ew]-*traal*) *adj* neutral
neutrum (*na͞y*-ewt-rewm) neuter
ni (nee) *pron* you
nick (nik) *c* nod
nicka (*nik*-ah) *v* nod
nickel (*nik*-erl) *c* nickel
***niga** (*nee*-gah) *v* curtsy
Nigeria (ni-*ga͞yr*-i-ah) Nigeria
nigerian (ni-gay-ri-*aan*) *c* Nigerian
nigeriansk (ni-gay-ri-*aansk*) *adj* Nigerian
nikotin (ni-koo-*teen*) *nt* nicotine
nio (*neeoo*) *num* nine
nionde (*nee*-on-der) *num* ninth
nit (neet) *nt* zeal, ardour
nittio (*nit*-i) *num* ninety
nitton (*nit*-on) *num* nineteen
nittonde (*nit*-on-der) *num* nineteenth

nivå (ni-*voa*) *c* level
njure (*nʸew*-rer) *c* kidney
***njuta** (*nʸew*-tah) *v* enjoy
njutning (*nʸewt*-ning) *c* delight
nog (nōōg) *adv* enough; probably
noga (*nōō*-gah) *adj* precise
noggrann (*nōōg*-rahn) *adj* accurate, precise
nolla (*no*-lah) *c* zero; nought
nominell (noo-mi-*nayl*) *adj* nominal
nominera (noo-mi-*nāyr*-ah) *v* nominate
nominering (noo-mi-*nāyr*-ing) *c* nomination
nord (nōōrd) *c* north
nordlig (*nōōrd*-li) *adj* northern;north
nordost (nōōrd-*oost*) *c* north-east
Nordpolen (*nōōrd*-pōō-lern) North Pole
nordväst (nōōrd-*vehst*) *c* north-west
Norge (*nor*-ʸer) Norway
norm (norm) *c* norm, standard
normal (nor-*maal*) *adj* normal; regular
norrman (*nor*-mahn) *c* (pl -män) Norwegian
norsk (norsk) *adj* Norwegian
nos (nōōss) *c* snout
noshörning (*nōōss*-hūrr-ning) *c* rhinoceros
nota (*nōōt*-ah) *c* bill; check *nAm*
notera (noo-*tāyr*-ah) *v* note
novell (noo-*vehl*) *c* short story
november (noo-*vehm*-berr) November
nu (new) *adv* now
nudistbadstrand (new-*dist*-baad-strahnd) *c* (pl -stränder) nudist beach
nuförtiden (*nēw*-furr-*tee*-dayn) *adv* nowadays
nummer (*newm*-err) *nt* number; act
nummerplåt (*new*-merr-plōāt) *c* registration plate; licence plate *nAm*
nummerpresentatör (*newm*-err-pray-sayn-tah-*tūrr*) *c* caller ID
nunna (*newn*-ah) *c* nun
nutid (*nēw*-teed) *c* present
nutida (*nēw*-tee-dah) *adj* contemporary
nuvarande (*nēw*-vaa-rahn-der) *adj* present; current
ny (nēw) *adj* new; recent; **splitter** ~ brand-new
nyans (new-*ahngs*) *c* nuance; shade
Nya Zeeland (*nēwah sāy*-lahnd) New Zealand
nybörjare (*nēw*-burr-ʸah-rer) *c* (pl ~) beginner; learner
nyck (newk) *c* whim; fancy
nyckel (*new*-kerl) *c* (pl -klar) key
nyckelben (*new*-kerl-bāyn) *nt* collarbone
nyckelhål (*new*-kerl-hōāl) *nt* keyhole
nyfiken (*nēw*-fee-kern) *adj*

curious; nosy *colloquial*
nyfikenhet (*new*-fee-kern-hayt) *c* curiosity
nyhet (*new*-hayt) *c* news
nyheter (*new*-hay-terr) *pl* news
nykter (*newk*-terr) *adj* sober
nyligen (*new*-li-gayn) *adv* recently; lately
nylon (new-*loan*) *nt* nylon
nynna (*newn*-ah) *v* hum
***nypa** (*new*-pah) *v* pinch
***nysa** (*new*-sah) *v* sneeze
nyss (newss) *adv* a moment ago
nytta (*new*-tah) *c* use; benefit, profit; ***ha ~ av** benefit by, profit by
nyttig (*new*-ti) *adj* useful
nyttighet (*new*-ti-hayt) *c* utility
nyttja (*newt*-ʸah) *v* use, employ
nyår (*new*-oar) *nt* New Year
nå (noa) *v* reach
nåd (noad) *c* grace; mercy
någon (*noa*-gon) *pron* somebody; any, someone
någonsin (*noa*-gon-*sin*) *adv* ever
någonstans (*noa*-gon-stahns) *adv* somewhere
någorlunda (*noa*-goor-lewn-dah) *adv* quite; rather
något (*noa*-got) *pron* something, some
några (*noag*-rah) *pron* some; *adj* some
nål (noal) *c* needle
näbb (nehb) *c* beak
näktergal (*nehk*-terr-*gaal*) *c* nightingale
nämligen (*nehm*-li-gern) *adv* namely
nämna (*nehm*-nah) *v* mention
när (næær) *adv* when; *conj* when
nära (*næær*-ah) *adj* near; close
närande (*næær*-ahn-der) *adj* nourishing; nutritious
närapå (*nææ*-rah-poa) *adv* nearly
närbelägen (*næær*-bay-*laig*-ern) *adj* near
närgången (*næær*-gong-ern) *adj* inquisitive
närhelst (næær-*hehlst*) *conj* whenever
närhet (*næær*-hayt) *c* vicinity
närliggande (*næær*-li-gahn-der) *adj* nearby
närma sig (*nær*-mah) approach
närmast (*nær*-mahst) *adv* closest; nearest
närsynt (*næær*-sewnt) *adj* short-sighted
närvarande (*næær*-vaa-rahn-der) *adj* present; ***vara ~ vid** attend, assist at
närvaro (*næær*-vaa-roo) *c* presence
näsa (*nai*-sah) *c* nose
näsblod (*naiss*-blood) *nt* nosebleed
näsborre (*naiss*-bo-rer) *c* nostril
näsduk (*naiss*-dewk) *c*

handkerchief
nästa (*nehss*-tah) *adj* following, next
nästan (*nehss*-tahn) *adv* practically; almost; nearly
näsvis (*naiss*-veess) *adj* impertinent
näsvishet (*naiss*-veess-ha̅y̅t) *c* impertinence
nät (nait) *nt* net
näthinna (*nait*-hin-ah) *c* retina
nätverk (*nait*-værk) *nt* network
nätverksarbete (*nait*-verks-ahr-*ba̅y̅*-ter) *c* networking
nöd (nu̅r̅d) *c* misery; distress
nödläge (*nu̅r̅d*-lai-ger) *nt* emergency
nödsignal (*nu̅r̅d*-sing-*naal*) *c* distress signal
nödsituation (*nu̅r̅d*-si-tew-ah-*sho̅o̅n*) *c* emergency
nödtvång (*nu̅r̅d*-tvong) *nt* urgency
nödutgång (*nu̅r̅d*-e̅w̅t-gong) *c* emergency exit
nödvändig (*nu̅r̅d*-vehn-di) *adj* necessary
nödvändighet (*nu̅r̅d*-vehn-di-ha̅y̅t) *c* necessity; need
nöja sig (*nur*-ʸah) content oneself
nöjd (nurʸd) *adj* content; pleased
nöje (*nur*ʸ-er) *nt* pleasure; enjoyment, fun, amusement
nöt (nu̅r̅t) *c* (pl ~ter) nut
nötknäppare (*nu̅r̅t*-knehp-ah-rer) *c* (pl ~) nutcrackers *pl*
nötskal (*nu̅r̅t*-skaal) *nt* nutshell

O

oaktat (*o̅o̅*-ahk-taht) *prep* in spite of
oanad (*o̅o̅*-aan-ahd) *adj* unexpected
oangenäm (*o̅o̅*-ahn-ʸer-*naim*) *adj* unpleasant
oansenlig (*o̅o̅*-ahn-*sa̅y̅n*-li) *adj* insignificant; inconspicuous
oanständig (*o̅o̅*-ahn-stehn-di) *adj* obscene
oantagbar (*o̅o̅*-ahn-taag-baar) *adj* unacceptable
oas (oo-*aass*) *c* oasis
oavbruten (*o̅o̅*-aav-bre̅w̅-tern) *adj* continuous; uninterrupted
oavsiktlig (*o̅o̅*-aav-sikt-li) *adj* unintentional
obduktion (ob-dewk-*sho̅o̅n*) *c* autopsy
obebodd (*o̅o̅*-ber-*bood*) *adj* uninhabited
obeboelig (*o̅o̅*-ber-*boo*-ay-li) *adj* uninhabitable
obegriplig (*o̅o̅*-ber-greep-li) *adj* incomprehensible
obegränsad (*o̅o̅*-ber-*grehn*-

sahd) *adj* unlimited
obehaglig (o͞o-ber-*haag*-li) *adj* unpleasant; disagreeable
obekant (o͞o-ber-*kahnt*) *adj* unfamiliar
obekväm (o͞o-ber-*kvaim*) *adj* uncomfortable, inconvenient
oberoende (o͞o-ber-ro͞o-ayn-der) *adj* independent
oberättigad (o͞o-ber-*reh*-ti-gahd) *adj* unauthorized
obestämd (o͞o-ber-*stehmd*) *adj* indefinite
obesvarad (o͞o-ber-*svaa*-rahd) *adj* unanswered
obetydlig (o͞o-ber-*tēwd*-li) *adj* insignificant; petty
obetänksam (o͞o-ber-*tehngk*-sahm) *adj* thoughtless, rash
obildad (o͞o-bil-dahd) *adj* uneducated
objekt (ob-ʸ*aykt*) *nt* object
objektiv (*ob*-ʸerk-teev) *adj* objective
obligation (ob-li-gah-*sho͞on*) *c* bond
obligatorisk (ob-li-gah-*to͞o*-risk) *adj* compulsory; obligatory
oblyg (o͞o-blēwg) *adj* immodest
obotlig (o͞o-bo͞ot-li) *adj* incurable
observation (ob-serr-vah-*sho͞on*) *c* observation
observatorium (ob-serr-vah-*to͞o*-ri-ewm) *nt* (pl -rier) observatory
observera (ob-serr-*vāyr*-ah) *v* observe; note
och (o) *conj* and
också (*ok*-sōa) *adv* also; too
ockupation (o-kew-pah-*sho͞on*) *c* occupation
ockupera (o-kew-*pāy*-rah) *v* occupy
odla (*o͞od*-lah) *v* cultivate; *grow, raise
oduglig (o͞o-dēwg-li) *adj* incapable, incompetent
odygdig (o͞o-dewg-di) *adj* mischievous, naughty
***vara oenig** (*vaa*-rah o͞o-āy-ni) disagree
***vara oense** (*vaa*-rah o͞o-ayn-say) disagree
oerfaren (o͞o-āyr-faa-rern) *adj* inexperienced
oerhörd (o͞o-ayr-hūrrd) *adj* immense; tremendous
ofantlig (oo-*fahnt*-li) *adj* vast
ofarlig (o͞o-faar-li) *adj* harmless
ofattbar (o͞o-faht-baar) *adj* incomprehensible, inconceivable
offensiv (*of*-ern-seev) *adj* offensive; *c* offensive
offentlig (o-*faynt*-li) *adj* public
***offentliggöra** (o-*faynt*-li-ʸūr-rah) *v* announce; publish
offentliggörande (o-*faynt*-li-ʸūr-rahn-der) *nt* publication
offer (*o*-ferr) *nt* sacrifice; victim; casualty
officer (o-fi-*sāyr*) *c* officer
officiell (o-fi-si-*ayl*) *adj* official

offra (*of*-rah) *v* sacrifice
ofog (o͞o-fo͞og) *nt* mischief
oframkomlig (o͞o-frahm-kom-li) *adj* impassable
ofta (*of*-tah) *adv* often; frequently
ofullkomlig (o͞o-fewl-kom-li) *adj* imperfect
ofullständig (o͞o-fewl-stehn-di) *adj* incomplete
ofärdig (o͞o-fæær-di) *adj* crippled, disabled
oförarglig (o͞o-furr-ahr^y-li) *adj* harmless
oförklarlig (o͞o-furr-*klaar*-li) *adj* inexplicable, unaccountable
oförmodad (o͞o-furr-*mo͞o*-dahd) *adj* unexpected, casual
oförmögen (o͞o-fu͞rr-mu͞r-gern) *adj* incapable, unable
oförskämd (o͞o-furr-*shehmd*) *adj* impertinent; insolent, impudent
oförskämdhet (o͞o-furr-*shehmd*-hāyt) *c* insolence
oförståndig (o͞o-furr-*ston*-di) *adj* unwise
oförtjänt (o͞o-furr-*t^{y}aint*) *adj* unearned
ogift (o͞o-^{y}ift) *adj* single
ogilla (o͞o-^{y}i-lah) *v* disapprove of, dislike
ogiltig (o͞o-^{y}il-ti) *adj* invalid; expired, void
ogräs (o͞o-graiss) *nt* weed
ogynnsam (o͞o-^{y}ewn-sahm) *adj* unfavourable
ohälsosam (o͞o-hehl-soo-sahm) *adj* unhealthy
ohövlig (o͞o-hu͞rv-li) *adj* impolite; rude
ojust (o͞o-shewst) *adj* unfair
ojämn (o͞o-^{y}ehmn) *adj* uneven; rough
ok (o͞ok) *nt* yoke
oklanderlig (oo-*klahn*-derr-li) *adj* faultless
oklar (o͞o-klaar) *adj* dim; obscure
okonstlad (o͞o-konst-lahd) *adj* simple, ingenious
okrossbar (o͞o-kross-baar) *adj* unbreakable
oktober (ok-*to͞o*-berr) October
okunnig (o͞o-kew-ni) *adj* ignorant
okvalificerad (o͞o-kvah-li-fi-*sāy*-rahd) *adj* unqualified
okänd (o͞o-t^{y}ehnd) *adj* unknown
olaglig (o͞o-laag-li) *adj* unlawful; illegal
olik (o͞o-leek) *adj* different; distinct, unlike; ***vara ~** differ; vary
olika (o͞o-lee-kah) *adj* different; unequal; various
oliv (o-*leev*) *c* olive
olivolja (o-*leev*-ol-^{y}ah) *c* olive oil
olja (*ol*-^{y}ah) *c* oil; *v* lubricate
oljebyte (*ol*-^{y}er-be͞w-ter) *nt* oil-change
oljefilter (*ol*-^{y}er-*fil*-terr) *nt* (pl -trer, ~) oil filter
oljefyndighet (*ol*-^{y}er-fewn-di-hāyt) *c* oil well

oljekälla (*ol*-ʸer-tʸeh-lah) *c* oil well
oljemålning (*ol*-ʸer-mōal-ning) *c* oil painting
oljeraffinaderi (*ol*-ʸer-rah-fi-nah-der-*ree*) *nt* (pl ~er) oil refinery
oljetryck (*ol*-ʸer-trewk) *nt* oil pressure
oljig (*ol*-ʸi) *adj* oily; greasy
oljud (*o͞o*-ʸewd) *nt* noise
olustig (*o͞o*-lewss-ti) *adj* uneasy; out of spirits
olycka (*o͞o*-lew-kah) *c* accident; misfortune, calamity, disaster
olycklig (*o͞o*-lewk-li) *adj* unhappy; miserable, unfortunate
olycksbådande (*o͞o*-lewks-*bōad*-ahn-der) *adj* ominous; sinister
olycksfall (*o͞o*-lewks-*fahl*) *nt* accident
olägenhet (*o͞o*-leh-gern-hāyt) *c* inconvenience
olämplig (*o͞o*-lehmp-li) *adj* inconvenient; inappropriate
oläslig (*o͞o*-laiss-li) *adj* illegible
om (om) *conj* if; whether; *prep* about, in; **runt ~** round
ombord (om-*bo͞ord*) *adv* aboard; ***gå ~** embark
ombordläggning (om-*bo͞ord*-lehg-ning) *c* collision
omdirigering (*om*-di-ri-*shāy*-ring) *c* diversion, detour
omdöme (*om*-dur-mer) *nt* judgement
omdömesgill (*om*-dur-merss-ʸil) *adj* judicous
omedelbar (*o͞o*-māy-dayl-baar) *adj* immediate; spontaneous; **omedelbart** instantly, immediately, straight away
omedveten (*o͞o*-māyd-vāy-tern) *adj* unaware
omelett (o-mer-*layt*) *c* omelette
omfamna (*om*-fahm-nah) *v* embrace; hug
omfamning (*om*-fahm-ning) *c* embrace
omfartsled (*om*-faarts-lāyd) *c* by-pass
omfatta (*om*-fah-tah) *v* comprise; include
omfattande (*om*-faht-ahn-der) *adj* extensive; comprehensive
omfång (*om*-fong) *nt* extent
omfångsrik (*om*-fongs-*reek*) *adj* bulky, big; extensive
***omge** (*om*-gāy) *v* surround; circle
omgivning (*om*-ʸeev-ning) *c* setting; environment
omgående (*om*-gōa-ayn-der) *adj* prompt
***omkomma** (*om*-kom-ah) *v* perish
omkostnader (*om*-kost-nah-derr) *pl* expenses *pl*
omkring (om-*kring*) *prep* round; around; *adv* about
omkull (om-*kewl*) *adv* down, over; ***slå ~** knock down
omkörning förbjuden (*om*-

t^y^urr-ning furr-*b^y^ew*-dayn) no overtaking; no passing *Am*
omlopp (*om*-lop) *nt* (pl ~) circulation; orbit
omnämna (*om*-nehm-nah) *v* mention
omnämnande (*om*-nehm-nahn-der) *nt* mention
omodern (oo-moo-*dæœrn*) *adj* out of date
omringa (*om*-ring-ah) *v* surround; encircle
område (*om*-road-er) *nt* district; region, area, zone
omräkna (*om*-raik-nah) *v* convert
omräkningstabell (*om*-raik-nings-tah-*bayl*) *c* conversion chart
omslagspapper (*om*-slaags-pah-perr) *nt* wrapping paper
***omsluta** (*om*-slew-tah) *v* surround; encircle
omsorgsfull (*om*-sor^y^s-fewl) *adj* thorough, careful
omstridd (*om*-strid) *adj* controversial
omständighet (*om*-stehn-di-hayt) *c* circumstance
omsvängning (*om*-svehng-ning) *c* sudden change
omsättning (*om*-seht-ning) *c* turnover
omtvistad (*om*-tviss-tahd) *adj* controversial
omtänksam (*om*-tehngk-sahm) *adj* considerate, thoughtful
omtänksamhet (*om*-tehngk-sahm-hayt) *c* thoughtfulness
omvandla (*om*-vahnd-lah) *v* transform
omväg (*om*-vaig) *c* detour
omvänd (*om*-vehnd) *adj* inverted; converted
omvända (*om*-vehn-dah) *v* convert
omväxlande (*om*-vehks-lahn-der) *adj* varied
omväxling (*om*-vehks-ling) *c* change; variety; **som ~** for a change
omåttlighet (*oo*-mot-li-hayt) *c* immoderation
omöjlig (*oo*-mur^y^-li) *adj* impossible
ond (oond) *adj* evil; wicked
ondska (*oonds*-kah) *c* (pl ondskor) evil; spite
ondskefull (*oond*-skay-fewl) *adj* vicious; spiteful
onsdag (*oons*-daag) *c* Wednesday
ont (oont) *nt* harm
onyx (*oa*-newks) *c* onyx
onödig (*oo*-nur-di) *adj* unnecessary
oordentlig (*oo*-or-*daynt*-li) *adj* untidy; sloppy
oordning (*oo*-oard-ning) *c* mess
opal (oo-*paal*) *c* opal
opartisk (*oo*-paart-isk) *adj* impartial
opassande (*oo*-pah-sahn-der) *adj* improper; indecent, unsuitable
opera (*oo*-per-rah) *c* opera
operahus (*oo*-per-rah-hewss)

nt opera house
operation (o-per-rah-*shōōn*) *c* operation
operera (o-per-*rāyr*-ah) *v* operate
opersonlig (*ōō*-pehr-*sōōn-li*) *adj* impersonal
opponera sig (o-po-*nāy*-rah) oppose
opposition (o-po-si-*shōōn*) *c* opposition
optiker (*op*-ti-kerr) *c* (pl ~) optician
optimism (op-ti-*mism*) *c* optimism
optimist (op-ti-*mist*) *c* optimist
optimistisk (op-ti-*miss*-tisk) *adj* optimistic
opålitlig (*ōō*-pōa-leet-li) *adj* unreliable; untrustworthy
ord (ōōrd) *nt* word
ordbok (*ōōrd*-bōōk) *c* (pl -böcker) dictionary
ordentlig (or-*dehnt*-li) *adj* thorough
order (*ōar*-derr) *c* (pl ~) order
orderblankett (*ōar*-derr-blahng-*keht*) *c* order form
ordförande (*ōōrd*-fūr-rahn-der) *c* (pl ~) chairperson; president
ordförråd (*ōōrd*-furr-*rōad*) *nt* vocabulary
ordinera (ōar-di-*nāy*-rah) *v* prescribe
ordinär (ōar-di-*nær*) *adj* ordinary, common
ordlek (ōōrd-lāyk) *c* pun
ordlista (*ōōrd*-liss-tah) *c* vocabulary, wordbook
ordna (*ōard*-nah) *v* arrange; settle; sort
ordning (*ōard*-ning) *c* order; method; tidiness; ***göra i ~** prepare; **i ~** in order
ordningsföljd (*awrd*-nings-furl[y]d) *c* order; sequence
ordspråk (*ōōrd*-sprōak) *nt* proverb
ordväxling (*ōōrd*-vehks-ling) *c* argument
oreda (*ōō*-rāyd-ah) *c* disorder; mess, muddle
oregelbunden (*ōō*-rāy-gayl-bewn-dayn) *adj* irregular
oren (*ōō*-rāyn) *adj* unclean
organ (or-*gaan*) *nt* organ
organisation (or-gah-ni-sah-*shōōn*) *c* organization
organisera (or-gah-ni-*sāy*-rah) *v* organize
organisk (or-*gaa*-nisk) *adj* organic
orgel (*or*-[y]erl) *c* (pl orglar) organ
orientalisk (o-ri-ayn-*taa*-lisk) *adj* oriental
Orienten (o-ri-*ayn*-tayn) the Orient
orientera sig (o-ri-ayn-*tāy*-rah) orientate oneself
originell (or-gi-*nayl*) *adj* original
oriktig (*ōō*-rik-ti) *adj* incorrect; inaccurate
orimlig (*ōō*-rim-li) *adj* unreasonable; absurd
orkan (or-*kaan*) *c* hurricane
orkester (or-*kayss*-terr) *c* (pl

-trar) orchestra
orm (oorm) *c* snake
oro (o͞o-ro͞o) *c* concern; disturbance, fear, worry; unrest
oroa (o͞o-ro͞o-ah) *v* alarm; ~ **sig** worry
orolig (o͞o-roo-li) *adj* anxious
oroväckande (o͞o-ro͞o-veh-kahn-der) *adj* alarming
orsak (o͞o*r*-saak) *c* cause; reason
orsaka (o͞o*r*-saa-kah) *v* cause
ort (oort) *c* place
ortodox (or-to-*doks*) *adj* orthodox
orubblig (o͞o-rewb-li) *adj* steadfast
orätt (o͞o-reht) *c* wrong; *adj* wrong; ***göra** ~ wrong
orättvis (o͞o-reht-veess) *adj* unfair, unjust
orättvisa (o͞o-reht-veesah) *c* injustice
osann (o͞o-sahn) *adj* untrue
osannolik (o͞o-sah-noo-leek) *adj* unlikely
osjälvisk (o͞o-shehl-visk) *adj* unselfish
oskadad (o͞o-skaa-dahd) *adj* unhurt; whole
oskuld (o͞o-skewld) *c* innocence; virgin; virginity
oskyddad (o͞o-shew-dahd) *adj* unprotected
oskyldig (o͞o-shewl-di) *adj* innocent, harmless
osnygg (o͞o-snewg) *adj* slovenly, foul
oss (oss) *pron* us; ourselves
ost (oost) *c* cheese
ostadig (o͞o-staa-di) *adj* unsteady
ostlig (*oost*-li) *adj* eastern
ostron (*oost*-ron) *nt* oyster
osund (o͞o-sewnd) *adj* unsound
osympatisk (o͞o-sewm-*paat*-isk) *adj* disagreeable
osynlig (o͞o-se͞wn-li) *adj* invisible
osäker (o͞o-sai-kerr) *adj* uncertain
osäkerhet (o͞o-sai-kerr-ha͞yt) *c* insecurity; incertainty
otacksam (o͞o-tahk-sahm) *adj* ungrateful
otillfredsställande (o͞o-til-fra͞yds-*steh*-lahn-der) *adj* unsatisfactory
otillgänglig (o͞o-til-ʸehng-li) *adj* inaccessible
otillräcklig (o͞o-til-rehk-li) *adj* insufficient; inadequate
otrevlig (o͞o-tra͞yv-li) *adj* unpleasant
otrogen (o͞o-tro͞o-gayn) *adj* unfaithful
otrolig (o͞o-tro͞o-li) *adj* incredible; improbable
otur (o͞o-te͞wr) *c* bad luck; misfortune
oturlig (o͞o-te͞wr-li) *adj* unlucky
otvivelaktigt (o͞o-tveev-erl-ahk-tit) *adv* undoubtedly
otålig (o͞o-to͞al-i) *adj* impatient; eager
otäck (o͞o-tehk) *adj* nasty
otät (o͞o-tait) *adj* leaky

oumbärlig (o͞o-ewm-bææ-li) *adj* indispensable
oundviklig (o͞o-ewnd-veek-li) *adj* unavoidable, inevitable
oupphörligen (o͞o-ewp-hūrr-li-ern) *adv* continually
ouppodlad (o͞o-ewp-o͞od-lahd) *adj* uncultivated
outhärdlig (o͞o-ēwt-hæærd-li) *adj* unbearable, intolerable
ouvertyr (oo-vær-*tēwr*) *c* overture
oval (oo-*vaal*) *adj* oval
ovan[1] (o͞a-vahn) *adv* above; overhead
ovan[2] (o͞o-vaan) *adj* unaccustomed
ovanför (o͞a-vahn-fūrr) *prep* over; above
ovanlig (o͞o-vaan-li) *adj* unusual; uncommon; exceptional
ovanpå (o͞a-vahn-pōa) *prep* on top of
overall (ōa-ver-*rōal*) *c* overalls *pl*
overklig (o͞o-værk-li) *adj* unreal
overksam (o͞o-værk-sahm) *adj* idle
oviktig (o͞o-vik-ti) *adj* unimportant; insignificant
ovillig (o͞o-vi-li) *adj* unwilling
ovillkorlig (o͞o-vil-*kōar*-li) *adj* unconditional
oviss (o͞o-viss) *adj* uncertain; vague
oväder (o͞o-vai-derr) *nt* tempest
ovälkommen (o͞o-verl-ko-mern) *adj* unwelcome, undesirable
ovänlig (o͞o-vehn-li) *adj* unkind; unfriendly
oväntad (o͞o-vehn-tahd) *adj* unexpected
ovärderlig (o͞o-vær-*dāyr*-li) *adj* priceless
oväsen (o͞o-vai-sayn) *nt* noise; racket
oväsentlig (o͞o-vai-*sehnt*-li) *adj* petty
oxe (*ooks*-er) *c* ox
oxkött (*ooks*-tʸurt) *nt* beef
ozon (o͞o-so͞on) *nt* (pl ~) ozone
oåterkallelig (o͞o-ōat-err-*kahl*-er-li) *adj* irrevocable
oäkta (o͞o-ehk-tah) *adj* false
oändlig (o͞o-*ehnd*-li) *adj* infinite, endless; immense
oärlig (o͞o-ææ-li) *adj* dishonest; crooked
oätbar (o͞o-ait-baar) *adj* inedible
oöverkomlig (o͞o-ūr-verr-kom-li) *adj* insurmountable; prohibitive
oöverträffad (o͞o-ūrv-err-trehf-ahd) *adj* unsurpassed

P

pacifist (pah-si-*fist*) *c* pacifist
pacifistisk (pah-si-*fiss*-tisk) *adj* pacifist
packa (*pah*-kah) *v* pack; **~ in** pack; **~ upp** unpack
packning (*pahk*-ning) *c* pack; packing
padda (*pahd*-ah) *c* toad
paddel (*pah*-dayl) *c* (pl -dlar) paddle
paket (pah-*kayt*) *nt* packet; parcel, package
Pakistan (pah-ki-*staan*) Pakistan
pakistanier (pah-ki-*staa*-ni-err) *c* (pl ~) Pakistani
pakistansk (pah-ki-*staansk*) *adj* Pakistani
pakt (pahkt) *c* pact
palats (pah-*lahts*) *nt* palace
palm (pahlm) *c* palm
panel (pah-*nayl*) *c* panel; panelling
panik (pah-*neek*) *c* panic
pank (pahngk) *adj* broke
panna (*pahn*-ah) *c* forehead; pan
pant (pahnt) *c* pledge; security
pantlånare (*pahnt*-lōa-nah-ray) *c* (pl ~) pawnbroker
***pantsätta** (*pahnt*-seh-tah) *v* pawn
papegoja (pah-per-*goi*-ah) *c* parakeet, parrot
papiljott (pah-pil-*ʸot*) *c* curler
papp (pahp) *c* cardboard; **papp-** cardboard
pappa (*pah*-pah) *c* daddy
papper (*pah*-perr) *nt* paper; **pappers-** paper
pappershandel (*pah*-perrs-hahn-dayl) *c* (pl -dlar) stationer's
papperskniv (*pah*-perrs-kneev) *c* paper knife
papperskorg (*pah*-perrs-korʸ) *c* wastepaper basket
pappersnäsduk (*pah*-perrs-naiss-dewk) *c* paper hanky, tissue
papperspåse (*pah*-perrs-pōa-ser) *c* paper bag
pappersservett (*pah*-perrs-sær-*vayt*) *c* paper napkin
par (paar) *nt* pair; couple; **äkta ~** married couple
parabol (pah-rah-*bōal*) *c* satellite dish
parad (pah-*raad*) *c* parade
paradis (*pah*-rah-dees) *nt* (pl ~) paradise
parafera (pah-rah-*fay*-rah) *v* initial
paragraf (pah-rah-*graaf*) *c* paragraph
parallell (pah-rah-*layl*) *c* parallel, *adj* parallel
paralysera (pah-rah-lew-*say*-rah) *v* paralyse
paraply (pah-rah-*plew*) *nt* umbrella

parfym (pahr-*fewm*) *c* perfume
park (pahrk) *c* park; **offentlig** ~ public garden
parkera (pahr-*kay*-rah) *v* park
parkering (pahr-*kay*-ring) *c* parking; ~ **förbjuden** no parking
parkeringsavgift (pahr-*kay*-rings-*aav*-[y]ift) *c* parking fee
parkeringsljus (pahr-*kay*-rings-[y]ewss) *nt* parking light
parkeringsmätare (pahr-*kay*-rings-mai-tah-rer) *c* (pl ~) parking meter
parkeringsplats (pahr-*kay*-rings-plahts) *c* car park; parking lot *Am*
parkeringszon (pahr-*kay*-rings-soon) *c* parking zone
parkett (pahr-*kayt*) *c* parquet; stall; orchestra seat *Am*
parlament (pahr-lah-*maynt*) *nt* parliament
parlamentarisk (pahr-lah-mayn-*taar*-isk) *adj* parliamentary
parlör (pahr-*lurr*) *c* phrase book
parti (pahr-*tee*) *nt* (pl ~er) party; side
partisk (*paar*-tisk) *adj* partial
partner (*paart*-nerr) *c* (pl ~) partner
pass (pahss) *nt* passport; pass
passa (*pahss*-ah) *v* fit; suit; look after, match
passage (pah-*saash*) *c* passage
passagerare (pah-sah-*shay*-rah-rer) *c* (pl ~) passenger
passande (*pahss*-ahn-der) *adj* proper, suitable; convenient, adequate
passera (pah-*sayr*-ah) *v* pass
passfoto (*pahss*-foo-too) *nt* passport photograph
passion (pah-*shoon*) *c* passion
passiv (*pah*-seev) *adj* passive
passkontroll (*pahss*-kon-*trol*) *c* passport control
patent (pah-*taynt*) *nt* patent
patentbrev (pah-*taynt*-brayv) *nt* patent
patient (pah-si-*ehnt*) *c* patient
patricierhus (paht-*ree*-si-err-hewss) *nt* mansion
patriot (paht-ri-*oot*) *c* patriot
patron (paht-*roon*) *c* cartridge
patrull (paht-*rewl*) *c* patrol
patrullera (pah-trew-*layr*-ah) *v* patrol
paus (pouss) *c* pause; intermission, interval; ***göra** ~ pause
paviljong (pah-vil-[y]*ong*) *c* pavilion
pedal (pay-*daal*) *c* pedal
peka (*payk*-ah) *v* point
pekdator (*payk*-daa-tor) *c* tablet
pekfinger (*payk*-fing-err) *nt* (pl -grar) index finger
pelare (*payl*-ah-rer) *c* (pl ~) column; pillar
pelargång (*pay*-lahr-gong) *c* arcade

pelikan (pay-li-*kaan*) *c* pelican
pendlare (*pehnd*-lah-rer) *c* (pl ~) commuter
pengar (*payng*-ahr) *pl* money; **placera ~** invest
penicillin (pay-ni-si-*leen*) *nt* penicillin
penna (*peh*-nah) *c* pen
penningförsändelse (*payn*-ing-furr-*sehn*-dayl-ser) *c* remittance
pennkniv (*pehn*-kneev) *c* penknife
pennvässare (*pehn*-veh-sah-rer) *c* (pl ~) pencil sharpener
penny (*peh*-nee) *c* penny
pensel (*pehn*-serl) *c* (pl -slar) paintbrush
pension (pahng-*shōōn*) *c* pension; board
pensionat (pahng-shoo-*naat*) *nt* boardinghouse; pension; guesthouse
pensionerad (pahng-shoo-*nāy*-rahd) *adj* retired
pensionering (pahng-shoo-*nehr*-ing) *c* retirement
peppar (*pay*-pahr) *c* pepper
pepparmint (*pay*-pahr-mint) *nt* peppermint
pepparrot (*pay*-pahr-rōōt) *c* horseradish
per (payr) *prep* per
perfekt (pær-*faykt*) *adj* perfect
period (pay-ri-*ōōd*) *c* period; term
periodisk (pay-ri-*ōō*-disk) *adj* periodical
permanent (pær-mah-*naynt*) *c* permanent wave
permanentveck (pær-mah-*naynt*-vayk) permanent press
perrong (pæ-*rong*) *c* platform
perrongbiljett (pæ-*rong*-bil-*yayt*) *c* platform ticket
perser (*pær*-serr) *c* (pl ~) Persian
Persien (*pær*-si-ern) Persia
persienn (pær-si-*æn*) *c* blind; shutter
persika (*pær*-si-kah) *c* peach
persilja (pær-*sil*-*y*ah) *c* parsley
persisk (*pær*-sisk) *adj* Persian
person (pær-*sōōn*) *c* person; **enskild ~** individual; **per ~** per person
personal (pær-soo-*naal*) *c* staff; personnel
personbil (pær-*sōōn*-beel) *c* car
personlig (pær-*sōōn*-li) *adj* personal; private
personlighet (pær-*sōōn*-li-hāyt) *c* personality
persontåg (pær-*sōōn*-tōag) *nt* slow train
perspektiv (pær-spayk-*teev*) *nt* perspective
peruk (per-*rēwk*) *c* wig
pessimism (pay-si-*mism*) *c* pessimism
pessimist (pay-si-*mist*) *c* pessimist
pessimistisk (pay-si-*miss*-tisk) *adj* pessimistic
petition (pay-ti-*shōōn*) *c*

petition
pianist (pi-ah-*nist*) *c* pianist
piano (pi-*aa*-noo) *nt* piano
pickels (*pik*-erls) *pl* pickles *pl*
picknick (*pik*-nik) *c* picnic
picknicka (*pik*-ni-kah) *v* picnic
pigg (pig) *adj* brisk; alert
piggsvin (*pig*-sveen) *nt* porcupine
pikant (pi-*kahnt*) *adj* spicy
pil (peel) *c* arrow; willow
pilgrim (*peel*-grim) *c* pilgrim
pilgrimsfärd (*peel*-grims-fæærd) *c* pilgrimage
piller (*pi*-lerr) *nt* pill
pilot (pi-*l͞o͞ot*) *c* pilot
pimpsten (*pimp*-stāyn) *c* pumice stone
PIN (peen) *c* PIN; personal identification number
pina (*pee*-nah) *c* torment
pincett (pin-*sayt*) *c* tweezers *pl*
pingst (pingst) *c* (pl pingster) Whitsun, Pentecost
pingvin (ping-*veen*) *c* penguin
pinsam (*peen*-sahm) *adj* embarrassing
pionjär (pi-on-ʸ*æær*) *c* pioneer
pipa (*pee*-pah) *c* pipe
***pipa** (*pee*-pah) *v* chirp
piprensare (*peep*-rayn-sah-rer) *c* (pl ~) pipe cleaner
piptobak (*peep*-too-bahk) *c* pipe tobacco
pir (peer) *c* pier
pirog (pee-*roog*) *c* pasty
piska (*piss*-kah) *c* whip
pistol (piss-*t͞o͞ol*) *c* pistol
pittoresk (pi-to-*raysk*) *adj* picturesque
pjäs (pʸaiss) *c* play
pjäxor (*p*ʸ*ehks*-or) *pl* ski boots
placera (plah-*sāyr*-ah) *v* place; *lay, *put
plakat (plah-*kaat*) *nt* placard
plan (plaan) *c* plan; project, scheme, map; *nt* level; *adj* even, level, plane
planera (plah-*nāy*-rah) *v* plan
planet (plah-*nāyt*) *c* planet
planetarium (plah-nay-*taa*-ri-ewm) *nt* (pl -rier) planetarium
planka (*plahng*-kah) *c* plank
***planlägga** (*plaan*-leh-gah) *v* plan, design
planta (*plahn*-tah) *c* plant
plantage (plahn-*taash*) *c* plantation
plantera (plahn-*tāy*-rah) *v* plant
plantskola (*plahnt*-sk͞o͞ol-ah) *c* nursery
plast (plahst) *c* plastic; **plast-** plastic
platina (plah-*tee*-nah) *c* platinum
plats (plahts) *c* place; spot; seat; room; job; **ställa på ~** *put away; **öppen ~** square
platsbiljett (*plahts*-bil-ʸ*eht*) seat reservation
platt (plaht) *adj* flat
platta (*plaht*-ah) *c* plate
plattform (*plaht*-form) *c*

platform
platå (plah-*toa*) *c* plateau
plikt (plikt) *c* duty
plocka (*plok*-ah) *v* pick; **~upp** pick up
plog (ploog) *c* plough
plomb (plomb) *c* filling
plommon (*ploom*-on) *nt* plum
plural (*plew*-raal) *c* plural
plus (plewss) *prep* plus
plåga (*ploag*-ah) *c* plague; *v* torment
plånbok (*ploan*-book) *c* (pl -böcker) wallet; pocketbook
plåster (*ploss*-terr) *nt* plaster
plåt (ploat) *c* sheet metal; plate
plåtburk (*ploat*-bewrk) *c* tin, can
plädera (pleh-*dayr*-ah) *v* plead
plöja (*plur*ʸ-ah) *v* plough
plötslig (*plurts*-li) *adj* sudden; **plötsligt** suddenly
pocketbok (*po*-kert-book) *c* (pl -böcker) paperback
poesi (poo-ay-*see*) *c* poetry
pojke (*poi*-ker) *c* boy
pojkvän (poik-vehn) *c* (pl -vänner) boyfriend
pokal (poo-*kaal*) *c* cup
Polen (*poa*-lern) Poland
polera (poo-*lay*-rah) *v* polish
polio (poo-li-oo) *c* polio
polis (poo-*leess*) *c* police *pl*; policeman
poliskonstapel (poo-*leess*-kon-*staa*-perl) *c* (pl -plar) policeman
polisonger (po-li-*song*-err) *pl* whiskers *pl*; sideburns *pl*
polisstation (poo-*leess*-stah-*shoon*) *c* police station
politik (poo-li-*teek*) *c* politics; policy
politiker (poo-*lee*-ti-kerr) *c* (pl ~) politician
politisk (poo-*lee*-tisk) *adj* political
pollett (po-*layt*) *c* token
polsk (poalsk) *adj* Polish
pommes frites (pom-*frit*) chips; *nAm* french fries
ponny (*po*-new) *c* (pl -nies, ~er) pony
popmusik (*pop*-mew-*seek*) *c* pop music
populär (po-pew-*læær*) *adj* popular
porslin (pors-*leen*) *nt* china; crockery, porcelain
port (poort) *c* front door, gate
portfölj (port-*furl*ʸ) *c* briefcase
portier (port-ʸ*ay*) *c* hall porter, receptionist
portion (port-*shoon*) *c* portion; helping
portmonnä (port-mo-*nai*) *c* purse
portnyckel (*poort*-new-kerl) *c* (pl -klar) latchkey
porto (*por*-too) *nt* postage
portofri (*por*-too-free) *adj* postage paid
porträtt (poort-*reht*) *nt* portrait
Portugal (*por*-tew-gahl) Portugal

portugis (por-tew-*geess*) *c* Portuguese
portugisisk (por-tew-*gee*-sisk) *adj* Portuguese
portvakt (*poort*-vahkt) *c* janitor, concierge
position (po-si-*shoon*) *c* position; station
positiv (*poo*-si-teev) *adj* positive
post (post) *c* item; mail; post
posta (*poss*-tah) *v* mail; post
postanvisning (*post*-ahn-veess-ning) *c* postal order; money order; mail order *nAm*
poste restante (post rer-*stahnt*) poste restante
postkontor (*post*-kon-*toor*) *nt* post-office
postnummer (*post*-new-merr) *nt* zip code *Am*
postväsen (*post*-vai-sern) *nt* postal service
potatis (poo-*taa*-tiss) *c* potato
potatismos (poo-*taa*-tiss-moos) *nt* mashed potatoes
poäng (po-*ehng*) *c* point; ***få ~** score
poängsumma (po-*ehng*-sew-mah) *c* score
prakt (prahkt) *c* splendour
praktfull (*prahkt*-fewl) *adj* splendid; magnificent, glorious, gorgeous
praktik (prahk-*teek*) *c* practice
praktikant (prahk-tee-*kahnt*) *c* trainee
praktisera (prahk-ti-*say*-rah) *v* practise
praktisk (*prahk*-tisk) *adj* practical
prat (praat) *nt* chat
prata (*praat*-ah) *v* chat; talk; **~ strunt** talk rubbish
pratmakare (*praat*-maa-kah-rer) *c* (pl ~) chatterbox
pratsam (*praat*-sahm) *adj* talkative
pratstund (*praat*-stewnd) *c* chat
precis (pray-*seess*) *adj* exact, precise; *adv* exactly, just
predika (pray-*deek*-ah) *v* preach
predikan (pray-*deek*-ahn) *c* sermon
predikstol (*pray*-dik-stool) *c* pulpit
preliminär (pray-li-mi-*næær*) *adj* preliminary
premiärminister (pray-mi-*ær*-mi-niss-terr) *c* (pl -trar) premier
prenumerant (pray-new-mer-*rahnt*) *c* subscriber
preposition (pray-po-si-*shoon*) *c* preposition
present (pray-*saynt*) *c* present
presentation (pray-sayn-tah-*shoon*) *c* introduction
presentera (pray-sayn-*tay*-rah) *v* introduce; present
presentkort (pray-*saynt*-koort) *nt* (pl ~) gift card
president (pray-si-*daynt*) *c* president
pressa (*prayss*-ah) *v* press

presskonferens (*prayss*-kon-fer-*rayns*) *c* press conference
prestation (prayss-tah-*shōōn*) *c* achievement; feat
prestera (pray-*stāy*-rah) *v* achieve
prestige (pray-*steesh*) *c* prestige
preventivmedel (pray-vayn-*teev*-māy-dayl) *nt* contraceptive
pricka av (*prik*-ah) tick off
prickskytt (*prik*-shewt) *c* sniper
primär (pri-*mæær*) *adj* primary
princip (prin-*seep*) *c* principle
prins (prins) *c* prince
prinsessa (prin-*say*-sah) *c* princess
prioritet (pri-o-ri-*tāyt*) *c* priority
pris (preess) *nt* (pl ~, ~er) price; cost, rate; award, prize
prisfall (*preess*-fahl) *nt* fall in prices; break; slump
prislista (*preess*-liss-tah) *c* price list
prisnedsättning (*preess*-nāyd-seht-ning) *c* reduction
***prissätta** (*preess*-seh-tah) *v* price
privat (pri-*vaat*) *adj* private
privatliv (pri-*vaat*-leev) *nt* privacy
privilegiera (pri-vi-lay-gi-*āyr*-ah) *v* privilege, favour
privilegium (pri-vi-*lāy*-gi-ewm) *nt* (pl -gier) privilege
problem (proo-*blāym*) *nt* problem; question
procedur (proo-ser-*dēwr*) *c* procedure
procent (proo-*saynt*) *c* (pl ~) per cent
procentsats (proo-*saynt*-sahts) *c* percentage
process (proo-*sayss*) *c* process; lawsuit
procession (proo-seh-*shōōn*) *c* procession
pro-choice (pro-t[y]ōōys) *adj* pro-choice
producent (proo-dēw-*sehnt*) *c* producer
produkt (proo-*dewkt*) *c* produce; product
produktion (proo-dewk-*shōōn*) *c* production; output
professor (pro-*fay*-sor) *c* professor
profet (pro-*fāyt*) *c* prophet
program (proo-*grahm*) *nt* programme
programvara (proo-*grahm*-vaar-ah) *c* (pl -varor) software
projekt (pro-*shaykt*) *nt* project
proklamera (prok-lah-*māy*-rah) *v* proclaim
pro-life (pro-layf) *adj* pro-life
promenad (pro-mer-*naad*) *c* walk; promenade, stroll
promenadkäpp (pro-mer-*naad*-t[y]ehp) *c* walking stick
promenera (pro-mer-*nāy*-rah) *v* walk

pronomen (pro-*nōā*-mayn) *nt* pronoun
propaganda (pro-pah-*gahn*-dah) *c* propaganda
propeller (pro-*pay*-lerr) *c* (pl -lrar) propeller
proportion (pro-por-*shōō*n) *c* proportion
proportionell (pro-por-shōō-*nayl*) *adj* proportional
propp (prop) *c* stopper; fuse
proppfull (*prop*-fewl) *adj* chock-full
prospekt (proo-*spaykt*) *nt* prospectus
prostituerad (pross-ti-tew-*āy*-rahd) *c* (pl ~e) prostitute
protein (proo-tay-*een*) *nt* protein
protest (proo-*tayst*) *c* protest
protestantisk (proo-tay-*stahn*-tisk) *adj* Protestant
protestera (proo-tay-*stāy*-rah) *v* protest; object; **~ mot** object to
protokoll (pro-to-*kol*) *nt* record; minutes
prov (prōōv) *nt* test; trial; proof; sample; **skriftligt ~** written test; exercise
prova (*prōō*-vah) *v* try on
proviant (proo-vi-*ahnt*) *c* provisions *pl*
provinsiell (proo-vin-si-*ayl*) *adj* provincial
provisorisk (proo-vi-*sōōr*-isk) *adj* temporary; provisional
provrum (*prōōv*-rewm) *nt* fitting room
pruta (*prēw*-tah) *v* bargain
prydlig (*prēwd*-li) *adj* neat
präst (prehst) *c* clergyman; parson, minister, rector; **katolsk ~** priest
prästgård (*prehst*-gōard) *c* vicarage; parsonage
pröva (*prūr*-vah) *v* attempt; test
prövning (*prūrv*-ning) *c* test
psalm (sahlm) *c* hymn
psykiater (psew-ki-*aa*-terr) *c* (pl ~) psychiatrist
psykisk (*psēw*-kisk) *adj* mental, psychic
psykoanalytiker (psew-ko-ah-nah-*lēw*-ti-kerr) *c* (pl ~) analyst; psychoanalyst
psykolog (psew-ko-*lōag*) *c* psychologist
psykologi (psew-ko-lo-*gee*) *c* psychology
psykologisk (psew-ko-*lōa*-gisk) *adj* psychological
publicera (pewb-li-*sāy*-rah) *v* publish
publicitet (pewb-li-si-*tāyt*) *c* publicity
publik (pew-*bleek*) *c* audience; public
puder (*pēw*-derr) *nt* powder
puderdosa (*pēw*-derr-dōō-sah) *c* powder compact
pullover (pew-*lōav*-err) *c* pullover
puls (pewls) *c* pulse
pulsåder (*pewls*-ōa-derr) *c* (pl -dror) artery
pump (pewmp) *c* pump
pumpa (*pewm*-pah) *v* pump

pund (pewnd) *nt* pound
pung (pewng) *c* pouch
punkt (pewngkt) *c* point; item; full stop, period
punkterad (pewngk-*tāy*-rahd) *adj* punctured
punktering (pewngk-*tāy*-ring) *c* puncture; flat tyre, blowout
punktlig (*pewngkt*-li) *adj* punctual
pur (pew̄r) *adj* sheer
purpur (*pewr*-pewr) *adj* purple
puss (pewss) *c* kiss
pussel (*pewss*-erl) *nt* jigsaw puzzle; puzzle
pyjamas (pew-ʸ*aa*-mahss) *c* (pl ~, ~ar) pyjamas *pl*
pytteliten (*pew*-ter-lee-tern) *adj* tiny
på (pōā) *prep* on; upon, at; in; **~ en gång** at once; **~ TV** on TV
påbörja (*pōā*-burr-ʸah) *v* initiate
påfallande (*pōā*-fahl-ahn-der) *adj* striking
påfrestning (*pōā*-frayst-ning) *c* strain
påfyllningsförpackning (*pōā*-fewl-nings-furr-*pahk*-ning) *c* refill
påfågel (*pōā*-fōāg-erl) *c* (pl -glar) peacock
***pågå** (*pōā*-gōā) *v* *be in progress
påhitt (*pōā*-hit) *nt* idea, invention
påklädningsrum (*pōā*-klaid-nings-rewm) *nt* dressing room
påle (*pōā*-ler) *c* pole
pålitlig (*pōā*-leet-li) *adj* reliable; sound, trustworthy
***pålägga** (*pōā*-leh-gah) *v* impose, inflict
påminna (*pōā*-mi-nah) *v* remind
påpeka (*pōā*-pāy-kah) *v* remark; indicate
påringning (*pōā*-ring-ning) *c* call
påse (*pōā*-ser) *c* bag
påsk (posk) *c* Easter
påsklilja (*posk*-lil-ʸah) *c* daffodil
påssjuka (*pōāss*-shew̄-kah) *c* mumps
***påstå** (*pōā*-stōā) *v* claim
påstående (*pōā*-stōā-ayn-der) *nt* statement
påtryckning (*pōā*-trewk-ning) *c* pressure
påve (*pōā*-ver) *c* pope
påverka (*pōā*-vær-kah) *v* affect; influence
påverkan (*pōā*-vær-kahn) *c* (pl -kningar) influence
päls (pehls) *c* fur coat; fur
pärla (*pææ r*-lah) *c* pearl; bead
pärlemor (*pææ r*-ler-mōōr) *c* mother of pearl
pärlhalsband (*pææ rl*-hahls-bahnd) *nt* pearl necklace, beads *pl*
pärm (pærm) *c* cover
päron (*pææ*-ron) *nt* pear
pöl (pūrl) *c* puddle

R

rabarber (rah-*bahr*-berr) *c* rhubarb
rabatt (rah-*baht*) *c* discount; rebate; flowerbed
rabies (*raa*-bi-erss) *c* rabies
racket (*rah*-kayt) *c* (*tennis*) racket
rad (raad) *c* row; line, file, rank
radband (*raad*-bahnd) *nt* rosary; beads *pl*
radergummi (rah-*dāyr*-gew-mi) *nt* eraser
radie (*raa*-di-ʸer) *c* radius
radikal (rah-di-*kaal*) *adj* radical
radio (*raa*-di-oo) *c* radio; wireless
raffinaderi (rah-fi-nah-der-*ree*) *nt* (pl ~er) refinery
rak (raak) *adj* straight
raka sig (*raa*-kah) shave
rakapparat (*raak*-ah-pah-*raat*) *c* electric razor; shaver
rakblad (*raak*-blaad) *nt* razor blade
rakborste (*raak*-bors-ter) *c* shaving brush
raket (rah-*kāyt*) *c* rocket
rakhyvel (*raak*-hēw-verl) *c* (pl -vlar) safety razor
rakkniv (*raak*-kneev) *c* razor
rakkräm (*raak*-kraim) *c* shaving cream
rakt (raakt) *adv* straight; ~ **fram** straight ahead; straight on
raktvål (*raak*-tvōal) *c* shaving soap
rakvatten (*raak*-vah-tern) *nt* aftershave lotion
ram (raam) *c* frame
ramp (rahmp) *c* ramp
rand (rahnd) *c* (pl ränder) stripe
randig (*rahn*-di) *adj* striped
rang (rahng) *c* rank
ranson (rahn-*sōōn*) *c* ration
rapp (rahp) *c* rap
rapphöna (*rahp*-hūrn-ah) *c* partridge
rappning (*rahp*-ning) *c* plaster
rapport (rah-*port*) *c* report
rapportera (rah-por-*tāy*-rah) *v* report
raring (*raa*-ring) *c* sweetheart
ras (raass) *c* breed, race; *nt* landslide; **ras-** racial
rasa (*raass*-ah) *v* collapse; rage
rasande (*raass*-ahn-der) *adj* furious; mad; ***vara** ~ rage
raseri (raa-say-*ree*) *nt* fury, rage
rask (rahsk) *adj* swift
rast (rahst) *c* break
rastlös (*rahst*-lūrss) *adj* restless
rastlöshet (*rahst*-lūrss-hāyt) *c* unrest
ratt (raht) *c* steering wheel

rattstång (*raht*-stong) *c* (pl -stänger) steering column
reagera (ray-ah-*gāy*-rah) *v* react
reaktion (ray-ahk-*shōōn*) *c* reaction
realisation (ray-ah-li-sah-*shōōn*) *c* sales; clearance sale
realisera (ray-ah-li-*sāyr*-ah) *v* realize
recension (ray-sayn-*shōōn*) *c* review
recept (ray-*saypt*) *nt* prescription; recipe
reception (ray-sayp-*shōōn*) *c* reception office
receptionist (ray-sayp-shoo-*nist*) *c* receptionist
redaktör (ray-dahk-*tūrr*) *c* editor
redan (*rāy*-dahn) *adv* already
redigera (ray-di-*shāy*-rah) *v* edit; *write, *draw up
redogörelse (*rāy*-doo-ʸūr-rayl-ser) *c* report; account
redovisa (*rāy*-doo-vee-sah) *v* account for
redskap (*rāyd*-skaap) *nt* tool; implement, utensil
reducera (ray-dew-*sāy*-rah) *v* reduce
reduktion (ray-dewk-*shōōn*) *c* reduction
referens (ray-fer-*rayns*) *c* reference
reflektera (ray-flayk-*tāy*-rah) *v* reflect
reflektor (ray-*flayk*-tor) *c* reflector
reflex (rayf-*lehks*) *c* reflection
Reformationen (ray-for-mah-*shōō*-nern) reformation
regel[1] (*rāy*-gerl) *c* rule; regulation; **som ~** as a rule
regel[2] (*rāy*-gerl) *c* bolt
regelbunden (*rāy*-gerl-bewn-dayn) *adj* regular
regelmässig (*rāy*-gerl-mehss-i) *adj* regular
regent (ray-ʸ*ehnt*) *c* ruler
regera (ray-ʸ*āy*-rah) *v* rule; govern, reign
regering (ray-ʸ*āy*-ring) *c* government; rule
regeringstid (ray-ʸ*āy*-rings-teed) *c* reign
regi (ray-*shee*) *c* direction
regim (ray-*sheem*) *c* régime
region (ray-gi-*ōōn*) *c* region
regional (ray-gi-oo-*naal*) *adj* regional
regissera (rer-shi-*sāyr*-ah) *v* direct
regissör (ray-shi-*sūrr*) *c* director
register (ray-ʸ*iss*-terr) *nt* index
registrering (ray-ʸi-*strāy*-ring) *c* registration
registreringsnummer (ray-ʸi-*strāy*-rings-newm-err) *nt* registration number; licence number *Am*
registreringsskylt (rayg-ʸi-*strāy*-rings-shewlt) *c* license plate
reglemente (rayg-ler-*mayn*-ter) *nt* regulation

reglera (ray-*glay*-rah) *v* regulate
reglering (ray-*glayr*-ing) *c* regulation
regn (rehngn) *nt* rain
regna (*rehng*-nah) *v* rain
regnbåge (*rehngn*-boa-ger) *c* rainbow
regnig (*rehng*-ni) *adj* rainy
regnrock (*rehng*-rok) *c* mackintosh; raincoat
regnskur (*rehngn*-skewr) *c* shower
reguljär (ray-gewl-^{y}*æær*) *adj* regular
rehabilitering (ray-hah-bi-li-*tay*-ring) *c* rehabilitation
reklam (rayk-*laam*) *c* advertising
reklamationsbok (rayk-lah-mah-*shoons*-book) *c* (pl -böcker) complaints book
reklamsändning (rayk-*laam*-sehnd-ning) *c* commercial
rekommendation (ray-ko-mayn-dah-*shoon*) *c* recommendation
rekommendationsbrev (ray-ko-mayn-dah-*shoons*-brayv) *nt* letter of recommendation
rekommendera (ray-ko-mayn-*day*-rah) *v* recommend; register
rekonstruktiv kirurgi (ray-kon-strewk-*teev* ^{y}t-i-rewrg-*ee*) *c* reconstructive surgery
rekord (rer-*kord*) *nt* record
rekreation (rayk-ray-ah-*shoon*) *c* recreation
rekryt (ray-*krewt*) *c* recruit
rektangel (rayk-*tahng*-erl) *c* (pl -glar) rectangle; oblong
rektangulär (rayk-tahng-gew-*læær*) *adj* rectangular
rektor (*rayk*-tor) *c* headmaster; principal
relatera (ray-lah-*tay*-rah) *v* relate
relation (ray-lah-*shoon*) *c* relation
relativ (*ray*-lahteev) *adj* relative; comparative
relief (ray-li-*ayf*) *c* relief
religion (ray-li-^{y}*oon*) *c* religion
religiös (ray-li-*shurss*) *adj* religious
relik (ray-*leek*) *c* relic
relikskrin (ray-*leek*-skreen) *nt* shrine
rem (raym) *c* strap
remsa (*raym*-sah) *c* strip
ren[1] (rayn) *c* reindeer
ren[2] (rayn) *adj* pure, neat, clean; sheer
***rengöra** (*rayn*-^{y}ur-rah) *v* clean
rengöring (*rayn*-^{y}ur-ring) *c* cleaning
rengöringsmedel (*rayn*-^{y}ur-rings-may-dayl) *nt* cleaning fluid; detergent
renommé (rer-no-*may*) *nt* reputation
rep (rayp) *nt* rope; cord
repa (*rayp*-ah) *c* scratch
reparation (rer-pah-rah-*shoon*) *c* repair; reparation
reparera (rer-pah-*rayr*-ah) *v*

repair; mend
repertoar (ray-pær-too-*aar*) *c* repertory
repetera (ray-pay-*tayr*-ah) *v* rehearse
repetition (ray-pay-ti-*shoon*) *c* rehearsal; repetition; revision
reporter (ray-*poar*-terr) *c* (pl -trar) reporter
representant (rer-pray-sayn-*tahnt*) *c* representative, agent
representation (rer-pray-sayn-tah-*shoon*) *c* representation
representativ (rer-pray-sayn-tah-*teev*) *adj* representative
representera (rer-pray-sayn-*tay*-rah) *v* represent
reproducera (rer-pro-dew-*say*-rah) *v* reproduce
reproduktion (rer-pro-dewk-*shoon*) *c* reproduction
republik (rer-pew-*bleek*) *c* republic
republikansk (rer-pewb-li-*kaansk*) *adj* republican
resa (*ray*-sah) *c* journey; voyage, trip; *v* travel; ~ **bort** *leave; ~ **sig** *get up
resebyrå (*ray*-ser-bew-roa) *c* travel agency
resecheck (*ray*-ser-t^y^ayk) *c* traveller's cheque
reseförsäkring (*ray*-ser-furr-*saik*-ring) *c* travel insurance
resehandbok (*ray*-ser-hahnd-book) *c* (pl -böcker) guidebook
resekostnader (*ray*-ser-kost-nah-derr) *pl* travelling expenses
reseledare (*ray*-ser-lay-dah-rer) *c* (pl ~) guide, tour leader
resenär (ray-ser-*næær*) *c* traveller
reserv (rer-*særv*) *c* reserve; **reserv-** spare
reservation (rer-sær-vah-*shoon*) *c* reservation; booking
reservdel (rer-*særv*-dayl) *c* spare part
reservdäck (rer-*særv*-dehk) *nt* spare tyre
reservera (rer-sær-*vayr*-ah) *v* reserve; book
reserverad (rer-sær-*vay*-rahd) *adj* reserved
reservhjul (rer-*særv*-^y^ewl) *nt* spare wheel
reservoar (rer-sær-voo-*aar*) *c* reservoir
reservoarpenna (rer-sær-voo-*aar*-pay-nah) *c* fountain pen
resgodsfinka (*rayss*-goots-*fin*-kah) *c* luggage van
resolut (rer-so-*lewt*) *adj* resolute
resonera (rer-so-*nayr*-ah) *v* reason
respekt (rer-*spaykt*) *c* respect; esteem
respektabel (rer-spayk-*taa*-berl) *adj* respectable
respektera (rer-spayk-*tay*-rah) *v* respect

respektfull (rer-*spaykt*-fewl) *adj* respectful
respektive (*rayss*-payk-teev-er) *adj* respective
resplan (*ra̅y̅ss*-plaan) *c* itinerary
resrutt (*ra̅y̅ss*-rewt) *c* itinerary
rest (rayst) *c* rest; remnant, remainder
restaurang (rayss-to-*rahng*) *c* restaurant
restaurangvagn (rayss-to-*rahng*-vahngn) *c* dining car
resterande (ray-*sta̅y̅r*-ahn-der) *adj* remaining
restriktion (rayst-rik-*sho̅o̅n*) *c* restriction
resultat (ray-sewl-*taat*) *nt* result; outcome; issue
resultera (rer-sewl-*ta̅y̅*-rah) *v* result
resväska (*ra̅y̅ss*-vehss-kah) *c* suitcase; case, bag
resårband (ray-*so̅a̅r*-bahnd) *nt* elastic band
reta (*ra̅y̅t*-ah) *v* tease; annoy, irritate
retsam (*ra̅y̅t*-sahm) *adj* teasing, annoying
returflyg (ray-*tewr*-fle̅w̅g) *nt* return flight
returnera (ray-tewr-*na̅y̅*-rah) *v* *send back
reumatism (ray-ew-mah-*tism*) *c* rheumatism
rev (ra̅y̅v) *nt* reef
reva (*ra̅y̅*-vah) *c* tear
revben (*ra̅y̅v*-ba̅y̅n) *nt* rib
revidera (rer-vi-*da̅y̅*-rah) *v* revise
revision (rer-vi-*sho̅o̅n*) *c* revision
revolt (rer-*volt*) *c* revolt
revolution (rer-vo-lew-*sho̅o̅n*) *c* revolution
revolutionär (rer-vo-lew-shoo-*næær*) *adj* revolutionary
revolver (rer-*vol*-verr) *c* revolver
revy (rer-*ve̅w̅*) *c* revue
revyteater (rer-*ve̅w̅*-tay-*aa*-terr) *c* (pl -trar) music hall
***rida** (*reed*-ah) *v* *ride
riddare (*rid*-ah-rer) *c* (pl ~) knight
ridning (*reed*-ning) *c* riding
ridskola (*reed*-sko̅o̅l-ah) *c* riding school
ridå (ri-*do̅a̅*) *c* curtain
rik (reek) *adj* rich
rike (*reek*-er) *nt* country; kingdom; empire
rikedom (*ree*-ker-doom) *c* wealth; riches *pl*
riklig (*reek*-li) *adj* abundant; plentiful
riklighet (*reek*-li-ha̅y̅t) *c* plenty
riksdagsman (*riks*-dahks-mahn) *c* (pl -män) Member of Parliament
rikssamtal (*riks*-sahm-taal) *nt* long-distance call
riksväg (*riks*-vaig) *c* trunk road
rikta (*rik*-tah) *v* direct
riktig (*rik*-ti) *adj* right; just, correct, proper

riktighet (*rik*-ti-hāyt) *c* correctness
riktlinje (*rikt*-leen-ʸer) *c* guideline
riktning (*rikt*-ning) *c* direction; way
riktnummer (*rikt*-new-merr) *nt* area code
rim (rim) *nt* rhyme
rimlig (*rim*-li) *adj* reasonable
ring (ring) *c* ring
ringa (*ring*-ah) *v* call; *ring; **~ upp** phone, ring up; call up *Am*
ringaktning (*ring*-ahkt-ning) *c* contempt
ringklocka (*ring*-klo-kah) *c* bell
***rinna** (*ri*-nah) *v* *run
ris (reess) *nt* rice
risk (risk) *c* risk; hazard, chance
riskabel (riss-*kaa*-berl) *adj* unsafe
riskera (ri-*skāyr*-ah) *v* risk
riskfylld (*risk*-fewld) *adj* risky
rispa (*riss*-pah) *v* scratch
rita (*ree*-tah) *v* *draw
***riva** (*ree*-vah) *v* *tear, demolish; grate
rival (ri-*vaal*) *c* rival
rivalitet (ri-vah-li-*tāyt*) *c* rivalry
rivjärn (*reev*-ʸæærn) *nt* grater
rivning (*reev*-ning) *c* demolition
ro (rōō) *c* quiet; *v* row
roa (*rōō*-ah) *v* amuse; entertain
roande (*rōō*-ahn-der) *adj* entertaining
robust (ro-*bewst*) *adj* robust
rock (rok) *c* coat
rockslag (*rok*-slaag) *nt* lapel
roddbåt (*rood*-bōāt) *c* rowing boat
roder (*rōō*-derr) *nt* rudder
rodna (*rōād*-nah) *v* blush
rolig (*rōō*-li) *adj* funny; enjoyable
Rollerblade® (roo-lerr-blayd) *c* Rollerblade®
rom (rom) *c* roe
roman (roo-*maan*) *c* novel
romanförfattare (roo-*maan*-furr-*fah*-tah-rer) *c* (pl **~**) novelist
romans (roo-*mahns*) *c* romance
romantisk (roo-*mahn*-tisk) *adj* romantic
rond (rond) *c* round
rondell (ron-*dayl*) *c* roundabout
rop (rōōp) *nt* call; cry
ropa (*rōō*-pah) *v* call; cry
rorkult (*rōōr*-kewlt) *c* helm
rorsman (*rōōrs*-mahn) *c* (pl -män) steersman; helmsman
ros (rōōss) *c* rose
rosa (*rōā*-sah) *adj* rose, pink
rost (rost) *c* rust
rostig (*ross*-ti) *adj* rusty
rot (rōōt) *c* (pl rötter) root
rotting (*rot*-ing) *c* rattan
rouge (rōōsh) *c* rouge
rovdjur (*rōōv*-ʸewr) *nt* beast of prey
rubin (rēw-*been*) *c* ruby
rubrik (rew-*breek*) *c* headline,

heading
ruin (rew-*een*) *c* ruins
ruinera (rew-ee-*nay*-rah) *v* ruin
rulett (rew-*layt*) *c* roulette
rulla (*rewl*-ah) *v* roll
rulle (*rewl*-er) *c* roll
rullgardin (*rewl*-gahr-*deen*) *c* blind
rullskridskoåkning (*rewl*-skri-skoo-*oak*-ning) *c* roller-skating
rullstol (*rewl*-stool) *c* wheelchair
rulltrappa (*rewl*-trah-pah) *c* escalator
rum (rewm) *nt* room; space; ~ **med frukost** bed and breakfast
rumsbetjäning (*rewms*-ber-*tyai*-ning) *c* room service
rumstemperatur (*rewms*-taym-per-rah-*tewr*) *c* room temperature
rumän (rew-*main*) *c* Rumanian
Rumänien (rew-*mai*-ni-ern) Rumania
rumänsk (rew-*mainsk*) *adj* Rumanian
rund (rewnd) *adj* round
rundad (*rewn*-dahd) *adj* rounded
rundhänt (*rewnd*-hehnt) *adj* liberal
rundresa (*rewnd*-ray-sah) *c* tour
runt (rewnt) *adv* around
rusa (*rewss*-ah) *v* rush; dash
rusningstid (*rewss*-nings-*teed*) *c* rush hour; peak hour
russin (*rewss*-in) *nt* raisin
rustik (rew-*steek*) *adj* rustic
rustning (*rewst*-ning) *c* armour
ruta (*rewt*-ah) *c* square; pane
rutin (rew-*teen*) *c* routine
rutschbana (*rewch*-baan-ah) *c* slide
rutt (rewt) *c* route
rutten (*rewt*-ern) *adj* rotten
ryck (rewk) *nt* tug; wrench
rygg (rewg) *c* back
ryggrad (*rewg*-raad) *c* backbone; spine
ryggskott (*rewg*-skot) *nt* lumbago
ryggsäck (*rewg*-sehk) *c* rucksack; knapsack
ryggvärk (*rewg*-værk) *c* backache
***ryka** (*rew*-kah) *v* smoke
ryktbarhet (*rewkt*-baar-hayt) *c* fame
rykte (*rewk*-ter) *nt* rumour; reputation; renown
rymd (rewmd) *c* space
rymdraket (*rewmd*-rah-*kay*) *c* space shuttle
rymlig (*rewm*-li) *adj* spacious; roomy, large
rymling (*rewm*-ling) *c* runaway
rymma (*rewm*-ah) *v* *run away; contain
rynka (*rewng*-kah) *c* wrinkle
rysk (rewsk) *adj* Russian
ryslig (*rewss*-li) *adj* horrible; awful
rysning (*rewss*-ning) *c* shiver;

shudder, *nt* chill
ryss (rewss) *c* Russian
Ryssland (*rewss*-lahnd) Russia
***ryta** (*rew*-tah) *v* roar
rytm (rewtm) *c* rhythm
ryttare (*rewt*-ah-rer) *c* (pl ~) rider; horseman
rå (roa) *adj* raw
råd (road) *nt* advice; ***ha ~ med** afford
råda (*roa*-dah) *v* advise
rådfråga (*road*-froa-gah) *v* consult
***rådgiva** (*road*-[y]ee-vah) *v* advise
rådgivare (*road*-[y]ee-vah-rer) *c* (pl ~) counsellor
rådjurskalv (*roa*-[y]ewrs-kahlv) *c* fawn
rådman (*road*-mahn) *c* (pl -män) magistrate
rådsförsamling (*roads*-furr-*sahm*-ling) *c* council
rådsmedlem (*roads*-mayd-lehm) *c* (pl ~mar) councillor
råmaterial (*roa*-mah-tay-ri-*aal*) *nt* raw material
rån[1] (roan) *nt* robbery; **väpnat ~** hold-up
rån[2] (roan) *nt* wafer
råna (*roa*-nah) *v* rob
rånare (*roa*-nah-reh) *c* (pl ~) robber
råolja (*roa*-ol-[y]ah) *c* petroleum
råtta (*ro*-tah) *c* rat
räcka (*rehk*-ah) *v* suffice
räcke (*rehk*-er) *nt* rail; railing
räckhåll (*rehk*-hol) *nt* reach
räckvidd (*rehk*-vid) *c* range
räd (raid) *c* raid
rädd (rehd) *adj* afraid
rädda (*rehd*-ah) *v* save; rescue
räddning (rehd-ning) *c* rescue
rädisa (*rai*-di-sah) *c* radish
rädsla (*raids*-lah) *c* fear
räka (*rai*-kah) *c* shrimp; prawn
räkna (*raik*-nah) *v* reckon, count; **~ ut** calculate
räknemaskin (*raik*-ner-mah-*sheen*) *c* adding-machine
räkneord (*raik*-ner-*oord*) *nt* numeral
räkning (*raik*-ning) *c* bill; arithmetic
rännsten (*rehn*-stayn) *c* gutter
ränta (*rehn*-tah) *c* interest
rätt[1] (reht) *c* course
rätt[2] (reht) *adj* appropriate, right, correct; *adv* rather; *c* justice; ***ha ~** * be right; **med rätta** rightly
rätta (*reht*-ah) *v* correct; **~ till** correct, adjust
rättegång (*reh*-ter-gong) *c* trial; lawsuit
rättelse (*reh*-terl-ser) *c* correction
rättfärdig (reht-*fææ*-di) *adj* righteous
rättighet (*reh*-ti-hayt) *c* right
rättmätig (*reht*-mai-ti) *adj* legitimate
rättskaffens (*reht*-skahf-erns) *adj* honourable

rättvis (*reht*-veess) *adj* just; fair, right
rättvisa (*reht*-vee-sah) *c* justice
räv (raiv) *c* fox
röd (rūrd) *adj* red
rödbeta (*rūrd*-bāy-tah) *c* beetroot
rödhake (*rūrd*-haa-ker) *c* robin
rödlila (*rūrd*-lee-lah) *adj* mauve
rödspätta (*rūrd*-speh-tah) *c* plaice
rök (rūrk) *c* smoke
röka (*rūr*-kah) *v* smoke
rökare (*rūr*-kah-rer) *c* (pl ~) smoker
rökelse (*rūrk*-erl-ser) *c* incense
rökfritt (rūrk-freet) *adj* smoke-free
rökkupé (*rūrk*-kēw-*pāy*) *c* smoker, smoking compartment
rökning förbjuden (*rūrk*-ning furr-*byēw*-dern) no smoking
röntga (*rurnt*-kah) *v* X-ray
röntgenbild (*rurnt*-kern-bild) *c* X-ray
rör (rūrr) *nt* pipe; tube; cane
röra[1] (*rūrr*-ah) *v* touch; move; **~ om** stir; **~ sig** move
röra[2] (*rūrr*-ah) *c* muddle
rörande (*rūrr*-ahn-der) *adj* touching; *prep* regarding
rörelse (*rūrr*-erl-ser) *c* motion, movement; emotion; ***sätta i ~** move
rörlig (*rūrr*-li) *adj* mobile
rörmokare (*rūrr*-moo-kah-rer) *c* (pl ~) plumber
röst (rurst) *c* voice; vote
rösta (*rurss*-tah) *v* vote
röstbrevlåda (*rurst*-brāyv-*lōa*-dah) *c* (pl -lådor) voice mail
röstning (*rurst*-ning) *c* vote; poll
rösträtt (*rurst*-reht) *c* franchise; suffrage

S

safir (sah-*feer*) *c* sapphire
saft (sahft) *c* syrup
saftig (*sahf*-ti) *adj* juicy
saga (*saa*-gah) *c* fairytale; tale
sak (saak) *c* thing; matter, affair
sakkunnig (*saak*-kewn-i) *adj* expert
saklig (*saak*-li) *adj* matter-of-fact
sakna (*saak*-nah) *v* lack, miss
saknad (*saak*-nahd) *c* lack
sakta ned (*sahk*-tah) slow down
sal (saal) *c* hall
saldo (*sahl*-doo) *nt* balance
saliv (sah-*leev*) *c* saliva, spit
sallad (*sahl*-ahd) *c* salad
salladsolja (*sah*-lahds-ol-

^{y}ah) *c* salad-oil
salong (sah-*long*) *c* drawing room; salon
salt (sahlt) *nt* salt; *adj* salty
saltkar (*sahlt*-kaar) *nt* salt cellar, salt shaker *nAm*
salu: till ~ (til *saa*-lew) for sale
saluhall (*saa*-lew-hahl) *c* market
salva (*sahl*-vah) *c* ointment
samarbete (*sahm*-ahr-bāy-tah) *nt* cooperation; *v* collaborate
samarbetsvillig (*sahm*-ahr-bāyts-vi-li) *adj* co-operative
samband (*sahm*-bahnd) *nt* relation
samfund (*sahm*-fewnd) *nt* society
samhälle (*sahm*-heh-ler) *nt* community; locality; **samhälls-** social
samhällsbevarande (*sahm*-hehls-ber-*vaa*-rahn-der) *adj* conservative
samla (*sahm*-lah) *v* gather; assemble, collect; **~ ihop** compile; **~ in** collect
samlag (*sahm*-laag) *nt* sexual intercourse
samlare (*sahm*-lah-rer) *c* (pl **~**) collector
samlas (*sahm*-lahss) *v* gather
samling (*sahm*-ling) *c* collection
samma (*sahm*-ah) *adj* same
***sammanbinda** (*sah*-mahn-bin-dah) *v* link
sammandrag (*sah*-mahn-draag) *nt* summary
***sammanfalla** (*sahm*-ahn-fahl-ah) *v* coincide
sammanfatta (*sahm*-ahn-fah-tah) *v* summarize
sammanfattning (*sah*-mahn-faht-ning) *c* summary, résumé
sammanfoga (*sahm*-ahn-*f*o͞o*g*-ah) *v* join, *put together
sammanhang (*sahm*-ahn-hahng) *nt* connection; coherence, reference
sammankomst (*sahm*-ahn-komst) *c* meeting; assembly
sammanlagd (*sahm*-ahn-lahgd) *adj* overall, total
sammanslagning (*sahm*-ahn-slaag-ning) *c* merger
sammanslutning (*sah*-mahn-slēwt-ning) *c* society; association
sammanställa (*sahm*-ahn-stehl-ah) *v* compose; compile
sammanstöta (*sahm*-ahn-stūr-tah) *v* bump
sammanstötning (*sahm*-ahn-stūrt-ning) *c* collision
***sammansvärja sig** (*sahm*-ahn-*svær*-^{y}ah) conspire
sammansvärjning (sahm-ahn-*svær*^{y}-ning) *c* conspiracy, plot
sammansättning (*sahm*-ahn-seht-ning) *c* composition
sammanträde (*sahm*-ahn-traid-er) *nt* meeting

sammanträffande (*sahm*-ahn-trehf-ahn-der) *nt* concurrence; encounter
sammet (*sah*-mayt) *c* velvet
samordna (*sahm*-ord-nah) *v* coordinate
samordning (*sahm*-ord-ning) *c* coordination
samtal (*sahm*-taal) *nt* conversation; talk, discussion; ~ **väntar** *nt* call waiting
samtalsämne (*sahm*-taals-aim-ner) *nt* topic
samtida (*sahm*-tee-dah) *adj* contemporary
samtidig (*sahm*-tee-di) *adj* simultaneous
samtycka (*sahm*-tew-kah) *v* consent
samtycke (*sahm*-tew-ker) *nt* consent
samverkan (*sahm*-vær-kahn) *c* cooperation
samvete (*sahm*-vāy-ter) *nt* conscience
samåka (*sahm*-ōā-kah) *v* carpool
samåkning (*sahm*-ōāk-ning) *c* carpool
sanatorium (sah-nah-*tōō*-ri-ewm) *nt* (pl -rier) sanatorium
sand (sahnd) *c* sand
sandal (sahn-*daal*) *c* sandal
sandig (*sahn*-di) *adj* sandy
sandpapper (*sahnd*-pahp-err) *nt* sandpaper
sanitär (sah-ni-*tæær*) *adj* sanitary
sann (sahn) *adj* very, true
sannfärdig (*sahn*-fæær-di) *adj* truthful
sanning (*sah*-ning) *c* truth
sannolik (*sahn*-oo-leek) *adj* likely; probable
sansad (*sahns*-ahd) *adj* sober
sardin (sahr-*deen*) *c* sardine
satellit (sah-tay-*leet*) *c* satellite
satellitradio (sah-tay-*leet*-*raa*-di-oo) *c* satellite radio
satäng (sah-*tehng*) *c* satin
Saudiarabien (*sou*-di-ah-*raa*-bi-ern) Saudi Arabia
saudiarabisk (*sou*-di-ah-*raab*-isk) *adj* Saudi Arabian
sax (sahks) *c* scissors *pl*
scen (sāyn) *c* scene, stage
schack (shahk) *nt* chess; **schack!** check!
schackbräde (*shahk*-brai-der) *nt* checkerboard *nAm*
schal (shaal) *c* shawl
schampo (*shahm*-pōō) *nt* shampoo
scharlakansfeber (shahr-*laa*-kahns-*fāy*-berr) *c* scarlet fever
scharlakansröd (shahr-*laa*-kahns-rūrd) *adj* scarlet
schema (*shāy*-mah) *nt* scheme
schlager (*shlaa*-gerr) *c* (pl ~, -rar) hit
Schweiz (shvayts) Switzerland
schweizare (*shvay*-tsah-rer) *c* (pl ~) Swiss
schweizisk (*shvay*-tsisk) *adj*

Swiss
scout (skout) *c* boy scout
***se** (sa͞y) *v* *see; notice; **~ på** look at; **~ till** attend to; **~ upp** look out; watch out; **~ ut** look
sebra (*sa͞yb*-rah) *c* zebra
sedan (*sa͞y*-dahn) *adv* then; afterwards; *conj* since, after; *prep* since; **för ... ~** ago; **~ dess** since
sedel (*sa͞y*-dayl) *c* (pl sedlar) banknote
seder (*sa͞y*-derr) *pl* customs *pl*
sediment (say-di-*maynt*) *nt* deposit
sedvanlig (*sa͞yd*-vaan-li) *adj* customary
sedvänja (*sa͞yd*-vehn-ʸah) *c* usage
seg (sa͞yg) *adj* tough
segel (*sa͞y*-gerl) *nt* sail
segelbar (*sa͞y*-gerl-baar) *adj* navigable
segelbåt (*sa͞y*-gerl-bo͞at) *c* sailing boat
segelflygplan (*sa͞y*-gerl-fle͞wg-plaan) *nt* glider
segelsport (*sa͞y*-gerl-sport) *c* yachting
segelsällskap (*sa͞y*-gerl-sehl-skaap) *nt* yacht club
seger (*sa͞y*-gerr) *c* (pl segrar) victory
segerrik (*sa͞y*-gerr-reek) *adj* triumphant
segla (*sa͞yg*-lah) *v* sail; navigate
segra (*sa͞yg*-rah) *v* *win
segrare (*sa͞yg*-rah-ray) *c* (pl **~**) winner, victor
sekreterare (sayk-ray-*ta͞y*-rah-rer) *c* (pl **~**) secretary; clerk
sektion (sehk-*sho͞on*) *c* section
sekund (ser-*kewnd*) *c* second
sekundär (ser-kewn-*dæær*) *adj* secondary
selfie (*seyl*-fee) *c* selfie
selleri (say-ler-*ree*) *nt* celery
semester (say-*mayss*-terr) *c* holiday
semesterort (say-*mayss*-terr-oort) *c* holiday resort
semikolon (say-mi-*ko͞o*-lon) *nt* semicolon
sen (sa͞yn) *adj* late; **för sent** too late
sena (*sa͞yn*-ah) *c* sinew; tendon
senap (*sa͞y*-nahp) *c* mustard
senat (ser-*naat*) *c* senate
senator (ser-*naa*-tor) *c* senator
senil (say-*neel*) *adj* senile
sensation (sayn-sah-*sho͞on*) *c* sensation
sensationell (sayn-sah-shoo-*nayl*) *adj* sensational
sentimental (sayn-ti-mayn-*taal*) *adj* sentimental
separat (say-pah-*raat*) *adv* separately
september (sayp-*taym*-berr) September
septisk (*sayp*-tisk) *adj* septic
serie (*sa͞y*-ri-er) *c* series; **tecknad ~** comics *pl*
seriös (say-ri-*u͞rss*) *adj*

serious
servera (sær-*vay*-rah) *v* serve
serveringsfat (sær-*vay*-rings-faat) *nt* dish
servett (sær-*vayt*) *c* napkin; serviette
servitris (sær-vit-*reess*) *c* waitress
servitör (sær-vi-*turr*) *c* waiter
session (say-*shoon*) *c* session
sevärdhet (*say*-væærd-hayt) *c* sight
sex (sayks) *num* six
sextio (*sayks*-ti) *num* sixty
sextonde (*sayks*-ton-der) *num* sixteenth
sexualitet (sayk-sew-ah-li-*tayt*) *c* sexuality
sexuell (sayk-sew-*ayl*) *adj* sexual
siames (see-ah-*mayss*) *c* Siamese
siamesisk (see-ah-*mayss*-isk) *adj* Siamese
sida (*see*-dah) *c* side; page; **på andra sidan** across; **på andra sidan om** beyond; **åt sidan** aside; sideways
siden (*see*-dayn) *nt* silk
sidogata (*see*-doo-*gaat*-ah) *c* side street
sidoljus (*see*-doo-*yewss*) *nt* sidelight
sidoskepp (*see*-doo-*shayp*) *nt* aisle
siffra (*sif*-rah) *c* figure; digit
sig (say) *pron* himself, herself; themselves; itself
sigill (si-*yil*) *nt* seal
signal (sing-*naal*) *c* signal
signalement (sing-nah-lay-*maynt*) *nt* description
signalera (sing-nah-*layr*-ah) *v* signal
signalhorn (sing-*naal*-hoorn) *nt* hooter, horn
signatur (sing-nah-*tewr*) *c* signature
sikt (sikt) *c* visibility
sikta[1] (*sik*-tah) *v* aim at; **~ på** aim at
sikta[2] (*sik*-tah) *v* sift
sil (seel) *c* strainer
sila (*seel*-ah) *v* strain
sill (sil) *c* herring
silver (*sil*-verr) *nt* silver; silverware
silversmed (*sil*-verr-smayd) *c* silversmith
simbassäng (*sim*-bah-*sehng*) *c* swimming pool
simma (*sim*-ah) *v* *swim
simmare (*si*-mah-rer) *c* (pl ~) swimmer
simning (*sim*-ning) *c* swimming
simpel (*sim*-perl) *adj* common
simulera (si-mew-*layr*-ah) *v* pretend
sin (sin) *pron* (nt sitt, pl sina) his, her, its, one's, their
singularis (*sing*-gew-laa-riss) *nt* singular
sinne (*si*-ner) *nt* sense
sinnesförvirrad (*si*-nerss-furr-*vi*-rahd) *adj* mad
sinnesrörelse (*si*-nerss-rur-rayl-ser) *c* emotion
sinnessjuk[1] (*si*-nerss-shewk)

adj insane
sinnessjuk² (*si*-nerss-she̅w̅k) *c* (pl ~a) lunatic
sinnesstämning (*si*-nerss-stehm-ning) *c* spirits
siren (si-*ra̅y̅n*) *c* siren
sist (sist) *adj* last; **till ~** at last
sista (*siss*-tah) *adj* ultimate
***sitta** (*sit*-ah) *v* *sit
sittplats (*sit*-plahts) *c* seat
situation (si-tew-ah-*sho̅o̅n*) *c* situation
sju (shew) *num* seven
sjuk (she̅w̅k) *adj* ill; sick
sjukdom (*she̅w̅k*-doom) *c* illness; sickness, disease
sjukhus (*she̅w̅k*-he̅w̅ss) *nt* hospital
sjukledighet (*she̅w̅k*-la̅y̅-di-ha̅y̅t) *c* sick-leave
sjuksköterska (*she̅w̅k*-shu̅r̅t-err-skah) *c* nurse
sjukvård (*she̅w̅k*-vo̅a̅rd) *c* public health
sjunde (*shewn*-der) *num* seventh
***sjunga** (*shewng*-ah) *v* *sing
***sjunka** (*shewng*-kah) *v* *sink
sjuttio (*shewt*-i) *num* seventy
sjutton (*shewt*-on) *num* seventeen
sjuttonde (*shewt*-on-der) *num* seventeenth
själ (shail) *c* soul
själv (shehlv) *pron* myself, yourself, himself, herself, itself, oneself
själva (*shehl*-vah) *pron* ourselves, yourselves, themselves
självbetjäning (*shehlv*-ber-tʸ*ai*-ning) *c* self-service
självgod (*shehlv*-go̅o̅d) *adj* self-righteous
självisk (*shehl*-visk) *adj* selfish
självklar (*shehlv*-klaar) *adj* self-evident
självmord (*shehlv*-mo̅o̅rd) *nt* suicide
självmordsattack (*shehlv*-mo̅o̅rds-ah-tahk) *c* suicide attack
självmordsbombare (*shehlv*-mo̅o̅rds-bomb-arer) *c* (pl ~) suicide bomber
självservering (*shehlv*-sayr-*va̅y̅*-ring) *c* self-service restaurant
självstyre (*shehlv*-ste̅w̅-rer) *nt* self-government
självständig (*shehlv*-stehn-di) *adj* independent
självständighet (*shehlv*-stehn-di-ha̅y̅t) *c* independence
självupptagen (*shehlv*-ewp-taag-ern) *adj* self-centred
sjätte (*sheh*-ter) *num* sixth
sjö (shu̅r̅) *c* lake
sjöborre (*shu̅r̅*-bo-rer) *c* sea urchin
sjöfart (*shu̅r̅*-faart) *c* navigation; shipping
sjöfågel (*shu̅r̅*-fo̅a̅-gayl) *c* (pl -glar) seabird
sjökort (*shu̅r̅*-koort) *nt* nautical chart
sjöman (*shu̅r̅*-mahn) *c* (pl -män) sailor

sjörövare (*shūr*-rūr-vah-rer) *c* (pl ~) pirate
sjösjuk (*shūr*-shēwk) *adj* seasick
sjösjuka (*shūr*-shēw-kah) *c* seasickness
sjösättning (*shūr*-seht-ning) *c* launching
sjötunga (*shūr*-tewng-ah) *c* sole
***ska** (skaa) *v* *shall; *will
skada (*skaa*-dah) *c* injury; damage, mischief, harm; *v* *hurt, injure, harm
skadad (*skaa*-dahd) *adj* injured
skadeersättning (*skaa*-der-āyr-*seht*-ning) *c* compensation; indemnity
skadlig (*skaad*-li) *adj* harmful; hurtful
skaffa (*skahf*-ah) *v* get, procure, provide; ~ **sig** acquire, *v* acquire; obtain
skaft (skahft) *nt* handle
skaka (*skaa*-kah) *v* *shake
skal (skaal) *nt* skin, peel; shell
skala (*skaa*-lah) *c* scale; *v* peel
skalbagge (*skaal*-bahg-er) *c* beetle; bug
skald (skahld) *c* poet
skaldjur (*skaal*-ʸēwr) *nt* shellfish
skalle (*skah*-ler) *c* skull
skam (skahm) *c* shame; disgrace
skamsen (*skahm*-sayn) *adj* ashamed
skandal (skahn-*daal*) *c* scandal
skandinav (skahn-di-*naav*) *c* Scandinavian
Skandinavien (skahn-di-*naav*-i-ern) Scandinavia
skandinavisk (skahn-di-*naav*-isk) *adj* Scandinavian
skanna (*skahn*-ah) *v* scan
skanner (*skahn*-ehr) *c* scanner
skanning (*skahn*-ing) *c* scan
skapa (*skaa*-pah) *v* create
skarp (skahrp) *adj* sharp; keen; strong
skatt (skaht) *c* tax; treasure
skattefri (*skah*-ter-free) *adj* tax-free
skattmästare (*skaht*-mehss-tah-rer) *c* (pl ~) treasurer
ske (shāy) *v* happen; occur
sked (shāyd) *c* spoon; spoonful
skelett (skay-*layt*) *nt* skeleton
skelögd (*shāyl*-ūrgd) *adj* cross-eyed
sken (shāyn) *nt* glare
skenhelig (*shāyn*-hāy-li) *adj* hypocritical
skepp (shayp) *nt* boat
skeppa (*shayp*-ah) *v* ship
skeppsredare (*shayps*-rāy-dah-rer) *c* (pl ~) shipowner
skeppsvarv (*shayps*-vahrv) *nt* shipyard
skicka (*shik*-ah) *v* *send; ~ **bort** dismiss; ~ **efter** *send for; ~ **iväg** *send off; ~ **tillbaka** *send back
skicklig (*shik*-li) *adj* skilled, skilful; clever
skicklighet (*shik*-li-hāyt) *c*

ability; skill
skida (*shee*-dah) *c* ski; **åka skidor** ski
skidbyxor (*sheed*-bewks-err) *pl* ski pants
skidlift (*sheed*-lift) *c* ski lift
skidstavar (*sheed*-staa-vahr) *pl* ski sticks; ski poles *Am*
skidåkare (*sheed*-ōā-kah-rer) *c* (pl ~) skier
skidåkning (*sheed*-ōāk-ning) *c* skiing
skiffer (*shif*-err) *nt* slating
skift (shift) *nt* gang, shift
skiftnyckel (*shift*-new-kayl) *c* (pl -klar) wrench
skilja (*shil*-ʸah) *v* separate; part; **skiljas** divorce; **~ sig** divorce
skiljedomare (skil-ʸ*eh*-doo-mah-rer) *c* (pl ~) referee
skiljevägg (*shil*-ʸer-vehg) *c* partition
skillnad (*shil*-nahd) *c* difference; distinction; ***göra ~** distinguish
skilsmässa (*shils*-meh-sah) *c* divorce
***skina** (*shee*-nah) *v* *shine
skinka (*shing*-kah) *c* ham; buttock
skinn (shin) *nt* hide; **skinn-** leather
skinna (*shi*-nah) *v* skin, fleece
skir (sheer) *adj* sheer
skiss (skiss) *c* sketch
skissera (ski-*sāy*-rah) *v* sketch
skit (scheet) *c* crap V
skiva (*sheev*-ah) *c* slice; disc
skivenhet (*sheev*-en-*hāyt*) *c* disk drive
skivspelare (*shiv*-spāy-lah-rer) *c* (pl ~) record player
skjorta (*shoor*-tah) *c* shirt
skjul (shēwl) *nt* shed
***skjuta** (*shēwt*-ah) *v* fire, *shoot; push
skjutdörr (*shēwt*-durr) *c* sliding door
sko (skōō) *c* shoe
skoaffär (*skōō*-ah-*fæær*) *c* shoe shop
skog (skōōg) *c* forest; wood
skogig (skōōg-i) *adj* wooded
skogsdunge (*skoogs*-dew-nger) *c* grove
skogstrakt (*skoogs*-trahkt) *c* woodland
skogvaktare (*skōōg*-vahk-tah-rer) *c* (pl ~) forester
skoj (skoi) *nt* fun
skoja (*skoi*-ah) *v* joke, fool
skokräm (*skōō*-krehm) *c* shoe polish
skola (*skōōl*-ah) *c* school
skolbänk (*skōōl*-behngk) *c* desk
skolflicka (*skōōl*-fli-kah) *c* schoolgirl
skolka (*skol*-kah) *v* play truant
skollärare (*skōōl*-lææ-ah-rer) *c* (pl ~) schoolmaster, schoolteacher
skolpojke (*skōōl*-poi-ker) *c* schoolboy
skolväska (*skōōl*-vehss-kah) *c* satchel

skomakare (*skōō*-maa-kah-rer) *c* (pl ~) shoemaker
skorpa (*skor*-pah) *c* crust; rusk
skorsten (*skors*-tāyn) *c* chimney
skosnöre (*skōō*-snūr-rer) *nt* shoelace
skotsk (skotsk) *adj* Scottish
skott (skot) *nt* shot
skottavla (*skot*-taav-lah) *c* target
skottkärra (*skot*-tʸær-ah) *c* wheelbarrow
Skottland (*skot*-lahnd) Scotland
skottår (*skot*-ōār) *nt* leap year
skovel (*skōā*-verl) *c* (pl -vlar) shovel
skrapa (*skraap*-ah) *v* scrape; scratch
skratt (skraht) *nt* laugh; laughter
skratta (*skrah*-tah) *v* laugh
skreva (*skrāy*-vah) *c* cleft
skri (skree) *nt* scream
skridsko (*skri*-skoo) *c* skate; **åka skridskor** skate
skridskobana (*skri*-skoo-baa-nah) *c* skating rink
skridskoåkning (*skri*-skoo-ōāk-ning) *c* skating
skriftlig (*skrift*-li) *adj* written
skrik (skreek) *nt* cry; scream, shout
***skrika** (*skree*-kah) *v* shriek; scream, shout; cry
***skriva** (*skree*-vah) *v* *write; **~ in** book; enter; **~ in sig** check in; **~ om** *rewrite; **~ på** endorse; **~ upp** *write down
skrivblock (*skreev*-blok) *nt* writing pad
skrivbord (*skreev*-bōōrd) *nt* desk; bureau
skrivmaskin (*skreev*-mah-*sheen*) *c* typewriter
skrivmaskinspapper (*skreev*-mah-*sheens*-pah-perr) *nt* typing paper
skrivpapper (*skreev*-pah-perr) *nt* notepaper
skrovlig (*skrōāv*-li) *adj* hoarse
skrubbsår (*skrewb*-sōār) *nt* graze
skruv (skrēwv) *c* screw
skruva (*skrēw*-vah) *v* screw; **~ av** unscrew; **~ på** screw on, turn on
skruvmejsel (*skrēwv*-may-sayl) *c* (pl -slar) screwdriver
skrymmande (*skrewm*-ahn-der) *adj* bulky
skrynkla (*skrewngk*-lah) *c* crease; *v* crease
***skryta** (*skrēwt*-ah) *v* boast
skråma (*skrōā*-mah) *c* scratch
skräck (skrehk) *c* scare; fright; horror, terror
skräddare (*skreh*-dah-rer) *c* (pl ~) tailor
skräddarsydd (*skreh*-dahr-sewd) *adj* tailor-made
skrämd (skrehmd) *adj* frightened
skrämma (*skrehm*-ah) *v* frighten; scare
skrämmande (*skrehm*-ahn-der) *adj* terrifying

skräp (skraip) *nt* rubbish; refuse, junk
skugga (*skewg*-ah) *c* shadow; shade
skuggig (*skewg*-i) *adj* shady
skuld (skewld) *c* guilt, fault; debt
skulptur (skewlp-*tewr*) *c* sculpture
skulptör (skewlp-*turr*) *c* sculptor
skum (skewm) *nt* foam; *adj* obscure
skumgummi (*skewm*-gewm-i) *nt* foam rubber
skumma (*skewm*-ah) *v* foam
skura (*skew*-rah) *v* scrub
skurk (skewrk) *c* villain
skutta (*skew*-tah) *v* skip; *leap
skvadron (skvah-*droon*) *c* squadron
skvaller (*skvah*-lerr) *nt* gossip
skvallra (*skvahl*-rah) *v* gossip
sky (shew) *c* sky, cloud; gravy
skydd (shewd) *nt* protection; shelter, cover
skydda (*shewd*-ah) *v* protect; shelter
skygg (shewg) *adj* shy
skygghet (*shewg*-hayt) *c* shyness
skyldig (*shewl*-di) *adj* guilty; ***vara ~** owe
skyltdocka (*shewlt*-do-kah) *c* dummy, mannequin
skyltfönster (*shewlt*-furns-terr) *nt* shopwindow
skymfa (*shewm*-fah) *v* call names
skymning (*shewm*-ning) *c* twilight; dusk
skymt (shewmt) *c* glimpse
skymta (*shewm*-tah) *v* glimpse
skynda sig (*shewn*-dah) hurry; hasten
skyskrapa (*shew*-skraa-pah) *c* skyscraper
skådespel (*skoa*-der-spayl) *nt* spectacle; drama
skådespelare (*skoa*-der-spay-lah-rer) *c* (pl ~) actor; comedian
skådespelerska (*skoa*-der-spay-lerrs-kah) *c* actress
skådespelsförfattare (*skoa*-der-spayls-furr-*fah*-tah-rer) *c* (pl ~) playwright
skål (skoal) *c* bowl; basin; toast
skåp (skoap) *nt* cupboard; closet
skåpvagn (*skoap*-vahngn) *c* pick-up van
skägg (shehg) *nt* beard
skäl (shail) *nt* reason
skälla (*shehl*-ah) *v* bark, bay; scold; **~ ut** scold
skälm (shehlm) *c* rascal
skälva (*shehl*-vah) *v* shiver; tremble
skämma bort (*sheh*-mah bort) *spoil
skämmas (*shehm*-ahss) *v* *be ashamed
skämt (shehmt) *nt* joke
skämtsam (*shehmt*-sahm) *adj* humorous
skär (shæær) *adj* pink

***skära** (*shææ*-rah) *v* *cut; carve; **~ av** *cut off; **~ ned** reduce, *cut down; decrease
skärgård (*shææ*r-goard) *c* archipelago
skärm (shærm) *c* screen
skärmmössa (*shærm*-mur-sah) *c* cap
skärpt (shærpt) *adj* bright
skärsår (*shææ*r-soar) *nt* cut
sköldpadda (*shurld*-pahd-ah) *c* turtle
skölja (*shurl*-ʸah) *v* rinse
sköljmedel (*shurl*ʸ-mayy-derl) *nt* conditioner
sköljning (*shurl*ʸ-ning) *c* rinse
skön (shurn) *adj* beautiful, fine; comfortable
skönhet (*shurn*-hayt) *c* beauty
skönhetsmedel (*shurn*-hayts-mayd-ayl) *pl* cosmetics *pl*
skönhetssalong (*shurn*-hayts-sah-*long*) *c* beauty salon
skönhetsvård (*shurn*-hayts-voard) *c* beauty treatment
skör (shurr) *adj* fragile
skörd (shurrd) *c* harvest; crop
skörda (*shurr*-dah) *v* reap; harvest; gather
sköta (*shurt*-ah) *v* look after; **~ om** *take care of
sladd (slahd) *c* flex, electric cord; skid
slag[1] (slaag) *nt* a sort of, a kind of; **all slags** all sorts of
slag[2] (slaag) *nt* battle; blow, tap; bump; smash
slaganfall (*slaag*-ahn-fahl) *nt* stroke
slagord (slaag-oord) *nt* (pl ~) catchword
slagsmål (*slahgs*-moal) *nt* fight
slaktare (*slahk*-tah-rer) *c* (pl ~) butcher
slang (slahng) *c* slang
slangtryck (*slahng*-trewk) *nt* tyre pressure
slank (slahngk) *adj* slender; slim
slant (slahnt) *c* coin
slapp (slahp) *adj* limp
slappna av (*slahp*-nah) relax
slarv (slahrv) *nt* neglect
slarvig (*slahr*-vi) *adj* careless; slovenly
slav (slaav) *c* slave
slicka (*slik*-ah) *v* lick
slingra sig (*sling*-rah) *wind
slingrande (*sling*-rahn-der) *adj* winding
slipa (*slee*-pah) *v* sharpen
***slippa** (*sli*-pah) *v* not *have to
slipprig (*slip*-ri) *adj* slippery
slips (slips) *c* necktie
slira (*slee*-rah) *v* skid; slip
***slita** (*slee*-tah) *v* *tear; **~ ut** wear out
sliten (*sleet*-ern) *adj* worn
slogan (*sloa*-gahn) *c* (pl ~) slogan
slott (slot) *nt* castle
slug (slewg) *adj* sly
sluka (*slew*-kah) *v* swallow
slump (slewmp) *c* chance, luck; **av en ~** by chance

slumpartad (*slewmp*-ahr-tahd) *adj* accidental
sluss (slewss) *c* lock
slut (slēwt) *nt* end; finish
till slut at last
sluta (*slēwt*-ah) *v* end; discontinue, finish
***sluta** (*slēwt*-ah) *v* close
slutbetala (*slēwt*-ber-*taa*-lah) *v* *pay off
sluten (*slēwt*-ern) *adj* closed; reserved
slutlig (*slēwt*-li) *adj* final; eventual; **slutligen** *adv* finally
slutresultat (*slēwt*-ray-sewl-*taat*) *nt* final result
slutsats (slēwt-sahts) *c* conclusion
slutta (*slewt*-ah) *v* slope; slant
sluttning (*slewt*-ning) *c* hillside, slope; incline
***slå** (slōā) *v* *beat; *strike, *hit; slap, punch; **~ ifrån** switch off; **~ igen** slam; **~ ihop** merge; **~ ihjäl** kill; **~ in** wrap; **~ till** *strike; **~ upp** look up
slående (*slōā*-ayn-der) *adj* striking
***slåss** (sloss) *v* struggle
släcka (*slehk*-ah) *v* *put out; extinguish
släde (*slai*-der) *c* sleigh, sledge
släkt (slehkt) *c* family
släkting (*slehk*-ting) *c* relative; relation
slänga (*slehng*-ah) *v* *throw
släpa (*slaip*-ah) *v* drag; haul
släppa in (*slehp*-ah) admit; *let in
släpvagn (*slaip*-vahngn) *c* trailer
slät (slait) *adj* smooth; level
slätt (sleht) *c* plain
slätvar (*slait*-vaar) *c* brill
slö (slūr) *adj* blunt, dull
slöja (*slur*-ʸah) *c* veil
slösa bort (*slūr*-sah bort) waste
slösaktig (*slūrss*-ahk-ti) *adj* wasteful; lavish, extravagant
slöseri (slur-ser-*ree*) *nt* waste, wastefulness
smak (smaak) *c* taste; flavour
smaka (*smaa*-kah) *v* taste
smaklig (*smaak*-li) *adj* savoury
smaklös (*smaak*-lūrss) *adj* tasteless
smaksätta (*smaak*-say-tah) *v* flavour
smal (smaal) *adj* narrow
smaragd (smah-*rahgd*) *c* emerald
smart (smart) *adj* smart
smartmobil (*smart*-moo-*bēel*) *c* smartphone
smarttelefon (*smart*-tay-lay-*fōān*) *c* smartphone
smed (smāyd) *c* (black)smith
smekmånad (*smāyk*-mōā-nahd) *c* honeymoon
smeknamn (*smāyk*-nahmn) *nt* nickname
smet (smāyt) *c* batter
smidig (*smeed*-i) *adj* supple; flexible
smink (smingk) *c* make-up

***smita** (*smee*-tah) *v* slip away
smitta (*smit*-ah) *v* infect
smittande (*smi*-tahn-der) *adj* contagious
smittkoppor (*smit*-ko-poor) *pl* smallpox
smittosam (*smi*-too-sahm) *adj* infectious; contagious
smoking (*smōō*-king) *c* dinner jacket; tuxedo *nAm*
smuggla (*smewg*-lah) *v* smuggle
smula (*smēw*-lah) *c* crumb; bit
smultron (*smewlt*-ron) *nt* wild strawberry
smuts (smewts) *c* dirt
smutsig (*smewt*-si) *adj* dirty; filthy
smycke (*smew*-ker) *nt* jewel; **smycken** jewellery
***smyga** (*smēw*-gah) *v* sneak
småaktig (*smōā*-ahk-ti) *adj* stingy
småfranska (*smōā*-frahns-kah) *c* roll
småningom (*smōā*-ning-om) *adv* gradually; **så ~** eventually
småpengar (*smōā*-payng-ahr) *pl* change
småprat (*smōā*-praat) *nt* chat
småprata (*smōā*-praat-ah) *v* chat
småskratta (*smōā*-skraht-ah) *v* chuckle
smäll (smehl) *c* spanking; crack
smälla (*smehl*-ah) *v* spank; crack
smälta (*smehl*-tah) *v* melt, thaw; digest
smärta (*smær*-tah) *c* pain
smärtfri (*smært*-free) *adj* painless
smärting (*smær*-ting) *c* canvas
smärtsam (*smært*-sahm) *adj* painful
smärtstillande (*smært*-sti-lahn-der) *adj* pain-relieving, analgesic; **~ medel** *nt* painkiller
smör (smūrr) *nt* butter
smörgås (*smūrr*-gōāss) *c* sandwich
smörja (*smurr*-ʸah) *c* trash
***smörja** (*smurr*-ʸah) *v* grease, lubricate
smörjning (*smurr*ʸ-ning) *c* lubrication
smörjolja (*smurr*ʸ-ol-ʸah) *c* lubrication oil
smörjsystem (*smurr*ʸ-sew-*stāym*) *nt* lubrication system
snabb (snahb) *adj* rapid; fast
snabbgående (*snahb*-gōā-ayn-der) *adj* express, high-speed
snabbhet (*snahb*-hāyt) *c* rapidity, swiftness
snabbkurs (*snahb*-kewrs) *c* intensive course
snabbköp (*snahb*-tʸūrp) *nt* supermarket
snabbuppringning (*snabb*-ewp-*ring*-ning) *c* speed dial(ing)
snackbar (*snahk*-baar) *c* snack bar
snarare (*snaar*-ah-rer) *adv*

rather
snarka (*snahr*-kah) *v* snore
snart (snaart) *adv* soon; presently, shortly; **så ~ som** as soon as
snask (snahsk) *nt* candy *nAm*
sned (snay̅d) *adj* slanting
snickare (*snik*-ah-rer) *c* (pl ~) carpenter
snida (*snee*-dah) *v* carve
sniderі (snee-der-*ree*) *nt* carving
snideriarbete (snee-der-*ree*-ahr-*bay̅*-ter) *nt* wood carving
snigel (*snee*-gayl) *c* (pl -glar) snail
snilleblixt (*sni*-ler-blikst) *c* brain wave
snitt (snit) *nt* cut
snodd (snood) *c* twine
snorkel (*snor*-kayl) *c* (pl -klar) snorkel
snubbla (*snewb*-lah) *v* stumble
snurra (*snew*-rah) *v* *spin
snygg (snewg) *adj* good--looking
***snyta sig** (*snew̅*-tah) *blow one's nose
snäcka (*sneh*-kah) *c* seashell
snäckskal (*snehk*-skaal) *nt* shell
snäll (snehl) *adj* good; sweet, kind, nice
snälltåg (*snehl*-tōag) *nt* through train, express train
snäv (snaiv) *adj* narrow
snö (snūr) *c* snow
snöa (*snūr*-ah) *v* snow
snöig (*snūr*-i) *adj* snowy
snöre (*snūr*-rer) *nt* string; tape
snöslask (*snūr*-slahsk) *nt* slush
snöstorm (*snūr*-storm) *c* snowstorm; blizzard
social (soo-si-*aal*) *adj* social
socialism (soo-si-ah-*lism*) *c* socialism
socialist (soo-si-ah-*list*) *c* socialist
socialistisk (soo-siah-*liss*-tisk) *adj* socialist
socka (*sok*-ah) *c* sock
socker (*so*-kerr) *nt* sugar
sockerbit (*so*-kerr-beet) *c* lump of sugar
sockerlag (*so*-kerr-laag) *c* syrup
sockersjuk (*so*-kerr-shēwk) *c* (pl ~a) diabetic
sockersjuka (*so*-kerr-shēw-kah) *c* diabetes
sodavatten (*sōo*-dah-vah-tern) *nt* soda water
soffa (*so*-fah) *c* sofa; couch
sol (sōol) *c* sun
sol- (sōol) *adj* solar
solbada (*sōol*-baa-dah) *v* sunbathe
solbränd (*sōol*-brehnd) *adj* tanned
solbränna (*sōol*-breh-nah) *c* suntan
soldat (sol-*daat*) *c* soldier
solfjäder (*sōol*-f^y^eh-derr) *c* fan
solglasögon (*sōol*-glaass-*ūr*-goan) *pl* sunglasses *pl*
solid (so-*leed*) *adj* firm

solig (*sōō*-li) *adj* sunny
solistframträdande (*soo-list*-frahm-trai-dahn-der) *nt* recital
solljus (*sōōl*-ʸewss) *nt* sunlight
solnedgång (*sōōl*-nāyd-gong) *c* sunset
sololja (*sōōl*-ol-ʸah) *c* suntan oil
solparasoll (*sōōl*-pah-rah-*sol*) *nt* sunshade
solsken (*sōōl*-shāyn) *nt* sunshine
solsting (*sōōl*-sting) *nt* sunstroke
solsystem (*sōōl*-sewss-tāym) *nt* solar system
soluppgång (*sōōl*-ewp-gong) *c* sunrise
som (som) *conj* as; *pron* who, that, which; **~ om** as if
somliga (*som*-li-gah) *pron* some
sommar (*so*-mahr) *c* summer
sommartid (*so*-mahr-teed) *c* summer time
son (sōān) *c* (pl söner) son
sondotter (*sōān*-do-terr) *c* (pl -döttrar) granddaughter
sonson (*sōān*-sōān) *c* (pl -söner) grandson
sopa (*sōō*-pah) *v* *sweep
sophink (*sōōp*-hingk) *c* rubbish bin
sopor (*soo*-por) *pl* garbage
soppa (*sop*-ah) *c* soup
soppsked (*sop*-shāyd) *c* soup spoon
sopptallrik (*sop*-tahl-rik) *c* soup plate
soptunna (*sōōp*-tewn-ah) *c* dustbin; trash can *Am*
sorg (sorʸ) *c* sorrow; mourning, grief
sorgespel (*sor*-ʸer-spāyl) *nt* tragedy
sorglös (*sor*ʸ-lūrss) *adj* carefree
sorgsen (*sor*ʸ-sayn) *adj* sad
sort (sort) *c* kind; sort
sortera (sor-*tāyr*-ah) *v* sort; assort
sortiment (sor-ti-*maynt*) *nt* assortment
souvenir (soo-ver-*neer*) *c* souvenir
***sova** (*sōā*-vah) *v* *sleep
sovande (*sōāv*-ahn-der) *adj* asleep
sovbrits (*sōāv*-brits) *c* berth
sovjetisk (sov-*ʸāy*-tisk) *adj* Soviet
sovkupé (sov-kēw-*pāy*) *c* sleeping compartment
sovrum (*sōāv*-rewm) *nt* bedroom
sovsal (*sōāv*-saal) *c* dormitory
sovsäck (*sōāv*-sehk) *c* sleeping bag
sovvagn (*sōāv*-vahngn) *c* sleeping car; Pullman
spade (*spaa*-der) *c* spade
Spanien (*spah*-ni-ayn) Spain
spanjor (spahn-*ʸōōr*) *c* Spaniard
spannmål (*spahn*-mōāl) *c* corn, cereals *pl*
spansk (spahnsk) *adj*

Spanish
spara (*spaa*-rah) *v* save; economize
sparbank (*spaar*-bahngk) *c* savings bank
spargris (spaar-greess) *c* piggy bank
spark (spahrk) *c* kick
sparka (*spahr*-kah) *v* kick
sparkcykel (*spahrk*-sew-kerl) *c* (pl -klar) scooter
sparris (*spahr*-iss) *c* asparagus
sparsam (*spaar*-sahm) *adj* economical
sparv (spahrv) *c* sparrow
speceriaffär (spay-say-*ree*-ah-*fæær*) *c* grocer's
specerier (*spay*-say-*ree*-err) *pl* groceries *pl*
specerihandlare (spay-say-*ree*-hahnd-lah-rer) *c* (pl ~) grocer
specialisera sig (spay-si-ah-li-*sāy*-rah) specialize
specialist (spay-si-ah-*list*) *c* specialist
specialitet (spay-si-ah-li-*tāyt*) *c* speciality
speciell (spay-si-*ayl*) *adj* special
specifik (spay-si-*feek*) *adj* specific
specimen (*spāy*-si-mern) *nt* specimen
spegel (*spāy*-gayl) *c* (pl -glar) mirror; looking-glass
spegelbild (*spāy*-gerl-bild) *c* reflected image, reflection
spekulera (spay-kew-*lāyr*-ah) *v* speculate
spel (spāyl) *nt* game
spela (*spāyl*-ah) *v* play; act
spelare (*spāy*-lah-rer) *c* (pl ~) player
spelkort (*spāyl*-koort) *nt* playing card
spelkula (*spāyl*-kēwl-ah) *c* marble
spelmark (*spāyl*-mahrk) *c* chip, counter
spenat (spay-*naat*) *c* spinach
spendera (spayn-*dāyr*-ah) *v* *spend
spets (spayts) *c* tip; point; lace
spetsig (*spayt*-si) *adj* pointed
spett (spayt) *nt* spit
spetälska (*spāyt*-ehls-kah) *c* leprosy
spik (speek) *c* nail
spikböld (*speek*-burld) *c* boil
spilla (*spil*-ah) *v* *spill
spindel (*spin*-dayl) *c* (pl -dlar) spider
spindelnät (*spin*-derl-*nait*) *nt* spider's web
***spinna** (*spin*-ah) *v* purr; *spin
spion (spi-*ōōn*) *c* spy
spira (*spee*-rah) *c* spire
spirituell (spi-ri-tēw-*ayl*) *adj* witty
spis (speess) *c* cooker; **öppen** ~ fireplace
spisgaller (*speess*-gah-lerr) *c* grate
spjut (sp^{y}ēwt) *nt* spear
spjäla (*sp^{y}ai*-lah) *c* lath; bar; splint

spjällåda (*spʸail*-lōād-ah) *c* crate
splitter (*spli*-terr) *nt* splinter
splitterfri (*spli*-terr-free) *adj* shatterproof
spole (spōōl-er) *c* spool
spoliera (spoo-li-*āy*-rah) *v* mess up
sporra (*spo*-rah) *v* incite
sport (sport) *c* sport
sportbil (*sport*-beel) *c* sports car
sportjacka (*sport*-ʸah-kah) *c* sports jacket
sportkläder (*sport*-klai-derr) *pl* sportswear
spott (spot) *nt* spit
spotta (*spo*-tah) *v* *spit
spratt (spraht) *nt* trick
spray (*spray*) *c* spray; atomizer
sprayflaska (*spray*-flahss-kah) *c* atomizer
spricka (*sprik*-ah) *c* crack
***spricka** (*sprik*-ah) *v* crack; *burst
***sprida** (*spreed*-ah) *v* *spread; *shed
***springa** (*spring*-ah) *v* *run
sprit (spreet) *c* liquor; booze *colloquial*
spritdrycker (*spreet*-drewk-err) *pl* spirits
spritkök (*spreet*-tʸūrk) *nt* spirit stove
spritvaror (*spreet*-vaa-ror) *pl* spirits
spruta (*sprēwt*-ah) *c* shot
språk (sprōāk) *nt* language; speech
språklaboratorium (*sprōāk*-lah-bo-rah-*tōō*-ri-ewm) *nt* (pl -rier) language laboratory
språng (sprong) *nt* jump
spräcka (*spreh*-kah) *v* crack
sprängämne (*sprehng*-ehm-ner) *nt* explosive
spy (spēw) *v* vomit
spår (spōār) *nt* trace; trail
spåra (*spōār*-ah) *v* trace
spårvagn (*spōār*-vahngn) *c* tram; streetcar *nAm*
spädbarn (*spaid*-baarn) *nt* infant
spädgris (*spaid*-greess) *c* piglet
spänd (spehnd) *adj* tense
spänna fast (*speh*-nah) fasten
spännande (*spehn*-ahn-der) *adj* exciting
spänne (*speh*-ner) *nt* buckle; fastener
spänning (*speh*-ning) *c* excitement; voltage, tension
spärra (*spæ*-rah) *v* block
spöke (*spūr*-ker) *nt* ghost; spirit
spörsmål (*spurrs*-mōāl) *nt* question, problem
stabil (stah-*beel*) *adj* stable
stad (staad) *c* (pl städer) city, town; **stads-** urban
stadig (*staa*-di) *adj* steady
stadigvarande (*staa*-di-vaa-rahn-der) *adj* permanent
stadion (*staad*-ʸon) *nt* stadium
stadium (*staa*-dʸewm) *nt* (pl

-dier) stage
stadsbo (*stahds*-bo͞o) *c* citizen
stadscentrum (*stahds*-saynt-rewm) *nt* town centre
stadsdel (*stahds*-da͞yl) *c* district
stadshus (*stahds*-he͞wss) *nt* town hall
staket (stah-*ka͞yt*) *nt* fence
stall (stahl) *nt* stable
stam (stahm) *c* trunk; tribe
stamanställd (*stahm*-ahn-stehld) *c* (pl ~a) cadre, regular
stamcell (stahm-sayl) *c* stem cell
stamma (*stahm*-ah) *v* falter
stampa (*stahm*-pah) *v* stamp
standard- (*stahn*-dahrd) standard
stanna (*stahn*-ah) *v* halt; pull up; **~ kvar** stay
stapel (*staa*-perl) *c* (pl -plar) pile, stack
stapla (*staap*-lah) *v* pile, stack
stare (*staar*-er) *c* starling
stark (stahrk) *adj* strong; powerful
start (staart) *c* take-off
starta (*staar*-tah) *v* start
startbana (*stahrt*-baa-nah) *c* runway
stat (staat) *c* state; **stats-** national
station (stah-*sho͞on*) *c* depot *nAm*
statistik (stah-ti-*steek*) *c* statistics *pl*
statskassa (*stahts*-kah-sah) *c* treasury
statsman (*stahts*-mahn) *c* (pl -män) statesman
statsminister (*stahts*-mi-*niss*-terr) *c* (pl -trar) Prime Minister
statstjänsteman (*stahts*-t[y]ehns-ter-mahn) *c* (pl -män) civil servant
statsöverhuvud (*stahts*-u͞r-verr-he͞w-vewd) *nt* (pl ~, ~en) head of state
staty (stah-*te͞w*) *c* statue
stava (*staa*-vah) *v* *spell
stavelse (*staa*-vayl-ser) *c* syllable
stavning (*staav*-ning) *c* spelling
stearinljus (sta͞y-ah-*reen*-[y]ewss) *nt* candle
steg (sta͞yg) *nt* step, move; pace
stege (*sta͞y*-ger) *c* ladder
steka (*sta͞y*-kah) *v* fry
stekpanna (*sta͞yk*-pahn-ah) *c* frying pan
stel (sta͞yl) *adj* stiff
sten (sta͞yn) *c* stone; **sten-** stone
stenblock (*sta͞yn*-blok) *nt* boulder
stenbrott (*sta͞yn*-brot) *nt* quarry
stengods (*sta͞yn*-goods) *nt* stoneware
***stenlägga** (*sta͞yn*-leh-gah) *v* pave
stenografi (stay-noo-grah-*fee*) *c* shorthand
stereo (*stay*-ree-oh) *c* (pl ~)

stereo
steril (stay-*reel*) *adj* sterile
sterilisera (stay-ri-li-*sāy*-rah) *v* sterilize
steward (*st^y oo*-ahrd) *c* steward
stick (stik) *nt* sting
sticka (*stik*-ah) *v* *knit
***sticka** (*stik*-ah) *v* *sting; prick; **~ in** plug in
stickkontakt (*stik*-kon-tahkt) *c* plug, socket
stifta (*stif*-tah) *v* found; institute
stiftelse (*stif*-tayl-ser) *c* foundation
stig (steeg) *c* trail, path
***stiga** (*steeg*-ah) *v* *rise; ascend; **~ av** *get off; **~ ned** descend; **~ på** *get on; **~ upp** *rise; *get up; **~ uppåt** ascend
stigning (*steeg*-ning) *c* ascent
stil (steel) *c* style
stilla (*stil*-ah) *adj* quiet; calm, still
Stilla havet (*sti*-lah-*haa*-vert) Pacific Ocean
stillastående (*sti*-lah-stōa-ayn-der) *adj* stationary, still
stillhet (*stil*-hāyt) *c* quiet
stillsam (*stil*-sahm) *adj* calm, quiet
stimulans (*sti*-mew-lahngs) *c* stimulant; impulse
stimulera (sti-mew-*lāyr*-ah) *v* stimulate
sting (sting) *nt* sting
***stinka** (*sting*-kah) *v* *stink
stipendium (sti-*payn*-di-ewm) *nt* (pl -dier) grant, scholarship
stipulera (sti-pēw-*lāy*-rah) *v* stipulate
stirra (*sti*-rah) *v* gaze, stare
***stjäla** (*shail*-ah) *v* *steal
stjälk (shehlk) *c* stem
stjärna (*shæær*-nah) *c* star
stjärt (shært) *c* bottom
sto (stōo) *nt* mare
stock (stock) *c* log
stol (stōol) *c* chair
stola (*stōal*-ah) *c* stole
stolpe (*stol*-per) *c* post; pillar
stolpiller (*stōol*-pi-lerr) *nt* suppository
stolt (stolt) *adj* proud
stolthet (*stolt*-hāyt) *c* pride
stoppa (*stop*-ah) *v* stop; *put; darn; upholster; **stopp!** stop!
stoppgarn (*stop*-gaarn) *nt* (pl ~er) darning wool
stor (stōor) *adj* large; great, big, major
storartad (*stōor*-aar-tahd) *adj* magnificent, superb, terrific
Storbritannien (*stōor*-bri-*tahn*-yayn) Great Britain
stork (stork) *c* stork
storlek (*stōor*-lāyk) *c* size
storm (storm) *c* gale, storm
stormig (*stor*-mi) *adj* stormy; gusty
stormlykta (*storm*-lewk-tah) *c* hurricane lamp
storslagen (*stōor*-slaa-gern) *adj* grand
straff (strahf) *nt* punishment; penalty

straffa (*strah*-fah) *v* punish
strafflag (*strahf*-laag) *c* criminal law
straffspark (*strahf*-spahrk) *c* penalty kick
stram (straam) *adj* tight
strama åt (*straa*-mah) tighten
strand (strahnd) *c* (pl stränder) beach; shore
strandsnäcka (*strahnd*-sneh-kah) *c* winkle
strandsten (*strahnd*-stayn) *c* pebble
strax (strahks) *adv* presently
streberaktig (*stray*-berr-ahk-ti) *adj* ambitious
streck (strayk) *nt* line
strejk (strayk) *c* strike
strejka (*stray*-kah) *v* *strike
stress (strayss) *c* stress
strid (streed) *c* fight; combat, struggle
***strida** (*streed*-ah) *v* *fight
strikt (strikt) *adj* strict
strof (stroaf) *c* stanza
struktur (strewk-*tewr*) *c* structure, fabric; texture
strumpa (*strewm*-pah) *c* stocking
strumpbyxor (*strewmp*-bewks-err) *pl* tights *pl*; panty hose
strumpebandshållare (*strewm*-per-bahnds-ho-lah-rer) *c* (pl ~) garter belt *Am*
strunt (strewnt) *nt* rubbish
strupe (strew-per) *c* throat
strupkatarr (*strewp*-kah-*tahr*) *c* laryngitis
struts (strewts) *c* ostrich
***stryka** (*strew*-kah) *v* iron; **~ under** underline
strykfri (*strewk*-fri) *adj* drip--dry; wash and wear
strykjärn (*strewk*-yæærn) *nt* iron
***strypa** (*strewp*-ah) *v* strangle; choke
strålande (*stroa*-lahn-der) *adj* splendid, bright
stråle (*stroal*-er) *c* ray, beam; spout, jet, squirt
strålkastare (*stroal*-kahss-tah-rer) *c* (pl ~) searchlight; spotlight, headlamp, headlight
sträcka (*streh*-kah) *c* stretch
sträng (strehng) *adj* severe; strict, harsh; *c* string
sträv (straiv) *adj* harsh
sträva (*straiv*-ah) *v* aspire; **~ efter** aim at
strö (strūr) *v* scatter, strew; sprinkle
ström (strurm) *c* (pl ~mar) stream, current
strömbrytare (*strurm*-brew-tah-rer) *c* (pl ~) switch
strömdrag (*strurm*-draag) *nt* rapids *pl*
strömfördelare (*strurm*-furr-*dayl*-ah-rer) *c* (pl ~) distributor
strömma (*strurm*-ah) *v* stream; flow
ströva (*strūrv*-ah) *v* roam
stubintråd (stew-*been*-troad) *c* fuse
student (stew-*daynt*) *c* student

studera (stew-*dayr*-ah) *v* study
studerande (*stew*-day-rahn-der) *c* (pl ~) student
studier (*stew*-dee-er) *pl* studies *pl*
studium (*stew*-di-ewm) *nt* (pl -dier) study
stuga (*stew*-gah) *c* cottage
stuka (*stew*-kah) *v* sprain
stukning (*stewk*-ning) *c* sprain
stum (stewm) *adj* dumb; mute
stund (stewnd) *c* while
stup (stewp) *nt* precipice
stycke (*stewk*-er) *nt* piece; part, chunk
stygg (stewg) *adj* naughty; bad
stygn (stewngn) *nt* stitch
styra (*stew*-rah) *v* manage; rule; steer
styrbord (*stewr*-boord) starboard
styrelse (*stew*-rayl-ser) *c* government; direction, management; commitee
styrelseordförande (*stew*-rayl-ser-oord-fur-rahn-der) *c* (pl ~) chairman of the board
styrelsesätt (stew-rayl-ser-seht) *nt* rule
styrka (*stewr*-kah) *c* strength, power; **beväpnade styrkor** armed forces
styvbarn (*stewv*-baarn) *nt* stepchild
styvfar (*stewv*-faar) *c* (pl -fäder) stepfather
styvmor (*stewv*-moor) *c* (pl -mödrar) stepmother
***stå** (stoa) *v* *stand; **~ ut med** endure
stål (stoal) *nt* steel; **rostfritt ~** stainless steel
ståltråd (*stoal*-troad) *c* wire
stånd (stond) *nt* stand; stall; ***vara i ~ till** *be able to
ståndpunkt (*stond*-poongkt) *c* standpoint
stång (stong) *c* (pl stänger) bar; rod
ståtlig (*stoat*-li) *adj* magnificent
städa (*staid*-ah) *v* clean; tidy up
städad (*stai*-dahd) *adj* tidy
städerska (*stai*-derr-skah) *c* cleaning-woman
ställa (*steh*-lah) *v* *put; **~ in** tune in; **~ ut** exhibit
ställe (*steh*-ler) *nt* place; spot
i stället för (ee *steh*-lert furr) instead of
ställföreträdare (*stehl*-fur-rer-trai-dah-rer) *c* (pl ~) substitute; deputy
ställning (*stehl*-ning) *c* position
stämma överens (*steh*-mah urver-*rayns*) agree, tally
stämning (*stehm*-ning) *c* atmosphere
stämpel (*stehm*-perl) *c* (pl -plar) stamp
ständig (*stehn*-di) *adj* constant; permanent, continual
stänga (*stehng*-ah) *v* *shut, close; fasten; **~ av** turn off;

*cut off; ~ **in** *shut in
stängd (stehngd) *adj* closed; shut
stängsel (*stehng*-serl) *nt* fence
stänka (*stehng*-kah) *v* splash
stärkelse (*stær*-kayl-ser) *c* starch
stöd (stūrd) *nt* support
stödja (*stūrd*-ʸah) *v* support
stödstrumpor (*stūrd*-strewm-por) *pl* support hose
stöld (sturld) *c* theft; robbery
stöna (*stūrn*-ah) *v* groan
störa (*stūr*-rah) *v* disturb; bother
störning (*stūrr*-ning) *c* disturbance
större (*sturr*-er) *adj* major, superior, bigger
störst (sturrst) *adj* major, main, biggest
störta (*sturr*-tah) *v* crash
störtregn (*sturrt*-rehngn) *nt* downpour
störtskur (*sturrt*-skēwr) *c* shower
stöt (stūrt) *c* bump, thrust
stöta (*stūrt*-ah) *v* bump; ~ **emot** knock against; ~ **på** *come across
stötdämpare (*stūrt*-dehm-pah-rer) *c* (pl ~) shock absorber
stötta (*stur*-tah) *v* *hold up, prop
stövel (*stur*-verl) *c* (pl -vlar) boot
subjekt (sewb-ʸ*ehkt*) *nt* subject
substans (sewb-*stahns*) *c* substance
substantiv (*sewb*-stahn-teev) *nt* noun
subtil (sewb-*teel*) *adj* subtle
succé (sewk-*sāy*) *c* success
suddgummi (*sewd*-gew-mi) *nt* eraser, rubber
***suga** (*sēw*-gah) *v* suck
sula (*sēw*-lah) *c* sole
summa (*sewm*-ah) *c* sum; total, amount
sumpmark (*sewmp*-mahrk) *c* marsh
***supa** (*sēw*-pah) *v* booze
super (*sēw*-perr) *adj* super *colloquial*
superlativ (*sew*-perr-lah-*teev*) *adj* superlative; *c* superlative
sur (sēwr) *adj* sour
surfa (*sewr*-fah) *v* surf
surfingbräda (*sewr*-fing-brai-dah) *c* surfboard
surfplatta (*sewrf*-plaht-ah) *c* tablet
surr (sewrr) *nt* buzz
surrogat (sew-roo-*gaat*) *nt* substitute
suspendera (sewss-payn-*dayr*-ah) *v* suspend
SUV (s-ew-ve) *c* SUV; sport utility vehicle
svag (svaag) *adj* weak; faint, slight, feeble
svaghet (*svaag*-hāyt) *c* weakness
svala (*svaal*-ah) *c* swallow
svalka (*svahl*-kah) *v* refresh

svamp (svahmp) *c* mushroom; toadstool
svan (svaan) *c* swan
svans (svahns) *c* tail
svar (svaar) *nt* answer; reply
svara (*svaa*-rah) *v* answer; reply
svart (svahrt) *adj* black
svartsjuk (*svahrt*-shēwk) *adj* jealous
svartsjuka (*svahrt*-shēw-kah) *c* jealousy
svensk (svaynsk) *adj* Swedish; *c* Swede
svepa in (svāy-pah in) *v* envelop
svepskäl (*svāyp*-shail) *nt* pretext
Sverige (*svær*-[y]er) Sweden
svetsa (*svayt*-sah) *v* weld
svetsfog (*svayts*-fōōg) *c* welding seam
svett (svayt) *c* sweat; perspiration
svettas (*svay*-tahss) *v* sweat, perspire
svettning (*svayt*-ning) *c* perspiration
***svika** (*svee*-kah) *v* fail; betray
svimma (*svi*-mah) *v* faint
svindel (*svin*-derl) *c* swindle
svindla (*svind*-lah) *v* swindle
svindlare (*svind*-lah-rer) *c* (pl ~) swindler
svinläder (*sveen*-lai-derr) *nt* pigskin
svit (sveet) *c* suite
svordom (*svōōr*-doom) *c* curse
svullnad (*svewl*-nahd) *c* swelling
svulst (svewlst) *c* tumour, growth
svåger (*svōā*-gerr) *c* (pl -grar) brother-in-law
svår (svōār) *adj* difficult, hard
svårighet (*svōā*-ri-hāyt) *c* difficulty
svägerska (*svai*-gayr-skah) *c* sister-in-law
***svälja** (*svehl*-[y]ah) *v* swallow
svälla (*sveh*-lah) *v* *swell
svälta (*svehl*-tah) *v* starve
svänga (*svehng*-ah) *v* turn; *swing
svängdörr (*svehng*-durr) *c* revolving door
***svära** (*svææ*-rah) *v* *swear, curse; vow
svärd (svæærd) *nt* sword
svärdotter (*svæær*-do-terr) (pl -döttrar) daughter-in-law
svärfar (*svæær*-faar) *c* (pl -fäder) father-in-law
svärföräldrar (*svæær*-furr-*ehld*-rahr) *pl* parents-in-law *pl*
svärmor (*svæær*-mōōr) *c* (pl -mödrar) mother-in-law
svärson (*svæær*-sōān) *c* (pl -söner) son-in-law
sväva (*svai*-vah) *v* float in the air
swahili (svah-*hee*-li) Swahili
sy (sēw) *v* *sew; **~ ihop** *sew up
Sydafrika (*sēwd*-aaf-ri-kah) South Africa
sydlig (*sēwd*-li) *adj* southern; southerly

sydost (sēwd-*oost*) *c* southeast
Sydpolen (*sēwd*-pōō-lern) South Pole
sydväst (sēwd-*vehst*) *c* southwest
syfte (*sewf*-ter) *nt* aim; purpose, object
sylt (sewlt) *c* jam
symaskin (*sēw*-mah-*sheen*) *c* sewing machine
symbol (sewm-*bōāl*) *c* symbol
symfoni (sewm-fo-*nee*) *c* symphony
sympati (sewm-pah-*tee*) *c* sympathy
sympatisk (sewm-*paat*-isk) *adj* nice
symptom (sewmp-*tōām*) *nt* symptom
syn (sēwn) *c* eyesight; sight; outlook
synagoga (sew-nah-*gōō*-gah) *c* synagogue
synas (*sēw*-nahss) *v* seem; appear; **det syns att** it is obvious that
synbar (*sēwn*-baar) *adj* visible
synbarligen (*sēwn*-baar-li-ern) *adv* apparently
synd (sewnd) *c* sin; **så synd!** what a pity!
syndabock (*sewn*-dah-bok) *c* scapegoat
synhåll (*sēwn*-hol) *nt* sight
synlig (*sēwn*-li) *adj* visible
synnerligen (*sew*-nerr-li-ern) *adj* extremely
synonym (sew-noo-*nēwm*) *c* synonym
synpunkt (*sēwn*-pewngkt) *c* point of view
syntetisk (sewn-*tāy*-tisk) *adj* synthetic
syre (*sēw*-rer) *nt* oxygen
Syrien (*sēwr*-i-ern) Syria
syrier (*sēwr*-i-err) *c* Syrian
syrisk (*sēwr*-isk) *adj* Syrian
syrsa (*sewr*-sah) *c* cricket
***sysselsätta** (*sew*-serl-seht-ah) *v* occupy, employ; **~ sig** occupy oneself
sysselsättning (*sew*-sayl-seht-ning) *c* occupation; employment
syssla (*sewss*-lah) *c* work, task
system (sewss-*tāym*) *nt* system
systematisk (sewss-tay-*maa*-tisk) *adj* systematic
systembolag (sew-*stāym*-boo-*laag*) *nt* off-licence, liquor store *nAm*
syster (*sewss*-terr) *c* (pl -trar) sister
systerdotter (*sewss*-terr-do-terr) *c* (pl -döttrar) niece
systerson (*sewss*-terr-soan) *c* (pl -söner) nephew
så[1] (sōā) *adv* how, so, such; *conj* so that, so; **~ att** so that
så[2] (sōā) *v* *sow
sådan (*sōā*-dahn) *adj* such; **~ som** such as
såg (sōāg) *c* saw
sågspån (*sōāg*-spōān) *nt* sawdust

sågverk (*soag*-værk) *nt* sawmill
således (*soa*-lay-dayss) *adv* thus
sålla (*sol*-ah) *v* sift
sång (song) *c* song
sångare (*song*-ah-rer) *c* (pl ~) singer; **sångerska** (*song*-err-skah) *c* singer
sår (soar) *nt* wound; ulcer, sore
såra (*soar*-ah) *v* injure, wound; offend, *hurt
sårbar (*soar*-baar) *adj* vulnerable
sås (soass) *c* sauce
såsom (*soa*-som) *conj* like
såväl som (*soa*-vail som) as well as
säck (sehk) *c* sack
säd (said) *c* corn
sädesfält (*sai*-derss-fehlt) *nt* cornfield
sädeskorn (*sai*-derss-koorn) *nt* grain
***säga** (*seh*-[y]ah) *v* *say; **~ hej till** say hello to
säker (*sai*-kerr) *adj* sure; certain; safe, secure; **helt säkert** without fail
säkerhet (*sai*-kerr-hayt) *c* safety, security; guarantee
säkerhetsbälte (*sai*-kerr-hayts-behl-ter) *nt* safety belt; seat belt
säkerhetsnål (*sai*-kerr-hayts-noal) *c* safety pin
säkerligen (*sai*-kerr-li-ern) *adv* surely
säkert (*sai*-kerrt) *adv* certainly
säl (sail) *c* seal
***sälja** (*sehl*-[y]ah) *v* *sell
säljbar (*sehl*[y]-baar) *adj* saleable
sällan (*sehl*-ahn) *adv* seldom, rarely
sällsam (*sehl*-sahm) *adj* strange, singular
sällskap (*sehl*-skaap) *nt* society; company, party
sällskaplig (*sehl*-skaap-li) *adj* sociable
sällskapsdjur (*sehl*-skaaps-[y]ewr) *nt* pet
sällskapsrum (*sehl*-skaaps-rewm) *nt* lounge
sällsynt (*sehl*-sewnt) *adj* rare; uncommon, infrequent
sämre (*sehm*-rer) *adj* worse; inferior
sända (*sehn*-dah) *v* *send; transmit
sändare (*sehn*-dah-rer) *c* (pl ~) transmitter
sändning (*sehnd*-ning) *c* transmission
säng (sehng) *c* bed
sängkläder (*sehng*-klai-derr) *pl* bedding
sängöverkast (*sehng*-ur-verr-kahst) *nt* bedspread
sänka (*sehng*-kah) *v* lower
säregen (*sæær*-ay-gern) *adj* peculiar; singular
särskild (*sæær*-shild) *adj* special; particular, separate; **särskilt** especially; in particular
säsong (seh-*song*) *c* season

säte (*sai*-ter) *nt* seat
sätt (seht) *nt* way; fashion, manner; **på samma ~** alike
***sätta** (*seht*-ah) *v* place; *set; *lay; **~ ihop** assemble; **~ in** bank; **~ på** turn on; **~ sig** *sit down; **~ upp** *make up
säv (saiv) *c* rush
söder (*sūr*-derr) *c* south
söka (*sūr*-kah) *v* *seek; search
sökare (*sūr*-kah-rer) *c* (pl ~) viewfinder
söm (surm) *c* (pl ~mar) seam
sömmerska (*surm*-err-skah) *c* seamstress; dressmaker
sömn (surmn) *c* sleep
sömnig (*surm*-ni) *adj* sleepy
sömnlös (*surmn*-lūrss) *adj* sleepless
sömnlöshet (*surmn*-lūrss-hayt) *c* insomnia
sömntablett (*surmn*-tahb-*layt*) *c* sleeping pill
söndag (*surn*-daag) *c* Sunday
sönder (*surn*-derr) *adj* broken; ***gå ~** *break down; ***riva ~** rip
sörja (*surr*-yah) *v* grieve; **~ för** see to
söt (sūrt) *adj* sweet; nice, pretty, lovely
söta (*sūr*-tah) *v* sweeten
sötsaker (*sūrt*-saa-kerr) *pl* sweets
sötvatten (*sūrt*-vah-tern) *nt* fresh water

T

tabell (tah-*bayl*) *c* table; chart
tablett (tahb-*layt*) *c* tablet
tabu (tah-*bēw*) *nt* taboo
tack! (tahk) thank you!
tacka (*tahk*-ah) *v* thank; ***ha att ~ för** owe
tacksam (*tahk*-sahm) *adj* grateful; thankful
tacksamhet (*tahk*-sahm-hayt) *c* gratitude
tagg (tahg) *c* thorn
taggtråd (tahg-trōad) *c* barbed wire
tak (taak) *nt* roof
takräcke (*taak*-reh-ker) *nt* roof-rack
takt (tahkt) *c* tact; beat
taktik (tahk-*teek*) *c* tactics *pl*
tal (taal) *nt* speech; number
tala (*taa*-lah) *v* *speak; talk; **~ om** talk about; *tell
talang (tah-*lahng*) *c* gift, talent; faculty
talarstol (*taa*-lahr-stōol) *c* pulpit; desk
talförmåga (*taal*-furr-*mōa*-gah) *c* speech
talk (tahlk) *c* talc powder
tall (tahl) *c* pine
tallrik (*tahl*-rik) *c* plate; dish
talong (tah-*long*) *c* counterfoil; stub
talrik (*taal*-reek) *adj* numerous
tam (taam) *adj* tame
tampong (tahm-*pong*) *c*

tampon
tand (tahnd) *c* (pl tänder) tooth
tandborste (*tahnd*-bors-ter) *c* toothbrush
tandfyllning (*tahnd*-fewl-ning) *c* filling, inlay
tandkräm (*tahnd*-kraim) *c* toothpaste
tandkött (*tahnd*-t[y]urt) *nt* gum
tandläkare (*tahnd*-lai-kah-rer) *c* (pl ~) dentist
tandpetare (*tahnd*-pa̅y̅-tah-rer) *c* (pl ~) toothpick
tandprotes (*tahnd*-proo-*ta̅y̅ss*) *c* denture
tandställning (*tahnd*-stehl-ning) *c* brace, braces
tandtråd (*tahnd*-tro̅a̅d) *c* dental floss
tandvärk (*tahnd*-værk) *c* toothache
tank (tahngk) *c* tank
tanka (*tahng*-kah) *v* fill up
tanke (*tahng*-ker) *c* idea, thought
tankfartyg (*tahngk*-faar-te̅w̅g) *nt* tanker
tankfull (*tahngk*-fewl) *adj* thoughtful
tanklös (*tahngk*-lu̅r̅ss) *adj* scatterbrained
tankstreck (*tahngk*-strayk) *nt* dash
tant (tahnt) *c* aunt
tapet (tah-*pa̅y̅t*) *c* wallpaper
tappa (*tahp*-ah) *v* drop
tapper (*tahp*-err) *adj* courageous; brave
tapperhet (*tahp*-err-ha̅y̅t) *c* courage
tariff (tah-*rif*) *c* tariff
tarm (tahrm) *c* intestine; gut; **tarmar** bowels *pl*
tass (tahss) *c* paw
tavla (taav-lah) *c* picture; board
taxa (*tahk*-sah) *c* rate
taxameter (tahks-ah-*ma̅y̅*-terr) *c* (pl -trar) taximeter
taxi (*tahk*-si) *c* (pl ~) taxi; cab
taxichaufför (*tahk*-si-sho-*fu̅r̅r*) *c* cab driver; taxi driver
taxistation (*tahks*-i-stah-*sho̅o̅n*) *c* taxi rank; taxi stand *nAm*
te (ta̅y̅) *nt* tea
teater (tay-*aa*-terr) *c* (pl -trar) theatre
tecken (*tay*-kayn) *nt* sign, indication; token; signal
teckna (*tayk*-nah) *v* sketch
teckning (*tayk*-ning) *c* drawing; sketch
tefat (*ta̅y̅*-faat) *nt* saucer
tegelpanna (*ta̅y̅*-gerl-pah-nah) *c* tile
tegelsten (*ta̅y̅*-gerl-sta̅y̅n) *c* brick
tejp (tayp) *c* adhesive tape
tekanna (*ta̅y̅*-kah-nah) *c* teapot
teknik (tayk-*neek*) *c* technique
tekniker (*tayk*-ni-kerr) *c* (pl ~) technician
teknisk (*tayk*-nisk) *adj* technical
teknisk support (*tayk*-nisk sew-*poort*) *c* technical

support
teknologi (tayk-no-lo-*gee*) *c* technology
teknologisk (tayk-no-*lo*-gisk) *adj* technological
tekopp (*tay*-kop) *c* teacup
telefon (tay-lay-*foan*) *c* telephone; phone
telefonera (tay-lay-foo-*nayr*-ah) *v* phone
telefonhytt (tay-lay-*foan*-hewt) *c* telephone booth
telefonkatalog (tay-lay-*foan*-kah-tah-*loag*) *c* telephone directory; telephone book *Am*
telefonkort (tay-lay-*foan*-*koort*) *nt* (pl ~) phone card
telefonsamtal (tay-lay-*foan*-sahm-taal) *nt* telephone call
telefonsvarare (tay-lay-*foan*-svaa-rah-rer) *c* answering machine
telefonväxel (tay-lay-*foan*-vehks-ayl) *c* (pl -xlar) telephone exchange, switchboard
telegrafera (tay-ler-grah-*fay*-rah) *v* telegraph; cable
telegram (tay-ler-*grahm*) *nt* telegram; cable
telekommunikation (*tay*-lay-ko-mew-ni-kah-*shoon*) *c* telecommunications
teleobjektiv (*tay*-ler-ob-^{y}ayk-*teev*) *nt* telephoto lens
telepati (tay-ler-pah-*tee*) *c* telepathy
television (tay-ler-vi-*shoon*) *c* television; **kabel** ~ *c* cable TV; **satellit** ~ *c* satellite TV
televisionsapparat (tay-ler-vi-*shoons*-ah-pah-*raat*) *c* television set
telex (*tay*-layks) *nt* telex
tema (*tay*-mah) *nt* theme
tempel (*taym*-payl) *nt* temple
temperatur (taym-per-rah-*tewr*) *c* temperature
tempo (*taym*-poo) *nt* pace
tendens (tayn-*dayns*) *c* tendency
tendera (tayn-*dayr*-ah) *v* tend; ~ **åt** tend to
tenn (tayn) *nt* tin; pewter
tennis (*tayn*-iss) *c* tennis
tennisbana (*tayn*-iss-baa-nah) *c* tennis court
tennisskor (*tayn*-iss-skoor) *pl* tennis shoes
teologi (tay-o-lo-*gee*) *c* theology
teoretisk (tay-o-*rayt*-isk) *adj* theoretical
teori (tay-o-*ree*) *c* theory
terapi (tay-rah-*pee*) *c* therapy
term (tærm) *c* term
termin (tær-*meen*) *c* term
termometer (tær-moo-*may*-terr) *c* (pl -trar) thermometer
termosflaska (*tær*-mooss-flahss-kah) *c* vacuum flask
termostat (tær-moo-*staat*) *c* thermostat
terpentin (tær-payn-*teen*) *nt* turpentine
terrass (tay-*rahss*) *c* terrace
territorium (tær-i-*too*-ri-ewm) *nt* (pl -rier) territory

terror (*teh*-ror) *c* terrorism
terrorism (teh-ro-*rism*) *c* terrorism
terrorist (teh-ro-*rist*) *c* terrorist
terräng (tær-*ehng*) *c* terrain
tes (tayss) *c* thesis
tesalong (*tay*-sah-*loang*) *c* tea-shop
teservis (*tay*-sær-*veess*) *c* tea set
tesked (*tay*-shayd) *c* teaspoon; teaspoonful
testa (*tayss*-tah) *v* test
testamente (tayss-tah-*mayn*-tay) *nt* will
text (taykst) *c* text
textilier (tehk-*stee*-li-ayr) *pl* textiles *pl*
Thailand (*tigh*-lahnd) Thailand
thailändare (*tigh*-lehn-dah-rer) *c* (pl ~) Thai
thailändsk (*tigh*-lehndsk) *adj* Thai
tid (teed) *c* time; **hela tiden** all the time; **i ~** in time; **på sista tiden** lately
tidig (*tee*-di) *adj* early
tidigare (*tee*-di-gah-rer) *adj* previous
tidning (*teed*-ning) *c* paper
tidningsbilaga (*teed*-nings-bi-*laa*-gah) *c* supplement
tidningsförsäljare (*teed*-nings-furr-*sehl*-ʸah-rer) *c* (pl ~) newsagent
tidningskiosk (*teed*-nings-tʸosk) *c* newsstand
tidningspress (*teed*-nings-prayss) *c* press
tidsbesparande (*teeds*-ber-*spaa*-rahn-der) *adj* time-saving
tidskrift (*teed*-skrift) *c* periodical; magazine, review, journal
tidsschema (*teeds-shay*-mah) *nt* schedule
tidtabell (*teed*-tah-*bayl*) *c* schedule, timetable
tidvatten (*teed*-vah-tern) *nt* tide
***tiga** (*teeg*-ah) *v* *be silent; *keep quiet
tiger (*teeg*-err) *c* (pl tigrar) tiger
tigga (*tig*-ah) *v* beg
tiggare (*ti*-gah-rer) *c* (pl ~) beggar
tik (teek) *c* bitch
till (til) *prep* to; for, until, till; **en ~** another; **~ och med** even
tillaga (*til*-laag-ah) *v* cook
tillbaka (til-*baa*-kah) *adv* back; ***gå ~** *go back
tillbakagång (til-*baa*-kah-gong) *c* recession; decline
tillbakaväg (til-*baa*-kah-vaig) *c* way back
tillbehör (*til*-bay-*hurr*) *nt* accessory
tillbringa (*til*-bring-ah) *v* *spend
tillbringare (*til*-bring-ah-rer) *c* (pl ~) jug
tillbörlig (*til*-burr-li) *adj* proper
tilldela (*til*-dayl-ah) *v* assign

to, award
tilldragande (*til*-draag-ahn-der) *adj* attractive
tilldragelse (*til*-draag-ayl-ser) *c* event, occurrence
***tilldra sig** (*til*-draa) happen, occur; attract
tillfredsställa (*til*-fray-*stehl*-ah) *v* satisfy
tillfredsställd (*til*-fray-*stehld*) *adj* satisfied
tillfredsställande (*til*-frayds-*stehl*-ahn-der) *adj* satisfactory
tillfredsställelse (*til*-fray-*stehl*-ayl-ser) *c* satisfaction
tillfriskna (*til*-frisk-nah) *v* recover
tillfrisknande (*til*-frisk-nahn-der) *nt* recovery
***tillfångata** (til-*fo*-ngah-taa) *v* capture
tillfångatagande (til-*fong*-ah-taag-ahn-der) *nt* capture
tillfälle (*til*-fehl-er) *nt* opportunity; occasion
tillfällig (*til*-feh-li) *adj* temporary; incidental, momentary
tillfällighet (*til*-feh-li-hāyt) *c* coincidence, chance
tillgiven (*til*-ʸeev-ern) *adj* affectionate
tillgivenhet (*til*-ʸeev-ern-hāyt) *c* affection
tillgjord (*til*-ʸōord) *adj* affected
tillgång (*til*-gong) *c* asset; access
tillgänglig (*til*-ʸehng-li) *adj* accessible; available
tillhöra (*til*-hūr-rah) *v* belong to, belong
tillhörigheter (*til*-hūr-ri-hāy-terr) *pl* belongings *pl*
tillit (*til*-leet) *c* faith
tillitsfull (*til*-leets-fewl) *adj* confident
***tillkännage** (*til*-tʸeh-nah-ʸāy) *v* announce
tillkännagivande (*til*-tʸehn-ah-ʸeev-ahn-der) *nt* announcement
tillmötesgående (*til*-mūr-terss-gōa-ayn-der) *adj* obliging
tillråda (*til*-rōa-dah) *v* recommend
tillräcklig (*til*-rehk-li) *adj* sufficient; adequate, enough
tillrättavisa (til-*reht*-ah-*veess*-ah) *v* reprimand
tills (tils) *prep* till; until
tillsammans (til-*sah*-mahns) *adv* together
tillstånd (*til*-stond) *nt* permission, permit; condition, state
tillståndsbevis (*til*-stonds-ber-*veess*) *nt* licence, permit, permission
***tillta** (*til*-taa) *v* increase
tilltagande (*til*-taa-gahn-der) *adj* increasing, progressive
tillträde (*til*-trai-der) *nt* entrance; access, admittance, entry; **~ förbjudet** no entry, no admittance
tillvaro (*til*-vaa-roo) *c*

existence
tillverka (*til*-vær-kah) *v* manufacture
***gå tillväga** (goa til-*vai*-gah) proceed
tillvägagångssätt (til-*vai*-gah-gongs-seht) *nt* procedure
***tillåta** (*til*-loa-tah) *v* allow; permit; ***vara tillåten** *be allowed
tillåtelse (*til*-loat-ayl-ser) *c* authorization; permission
tillägg (*til*-lehg) *nt* addition; surcharge
***tillägga** (*til*-leh-gah) *v* add
tillämpa (*til*-lehm-pah) *v* apply
timjan (*tim*-ʸahn) *c* thyme
timme (*tim*-er) *c* hour; **varje ~** hourly
timmer (*tim*-err) *nt* timber
tinning (*tin*-ing) *c* temple
tio (*tee*-oo) *num* ten
tionde (*tee*-on-der) *num* tenth
tisdag (*teess*-daag) *c* Tuesday
tistel (*tiss*-terl) *c* (pl -tlar) thistle
titel (*ti*-tayl) *c* (pl titlar) title
titt (tit) *c* look, glance
titta (*tit*-ah) *v* look; **~ på** look at
tjata (*t*ʸ*aa*-tah) *v* nag
Tjeckiska republiken (tʸeh-*kis*-kah rer-pew-*blee*-kayn) *c* Czech Republic
tjock (tʸok) *adj* fat, big; corpulent, thick, stout; ***göra ~** thicken
tjocklek (*t*ʸ*ok*-layk) *c* thickness
tjockna (*t*ʸ*ok*-nah) *v* thicken; swell; become wider
tjugo (*t*ʸ*ew*-goo) *num* twenty
tjugonde (*t*ʸ*ew*-gon-der) *num* twentieth
tjur (tʸewr) *c* bull
tjurfäktning (*t*ʸ*ewr*-fehkt-ning) *c* bullfight
tjurfäktningsarena (*t*ʸ*ewr*-fehkt-nings-ah-*ray*-nah) *c* bullring
tjurskallig (*t*ʸ*ewr*-skahl-i) *adj* pig-headed
tjusa (*t*ʸ*ew*-sah) *v* charm, captivate, delight
tjusig (*t*ʸ*ew*-si) *adj* charming
tjusning (*t*ʸ*ewss*-ning) *c* charm
tjut (tʸewt) *nt* yell
***tjuta** (*t*ʸ*ewt*-ah) *v* yell; scream; roar
tjuv (tʸewv) *c* thief
tjuvlyssna (*t*ʸ*ewv*-lewss-nah) *v* eavesdrop
***tjuvskjuta** (*t*ʸ*ewv*-shewt-ah) *v* poach
tjäder (*t*ʸ*ai*-derr) *c* (pl -drar) capercailzie
tjäna (*t*ʸ*ai*-nah) *v* earn; *make; **~ till** *be of use
tjänare (*t*ʸ*ain*-ah-rer) *c* (pl ~) domestic; boy
tjänst (tʸehnst) *c* service, favour; post
tjära (*t*ʸ*æær*-ah) *c* tar
tjärn (tʸæærn) *nt* tarn
toalett (too-ah-*layt*) *c* toilet, bathroom, lavatory;

washroom *nAm*
toalettartiklar (too-ah-*layt*-ahr-tik-lahr) *pl* toiletry
toalettbord (too-ah-*layt*-bo͞ord) *nt* dressing table
toalettpapper (too-ah-*layt*-pahp-err) *nt* toilet paper
tobak (*too*-bahk) *c* tobacco
tobaksaffär (*too*-bahks-ah-*fæær*) *c* tobacconist's
tobakshandlare (*too*-bahks-*hahnd*-lah-rer) *c* (pl ~) tobacconist
tobakspung (*too*-bahks-*pewng*) *c* tobacco pouch
toffel (*to*-fayl) *c* (pl -flor) slipper
tofsvipa (*tofs*-veep-ah) *c* pewit
tokig (*to͞o*-ki) *adj* mad; crazy
tolfte (*tolf*-ter) *num* twelfth
tolk (tolk) *c* interpreter
tolka (*tol*-kah) *v* interpret
tolv (tolv) *num* twelve
tom (toom) *adj* empty
tomat (too-*maat*) *c* tomato
tomt (tomt) *c* site
ton[1] (to͞on) *c* tone, note
ton[2] (ton) *nt* ton
tonfisk (*to͞on*-fisk) *c* tuna
tonskala (*to͞on*-skaa-lah) *c* scale
tonvikt (*to͞on*-vikt) *c* accent
tonåring (*ton*-o͞a-ring) *c* teenager
topp (top) *c* top, peak; summit
topplock (*top*-lok) *nt* cylinder head
torg (tor^y) *nt* marketplace; square
torka (*tor*-kah) *v* dry; *c* drought; **~ av** wipe; **~ bort** wipe
torktumlare (*tork*-tewm-lah-rer) *c* dryer
torn (to͞orn) *nt* tower
torr (tor) *adj* dry
***torrlägga** (*tor*-leh-gah) *v* drain
torsdag (*toors*-daag) *c* Thursday
torsk (torsk) *c* cod
tortera (tor-*ta͞yr*-ah) *v* torture
tortyr (tor-*te͞wr*) *c* torture
total (too-*taal*) *adj* total; utter; **totalt** completely
totalitär (to-tah-li-*tæær*) *adj* totalitarian
tradition (trah-di-*sho͞on*) *c* tradition
traditionell (trah-di-shoo-*nayl*) *adj* traditional
trafik (trah-*feek*) *c* traffic; **enkelriktad ~** one-way traffic
trafikljus (trah-*feek*-^{y}e͞wss) *nt* traffic light
trafikolycka (trah-*feek*-o͞o-lew-kah) *c* traffic accident
trafikomläggning (trah-*feek*-om-lehg-ning) *c* diversion
trafikstockning (trah-*feek*-stok-ning) *c* traffic jam; jam
tragedi (trah-shay-*dee*) *c* tragedy
tragisk (*traa*-gisk) *adj* tragic
trakt (trahkt) *c* area
traktat (trahk-*taat*) *c* treaty
traktor (*trahk*-tor) *c* tractor

trampa (*trahm*-pah) *v* tread, tramp
trams (trahms) *nt* rubbish
transaktion (trahns-ahk-*shōōn*) *c* transaction
transatlantisk (trahns-aht-*lahn*-tisk) *adj* transatlantic
transformator (trahns-for-*maa*-tor) *c* transformer
transpiration (trahn-spi-rah-*shōōn*) *c* perspiration
transpirera (trahn-spi-*rāyr*-ah) *v* perspire
transport (trahns-*port*) *c* transportation; transport
transportbil (trahns-*port*-beel) *c* van
transportera (trahns-por-*tāy*-rah) *v* transport
trappa (*trah*-pah) *c* stairs *pl*; staircase
trasa (*traass*-ah) *c* rag; cloth
trasig (*traass*-i) *adj* broken
trast (trahst) *c* thrush
tratt (traht) *c* funnel
tre (trāy) *num* three
tredje (*trāyd*-[y]ay) *num* third
trekantig (*trāy*-kahn-ti) *adj* triangular
trendig (*trayn*-day) *adj* trendy *colloquial*
trettio (*tray*-ti) *num* thirty
tretton (*tray*-ton) *num* thirteen
trettonde (*tray*-ton-der) *num* thirteenth
trevlig (*trāyv*-li) *adj* enjoyable, pleasant, nice
triangel (tri-*ahng*-erl) *c* (pl -glar) triangle
trick (trik) *nt* trick
trimma (*trim*-ah) *v* trim
tripp (trip) *c* trip
triumf (tri-*ewmf*) *c* triumph
triumfera (tri-ewm-*fāyr*-ah) *v* triumph
trivsam (*treev*-sahm) *adj* pleasant, comfortable, cosy
tro (trōō) *c* belief, faith; *v* believe
trofast (*trōō*-fahst) *adj* true
trogen (*trōō*-gern) *adj* faithful; true
trolig (*trōō*-li) *adj* presumable, probable
trolleri (tro-ler-*ree*) *nt* magic
trollkarl (*trol*-kaar) *c* magician
trollkonst (*trol*-konst) *c* magic
tron (trōōn) *c* throne
tropikerna (tro-*pee*-kerr-nah) *pl* tropics *pl*
tropisk (*trōā*-pisk) *adj* tropical
trosor (*trōō*-sor) *pl* panties *pl*; briefs *pl*
trots (trots) *prep* in spite of; despite
trottoar (troo-too-*aar*) *c* pavement; sidewalk *nAm*
trottoarkant (troo-too-*aar*-kahnt) *c* curb
trovärdig (*trōō*-vær-di) *adj* credible
trubbig (*trewb*-i) *adj* blunt
trumhinna (*trewm*-hin-ah) *c* eardrum
trumma (*trewm*-ah) *c* drum
trumpet (trewm-*pāyt*) *c*

trumpet
trupper (*trew*-perr) *pl* troops *pl*
tryck (trewk) *nt* pressure; print
trycka (*trewk*-ah) *v* press; print
tryckknapp (*trewk*-knahp) *c* pressstud; push button
tryckkokare (*trewk*-kōō-kah-rer) *c* (pl ~) pressure cooker
trycksak (*trewk*-saak) *c* printed matter
tråd (trōad) *c* thread
trådlös (trōad-*lūrss*) *adj* wireless
trådsliten (*trōad*-slee-tern) *adj* threadbare
tråka ut (*trōa*-kah) bore
tråkig (*trōak*-i) *adj* dull; boring
tråkmåns (*trōak*-mons) *c* bore
trång (trong) *adj* narrow; tight
trä (trai) *nt* wood; **trä-** wooden
trä upp (trai) thread
träd (traid) *nt* tree
trädgård (*treh*-gōard) *c* garden
trädgårdsmästare (*treh*-gōards-mehss-tah-rer) *c* (pl ~) gardener
trädgårdsodling (*treh*-gōards-ōōd-ling) *c* horticulture
träff (trehf) *c* hit; date; get--together
träffa (*trehf*-ah) *v* encounter, *meet; *hit
träkol (*trai*-kōal) *nt* charcoal
träna (*train*-ah) *v* train; drill
tränare (*trai*-nah-rer) *c* (pl ~) coach
tränga sig fram (*trehng*-ah) push one's way
trängande (*trehng*-ahn-der) *adj* pressing
träning (*trai*-ning) *c* training
träsk (trehsk) *nt* swamp; bog
träsko (*treh*-skōō) *c* clog, wooden shoe
trög (trūrg) *adj* sluggish; inert
trögtänkt (*trūrg*-tehngkt) *adj* slow
tröja (*trur*-ʸah) *c* sweater
tröskel (*trūrss*-kayl) *c* (pl -klar) threshold
tröst (trurst) *c* comfort
trösta (*trurss*-tah) *v* comfort
tröstpris (*trurst*-preess) *nt* (pl ~, ~er) consolation prize
trött (trurt) *adj* tired; weary; **~ på** tired of
trötta (*trurt*-ah) *v* tire
tröttsam (*trurt*-sahm) *adj* tiring
tub (tēwb) *c* tube
tuberkulos (tew-behr-kēw-*lōass*) *c* tuberculosis
tugga (*tewg*-ah) *v* chew
tuggummi (*tewg*-gew-mi) *nt* chewinggum
tull (tewl) *c* Customs duty; Customs *pl*
tullavgift (*tewl*-aav-ʸift) *c* Customs duty; duty
tullfri (*tewl*-free) *adj* duty-free
tulltjänsteman (*tewl*-tʸehns-ter-mahn) *c* (pl -män)

Customs officer
tulpan (tewl-*paan*) *c* tulip
tum (tewn) *c* (pl ~) inch
tumme (*tewm*-er) *c* thumb
tumvantar (*tewm*-vahn-tahr) *pl* mittens *pl*
tumör (tew-*mūrr*) *c* tumour
tung (tewng) *adj* heavy
tunga (*tewng*-ah) *c* tongue
tunika (*tēw*-ni-kah) *c* tunic
Tunisien (tew-*nee*-si-ern) Tunisia
tunisier (tew-*nee*-si-err) *c* (pl ~) Tunisian
tunisisk (tew-*nee*-sisk) *adj* Tunisian
tunn (tewn) *adj* thin; weak, light
tunna (*tewn*-ah) *c* barrel; cask
tunnel (*tew*-nayl) *c* (pl -nlar) tunnel
tunnelbana (*tew*-nayl-baa-nah) *c* underground; subway *nAm*
tupp (tewp) *c* cock
tupplur (*tewp*-lēwr) *c* nap
tur (tēwr) *c* luck; turn; **~ och retur** round trip *Am*
turbin (tewr-*been*) *c* turbine
turbojet (*tewr*-bo-ʸeht) *c* turbojet
turism (tēw-*rism*) *c* tourism
turist (tēw-*rist*) *c* tourist
turistbyrå (tēw-*rist*-*bēw*-rōa) *c* tourist office
turistklass (tēw-*rist*-klahss) *c* tourist class
turistsäng (tēw-*rist*-sehng) *c* folding bed, cot *nAm*
Turkiet (tewr-*kee*-ayt) Turkey
turkisk (*tewr*-kisk) *adj* Turkish; **turkiskt bad** Turkish bath
turnering (tewr-*nāyr*-ing) *c* tournament
tusen (*tēw*-sern) *num* thousand
tuta (*tew*-tah) *v* hoot; honk *vAm*, toot *vAm*
tv (te-ve) *c* telly *colloquial*; television *nAm*
tveka (*tvāy*-kah) *v* hesitate
tvekan (*tvāy*-kahn) *c* hesitation
tvetydig (*tvāy*-tēwd-i) *adj* ambiguous
tvillingar (*tvi*-ling-ahr) *pl* twins *pl*
tvinga (*tving*-ah) *v* force; compel
tvist (tvist) *c* dispute
tvista (*tviss*-tah) *v* dispute
tvisteämne (*tviss*-ter-ehm-ner) *nt* controversial issue
tvivel (*tveev*-erl) *nt* doubt
tvivelaktig (*tvee*-verl-*ahk*-ti) *adj* doubtful
tvivla (*tveev*-lah) *v* doubt
två (tvōa) *num* two
tvådelad (*tvōa*-dāy-lahd) *adj* two-piece
tvål (tvōal) *c* soap
tvåltvättmedel (*tvōal*-tveht-māy-dayl) *nt* soap powder
tvång (tvong) *nt* compulsion; **med ~** by force; ***vara tvungen att** *be obliged to
tvåspråkig (*tvōa*-sprōak-i) *adj* bilingual
tvärtom (*tvært*-om) *adv* the

other way round, on the contrary
tvätt (tveht) *c* laundry; washing
tvätta (*tveht*-ah) *v* wash
tvättbar (*tveht*-baar) *adj* washable
tvättinrättning (*tveht*-in-*reht*-ning) *c* laundry
tvättmaskin (*tveht*-mah-*sheen*) *c* washing machine
tvättmedel (*tveht*-māy-dayl) *nt* washing powder
tvättomat (*tveh*-too-*maat*) *c* launderette
tvättsvamp (*tveht*-svahmp) *c* sponge
tvättäkta (*tveht*-ehk-tah) *adj* washable, fast-dyed
tycka (*tewk*-ah) *v* *think; **inte ~ om** dislike; **~ illa om** dislike; **~ om** like; fancy, *be fond of
tyckas (*tewk*-ahss) *v* look; appear
tyda (*tēw*-dah) *v* decipher
tydlig (*tēwd*-li) *adj* clear; obvious, evident, apparent, distinct
tyfus (*tēw*-fewss) *c* typhoid
tyg (tēwg) *nt* cloth; fabric, material
tygla (*tēwg*-lah) *v* curb; restrain
tynga (*tewng*-ah) *v* oppress
tyngdkraft (*tewngd*-krahft) *c* gravity
typ (tēwp) *c* type
typisk (*tēw*-pisk) *adj* typical
tyrann (tew-*rahn*) *c* tyrant
tysk (tewsk) *adj* German; *c* German
Tyskland (*tewsk*-lahnd) Germany
tyst (tewst) *adj* silent
tysta (*tewss*-tah) *v* silence
tystnad (*tewst*-nahd) *c* silence
tyvärr (tew-*vær*) *adv* unfortunately
tå (tōa) *c* toe
tåg (tōag) *nt* train
tågfärja (*tōag*-fær-ʸah) *c* train ferry
tåla (*tōal*-ah) *v* *bear
tålamod (*tōal*-ah-mōod) *nt* patience
tålmodig (*tōal*-mōod-i) *adj* patient
tång (tong) *c* (pl tänger) tongs *pl*; pliers *pl*
tår (tōar) *c* tear
tårta (*tōar*-tah) *c* cake
täcka (*tehk*-ah) *v* cover
täcke (*tehk*-er) *nt* quilt
tält (tehlt) *nt* tent
tältsäng (*tehlt*-sehng) *c* camp bed
tämja (*tehm*-ʸah) *v* tame
tämligen (*tehm*-li-ern) *adv* fairly, rather, pretty
tända (*tehn*-dah) *v* *light; turn on
tändare (*tehn*-dah-rer) *c* (pl ~) lighter
tändning (*tehnd*-ning) *c* ignition; lighting
tändspole (*tehnd*-spōol-er) *c* ignition coil
tändsticka (*tehnd*-sti-kah) *c* match

tändsticksask (*tehnd*-stiks-ahsk) *c* matchbox
tändstift (*tehnd*-stift) *nt* sparking plug
tänja (*tehn*-ʸah) *v* stretch
tänjbar (*tehn*ʸ-baar) *adj* elastic
tänka (*tehng*-kah) *v* *think; **~ på** *think of; **~ sig** imagine; fancy; **~ ut** conceive
tärning (*tær*-ning) *c* dice *pl*; cube; **spela ~** play dice
tät (tait) *adj* dense; thick
tätort (*tait*-oort) *c* built-up area
tävla (*taiv*-lah) *v* compete
tävlan (*taiv*-lahn) *c* (pl -lingar) competition
tävling (*taiv*-ling) *c* competition; contest
tävlingsbana (*taiv*-lings-baa-nah) *c* racetrack
töa (*tūr*-ah) *v* thaw
tölp (turlp) *c* lout, bastard
tömma (*tur*-mah) *v* empty
törst (turrst) *c* thirst
törstig (*turrs*-ti) *adj* thirsty
töväder (*tūr*-vai-derr) *nt* thaw

U

udda (*ewd*-ah) *adj* odd
udde (*ewd*-er) *c* cape
uggla (*ewg*-lah) *c* owl
ugn (ewngn) *c* stove; furnace, oven; **mikrovågs ~** *c* microwave oven
ull (ewl) *c* wool
ultraviolett (*ewlt*-rah-vi-ōō-*layt*) *adj* ultraviolet
***umgås med** (*ewm*-gōass) mix with;
undanröjning (*ewn*-dahn-rurʸ-ning) *c* removal
undantag (*ewn*-dahn-taag) *nt* exception; **med ~ av** except
under[1] (*ewn*-derr) *prep* under; beneath, below; during; *adv* underneath; **~ tiden** meanwhile; in the meantime
under[2] (*ewn*-derr) *nt* wonder; marvel
underbar (*ewn*-derr-baar) *adj* wonderful; marvellous
underbyxor (*ewn*-derr-*bewks*-err) *pl* pants *pl*
underdrift (*ewn*-derr-*dreef*) *c* understatement
undergång (*ewn*-derr-*gong*) *c* ruin; destruction
underhåll (*ewn*-derr-*hol*) *nt* allowance; maintenance, upkeep
***underhålla** (*ewn*-derr-*hol*-ah) *v* entertain; amuse
underhållande (*ewn*-derr-*hol*-ahn-der) *adj* entertaining
underhållning (*ewn*-derr-*hol*-ning) *c* entertainment
underjordisk (*ewn*-derr-ʸ*ōōr*-disk) *adj* underground
underkasta sig (*ewn*-derr-*kahss*-tah) submit

underkläder (*ewn*-derr-klai-derr) *pl* underwear
underklänning (*ewn*-derr-kleh-ning) *c* slip
underkuva (*ewn*-derr-kew̄-vah) *v* subdue, subjugate
underlagskräm (*ewn*-derr-laags-kraim) *c* foundation cream
underlig (*ewn*-derr-li) *adj* queer, odd
underlägsen (*ewn*-derr-laig-sern) *adj* inferior
undernäring (*ewn*-derr-nææ-ing) *c* malnutrition
underordnad (*ewn*-derr-awrd-nahd) *adj* subordinate; minor
underrätta (*ewn*-derr-*reht*-ah) *v* inform; notify; ~ **sig** enquire
underrättelse (*ewn*-derr-*reht*-erl-ser) *c* notice, information, news
underskatta (*ewn*-derr-skah-tah) *v* underestimate
underskott (*ewn*-derr-skot) *nt* deficit
underström (*ewn*-derr-strurm) *c* (pl ~mar) undercurrent
understöd (*ewn*-derr-stūrd) *nt* subsidy; assistance
understödja (*ewn*-derr-stūrd-ʸah) *v* support
undersåte (*ewn*-derr-sōa-ter) *c* subject
undersöka (*ewn*-derr-sūr-kah) *v* examine; enquire
undersökning (*ewn*-derr-sūrk-ning) *c* inquiry; enquiry, examination; checkup
underteckna (*ewn*-derr-tayk-*nah*) *v* sign
undertitel (*ewn*-derr-ti-terl) *c* (pl -tlar) subtitle
undertrycka (*ewn*-derr-*trewk*-ah) *v* suppress
undertröja (*ewn*-derr-*trur*-ʸah) *c* vest; undershirt
undervattens- (*ewn*-derr-vah-tayns) underwater
undervisa (*ewn*-derr-vee-sah) *v* *teach
undervisning (*ewn*-derr-veess-ning) *c* instruction; tuition
***undgå** (*ewnd*-gōa) *v* avoid; escape
undra (*ewnd*-rah) *v* wonder
***undslippa** (*ewnd*-slip-ah) *v* escape
***undvika** (*ewnd*-veek-ah) *v* avoid
ung (ewng) *adj* young
ungdom (*ewng*-doom) *c* youth
ungdomlig (*ewng*-doom-li) *adj* juvenile
ungdomshärbärge (*ewng*-dooms-hææ-bææ-ʸer) *nt* youth hostel
unge (*ewng*-er) *c* kid
ungefär (ewn-ʸay-*fææ*) *adv* about; approximately
ungefärlig (*ewn*-ʸay-*fææ*-li) *adj* approximate
Ungern (*ewng*-errn) Hungary
ungersk (*ewng*-ayrsk) *adj*

Hungarian
ungkarl (*ewng*-kaar) *c* bachelor
ungrare (*ewng*-rah-rer) *c* (pl ~) Hungarian
uniform (e͞w-ni-*form*) *c* uniform
unik (e͞w-*neek*) *adj* unique
union (e͞w-ni-*o͞on*) *c* union
universell (e͞w-ni-vær-*sayl*) *adj* universal
universitet (e͞w-ni-vær-si-*tayt*) *nt* university
universum (e͞w-ni-*vær*-sewm) *nt* universe
uns (ewns) *nt* ounce
upp (ewp) *adv* up; upwards; upstairs; **~ och ner** upside down; up and down
uppassa (*ewp*-pah-sah) *v* attend on, wait on
uppblomstring (*ewp*-blomst-ring) *c* prosperity
uppblåsbar (*ewp*-blo͞ass-baar) *adj* inflatable
uppbygga (*ewp*-bewg-ah) *v* erect; edify
uppdikta (*ewp*-dik-tah) *v* invent
uppdrag (*ewp*-draag) *nt* assignment
uppehåll (*ew*-pay-hol) *nt* pause; **utan ~** without stopping
***uppehålla sig** (*ew*-pay-hol-ah) stay
uppehållstillstånd (*ew*-pay-hols-til-stond) *nt* residence permit
uppehälle (*ew*-per-hehl-er) *nt* livelihood
uppenbar (*ewp*-ern-baar) *adj* apparent
uppenbara (*ewp*-ern-baar-ah) *v* reveal
uppfatta (*ewp*-faht-ah) *v* apprehend, *catch
uppfattning (*ewp*-faht-ning) *c* view, opinion; conception
***uppfinna** (*ewp*-fin-ah) *v* invent
uppfinnare (*ewp*-fi-nah-rer) *c* (pl ~) inventor
uppfinning (*ewp*-fi-ning) *c* invention
uppfinningsrik (*ewp*-fi-nings-reek) *adj* inventive
uppfostra (*ewp*-foost-rah) *v* *bring up; rear, educate; raise
uppfostran (*ewp*-foost-rahn) *c* education
uppfriskande (*ewp*-friss-kahn-der) *adj* refreshing
uppföda (*ewp*-fu͞rd-ah) *v* *breed; raise
uppför (*ewp*-fu͞rr) *adv* uphill
uppföra (*ewp*-fu͞rr-ah) *v* construct; **~ sig** behave; act
uppförande (*ewp*-fu͞r-rahn-day) *nt* behaviour; manners *pl*, conduct; production; construction
***uppge** (*ewp*-ʸay) *v* state; declare
uppgift (*ewp*-ʸift) *c* task; information
***uppgå till** (*ewp*-go͞a) amount to
uppgörelse (*ewp*-ʸu͞r-rayl-

ser) *c* settlement
upphetsa (*ewp*-hayt-sah) *v* excite
upphetsad (*ewp*-hayt-sahd) *adj* excited
upphängningsanordning (*ewp*-hehng-nings-ahn-*o̅a̅rd*-ning) *nt* suspension
upphäva (*ewp*-haiv-ah) *v* nullify; annul
upphöjning (*ewp*-hur^{y}-ning) *c* rise
upphöra (*ewp*-hu̅r̅-rah) *v* cease, stop; quit
uppkalla (*ewp*-kah-lah) *v* name
uppköp (*ewp*-t^{y}u̅r̅p) *nt* purchase
upplaga (*ewp*-laa-gah) *c* edition; issue
uppleva (*ewp*-la̅y̅-vah) *v* experience
upplevelse (*ewp*-la̅y̅-vayl-say) *c* experience
upplopp (*ewp*-lop) *nt* riot
upplysa (*ewp*-le̅w̅ss-ah) *v* inform
upplysning (*ewp*-le̅w̅ss-ning) *c* information
upplysningsbyrå (*ewp*-le̅w̅ss-nings-*be̅w̅*-ro̅a̅) *c* information bureau; inquiry office
upplösa (*ewp*-lu̅r̅ss-ah) *v* dissolve; **~ sig** dissolve
uppmana (*ewp*-maan-ah) *v* exhort, urge
uppmuntra (*ewp*-mewn-trah) *v* encourage
uppmärksam (*ewp*-mærk-sahm) *adj* attentive
uppmärksamhet (*ewp*-mærk-sahm-ha̅y̅t) *c* notice, attention
uppmärksamma (*ewp*-mærk-sahm-ah) *v* attend to, notice, *pay attention to
uppnå (*ewp*-no̅a̅) *v* achieve; attain
uppnåelig (*ewp*-no̅a̅-er-li) *adj* attainable
upprepa (*ewp*-ra̅y̅-pah) *v* repeat
upprepning (*ewp*-ra̅y̅p-ning) *c* repetition
uppriktig (*ewp*-rik-ti) *adj* sincere; honest
uppriktigt (*ewp*-rik-tit) *adv* sincerely
uppror (*ewp*-ro̅o̅r) *nt* rebellion; rising; ***göra ~** revolt
upprätt (*ewp*-reht) *adv* upright; *adj* erect, upright
upprätta (*ewp*-reh-tah) *v* found, establish
***upprätthålla** (*ewp*-reht-ho-lah) *v* maintain
upprättstående (*ewp*-reht-sto̅a̅-ayn-der) *adj* upright, erect
upprörande (*ewp*-ru̅r̅-rahn-der) *adj* shocking, revolting
upprörd (*ewp*-ru̅r̅rd) *adj* upset
uppsats (*ewp*-sahts) *c* essay, paper
uppseendeväckande (*ewp*-sa̅y̅-ern-der-*vehk*-ahn-der) *adj* sensational

uppsikt (*ewp*-sikt) *c* supervision
uppskatta (*ewp*-skah-tah) *v* appreciate; esteem
uppskattning (*ewp*-skaht-ning) *c* appreciation
***uppskjuta** (*ewp*-shew̄-tah) *v* *put off; delay, postpone
uppskov (*ewp*-skōōv) *nt* delay; respite
uppslagsbok (*ewp*-slaags-bōōk) *c* (pl -böcker) encyclopaedia
uppstigning (*ewp*-steeg-ning) *c* rise, ascent
***uppstå** (*ewp*-stōā) *v* *arise
uppståndelse (*ewp*-stond-ayl-ser) *c* commotion, excitement; resurrection
uppsving (*ewp*-sving) *nt* rise
uppsyningsman (*ewp*-sēw-nings-mahn) *c* (pl -män) supervisor
uppsättning (*ewp*-seht-ning) *c* set
***uppta** (*ewp*-taa) *v* *take up; occupy
upptagen (*ewp*-taa-gern) *adj* engaged; busy
uppträda (*ewp*-trææ-dah) *v* act
upptäcka (*ewp*-teh-kah) *v* discover; detect
upptäckt (*ewp*-tehkt) *c* discovery
uppvisa (*ewp*-vee-sah) *v* exhibit
uppvärma (*ewp*-vær-mah) *v* heat
uppvärmning (*ewp*-værm-ning) *c* heating
uppåt (*ewp*-ot) *adv* up
ur (ēwr) *prep* out of; *nt* clock
urbena (*ēwr*-bāy-nah) *v* bone
urin (ēw-*reen*) *nt* urine
urinblåsa (ēw-*reen*-blōā-sah) *c* bladder
urmakare (*ēwr*-maa-kah-rer) *c* (pl ~) watchmaker
ursinne (*ewr*-sin-er) *nt* rage; fury
ursinnig (*ēwr*-si-ni) *adj* furious
urskilja (*ēwr*-shil-ʸah) *v* distinguish
urskog (*ewr*-skōōg) *c* jungle
ursprung (*ēwr*-sprewng) *nt* origin
ursprunglig (*ēwr*-sprewng-li) *adj* original; initial; **ursprungligen** originally
ursäkt (*ēwr*-sehkt) *c* apology; excuse; ***be om ~** apologize
ursäkta (*ēwr*-sehk-tah) *v* excuse; **ursäkta!** sorry!
urtavla (*ēwr*-taav-lah) *c* (pl urtavlor) dial
Uruguay (ew-rew-gew-*igh*) Uruguay
uruguayare (ew-rew-gew-*igh*-ah-rer) *c* (pl ~) Uruguayan
uruguaysk (ew-rew-gew-*ighsk*) *adj* Uruguayan
urval (*ēwr*-vaal) *nt* choice; selection, assortment
usel (*ēw*-serl) *adj* poor
ut (ēwt) *adv* out; **~ och in** inside out
utan (*ēw*-tahn) *prep* without;

***vara ~** *be without, spare
utandas (*ew̄t*-ahn-dahss) *v* expire; exhale
utanför (*ew̄*-tahn-*fūrr*) *prep* outside; out of
utantill (*ew̄*-tahn-*til*) *adv* by heart
utarbeta (*ew̄t*-ahr-bāyt-ah) *v* compose, elaborate, prepare
utbetalning (*ew̄t*-bay-taal-ning) *c* payment
utbilda (*ew̄t*-bil-dah) *v* educate
utbildning (*ew̄t*-bild-ning) *c* education, background
utbreda (*ew̄t*-brāyd-ah) *v* *spread; expand
utbrott (*ew̄t*-brot) *nt* outbreak; eruption
utbud (*ew̄t*-bew̄d) *nt* supply
utbyta (*ew̄t*-bew̄t-ah) *v* exchange
utbyte (*ew̄t*-bew̄-ter) *nt* exchange; benefit
utdela (*ew̄t*-dāyl-ah) *v* distribute
***utdra** (*ew̄t*-draa) *v* extract
utdrag (*ew̄t*-draag) *nt* excerpt; extract
ute (*ew̄*-ter) *adv* out
utelämna (*ew̄*-ter-lehm-nah) *v* *leave out; omit
***utesluta** (*ew̄*-ter-slew̄-tah) *v* exclude
uteslutande (*ew̄*-ter-slew̄-tahn-der) *adv* exclusively; solely
utfart (*ew̄t*-faart) *c* exit
utfattig (*ew̄t*-fah-ti) *adj* destitute
utflykt (*ew̄t*-flewkt) *c* excursion; trip
utforska (*ew̄t*-fors-kah) *v* explore
utföra (*ew̄t*-fūr-rah) *v* perform; execute; carry out
utförbar (*ew̄t*-fūrr-baar) *adj* feasible; realizable
utförlig (*ew̄t*-fūrr-li) *adj* detailed
***utge** (*ew̄t*-gāy) *v* issue; publish
utgift (*ew̄t*-ʸift) *c* expense; **utgifter** expenditure
utgivning (*ew̄t*-ʸeev-ning) *c* issue, publication
***utgjuta** (*ew̄t*-ʸew̄-tah) *v* *shed
utgrävning (*ew̄t*-graiv-ning) *c* excavation
utgång (*ew̄t*-gong) *c* way out, exit; expiration; result
utgångspunkt (*ew̄t*-gongs-pewngkt) *c* starting point
till uthyrning (til *ew̄t*-hewr-ning) for hire
uthållighet (*ew̄t*-hol-i-*hāyt*) *c* perseverance
uthärda (*ew̄t*-hæær-dah) *v* *stand, endure
uthärdlig (*ew̄t*-hæærd-li) *adj* tolerable, endurable
utjämna (*ew̄t*-ʸehm-nah) *v* equalize; level
utkant (*ew̄t*-kahnt) *c* outskirts *pl*
utkast (*ew̄t*-kahst) *nt* draft, design
utled (*ewt*-lāyd) *adj* fed up
utlämna (*ew̄t*-lehm-nah) *v*

give out; extradite
utländsk (*ewt*-lehnsk) *adj* foreign; alien
utlänning (*ewt*-lehn-ing) *c* foreigner; alien
utlöpa (*ewt*-lurp-ah) *v* expire
utmana (*ewt*-maan-ah) *v* challenge; dare
utmaning (*ewt*-maan-ing) *c* challenge
utmatta (*ewt*-maht-ah) *v* exhaust
utmattad (*ewt*-maht-ahd) *adj* exhausted
utmärka (*ewt*-mær-kah) *v* mark; ~ **sig** excel
utmärkt (*ewt*-mærkt) *adj* excellent
utnyttja (*ewt*-newt-ʸah) *v* exploit; utilize
utnämna (*ewt*-nehm-nah) *v* appoint
utnämning (*ewt*-nehm-ning) *c* appointment; nomination
utom (*ewt*-om) *prep* except; but, besides
utomhus (*ew*-tom-hewss) *adv* outdoors; outside
utomlands (*ewt*-om-lahnds) *adv* abroad
utomordentlig (*ewt*-om-or-*daynt*-li) *adj* extraordinary
utpeka (*ewt*-pay-kah) *v* point out
utplocka (*ewt*-plo-kah) *v* select
utpressa (*ewt*-prayss-ah) *v* extort; ~ **pengar** blackmail
utpressning *c* blackmail, extortion
utreda (*ewt*-ray-dah) *v* investigate
utredning (*ewt*-rayd-ning) *c* investigation
utrop (*ewt*-roop) *nt* exclamation
utropa (*ewt*-roo-pah) *v* exclaim
utrusta (*ewt*-rewss-tah) *v* equip
utrustning (*ewt*-rewst-ning) *c* outfit, equipment; kit, gear
utrymma (*ewt*-rew-mah) *v* vacate
utrymme (*ewt*-rew-mer) *nt* room
utsatt för (*ewt*-saht) liable to, subject to
utsätta (ewt-seht-ah) *v* expose
utseende (*ewt*-say-ayn-der) *nt* look; semblance, appearance
utsida (*ewt*-seed-ah) *c* outside
utsikt (*ewt*-sikt) *c* view; prospect, outlook
utskott (*ewt*-skot) *nt* committee
***utskära** (*ewt*-shææ-rah) *v* carve
utsliten (*ewt*-slee-tern) *adj* worn-out
utsmyckning (*ewt*-smewk-ning) *c* ornament
utspäda (*ewt*-spai-dah) *v* dilute
utsträckt (*ewt*-strehkt) *adj* extended
***utstå** (*ewt*-stoa) *v* endure, *bear

utställa (*ewt*-steh-lah) *v* issue; show, exhibit; display
utställning (*ewt*-stehl-ning) *c* exhibition; exposition, display, show
***utsuga** (*ewt*-sew-gah) *v* exploit
utsåld (*ewt*-sold) *adj* sold out
utsända (*ewt*-sehn-dah) *v* *broadcast
utsändning (*ewt*-sehnd-ning) *c* broadcast
utsökt (*ewt*-surkt) *adj* exquisite; delicious, superb
uttag (*ewt*-taag) *nt* socket, outlet
uttagsautomat (*ewt*-taags-ou-to-*maat*) *c* ATM, automatic teller machine, cash dispenser, cash machine
uttal (*ewt*-taal) *nt* pronunciation
uttala (*ewt*-taa-lah) *v* pronounce; **~ fel** mispronounce
uttorkad (*ewt*-tor-kahd) *adj* dried-up, parched
uttryck (*ewt*-trewk) *nt* expression; ***ge ~ åt** express
uttrycka (*ewt*-trew-kah) *v* express
uttrycklig (*ewt*-trewk-li) *adj* explicit; express
uttröttad (*ewt*-trur-tahd) *adj* overtired
utvald (*ewt*-vaald) *adj* select
utvandra (*ewt*-vahnd-rah) *v* emigrate
utvandrare (*ewt*-vahnd-rah-rer) *c* (pl ~) emigrant
utvandring (*ewt*-vahnd-ring) *c* emigration
utveckla (*ewt*-vayk-lah) *v* develop
utveckling (*ewt*-vayk-ling) *c* development
utvidga (*ewt*-vid-gah) *v* extend; enlarge, expand
utvidgande (*ewt*-vid-gahn-der) *nt* extension
utvisa (*ewt*-vee-sah) *v* expel
utväg (*ewt*-vaig) *c* way out
***utvälja** (*ewt*-vehl-yah) *v* select
utvändig (*ewt*-vehn-di) *adj* external
utåt (*ewt*-ot) *adv* outwards
utöva (*ewt*-urv-ah) *v* exercise
utöver (ewt-*urv*-err) *prep* beyond, besides

V

vaccination (vahk-si-nah-*shoon*) *c* vaccination
vaccinera (vahks-i-*nay*-rah) *v* vaccinate
vacker (*vah*-kerr) *adj* beautiful; pretty
vackla (*vahk*-lah) *v* stagger, waver
vacklande (*vahk*-lahn-der) *adj* tottering, failing
vad[1] (vaad) *pron* what; **~ som helst** anything; **~ som än**

whatever
vad[2] (vaad) *nt* bet; ***slå ~** *bet
vad[3] (vaad) *c* calf
vada (*vaa*-dah) *v* wade
vadhållningsagent (*vaad*-hol-nings-ah-*gehnt*) *c* bookmaker
vag (vaag) *adj* faint, vague; dim
vagga (*vah*-gah) *c* cradle
vagn (vahngn) *c* carriage, coach
vakans (vah-*kahns*) *c* vacancy
vaken (*vaa*-kayn) *adj* awake
vakna (*vaak*-nah) *v* *wake up
vaksam (*vaak*-sahm) *adj* vigilant
vakt (vahkt) *c* guard; warden
vaktel (*vahk*-tayl) *c* (pl -tlar) quail
vaktmästare (*vahkt*-mehss-tah-rer) *c* (pl ~) waiter
vakuum (*vaa*-kewm) *nt* vacuum
val (vaal) *nt* election, pick, choice; *c* whale
valfri (*vaal*-free) *adj* optional
valkrets (*vaal*-krayts) *c* constituency
vallfartsort (*vahl*-faarts-oort) *c* place of pilgrimage
vallgrav (*vahl*-graav) *c* moat
vallmo (*vahl*-m*oo*) *c* poppy
valnöt (*vaal*-nurt) *c* (pl ~ter) walnut
vals (vahls) *c* waltz
valspråk (*vaal*-sproak) *nt* motto
valuta (vah-*loo*-tah) *c* currency; **utländsk ~** foreign currency
valutakurs (vah-*lew*-tah-*kewrs*) *c* rate of exchange
valv (vahlv) *nt* vault; arch
valvbåge (*vahlv*-boa-ger) *c* arch
van (vaan) *adj* accustomed; ***vara ~ vid** *be used to
vana (*vaa*-nah) *c* habit; custom
vandra (*vahnd*-rah) *v* wander; hike, tramp
vanilj (vah-*nil*[y]) *c* vanilla
vankelmodig (*vahng*-kerl-moo-di) *adj* irresolute
vanlig (*vaan*-li) *adj* usual; normal, ordinary, common, plain; frequent; **vanligen** generally, as a rule
vanligtvis (*vaan*-lit-veess) *adv* usually
vansinne (*vaan*-sin-er) *nt* madness; lunacy
vansinnig (*vaan*-sin-i) *adj* crazy; lunatic
vanskapt (*vaan*-skaapt) *adj* deformed
vansklig (*vahnsk*-li) *adj* precarious
vanställd (*vaan*-stehld) *adj* deformed, disfigured
vanvettig (*vaan*-vay-ti) *adj* mad; absurd
vapen (*vaap*-ern) *nt* weapon; arm
var[1] (vaar) *conj* where; *adv* where; **~ som helst** anywhere

var² (vaar) *pron* each; **~ för sig** apart; **~ och en** everybody, everyone
var³ (vaar) *nt* pus
vara (*vaar*-ah) *v* last
***vara** (*vaar*-ah) *v* *be
varaktig (*vaar*-ahk-ti) *adj* lasting; permanent
varaktighet (*vaar*-ahk-ti-hāyt) *c* duration
varandra (vaar-*ahnd*-rah) *pron* each other
vardag (*vaar*-daag) *c* weekday
vardagsrum (*vaar*-daags-rewm) *nt* living room; sitting room
vare sig ... eller (*vaa*-rer say ... *eh*-lerr) whether ... or
varelse (*vaa*-rayl-ser) *c* being; creature
varför (*vahr*-furr) *adv* why; what for
varg (vahrʸ) *c* wolf
varhelst (vaar-*hehlst*) *adv* wherever
variation (vah-ri-ah-*shōōn*) *c* variation, variety
variera (vah-ri-*āy*-rah) *v* vary
varierad (vah-ri-*āy*-rahd) *adj* varied
varietéteater (vah-ri-ay-*tāy*-tay-*aa*-terr) *c* (pl -trar) variety theatre
varifrån (vaar-i-*frōān*) *adv* from where
varje (*vahr*-ʸer) *pron* every; anyone, each
varken ... eller (*vahr*-kern ... *eh*-lerr) neither ... nor
varm (vahrm) *adj* warm; hot
varmvattensflaska (*vahrm*-vah-terns-flahss-kah) *c* hot--water bottle
varna (*vaar*-nah) *v* warn; caution
varning (*vaar*-ning) *c* warning
varor (*vaar*-or) *pl* goods *pl*; wares *pl*
varsam (*vaar*-sahm) *adj* careful; wary
varubil (*vaa*-rēw-beel) *c* delivery van
varuhus (*vaa*-rēw-hēwss) *nt* department store
varumärke (*vaa*-rēw-mær-ker) *nt* trademark
varumässa (*vaa*-rēw-meh-sah) *c* trade fair
varuprov (*vaarēw*-proov) *nt* sample
varv (vahrv) *nt* revolution; shipyard
vas (vaass) *c* vase
vask (vahsk) *c* sink
vass (vahss) *c* reed; *adj* sharp
vatten (*vah*-tern) *nt* water; **rinnande ~** running water
vattenblåsa (*vaht*-ern-blōā-sah) *c* blister
vattenfall (*vaht*-ern-fahl) *nt* waterfall
vattenfärg (*vaht*-ern-færʸ) *c* watercolour
vattenkran (*vaht*-ern-kraan) *c* faucet, tap
vattenkrasse (*vaht*-ern-krah-ser) *c* watercress
vattenmelon (*vah*-tern-may-

lo͞on) *c* watermelon
vattenpass (*vaht*-ern-pahss) *nt* level
vattenpump (*vaht*-ern-pewmp) *c* water pump
vattenskida (*vah*-tern-shee-dah) *c* water ski
vattentät (*vah*-tern-tait) *adj* waterproof
vattkoppor (*vaht*-ko-perr) *pl* chickenpox
vax (vahks) *nt* wax
vaxkabinett (*vahks*-kah-bi-*nayt*) *nt* waxworks *pl*
veck (vayk) *nt* fold; crease
vecka (*vay*-kah) *c* week; **vecko-** weekly
veckla upp (*vayk*-lah) unwrap
veckla ut (*vayk*-lah) unfold
veckopeng (*vay*-koo-pehng) *c* weekly allowance
veckoslut (*vay*-koo-sle͞wt) *nt* weekend
veckotidning (*vay*-koo-teed-ning) *c* weekly magazine
vedervärdig (*va͞y*-derr-vææ r-di) *adj* repulsive
vedträ (*va͞yd*-trai) *nt* log
vegan (vay-*gaan*) *c* vegan; **vegansk** *adj* vegan
vegetarian (vay-ger-tahr-i-*aan*) *c* vegetarian; **vegetarisk** *adj* vegetarian
vegetation (vay-ger-tah-*sho͞on*) *c* vegetation
vem (vaym) *pron* who; **till ~** to whom; **~ som helst** anybody; **~ som än** whoever
vemod (*va͞y*-mo͞od) *nt* melancholy; sadness
vemodig (*va͞y*-mo͞od-i) *adj* melancholy, sad
Venezuela (vay-nay-tsew-*a͞y*-lah) Venezuela
venezuelan (vay-nay-tsew-ay-*laan*) *c* Venezuelan
venezuelansk (vay-nay-tsew-ay-*laansk*) *adj* Venezuelan
ventil (vayn-*teel*) *c* valve
ventilation (vayn-ti-lah-*sho͞on*) *c* ventilation
ventilator (vayn-ti-*laa*-tor) *c* ventilator
ventilera (vayn-ti-*la͞y*-rah) *v* ventilate
veranda (vay-*rahn*-dah) *c* veranda
verb (værb) *nt* verb
verifiera (vay-ri-fi-*a͞y*-rah) *v* verify
verka (*vær*-kah) *v* appear, seem
verkan (*vær*-kahn) *c* effect; result; consequence
verklig (*værk*-li) *adj* real; actual, true; very; **verkligen** really; indeed
verklighet (*værk*-li-ha͞yt) *c* reality
verksam (*værk*-sahm) *adj* active, effective
verkstad (*værk*-staad) *c* (pl -städer) workshop; garage
verkställande (*værk*-stehl-ahn-der) *adj* executive
verktyg (*værk*-te͞wg) *nt* tool; utensil

verktygslåda (*værk*-tewgs-*loa*-dah) *c* tool box
vers (værs) *c* verse
version (vær-*shoon*) *c* version
vespa (*vayss*-pah) *c* scooter
vestibul (vehss-ti-*bewl*) *c* lobby
***veta** (*vay*-tah) *v* *know
vete (*vay*-tay) *nt* wheat
vetemjöl (*vay*-tay-m[y]url) *nt* flour
vetenskap (*vay*-tayn-skaap) *c* science
vetenskaplig (*vay*-tayn-skaap-li) *adj* scientific
vetenskapsman (*vay*-tayn-skaaps-mahn) *c* (pl -män) scientist
veterinär (vay-tay-ri-*næær*) *c* veterinary surgeon
vett (vaytt) *nt* wit
vevaxel (*vayv*-ahks-ayl) *c* (pl -xlar) crankshaft
vi (vee) *pron* we
via (*vee*-ah) *prep* via
viadukt (vee-ah-*dewkt*) *c* viaduct
vibration (vi-brah-*shoon*) *c* vibration
vibrera (vi-*bray*-rah) *v* vibrate
vid (veed) *prep* on, by; *adj* wide
vidbränna (*veed*-breh-nah) *v* *burn
video (*vee*-day-oh) *c* video
video(bandspelare) (*vee*-day-o-bahnd-spay-lay-rer) *c* video recorder
videoinspelning (*vee*-day-o-in-*spayl*-ning) *c* video recording
videokamera (*vee*-day-o-kaa-mer-rah) *c* video camera
videokassett (*vee*-day-o-kah-seht) *c* video cassette
videospel (*vee*-dee-o-*spay*) *nt* video game
videospelare (*vee*-day-o-*spay*-lah-rer) *c* (pl ~) video recorder
vidga (*vid*-gah) *v* widen
***vidhålla** (*veed*-hol-ah) *v* insist
vidrig (*veed*-ri) *adj* disgusting
vidröra (*veed*-rur-rah) *v* touch
vidskepelse (*veed*-shay-payl-ser) *c* superstition
vidsträckt (*vid*-strehkt) *adj* broad, vast; extensive
vigselring (*vig*-sehl-ring) *c* wedding ring
vik (veek) *c* bay; creek
***vika** (*vee*-kah) *v* fold
vikt (vikt) *c* weight
viktig (*vik*-ti) *adj* important, essential; self-important; ***vara viktigt** matter
vila (*veel*-ah) *v* rest; *c* rest
vild (vild) *adj* wild; fierce, savage
vilja (*vil*-[y]ah) *c* will; **med ~** on purpose
***vilja** (*vil*-[y]ah) *v* want, *will
viljekraft (*vil*-[y]er-krahft) *c* willpower
vilken (*vil*-kayn) *pron* which
villa (*vi*-lah) *c* villa
villebråd (*vi*-ler-broad) *nt* game

villfarelse (*vil*-faa-rayl-ser) *c* illusion
villig (*vi*-li) *adj* willing
villkor (*vil*-kōar) *nt* condition; term
villkorlig (*vil*-kōar-li) *adj* conditional
villrådig (*vil*-rōa-di) *adj* irresolute
vilohem (*vee*-loo-haym) *nt* rest home
vilsegången (*vil*-ser-gong-ern) *adj* lost
vilstol (*veel*-stōol) *c* deck chair
vilthandlare (*vilt*-hahnd-lah-rer) *c* (pl ~) poulterer
vin (veen) *nt* wine
***vina** (*vee*-nah) *v* howl
vinbär (*veen*-bææ̈r) *nt* currant; **svarta ~** blackcurrant
vind (vind) *c* wind; attic
vindbrygga (*vind*-brewg-ah) *c* drawbridge
vindpust (*vind*-pewst) *c* whiff of wind
vindruta (*vind*-rēw-tah) *c* windscreen; windshield *nAm*
vindrutetorkare (*vind*-rēw-ter-tor-kah-rer) *c* (pl ~) windscreen wiper; windshield wiper *Am*
vindruvor (*veen*-drēw-voor) *pl* grapes *pl*
vindsrum (*vinds*-rewm) *nt* attic
vinge (*ving*-er) *c* wing
vingård (*veen*-gōard) *c* vineyard
vinhandlare (*veen*-hahnd-lah-rer) *c* (pl ~) wine merchant
vink (vingk) *c* wave; hint
vinka (*ving*-kah) *v* wave
vinkel (*ving*-kerl) *c* (pl -klar) angle
vinkällare (*veen*-t^{y}eh-lah-rer) *c* (pl ~) wine cellar
vinlista (*veen*-liss-tah) *c* wine list
***vinna** (*vi*-nah) *v* *win; gain
vinnande (*vi*-nahn-der) *adj* winning
vinranka (*veen*-rahn-kah) *c* vine
vinskörd (*veen*-shūrrd) *c* grape harvest, vintage
vinst (vinst) *c* benefit, profit; winnings *pl*
vinstbringande (*vinst*-bring-ahn-der) *adj* profitable
vinter (*vin*-terr) *c* (pl -trar) winter
vintersport (*vin*-terr-sport) *c* winter sports
vinthund (*vint*-hewnd) *c* greyhound
vinäger (*vi*-nai-gerr) *c* vinegar
viol (vi-*ōol*) *c* violet
violett (vi-ēw-*layt*) *adj* violet
VIP (vip) *c* VIP
virka (*veer*-kah) *v* crochet
virrvarr (*veer*-vahr) *nt* muddle
virus (vee-rews) *c* (pl ~) virus
vis (veess) *nt* way, manner; *adj* wise
visa[1] (*veess*-ah) *v* *show; indicate, point out, display

visa² (*veess*-ah) *c* tune
visdom (*veess*-doom) *c* wisdom
vision (vi-*shōōn*) *c* vision
visit (vi-*seet*) *c* visit
visitera (vi-si-*tāyr*-ah) *v* search
visitering (vi-si-*tāy*-ring) *nt* search
visitkort (vi-*seet*-koort) *nt* visitingcard
viska (*viss*-kah) *v* whisper
viskning (*visk*-ning) *c* whisper
vispa (*viss*-pah) *v* whip
viss (viss) *adj* certain
visselpipa (*vi*-serl-pee-pah) *c* whistle
vissla (*viss*-lah) *v* whistle
vistas (*viss*-tahss) *v* stay
vistelse (*viss*-tayl-ser) *c* stay
visum (*vee*-sewm) *nt* (pl visa) visa
vit (veet) *adj* white
vitamin (vi-tah-*meen*) *nt* vitamin
vitling (*vit*-ling) *c* whiting
vitlök (*veet*-lūrk) *c* garlic
vits (vits) *c* joke
vittna (*vit*-nah) *v* testify
vittne (*vit*-ner) *nt* witness
vokal (voo-*kaal*) *c* vowel
vokalist (voo-kah-*list*) *c* vocalist
volt (volt) *c* (pl ~) volt
volym (vo-*lēwm*) *c* volume; bulk
vrak (vraak) *nt* wreck
vred (vrāyd) *adj* angry
vrede (*vrāy*-day) *c* anger
vresig (*vrāyss*-i) *adj* cross
***vrida** (*vree*-dah) *v* twist, turn; wrench; **~ om** turn
vriden (*vreed*-ern) *adj* crooked
vridning (*vreed*-ning) *c* twist
vrål (vrōal) *nt* roar
vulgär (vewl-*gæær*) *adj* vulgar
vulkan (vewl-*kaan*) *c* volcano
vuxen¹ (*vewk*-sern) *adj* adult; grown-up
vuxen² (*vewk*-sern) *c* (pl vuxna) grown-up; adult
vykort (*vēw*-koort) *nt* picture postcard
våffla (*vof*-lah) *c* waffle
våg¹ (vōag) *c* (pl ~or) wave
våg² (vōag) *c* (pl ~ar) scales *pl*; weighing machine
våga (*vōa*-gah) *v* dare; venture
vågad (*vōag*-ahd) *adj* risky
vågig (*vōa*-gi) *adj* wavy
våglängd (*vōag*-lehngd) *c* wavelength
våld (vold) *nt* violence; force
våldsam (*vold*-sahm) *adj* violent
våldsdåd (*volds*-dōad) *nt* act of violence; outrage
***våldta** (*vold*-taa) *v* rape; assault
vålla (*vol*-ah) *v* cause
våning (*vōan*-ing) *c* floor; storey; apartment *nAm*
vår (vōar) *c* spring; springtime; *pron* our
vård (*vōard*) *c* care
vårda (*vōar*-dah) *v* nurse; tend
vårdhem (*vōard*-haym) *nt*

nursing home
vårdslös (*vōards*-lūrss) *adj* careless
våt (vōat) *adj* wet
väcka (*veh*-kah) *v* *wake; *awake
väckarklocka (*veh*-kahr-klo-kah) *c* alarm-clock
väder (*vai*-derr) *nt* weather
väderkvarn (*vai*-derr-kvaarn) *c* windmill
väderleksrapport (*vai*-derr-lāyks-rah-*port*) *c* weather forecast
vädjan (*vaid*-ʸahn) *c* appeal
vädra (*vaid*-rah) *v* ventilate
väg (vaig) *c* road; drive, way; **på ~ till** bound for
väga (*vai*-gah) *v* weigh
vägarbete (*vaig*-ahr-*bāy*-ter) *nt* road up, road work
vägavgift (*vaig*-aav-ʸift) *c* toll
vägbank (*vaig*-bahngk) *c* embankment
vägg (vehg) *c* wall
vägglus (*vehg*-lēwss) *c* (pl -löss) bug
vägkant (*vaig*-kahnt) *c* roadside; wayside
vägkarta (*vaig*-kaar-tah) *c* road map
vägkorsning (*vaig*-kors-ning) *c* junction, intersection
vägleda (*vaig*-lāyd-ah) *v* direct; guide
vägmärke (*vaig*-mær-ker) *c* road sign
på ... vägnar (pōa *vehng*-nahr) on behalf of
vägnät (*vaig*-nait) *nt* road system
vägra (*vaig*-rah) *v* refuse; deny
vägran (*vaig*-rahn) *c* refusal
vägräcke (*vaig*-rehk-er) *nt* crash barrier
vägskäl (*vaig*-shail) *nt* road fork
vägvisare (*vaig*-vee-sah-rer) *c* (pl ~) signpost
välbefinnande (*vail*-ber-*fin*-ahn-der) *nt* well-being; comfort
välbärgad (*vail*-bær-ʸahd) *adj* well-to-do
väldig (*vehl*-di) *adj* enormous; huge, gigantic
välgrundad (*vail*-grewn-dahd) *adj* well-founded
välgång (*vail*-gong) *c* prosperity
välgörenhet (*vail*-ʸur-rern-*hāyt*) *c* charity
***välja** (*vehl*-ʸah) *v* *choose; elect, pick
väljare (*vehl*-ʸah-rer) *c* (pl ~) voter
välkommen (*vail*-ko-mern) *adj* welcome
välkomna (*vail*-kom-nah) *v* welcome
välkomnande (*vail*-kom-nahn-der) *nt* welcome
välkänd (*vail*-tʸehnd) *adj* well-known; familiar
välsigna (vehl-*sing*-nah) *v* bless
välsignelse (vehl-*sing*-nayl-ser) *c* blessing

välsmakande (*vail*-smaak-ahn-der) *adj* tasty; savoury
välstånd (*vail*-stond) *nt* prosperity
välvilja (*vail*-vil-yah) *c* goodwill
välvårdad (*vail*-vōar-dahd) *adj* neat
vämjelig (*vehm*-yer-li) nauseous
vän (vehn) *c* (pl ~ner) friend
vända (*vehn*-dah) *v* turn; **~ på** turn round; **~ sig om** turn round; **~ sig till** address; **~ tillbaka** turn back; **~ upp och ner** turn over
vändning (*vehnd*-ning) *c* change, turn
vändpunkt (*vehnd*-pewngkt) *c* turning point
väninna (veh-*nin*-ah) *c* friend; girlfriend
***vänja** (*vehn*-yah) *v* accustom
vänlig (*vehn*-li) *adj* friendly; kind
vänskap (*vehn*-skaap) *c* friendship
vänskaplig (*vehn*-skaap-li) *adj* friendly
vänster (*vehns*-terr) *adj* left; left-hand
vänsterhänt (*vehns*-terr-*hehnt*) *adj* left-handed
vänta (*vehn*-tah) *v* wait; **~ på** await; **~ sig** expect; await
väntad (*vehn*-tahd) *adj* due
väntan (*vehn*-tahn) *c* waiting
väntelista (*vehn*-ter-liss-tah) *c* waiting list
väntrum (*vehnt*-rewm) *nt* waiting room
värd (væærd) *c* host
värde (*væær*-der) *nt* worth, value; ***vara värd** *be worth
värdefull (*væær*-der-fewl) *adj* valuable
värdelös (*væær*-der-lūrss) *adj* worthless
värdepapper (*væær*-der-pah-perr) *pl* stocks and shares
värdera (vær-*dāyr*-ah) *v* value; estimate, evaluate
värdering (vær-*dāyr*-ing) *c* appraisal
värdesaker (*væær*-der-saa-kerr) *pl* valuables *pl*
***värdesätta** (*væær*-der-seh-tah) *v* value, appreciate
värdig (*væær*-di) *adj* dignified; worthy of
värdighet (*væær*-di-heet) *c* dignity
värdinna (vær-*di*-nah) *c* hostess
värdshus (*væærds*-hēwss) *nt* inn; roadhouse; roadside restaurant
värk (værk) *c* ache; **värkar** labour pains
värka (*vær*-kah) *v* ache; *hurt
värld (væærd) *c* world
världsberömd (*væærds*-ber-*rurmd*) *adj* world-famous
världsdel (*væærds*-dāyl) *c* continent
världshav (*væærds*-haav) *nt* ocean
världskrig (*væærds*-kreeg) *nt* world war
världsomfattande (*væærds*-

om-fah-tahn-der) *adj* global
världsomspännande (*vææ̈rds*-om-*speh*-nahn-der) *adj* world-wide
värma (*vær*-mah) *v* warm
värme (*vær*-mer) *c* heat; warmth
värmedyna (*vær*-mer-dew-nah) *c* heating pad
värmeelement (*vær*-mer-ay-ler-*mehnt*) *nt* radiator
värnpliktig (*vææ̈rn*-plik-tig) *c* (pl ~a) conscript
värre (*væ*-rer) *adv* worse; *adj* worse; **värst** worst
väsen (*vaiss*-ern) *nt* essence; noise; fuss
väsentlig (veh-*saynt*-li) *adj* essential; **väsentligen** essentially
väska (*vehss*-kah) *c* bag
vässa (*veh*-sah) *v* sharpen
väst (vehst) *c* waistcoat, vest *nAm*; west
väster (*vehss*-terr) *c* west
västlig (*vehst*-li) *adj* western; westerly
väte (*vai*-ter) *nt* hydrogen
vätska (*veht*-skah) *c* fluid
väva (*vai*-vah) *v* *weave
vävare (*vai*-vah-rer) *c* (pl ~) weaver
vävnad (*vaiv*-nahd) *c* tissue
växa (*vehks*-ah) *v* *grow
växel (*vehks*-ayl) *c* (pl växlar) gear; draft
växelkontor (*vehks*-ayl-kon-toor) *nt* exchange office; money exchange
växelkurs (*vehks*-ayl-kewrs) *c* exchange rate
växellåda (*vehks*-ayl-loa-dah) *c* gearbox
växelpengar (*vehks*-ayl-peh-ngahr) *pl* small change
växelspak (*vehks*-ayl-spaak) *c* gear lever
växelström (*vehks*-ayl-strurm) *c* alternating current
växla (*vehks*-lah) *v* change; switch, exchange; change gear
växlande (*vehks*-lahn-der) *adj* variable
växt (vehkst) *c* growth; plant
växthus (*vehkst*-hewss) *nt* greenhouse
vördnad (*vurrd*-nahd) *c* veneration, respect
vördnadsvärd (*vurrd*-nahds-*vææ̈rd*) *adj* venerable

W

watt (vaht) *c* (pl ~) watt
webbplats (veb-plahts) *c* website
Wi-Fi (oo-*ay*-fi) (*nt*) wi-fi, WiFi®; ~ **hotspot** *c* wi-fi hotspot
WLAN (*vay*-laan) *nt* wi-fi, WiFi®

Y

ylle- (*ew*-ler) woollen
ylletröja (*ew*-ler-trur-^{y}ah) *c* jersey
ympa (*ewm*-pah) *v* inoculate; graft
ympning (*ewmp*-ning) *c* grafting
ynkrygg (*ewngk*-rewg) *c* coward
yoghurt (^{y}*o*-gūrt) *c* yoghurt
yr (ēwr) *adj* dizzy; giddy
yrke (*ewr*-ker) *nt* profession; trade; **yrkes-** professional
yrkesutbildad (*ewr*-kerss-ēwt-bil-dahd) *adj* skilled, trained
yrsel (*ewr*-serl) *c* dizziness; giddiness
yta (ēw-tah) *c* surface; area
ytlig (ēwt-li) *adj* superficial
ytterlig (*ewt*-err-li) *adj* extreme
ytterligare (*ewt*-err-li-gah-rer) *adj* further; additional
ytterlighet (*ewt*-err-li-hāyt) *c* extreme
ytterlinje (*ewt*-err-lin-^{y}er) *c* outline
yttersta (*ew*-terrs-tah) *adj* utmost; extreme
yttra (*ewt*-rah) *v* utter
yttrande (*ewt*-rahn-der) *nt* expression
yttrandefrihet (*ewt*-rahn-der-fri-*hāyt*) *c* freedom of speech
yttre (*ewt*-rer) *nt* exterior; *adj* outer; exterior
yuppie (yew-pee) *c* yuppie
yxa (*ewks*-ah) *c* axe

Z

zenit (*sāy*-nit) zenith
zigenare (si-^{y}*āy*-nah-rer) *c* (pl ~) gipsy
zink (singk) *c* zinc
zon (sōōn) *c* zone
zoo (sōō) *nt* zoo
zoologi (so-o-lo-*gee*) *c* zoology
zoomlins (*sōōm*-lins) *c* zoom lens

Å

å (ōa) *c* river, stream
åder (*ōa*-derr) *c* (pl ådror) vein
åderbrock (*ōa*-derr-brok) *nt* varicose vein
***ådraga sig** (*ōa*-draa-gah)

contract
åhörare (*ōā*-hūrr-ah-rer) *c* (pl ~) listener, auditor
åka (*ōā*-kah) *v* *ride, *drive, *go; **~ bort** *go away; **~ fort** *speed; **~ runt om** by-pass; **~ tillbaka** *go back
åker (*ōāk*-err) *c* (pl åkrar) field
ål (ōāl) *c* eel
ålder (*ol*-derr) *c* (pl åldrar) age
ålderdom (*ol*-derr-doom) *c* age; old age
åldrig (*old*-ri) *adj* aged
***ålägga** (*ōā*-lehg-ah) *v* enjoin
ånga (*ong*-ah) *c* steam; vapour
ångare (*ong*-ah-rer) *c* (pl ~) steamer
ånger (*ong*-err) *c* repentance
ångest (*ong*-erst) *c* anguish; fear
ångra (*ong*-rah) *v* regret, repent
år (ōār) *nt* year; **per ~** per annum
åra (*ōā*-rah) *c* oar
årgång (*ōār*-gong) *c* vintage
århundrade (*ōār*-hewnd-rah-der) *nt* century
årlig (*ōār*-li) *adj* annual; yearly
årsbok (*ōārs*-bōōk) *c* (pl -böcker) annual
årsdag (*ōārs*-daag) *c* anniversary
årstid (*ōārs*-teed) *c* season
åsikt (*ōā*-sikt) *c* opinion; view
åska (*oss*-kah) *c* thunder; *v* thunder; **åsk-** thundery
åskväder (*osk*-vai-derr) *nt* thunderstorm
åskådare (*ōā*-skōā-dah-rer) *c* (pl ~) spectator
åsna (*ōāss*-nah) *c* donkey
***åstadkomma** (*ōā*-stah-kom-ah) *v* effect
åsyn (*ōā*-sēwn) *c* sight
åt (ōāt) *prep* to; towards
åtala (*ōā*-taa-lah) *v* prosecute
***åta sig** (*ōā*-taa) *take upon oneself
åter (*ōāt*-err) *adv* again
återbetala (*ōāt*-err-bay-*taal*-ah) *v* *repay; reimburse, refund
återbetalning (*ōāt*-err-bay-*taal*-ning) *c* repayment; refund
***återfå** (*ōā*-terr-fōā) *v* *find again, recover
återföra (*ōāt*-err-fūrr-ah) *v* *bring back
återförena (*ōāt*-err-fur-*rāy*-nah) *v* reunite
återkalla (*ōāt*-err-kahl-ah) *v* recall
återkomst (*ōāt*-err-komst) *c* return
återresa (*ōāt*-err-rāy-sah) *c* return journey
återstod (*ōāt*-err-stōōd) *c* remainder
***återstå** (*ōāt*-err-stōā) *v* remain
***återuppta** (*ōāt*-err-ewp-tah) *v* resume
återvinna (*oat*-err-vi-nah) *v* recycle

återvinningsbar (*oat*-err-vin-nings-b̄aar) *adj* recyclable
återvända (*ōat*-err-vehn-dah) *v* return
återvändsgränd (*ōat*-err-vehnds-grehnd) *c* cul-de-sac
åtfölja (*ōat*-furl-ʸah) *v* accompany
åtgärd (*ōat*-ʸærd) *c* measure
åtkomlig (*ōat*-kom-li) *adj* attainable
åtminstone (ōat-*mins*-to-ner) *adv* at least
åtrå (*ōa*-trōa) *c* lust
åtråvärd (*ōa*-trōa-*væærd*) *adj* desirable
åtskild (*ōat*-shild) *adj* separate
åtskilja (*ōat*-shil-ʸah) *v* divide; disconnect
åtskilliga (*ōat*-shi-li-gah) *adj* several; various
åtstrama (*ōat*-straam-ah) *v* tighten
åtta (*o*-tah) *num* eight
åttio (*o*-ti) *num* eighty
åttonde (*o*-ton-der) *num* eighth
åverkan (*ōa*-vehr-kahn) *c* damage, mischief

Ä

äcklig (*ehk*-li) *adj* disgusting; revolting
ädel (*ai*-dayl) *adj* noble
ädelsten (*ai*-dayl-stāyn) *c* stone; gem
äga (*ai*-gah) *v* own; possess; **~ rum** *take place
ägare (*ai*-gah-rer) *c* (pl ~) owner; proprietor
ägg (ehg) *nt* egg
äggplanta (*ehg*-plahn-tah) *c* eggplant
äggula (*ehg*-gēwl-ah) *c* egg yolk; yolk
ägna (*ehng*-nah) *v* devote; dedicate
ägodelar (*ai*-goo-dāyl-ahr) *pl* property; possessions
äkta (*ehk*-tah) *adj* true; authentic, genuine; **~ man** husband
äktenskap (*ehk*-tayn-skaap) *nt* marriage; matrimony
äldre (*ehld*-rer) *adj* elder; elderly; **äldst** eldest
älg (ehlʸ) *c* elk, moose
älska (*ehls*-kah) *v* love
älskad (*ehls*-kahd) *adj* beloved
älskare (*ehls*-kah-rer) *c* (pl ~) lover
älskarinna (ehls-kah-*rin*-ah) *c* mistress
älskling (*ehlsk*-ling) *c* darling; sweetheart; **älsklings-** favourite; pet
älv (ehlv) *c* river
ämbar (*ehm*-baar) *nt* pail
ämbete (*ehm*-bāyt-er) *nt* office

ämbetsdräkt (*ehm*-baÿts-drehkt) *c* official dress, robe
ämna (*ehm*-nah) *v* intend
ämne (*ehm*-ner) *nt* theme; matter
än (ehn) *conj* than
ända till (*ehn*-dah til) until; as far as
ändamål (*ehn*-dah-moal) *nt* purpose; object
ändamålsenlig (*ehn*-dah-moals-*ayn*-li) *adj* suitable, appropriate
ände (*ehn*-der) *c* end
ändra (*ehnd*-rah) *v* change
ändring (*ehnd*-ring) *c* alteration
ändstation (*ehnd*-stah-shoon) *c* terminal
ändtarm (*ehnd*-tahrm) *c* rectum
äng (ehng) *c* meadow
ängel (*ehng*-ayl) *c* (pl änglar) angel
ängslig (*ehngs*-li) *adj* afraid; worried
änka (*ehng*-kah) *c* widow
änkling (*ehngk*-ling) *c* widower
ännu (*ehn*-ew) *adv* still; yet; **~ en gång** once more
äpple (*ehp*-lay) *nt* apple
ära (*æær*-ah) *v* honour; *c* glory
ärelysten (*æær*-er-lewss-tern) *adj* ambitious
ärende (*ææ*-rayn-der) *nt* errand
ärftlig (*ærft*-li) *adj* hereditary
ärlig (*æær*-li) *adj* honest
ärlighet (*æær*-li-hayt) *c* honesty
ärm (ærm) *c* sleeve
ärofull (*ææ*-roo-fewl) *adj* honourable
ärr (ær) *nt* scar
ärta (*ær*-tah) *c* pea
ärva (*ær*-vah) *v* inherit
***äta** (*ai*-tah) *v* *eat
ätbar (*ait*-baar) *adj* edible
ättling (*eht*-ling) *c* descendant
även (*aiv*-ern) *adv* also; even; likewise; **~ om** although; though
äventyr (*ai*-vayn-tewr) *nt* adventure

Ö

ö (ur) *c* island
öde (*urd*-er) *nt* fate; destiny, fortune; *adj* desert; waste
***ödelägga** (*ur*-day-leh-gah) *v* wreck; ruin
ödesdiger (*ur*-derss-dee-gerr) *adj* fatal
ödla (*urd*-lah) *c* (pl ödlor) lizard
ödmjuk (*urd*-m^y^ook) *adj* humble
öga (*ur*-gah) *nt* (pl ögon) eye
ögla (*urg*-lah) *c* loop
ögonblick (*ur*-gon-blik) *nt* moment; second, instant
ögonblickligen (*ur*-gon-*blik*-

li-ern) *adv* instantly
ögonblicksbild (*ur*-gon-bliks-*bild*) *c* snapshot
ögonbryn (*ur*-gon-brewn) *nt* eyebrow
ögonbrynspenna (*ur*-gon-brewns-peh-nah) *c* eyebrow pencil
ögonfrans (*ur*-gon-frahns) *c* eyelash
ögonlock (*ur*-gon-lok) *nt* eyelid
ögonläkare (*ur*-gon-lai-kah-rer) *c* (pl ~) eye specialist, oculist
ögonskugga (*ur*-gon-skew-gah) *c* eye shadow
ögonvittne (*ur*-gon-vit-ner) *nt* eyewitness
öka (*ur*-kah) *v* increase; raise
öken (*ur*-kern) *c* (pl öknar) desert
ökning (*urk*-ning) *c* increase
öl (url) *nt* beer; ale
öm (urm) *adj* tender; sore
ömsesidig (*urm*-say-*seed*-i) *adj* mutual
ömtålig (*urm*-toa-li) *adj* delicate; perishable
önska (*urns*-kah) *v* wish; desire, want
önskan (*urns*-kahn) *c* (pl -kningar) wish; desire
önskvärd (*urnsk*-væærd) *adj* desirable
öppen (*ur*-payn) *adj* open
öppenhjärtig (*ur*-pern-ʸær-ti) *adj* open-hearted, frank
öppna (*urp*-nah) *v* open
öppnare (*urp*-nah-rer) *c* (pl ~) opener
öppning (*urp*-ning) *c* breach, gap; opening
öra (*ur*-rah) *nt* (pl öron) ear
örfil (*urr*-feel) *c* slap; blow; ***ge en ~** smack
örhänge (*urr*-hehng-er) *nt* earring
örlogsfartyg (*urr*-logs-faar-tewg) *nt* man-of-war
örn (urrn) *c* eagle
örngott (*urrn*-got) *nt* pillowcase
örsprång (*urr*-sprong) *nt* earache
ört (urrt) *c* herb
öst (urst) east
öster (*urss*-terr) *c* east
österrikare (*urss*-terr-ree-kah-rer) *c* (pl ~) Austrian
Österrike (*urss*-terr-ree-ker) Austria
österrikisk (*urss*-terr-ree-kisk) *adj* Austrian
östra (*urst*-rah) *adj* eastern
öva (*urv*-ah) *v* exercise; **~ sig** practise
över (*urv*-err) *prep* over; across, *adv* over; ***gå ~** cross, pass; **över-** upper, chief
överallt (ur-verr-*ahlt*) *adv* everywhere; throughout
överanstränga (*ur*-verr-ahn-strehng-ah) *v* strain; **~ sig** overstrain, overwork
överdrift (*ur*-verr-drift) *c* exaggeration
***överdriva** (*ur*-verr-dree-vah) *v* exaggerate
överdriven (*ur*-verr-dreev-

ern) *adj* excessive; extravagant
överdäck (*ūr*-verr-dehk) *nt* main deck
överenskommelse (*ūr*-verr-ayns-ko-mayl-ser) *c* settlement, agreement
överensstämma (*ūr*-verr-ayns-steh-mah) *v* correspond
överfart (*ūr*-verr-faart) *c* crossing; passage
överflöd (*ūr*-verr-flūrd) *nt* abundance; plenty; ***finnas i ~** *be in plenty
överflödig (*ūr*-verr-flūrd-i) *adj* superfluous; redundant
överfull (*ūr*-verr-fewl) *adj* overfull, crowded
överföra (*ūr*-verr-fūr-rah) *v* transfer
***överge** (*ūr*-verr-ʸay) *v* desert
övergång (*ūr*-verr-gong) *c* crossing, change over, transition
övergångsställe (*ur*-verr-gongs-*steh*-ler) *nt* zebra crossing; crosswalk *nAm*
överlagd (*ūr*-verr-lahgd) *adj* deliberate, premeditated
överleva (*ūr*-verr-lāy-vah) *v* survive
överlevnad (*ūr*-verr-lāyv-nahd) *c* survival
***överlägga** (*ūr*-verr-lehg-ah) *v* deliberate
överläggning (*ūr*-verr-lehg-ning) *c* discussion, deliberation
överlägsen (*ūr*-verr-laig-sern) *adj* superior
överlämna (*ūr*-verr-lehm-nah) *v* deliver, hand … over; commit
överlärare (*ūr*-verr-lææ-rah-rer) *c* (pl ~) head teacher
övermodig (*ūr*-verr-mōōd-i) *adj* presumptuous, reckless
överraska (*ūr*-verr-rahss-kah) *v* surprise
överraskning (*ūr*-verr-rahsk-ning) *c* surprise
överrock (*ūr*-verr-rok) *c* overcoat
överrumpla (*ūr*-verr-rewmp-lah) *v* surprise
översida (*ūr*-verr-see-dah) *c* top side; top
översikt (*ūr*-verr-sikt) *c* survey; summary
överskott (*ūr*-verr-skot) *nt* surplus
***överskrida** (*ur*-verr-skreed-ah) *v* exceed
överskrift (*ūr*-verr-skrift) *c* heading; headline
överspänd (*ūr*-verr-spehnd) *adj* overstrung
överste (*ūr*-verrs-ter) *c* colonel
översvallande (*ūr*-verr-svahl-ahn-der) *adj* exuberant
översvämning (*ūr*-verr-svehm-ning) *c* flood
översända (*ūr*-verr-sehn-dah) *v* *send, remit
***översätta** (*ūr*-verr-seh-tah) *v* translate
översättare (*ūr*-verr-seh-tah-

rer) *c* (pl ~) translator
översättning (*ūr*-verr-seht-ning) *c* translation
***överta** (*ūr*-verr-taa) *v* *take over
övertala (*ūr*-verr-taa-lah) *v* persuade
övertrassera (ūr-verr-trah-*seh*-rah) *v* overdraw
övertrassering (ūr-verr-trah-*seh*-ring) *c* overdraft
överträffa (*ūr*-verr-trehf-ah) *v* exceed; *outdo
övertyga (*ūr*-verr-tēw-gah) *v* convince; persuade
övertygelse (*ūr*-verr-tew-gayl-ser) *c* conviction; persuasion
övervaka (*ūr*-verr-vaak-ah) *v* supervise; watch
övervikt (*ūr*-verr-vikt) *c* overweight
***övervinna** (*ūr*-verr-vin-ah) *v* *overcome
överväga (*ūr*-verr-vaig-ah) *v* consider; deliberate
övervägande (*ūr*-verr-vaig-ahn-der) *nt* consideration
överväldiga (*ūr*-verr-vehl-di-gah) *v* overwhelm
övning (*ūrv*-ning) *c* exercise
övre (*ūrv*-rer) *adj* upper; top
övrig (*ūrv*-ri) *adj* remaining; **för övrigt** moreover

English – Swedish
Engelsk – Svensk

A

a [eiˌə] *art* (an) en *art*
abbey ['æbi] *n* kloster *nt*
abbreviation [əˌbriːvi'eiʃən] *n* förkortning *c*
ability [ə'biləti] *n* skicklighet *c*; förmåga *c*
able ['eibəl] *adj* i stånd att; duglig; ***be ~ to** *vara i stånd till; *kunna
aboard [ə'bɔːd] *adv* ombord
abolish [ə'bɔliʃ] *v* avskaffa
abortion [ə'bɔːʃən] *n* abort *c*
about [ə'baut] *prep* om; beträffande, angående; *adv* ungefär, omkring
above [ə'bʌv] *prep* ovanför; *adv* ovan
abroad [ə'brɔːd] *adv* utomlands
abscess ['æbses] *n* böld *c*
absence ['æbsəns] *n* frånvaro *c*
absent ['æbsənt] *adj* frånvarande
absolutely ['æbsəluːtli] *adv* absolut
abstain from [əb'stein] *avstå från, *avhålla sig från
abstract ['æbstrækt] *adj* abstrakt
absurd [əb'səːd] *adj* orimlig, absurd
abundance [ə'bʌndəns] *n* överflöd *nt*
abundant [ə'bʌndənt] *adj* riklig
abuse [ə'bjuːs] *n* missbruk *nt*
academy [ə'kædəmi] *n* akademi *c*
accelerate [ək'seləreit] *v* öka farten
accelerator [ək'seləreitə] *n* gaspedal *c*
accent ['æksənt] *n* accent *c*; tonvikt *c*
accept [ək'sept] *v* acceptera, *motta
access ['ækses] *n* tillträde *nt*
accessible [ək'sesəbəl] *adj* tillgänglig
accessories [ək'sesəriz] *pl* tillbehör *pl*
accident ['æksidənt] *n* olycksfall *nt*, olycka *c*
accidental [ˌæksi'dentəl] *adj* slumpartad
accommodate [ə'kɔmədeit] *v* härbärgera, logera
accommodation [əˌkɔmə'deiʃən] *n* husrum *nt*, logi *nt*
accompany [ə'kʌmpəni] *v*

åtfölja; följa; ackompanjera
accomplish [ə'kʌmpliʃ] *v* fullborda
in accordance with [in ə'kɔːdəns wið] i enlighet med
according to [ə'kɔːdiŋ tuː] enligt
account [ə'kaunt] *n* konto *nt*; redogörelse *c*; ~ **for** redovisa; **on ~ of** på grund av
accurate ['ækjurət] *adj* noggrann
accuse [ə'kjuːz] *v* beskylla; anklaga
accused [ə'kjuːzd] *n* anklagad person
accustom [ə'kʌstəm] *v* *vänja; **accustomed** van
ache [eik] *v* värka; *n* värk *c*
achieve [ə'tʃiːv] *v* uppnå; prestera
achievement [ə'tʃiːvmənt] *n* prestation *c*
acknowledge [ək'nɔlidʒ] *v* erkänna; bekräfta
acne ['ækni] *n* finnar
acorn ['eikɔːn] *n* ekollon *nt*
acquaintance [ə'kweintəns] *n* bekant *c*
acquire [ə'kwaiə] *v* skaffa sig
acquisition [ˌækwi'ziʃən] *n* förvärv *nt*
acquittal [ə'kwitəl] *n* frikännande *nt*
across [ə'krɔs] *prep* över; *adv* på andra sidan
act [ækt] *n* handling *c*; akt *c*; nummer *nt*; *v* handla, uppträda; uppföra sig; spela
action ['ækʃən] *n* handling *c*
active ['æktiv] *adj* aktiv
activity [æk'tivəti] *n* aktivitet *c*
actor ['æktə] *n* aktör *c*, skådespelare *c*
actress ['æktris] *n* skådespelerska *c*, aktris *c*
actual ['æktʃuəl] *adj* faktisk, verklig
actually ['æktʃuəli] *adv* faktiskt
acute [ə'kjuːt] *adj* akut
adapt [ə'dæpt] *v* anpassa
adaptor [ə'dɑptə] *n* adapter *c*
add [æd] *v* addera; *lägga till
addition [ə'diʃən] *n* addition *c*; tillägg *nt*
additional [ə'diʃənəl] *adj* extra; ytterligare
address [ə'dres] *n* adress *c*; *v* adressera; vända sig till
addressee [ˌædre'siː] *n* adressat *c*
adequate ['ædikwət] *adj* tillräcklig; passande, adekvat
adjective ['ædʒiktiv] *n* adjektiv *nt*
adjust [ə'dʒʌst] *v* justera; anpassa
administer [əd'ministə] *v* dela ut
administration [ədˌmini'streiʃən] *n* administration *c*; förvaltning *c*
administrative [əd'ministrətiv] *adj*

administrativ; förvaltande; **~ law** förvaltningsrätt *c*
admiration [ˌædməˈreiʃən] *n* beundran *c*
admire [ədˈmaiə] *v* beundra
admission [ədˈmiʃən] *n* inträde *nt*; intagning *c*
admit [ədˈmit] *v* *ta in, släppa in; erkänna, *medge; rymma
admittance [ədˈmitəns] *n* tillträde *nt*; **no ~** tillträde förbjudet
adopt [əˈdɔpt] *v* adoptera
adorable [əˈdɔːrəbəl] *adj* bedårande
adult [ˈædʌlt] *n* vuxen *c*; *adj* vuxen
advance [ədˈvɑːns] *n* framsteg *nt*; förskott *nt*; *v* *göra framsteg; förskottera; **in ~** i förväg, på förhand
advanced [ədˈvɑːnst] *adj* avancerad
advantage [ədˈvɑːntidʒ] *n* fördel *c*
advantageous [ˌædvənˈteidʒəs] *adj* fördelaktig
adventure [ədˈventʃə] *n* äventyr *nt*
adverb [ˈædvəːb] *n* adverb *nt*
advertisement [ədˈvəːtismənt] *n* annons *c*
advertising [ˈædvətaiziŋ] *n* reklam *c*
advice [ədˈvais] *n* råd *nt*
advise [ədˈvaiz] *v* råda
advocate [ˈædvəkət] *n* försvarare *c*, förespråkare *c*
aerial [ˈɛəriəl] *n* antenn *c*
aeroplane [ˈɛərəplein] *n* flygplan *nt*
affair [əˈfɛə] *n* angelägenhet *c*; förhållande *nt*, kärleksaffär *c*
affect [əˈfekt] *v* påverka; beröra
affected [əˈfektid] *adj* tillgjord
affection [əˈfekʃən] *n* tillgivenhet *c*
affectionate [əˈfekʃənit] *adj* kärleksfull, tillgiven
affiliated [əˈfilieitid] *adj* ansluten
affirm [əˈfəːm] *v* försäkra
affirmative [əˈfəːmətiv] *adj* jakande
afford [əˈfɔːd] *v* *ha råd med
afraid [əˈfreid] *adj* rädd, ängslig; ***be ~** *vara rädd
Africa [ˈæfrikə] Afrika
African [ˈæfrikən] *adj* afrikansk; *n* afrikan *c*
after [ˈɑːftə] *prep* efter; *conj* sedan
afternoon [ˌɑːftəˈnuːn] *n* eftermiddag *c*; **this ~** i eftermiddag
afterwards [ˈɑːftəwədz] *adv* sedan; efteråt
again [əˈgen] *adv* igen; åter; **~ and again** gång på gång
against [əˈgenst] *prep* mot
age [eidʒ] *n* ålder *c*; ålderdom *c*; **of ~** myndig; **under ~** minderårig
aged [ˈeidʒid] *adj* åldrig; gammal

agency ['eidʒənsi] *n* agentur *c*; byrå *c*
agenda [ə'dʒendə] *n* dagordning *c*
agent ['eidʒənt] *n* agent *c*, representant *c*
aggressive [ə'gresiv] *adj* aggressiv
ago [ə'gou] *adv* för … sedan
agree [ə'gri:] *v* *vara enig; instämma; stämma överens
agreeable [ə'gri:əbəl] *adj* angenäm
agreement [ə'gri:mənt] *n* kontrakt *nt*; avtal *nt*, överenskommelse *c*
agriculture ['ægrikʌltʃə] *n* jordbruk *nt*
ahead [ə'hed] *adv* framför; **~ of** före; ***go ~** *fortsätta; **straight ~** rakt fram
aid [eid] *n* hjälp *c*; *v* *bistå, hjälpa
AIDS [eidz] *n* aids *c*
airbag ['ɛəbæg] *n* krockkudde *c*
aim [eim] *n* syfte *nt*; **~ at** sikta, sikta på; sträva efter
air [ɛə] *n* luft *c*; *v* lufta
air conditioning ['ɛəkənˌdiʃəniŋ] *n* luftkonditionering *c*; **air-conditioned** *adj* luftkonditionerad
airfield ['ɛəfi:ld] *n* flygfält *nt*
air-filter ['ɛəˌfiltə] *n* luftfilter *nt*
airline ['ɛəlain] *n* flygbolag *nt*
airmail ['ɛəmeil] *n* flygpost *c*
airplane ['ɛəplein] *nAm* flygplan *nt*
airport ['ɛəpɔ:t] *n* flygplats *c*
airsickness ['ɛəˌsiknəs] *n* flygsjuka *c*
airtight ['ɛətait] *adj* lufttät
airy ['ɛəri] *adj* luftig
aisle [ail] *n* sidoskepp *nt*; gång *c*
alarm [ə'lɑ:m] *n* alarm *nt*; *v* larma
alarm-clock [ə'lɑ:mklɔk] *n* väckarklocka *c*
album ['ælbəm] *n* album *nt*
alcohol ['ælkəhɔl] *n* alkohol *c*
alcoholic [ˌælkə'hɔlik] *adj* alkoholhaltig
ale [eil] *n* öl *nt*
algebra ['ældʒibrə] *n* algebra *c*
Algeria [æl'dʒiəriə] Algeriet
Algerian [æl'dʒiəriən] *adj* algerisk; *n* algerier *c*
alien ['eiliən] *n* utlänning *c*; främling *c*; *adj* utländsk
alike [ə'laik] *adj* likadan, lik; *adv* på samma sätt
alive [ə'laiv] *adj* levande
all [ɔ:l] *adj* all; **~ in** allt inkluderat; **~ right!** fint!; **at ~** överhuvudtaget
allergy ['ælədʒi] *n* allergi *c*
alley ['æli] *n* gränd *c*
alliance [ə'laiəns] *n* allians *c*
Allies ['ælaiz] *pl* (de) allierade
allow [ə'lau] *v* *tillåta, bevilja; **~ to** *låta; ***be allowed** *vara tillåten; ***be allowed to** *få
allowance [ə'lauəns] *n*

fickpengar *pl*, underhåll *nt*
almond ['ɑ:mənd] *n* mandel *c*
almost ['ɔ:lmoust] *adv* nästan
alone [ə'loun] *adv* endast; *adj* ensam, för sig själv
along [ə'lɔŋ] *prep* längs
aloud [ə'laud] *adv* högt
alphabet ['ælfəbet] *n* alfabet *nt*
already [ɔ:l'redi] *adv* redan
also ['ɔ:lsou] *adv* också; dessutom, även
altar ['ɔ:ltə] *n* altare *nt*
alter ['ɔ:ltə] *v* förändra, ändra
alteration [,ɔ:ltə'reiʃən] *n* ändring *c*, förändring *c*
alternate [ɔ:l'tə:nət] *adj* alternerande
alternative [ɔ:l'tə:nətiv] *n* alternativ *nt*
although [ɔ:l'ðou] *conj* fastän, även om
altitude ['æltitju:d] *n* höjd *c*
alto ['æltou] *n* (pl ~s) alt *c*
altogether [,ɔ:ltə'geðə] *adv* helt och hållet
always ['ɔ:lweiz] *adv* alltid
am [æm] *v* (pr be)
amaze [ə'meiz] *v* förbluffa, förvåna
amazement [ə'meizmənt] *n* förvåning *c*
amazing [ə'meiziŋ] *adj* häpnadsväckande
ambassador [æm'bæsədə] *n* ambassadör *c*
amber ['æmbə] *n* bärnsten *c*
ambiguous [æm'bigjuəs] *adj* tvetydig
ambition [æm'biʃən] *n* ambition *c*
ambitious [æm'biʃəs] *adj* ambitiös; ärelysten
ambulance ['æmbjuləns] *n* ambulans *c*
ambush ['æmbuʃ] *n* bakhåll *nt*
America [ə'merikə] Amerika
American [ə'merikən] *adj* amerikansk; *n* amerikan *c*
amethyst ['æmiθist] *n* ametist *c*
amid [ə'mid] *prep* bland; mitt ibland, mitt i
ammonia [ə'mouniə] *n* ammoniak *c*
amnesty ['æmnisti] *n* amnesti *c*
among [ə'mʌŋ] *prep* bland; mellan, ibland; **~ other things** bland annat
amount [ə'maunt] *n* mängd *c*; summa *c*, belopp *nt*; **~ to** *uppgå till
amuse [ə'mju:z] *v* roa, *underhålla
amusement [ə'mju:zmənt] *n* nöje *nt*, förströelse *c*
amusing [ə'mju:ziŋ] *adj* lustig
anaemia [ə'ni:miə] *n* blodbrist *c*
anaesthesia [,ænis'θi:ziə] *n* bedövning *c*
anaesthetic [,ænis'θetik] *n* bedövningsmedel *nt*
analyse ['ænəlaiz] *v* analysera
analysis [ə'næləsis] *n* (pl

-ses) analys *c*
analyst ['ænəlist] *n* analytiker *c*; psykoanalytiker *c*
anarchy ['ænəki] *n* anarki *c*
anatomy [ə'nætəmi] *n* anatomi *c*
ancestor ['ænsestə] *n* förfader *c*
anchor ['æŋkə] *n* ankare *nt*
anchovy ['æntʃəvi] *n* sardell *c*, ansjovis *c*
ancient ['einʃənt] *adj* gammal; forntida
and [ænd, ənd] *conj* och
angel ['eindʒəl] *n* ängel *c*
anger ['æŋgə] *n* ilska *c*, vrede *c*
angle ['æŋgəl] *v* meta; *n* vinkel *c*
angry ['æŋgri] *adj* vred, arg
animal ['æniməl] *n* djur *nt*
ankle ['æŋkəl] *n* ankel *c*
annex[1] ['æneks] *n* annex *nt*; bilaga *c*
annex[2] [ə'neks] *v* annektera
anniversary [ˌæni'vəːsəri] *n* årsdag *c*
announce [ə'nauns] *v* *tillkännage, *offentliggöra
announcement [ə'naunsmənt] *n* tillkännagivande *nt*, kungörelse *c*
annoy [ə'nɔi] *v* förarga, irritera; reta
annoyance [ə'nɔiəns] *n* förargelse *c*
annoying [ə'nɔiiŋ] *adj* förarglig, retsam
annual ['ænjuəl] *adj* årlig; *n* årsbok *c*
per annum [pər 'ænəm] per år
anonymous [ə'nɔniməs] *adj* anonym
another [ə'nʌðə] *adj* en till; en annan
answer ['ɑːnsə] *v* svara; besvara; *n* svar *nt*
answering machine ['ɑːnsəriŋ mə'ʃiːn] *n* telefonsvarare
ant [ænt] *n* myra *c*
antibiotic [ˌæntibai'ɔtik] *n* antibiotikum *nt*
anticipate [æn'tisipeit] *v* *förutse, *föregripa; *förekomma
antifreeze ['æntifriːz] *n* frostskyddsvätska *c*
antipathy [æn'tipəθi] *n* motvilja *c*
antique [æn'tiːk] *adj* antik; *n* antikvitet *c*
antiquities *pl* antikviteter
antiseptic [ˌænti'septik] *n* antiseptiskt medel
anxiety [æŋ'zaiəti] *n* bekymmer *nt*
anxious ['æŋkʃəs] *adj* ivrig; orolig
any ['eni] *adj* någon
anybody ['enibɔdi] *pron* vem som helst
anyhow ['enihau] *adv* hur som helst
anyone ['eniwʌn] *pron* varje
anything ['eniθiŋ] *pron* vad som helst

anyway ['eniwei] *adv* i varje fall
anywhere ['eniwɛə] *adv* var som helst
apart [ə'pɑːt] *adv* isär, var för sig; ~ **from** bortsett från
apartment [ə'pɑːtmənt] *nAm* våning *c*, lägenhet *c*; ~ **house** *Am* hyreshus *nt*
aperitif [ə'perətiv] *n* aperitif *c*
apologize [ə'pɔlədʒaiz] *v* *be om ursäkt
apology [ə'pɔlədʒi] *n* ursäkt *c*
app [æp] *n* app *c*
apparatus [ˌæpə'reitəs] *n* anordning *c*, apparat *c*
apparent [ə'pærənt] *adj* uppenbar; tydlig
apparently [ə'pærəntli] *adv* tydligen
appeal [ə'piːl] *n* vädjan *c*
appear [ə'piə] *v* verka, tyckas; *framgå; synas; framträda
appearance [ə'piərəns] *n* utseende *nt*; framträdande *nt*
appendicitis [əˌpendi'saitis] *n* blindtarmsinflammation *c*
appendix [ə'pendiks] *n* (pl -dices, -dixes) blindtarm *c*
appetite ['æpətait] *n* aptit *c*, matlust *c*
appetizer ['æpətaizə] *n* aptitretare *c*
appetizing ['æpətaiziŋ] *adj* aptitlig
applaud [ə'plɔːd] *v* applådera
applause [ə'plɔːz] *n* applåd *c*
apple ['æpəl] *n* äpple *nt*
appliance [ə'plaiəns] *n* apparat *c*, anordning *c*
application [ˌæpli'keiʃən] *n* användning *c*; ansökan *c*
apply [ə'plai] *v* tillämpa, *lägga på; använda; ansöka; gälla
appoint [ə'pɔint] *v* anställa, utnämna
appointment [ə'pɔintmənt] *n* avtalat möte, avtal *nt*; utnämning *c*
appreciate [ə'priːʃieit] *v* uppskatta, *värdesätta
appreciation [əˌpriːʃi'eiʃən] *n* värdestegring *c*; uppskattning *c*
apprentice [ə'prentis] *n* lärling *c*
approach [ə'proutʃ] *v* närma sig; *n* tillvägagångssätt *nt*; närmande *nt*
appropriate [ə'proupriət] *adj* rätt, lämplig, ändamålsenlig
approval [ə'pruːvəl] *n* gillande *nt*; bifall *nt*
approve [ə'pruːv] *v* gilla; ~ **of** godkänna
approximate [ə'prɔksimət] *adj* ungefärlig
approximately [ə'prɔksimətli] *adv* ungefär, cirka
apricot ['eiprikɔt] *n* aprikos *c*
April ['eiprəl] april
apron ['eiprən] *n* förkläde *nt*
Arab ['ærəb] *adj* arabisk; *n* arab *c*

arbitrary ['ɑ:bitrəri] *adj* godtycklig
arcade [ɑ:'keid] *n* pelargång *c*, arkad *c*
arch [ɑ:tʃ] *n* valvbåge *c*; valv *nt*
archaeologist [ˌɑ:ki'ɔlədʒist] *n* arkeolog *c*
archaeology [ˌɑ:ki'ɔlədʒi] *n* arkeologi *c*
arched [ɑ:tʃt] *adj* bågformig
architect ['ɑ:kitekt] *n* arkitekt *c*
architecture ['ɑ:kitektʃə] *n* byggnadskonst *c*, arkitektur *c*
archives ['ɑ:kaivz] *pl* arkiv *nt*
are [ɑ:] *v* (pr be)
area ['ɛəriə] *n* område *nt*; yta *c*; ~ **code** riktnummer *nt*
Argentina [ˌɑ:dʒən'ti:nə] Argentina
Argentinian [ˌɑ:dʒən'tiniən] *adj* argentinsk; *n* argentinare *c*
argue ['ɑ:gju:] *v* argumentera, diskutera, debattera; gräla
argument ['ɑ:gjumənt] *n* argument *nt*; diskussion *c*; ordväxling *c*
***arise** [ə'raiz] *v* *uppstå
arithmetic [ə'riθmətik] *n* räkning *c*
arm [ɑ:m] *n* arm *c*; vapen *nt*; armstöd *nt*; *v* beväpna
armchair ['ɑ:mtʃɛə] *n* fåtölj *c*
armed [ɑ:md] *adj* beväpnad; ~ **forces** beväpnade styrkor
armour ['ɑ:mə] *n* rustning *c*
army ['ɑ:mi] *n* armé *c*
aroma [ə'roumə] *n* arom *c*
around [ə'raund] *prep* omkring; *adv* runt
arrange [ə'reindʒ] *v* ordna; arrangera
arrangement [ə'reindʒmənt] *n* arrangemang *nt*; avtal *nt*; åtgärd *c*
arrest [ə'rest] *v* arrestera; *n* arrestering *c*
arrival [ə'raivəl] *n* ankomst *c*
arrive [ə'raiv] *v* anlända
arrow ['ærou] *n* pil *c*
art [ɑ:t] *n* konst *c*; skicklighet *c*; list *c*; ~ **collection** konstsamling *c*; ~ **exhibition** konstutställning *c*; ~ **gallery** konstgalleri *nt*; ~ **history** konsthistoria *c*; **arts and crafts** konstindustri *c*; ~ **school** konstakademi *c*
artery ['ɑ:təri] *n* pulsåder *c*
artichoke ['ɑ:titʃouk] *n* kronärtskocka *c*
article ['ɑ:tikəl] *n* artikel *c*
artificial [ˌɑ:ti'fiʃəl] *adj* konstgjord
artist ['ɑ:tist] *n* konstnär *c*; konstnärinna *c*
artistic [ɑ:'tistik] *adj* artistisk, konstnärlig
as [æz] *conj* liksom, som; lika; därför att, eftersom; ~ **from** från; från och med; ~ **if** som om
asbestos [æz'bestɔs] *n* asbest *c*
ascend [ə'send] *v* *stiga;

*stiga uppåt; *bestiga
ascent [ə'sent] *n* stigning *c*; bestigning *c*
ascertain [ˌæsə'tein] *v* konstatera; förvissa sig om, fastställa
ash [æʃ] *n* aska *c*
ashamed [ə'ʃeimd] *adj* skamsen; ***be ~** skämmas
ashore [ə'ʃɔː] *adv* i land
ashtray ['æʃtrei] *n* askkopp *c*
Asia ['eiʃə] Asien
Asian ['eiʃən] *adj* asiatisk; *n* asiat *c*
aside [ə'said] *adv* åt sidan
ask [ɑːsk] *v* fråga; *be; *inbjuda
asleep [ə'sliːp] *adj* sovande
asparagus [ə'spærəgəs] *n* sparris *c*
aspect ['æspekt] *n* aspekt *c*
asphalt ['æsfælt] *n* asfalt *c*
aspire [ə'spaiə] *v* sträva
aspirin ['æspərin] *n* aspirin *nt*
assassination [əˌsæsi'neiʃən] *n* mord *nt*
assault [ə'sɔːlt] *v* *angripa; *våldta
assemble [ə'sembəl] *v* samla; *sätta ihop, montera
assembly [ə'sembli] *n* församling *c*, sammankomst *c*
assignment [ə'sainmənt] *n* uppdrag *nt*
assign to [ə'sain] tilldela; *överlåta
assist [ə'sist] *v* hjälpa, *bistå; **~ at** *vara närvarande vid
assistance [ə'sistəns] *n* hjälp *c*; bistånd *nt*, understöd *nt*
assistant [ə'sistənt] *n* assistent *c*
associate¹ [ə'souʃiət] *n* kompanjon *c*, delägare *c*; kollega *c*; medlem *c*
associate² [ə'souʃieit] *v* associera; **~ with** *umgås med
association [əˌsousi'eiʃən] *n* förening *c*, sammanslutning *c*
assort [ə'sɔːt] *v* sortera
assortment [ə'sɔːtmənt] *n* urval *nt*, sortiment *nt*
assume [ə'sjuːm] *v* *anta, förmoda
assure [ə'ʃuə] *v* försäkra
asthma ['æsmə] *n* astma *c*
astonish [ə'stɔniʃ] *v* förvåna
astonishing [ə'stɔniʃiŋ] *adj* förvånansvärd
astonishment [ə'stɔniʃmənt] *n* förvåning *c*
astronaut ['æstrənɔːt] *n* astronaut *c*
astronomy [ə'strɔnəmi] *n* astronomi *c*
asylum [ə'sailəm] *n* asyl *c*; mentalsjukhus *nt*, vårdanstalt *c*
at [æt] *prep* på, hos, i
ate [et] *v* (p eat)
atheist ['eiθiist] *n* ateist *c*
athlete ['æθliːt] *n* atlet *c*
athletics [æθ'letiks] *pl* friidrott *c*
Atlantic [ət'læntik] Atlanten
ATM ['eitiː'em] *n* bankomat *c*

atmosphere ['ætməsfiə] *n* atmosfär *c*; stämning *c*
atom ['ætəm] *n* atom *c*
atomic [ə'tɔmik] *adj* atom-; kärn-
atomizer ['ætəmaizə] *n* sprayflaska *c*; spray *c*
attach [ə'tætʃ] *v* fästa; bifoga; **attached to** fäst vid
attack [ə'tæk] *v* *anfalla; *n* anfall *nt*
attain [ə'tein] *v* uppnå
attainable [ə'teinəbəl] *adj* uppnåelig; åtkomlig
attempt [ə'tempt] *v* försöka, pröva; *n* försök *nt*
attend [ə'tend] *v* *vara närvarande vid; ~ **on** uppassa; ~ **to** *ta hand om, *se till; beakta, uppmärksamma
attendance [ə'tendəns] *n* deltagande *nt*
attendant [ə'tendənt] *n* vaktmästare *c*
attention [ə'tenʃən] *n* uppmärksamhet *c*
attentive [ə'tentiv] *adj* uppmärksam
attest [ə'test] *v intyga*
attic ['ætik] *n* vindsrum *nt*
attitude ['ætitju:d] *n* inställning *c*
attorney [ə'tə:ni] *n* advokat *c*
attract [ə'trækt] *v* *tilldra sig
attraction [ə'trækʃən] *n* attraktion *c*; lockelse *c*
attractive [ə'træktiv] *adj* tilldragande
auction ['ɔ:kʃən] *n* auktion *c*
audible ['ɔ:dibəl] *adj* hörbar
audience ['ɔ:diəns] *n* publik *c*
auditor ['ɔ:ditə] *n* åhörare *c*
auditorium [,ɔ:di'tɔ:riəm] *n* hörsal *c*
August ['ɔ:gəst] augusti
aunt [ɑ:nt] *n* tant *c*, moster *c*, faster *c*
Australia [ɔ'streiliə] Australien
Australian [ɔ'streiliən] *adj* australisk; *n* australier *c*
Austria ['ɔstriə] Österrike
Austrian ['ɔstriən] *adj* österrikisk; *n* österrikare *c*
authentic [ɔ:'θentik] *adj* autentisk; äkta
author ['ɔ:θə] *n* författare *c*
authoritarian [ɔ:,θɔri'teəriən] *adj* auktoritär
authority [ɔ:'θɔrəti] *n* auktoritet *c*; maktbefogenhet *c*; **authorities** *pl* myndigheter *pl*
authorization [,ɔ:θərai'zeiʃən] *n* tillåtelse *c*
automatic [,ɔ:tə'mætik] *adj* automatisk; ~ **teller machine** *n* bankomat c
automation [,ɔ:tə'meiʃən] *n* automatisering *c*
automobile ['ɔ:təməbi:l] *n* bil *c*; ~ **club** automobilklubb *c*
autonomous [ɔ:'tɔnəməs] *adj* autonom

autopsy ['ɔːtɔpsi] *n* obduktion *c*
autumn ['ɔːtəm] *n* höst *c*
available [ə'veiləbəl] *adj* disponibel, tillgänglig, i lager
avalanche ['ævəlɑːnʃ] *n* lavin *c*
avenue ['ævənjuː] *n* aveny *c*
average ['ævəridʒ] *adj* genomsnittlig; *n* genomsnitt *nt*; **on the ~** i genomsnitt
averse [ə'vəːs] *adj* obenägen, ovillig
aversion [ə'vəːʃən] *n* motvilja *c*
avoid [ə'vɔid] *v* *undgå; *undvika
await [ə'weit] *v* vänta på, vänta sig
awake [ə'weik] *adj* vaken
***awake** [ə'weik] *v* väcka
award [ə'wɔːd] *n* pris *nt*; *v* tilldela
aware [ə'wɛə] *adj* medveten
away [ə'wei] *adv* bort; ***go ~** åka bort
awful ['ɔːfəl] *adj* fruktansvärd, ryslig
awkward ['ɔːkwəd] *adj* brydsam; tafatt, klumpig
awning ['ɔːniŋ] *n* markis *c*
axe [æks] *n* yxa *c*
axle ['æksəl] *n* hjulaxel *c*

B

baby ['beibi] *n* baby *c*; **~ carriage** *Am* barnvagn *c*
babysitter ['beibi,sitə] *n* barnvakt *c*
bachelor ['bætʃələ] *n* ungkarl *c*
back [bæk] *n* rygg *c*; *adv* tillbaka; ***go ~** åka tillbaka
backache ['bækeik] *n* ryggvärk *c*
backbone ['bækboun] *n* ryggrad *c*
background ['bækgraund] *n* bakgrund *c*; utbildning *c*
backwards ['bækwədz] *adv* bakåt
bacon ['beikən] *n* bacon *nt*
bacterium [bæk'tiːriəm] *n* (pl -ria) bakterie *c*
bad [bæd] *adj* dålig, allvarlig; stygg
bag [bæg] *n* påse *c*; väska *c*, handväska *c*; resväska *c*
baggage ['bægidʒ] *n* bagage *nt*; **~ deposit office** *Am* bagageinlämning *c*; **hand ~** handbagage *nt*
bail [beil] *n* borgen *c*
bait [beit] *n* bete *nt*
bake [beik] *v* baka
baker ['beikə] *n* bagare *c*
bakery ['beikəri] *n* bageri *nt*
balance ['bæləns] *n* jämvikt *c*; våg *c*; saldo *nt*
balcony ['bælkəni] *n* balkong *c*
bald [bɔːld] *adj* flintskallig
ball [bɔːl] *n* boll *c*; bal *c*

ballet ['bælei] *n* balett *c*
balloon [bə'lu:n] *n* ballong *c*
ballpoint pen ['bɔ:lpɔintpen] *n* kulspetspenna *c*
ballroom ['bɔ:lru:m] *n* balsal *c*
banana [bə'nɑ:nə] *n* banan *c*
band [bænd] *n* band *nt*
bandage ['bændidʒ] *n* förband *nt*
bank [bæŋk] *n* flodbank *c*; bank *c*; *v* deponera, *sätta in; ~ **account** bankkonto *nt*
banknote ['bæŋknout] *n* sedel *c*
bank rate ['bæŋkreit] *n* diskonto *nt*
bankrupt ['bæŋkrʌpt] *adj* konkursmässig, bankrutt
banner ['bænə] *n* baner *nt*
banquet ['bæŋkwit] *n* bankett *c*
banqueting-hall ['bæŋkwitiŋhɔ:l] *n* bankettsal *c*
baptism ['bæptizəm] *n* dop *nt*
baptize [bæp'taiz] *v* döpa
bar [bɑ:] *n* bar *c*; stång *c*; fönstergaller *nt*
barbecue ['bɑ:bikju:] *n* grill; *v* grilla
barbed wire ['bɑ:bd waiə] *n* taggtråd
barber ['bɑ:bə] *n* herrfrisör *c*
bare [bɛə] *adj* naken, bar; kal
barely ['bɛəli] *adv* nätt och jämt
bargain ['bɑ:gin] *n* fynd *nt*; *v* *köpslå, pruta
baritone ['bæritoun] *n* baryton *c*
bark [bɑ:k] *n* bark *c*; *v* skälla
barley ['bɑ:li] *n* korn *nt*
barn [bɑ:n] *n* lada *c*
barometer [bə'rɔmitə] *n* barometer *c*
baroque [bə'rɔk] *adj* barock
barracks ['bærəks] *pl* kasern *c*
barrel ['bærəl] *n* tunna *c*, fat *nt*
barrier ['bæriə] *n* barriär *c*; bom *c*
barrister ['bæristə] *n* advokat *c*
bartender ['bɑ:ˌtendə] *n* bartender *c*
base [beis] *n* bas *c*; grundval *c*; *v* basera
baseball ['beisbɔ:l] *n* baseboll *c*
basement ['beismənt] *n* källarvåning *c*
basic ['beisik] *adj* grundläggande
basilica [bə'zilikə] *n* basilika *c*
basin ['beisən] *n* balja *c*, skål *c*
basis ['beisis] *n* (pl bases) basis *c*, grundprincip *c*
basket ['bɑ:skit] *n* korg *c*
bass[1] [beis] *n* bas *c*
bass[2] [bæs] *n* (pl ~) abborre *c*
bastard ['bɑ:stəd] *n* bastard *c*; tölp *c*
batch [bætʃ] *n* parti *nt*; hop *c*
bath [bɑ:θ] *n* bad *nt*; ~ **salts** badsalt *nt*; ~ **towel**

badhandduk *c*
bathe [beið] *v* bada
bathing cap ['beiðiŋkæp] *n* badmössa *c*
bathing suit ['beiðiŋsu:t] *n* baddräkt *c*; badbyxor *pl*
bathrobe ['bɑ:θroub] *n* badrock *c*
bathroom ['bɑ:θru:m] *n* badrum *nt*; toalett *c*
batter ['bætə] *n* smet *c*
battery ['bætəri] *n* batteri *nt*
battle ['bætəl] *n* slag *nt*; kamp *c*, strid *c*; *v* kämpa
bay [bei] *n* vik *c*; *v* skälla
***be** [bi:] *v* *vara
beach [bi:tʃ] *n* strand *c*; **nudist ~** nudistbadstrand *c*
bead [bi:d] *n* pärla *c*; **beads** *pl* pärlhalsband *nt*; radband *nt*
beak [bi:k] *n* näbb *c*
beam [bi:m] *n* stråle *c*; bjälke *c*
bean [bi:n] *n* böna *c*
bear [bɛə] *n* björn *c*
***bear** [bɛə] *v* *bära; tåla; *utstå
beard [biəd] *n* skägg *nt*
beast [bi:st] *n* djur *nt*; **~ of prey** rovdjur *nt*
***beat** [bi:t] *v* *slå; besegra
beautiful ['bju:tifəl] *adj* vacker
beauty ['bju:ti] *n* skönhet *c*; **~ parlour** skönhetssalong *c*; **~ salon** skönhetssalong *c*; **~ treatment** skönhetsvård *c*
beaver ['bi:və] *n* bäver *c*
because [bi'kɔz] *conj* därför att; eftersom; **~ of** på grund av
***become** [bi'kʌm] *v* *bli; klä
bed [bed] *n* säng *c*; **~ and board** helpension *c*, mat och logi; **~ and breakfast** rum med frukost
bedding ['bediŋ] *n* sängkläder *pl*
bedroom ['bedru:m] *n* sovrum *nt*
bee [bi:] *n* bi *nt*
beech [bi:tʃ] *n* bok *c*
beef [bi:f] *n* oxkött *nt*
beefburger ['bi:fbə:gə] *n* biffburgare *c*
beehive ['bi:haiv] *n* bikupa *c*
been [bi:n] *v* (pp be)
beer [biə] *n* öl *nt*
beet [bi:t] *n* beta *c*
beetle ['bi:təl] *n* skalbagge *c*
beetroot ['bi:tru:t] *n* rödbeta *c*
before [bi'fɔ:] *prep* före; framför; *conj* innan; *adv* förut; innan
beg [beg] *v* tigga; *bönfalla; *be
beggar ['begə] *n* tiggare *c*
***begin** [bi'gin] *v* begynna, börja
beginner [bi'ginə] *n* nybörjare *c*
beginning [bi'giniŋ] *n* begynnelse *c*; början *c*
on behalf of [bi'hɑ:f] på … vägnar
behave [bi'heiv] *v* uppföra sig
behaviour [bi'heivjə] *n*

uppförande *nt*
behind [bi'haind] *prep* bakom; *adv* bakom
beige [beiʒ] *adj* beige
being ['biːiŋ] *n* varelse *c*
Belgian ['beldʒən] *adj* belgisk; *n* belgare *c*
Belgium ['beldʒəm] Belgien
belief [bi'liːf] *n* tro *c*
believe [bi'liːv] *v* tro
bell [bel] *n* klocka *c*; ringklocka *c*
bellboy ['belbɔi] *n* hotellpojke *c*
belly ['beli] *n* buk *c*
belong [bi'lɔŋ] *v* tillhöra
belongings [bi'lɔŋiŋz] *pl* tillhörigheter *pl*
beloved [bi'lʌvd] *adj* älskad
below [bi'lou] *prep* nedanför; under; *adv* nedan
belt [belt] *n* bälte *nt*; **garter ~** *Am* strumpebandshållare *c*
bench [bentʃ] *n* bänk *c*
bend [bend] *n* kurva *c*, böjning *c*; krök *c*
***bend** [bend] *v* böja; **~ down** böja sig
beneath [bi'niːθ] *prep* under; *adv* nedanför
benefit ['benifit] *n* vinst *c*, nytta *c*; förmån *c*; *v* *dra nytta
bent [bent] *adj* (pp bend) böjd
berry ['beri] *n* bär *nt*
beside [bi'said] *prep* bredvid
besides [bi'saidz] *adv* dessutom; förresten; *prep* utom
best [best] *adj* bäst
bet [bet] *n* vad *nt*; insats *c*
***bet** [bet] *v* *slå vad
betray [bi'trei] *v* förråda
better ['betə] *adj* bättre
between [bi'twiːn] *prep* mellan
beverage ['bevəridʒ] *n* dryck *c*
beware [bi'wɛə] *v* akta sig
beyond [bi'jɔnd] *prep* bortom; på andra sidan om; utöver; *adv* bortom
bible ['baibəl] *n* bibel *c*
bicycle ['baisikəl] *n* cykel *c*
bid [bid] *n* bud *nt*
big [big] *adj* stor; omfångsrik; tjock; viktig
bike [baik] *n colloquial* cykel *c*
bile [bail] *n* galla *c*
bilingual [bai'liŋgwəl] *adj* tvåspråkig
bill [bil] *n* räkning *c*; nota *c*; *v* fakturera
billiards ['biljədz] *pl* biljard *c*
billion ['biljən] *n* miljard *c*
***bind** [baind] *v* *binda
binding ['baindiŋ] *n* band *nt*; bård *c*
binoculars [bi'nɔkjələz] *pl* kikare *c*
biodegradable [ˌbaioudi'greidəbəl] *adj* biologiskt nedbrytbar
biology [bai'ɔlədʒi] *n* biologi *c*
bipolar [ˌbai'poulə] *adj* bipolär
birch [bəːtʃ] *n* björk *c*

bird [bəːd] *n* fågel *c*
birth [bəːθ] *n* födelse *c*
birthday ['bəːθdei] *n* födelsedag *c*
biscuit ['biskit] *n* kex *nt*
bishop ['biʃəp] *n* biskop *c*
bit [bit] *n* bit *c*; smula *c*
bitch [bitʃ] *n* tik *c*
bite [bait] *n* munsbit *c*; bett *nt*
***bite** [bait] *v* *bita
bitter ['bitə] *adj* bitter
black [blæk] *adj* svart; **~ market** svarta börsen
blackberry ['blækbəri] *n* björnbär *nt*
Blackberry® ['blækbəri] *n* Blackberry *c*
blackbird ['blækbəːd] *n* koltrast *c*
blackboard ['blækbɔːd] *n* svarta tavlan
blackcurrant [ˌblæk'kʌrənt] *n* svarta vinbär *nt*
blackmail ['blækmeil] *n* utpressning *c*; *v* utpressa pengar
blacksmith ['blæksmiθ] *n* smed *c*
bladder ['blædə] *n* urinblåsa *c*
blade [bleid] *n* knivblad *nt*; **~ of grass** grässtrå *nt*
blame [bleim] *n* klander *nt*; *v* förebrå, klandra
blank [blæŋk] *adj* blank
blanket ['blæŋkit] *n* filt *c*
blast [blɑːst] *n* explosion *c*
blazer ['bleizə] *n* blazer *c*
bleach [bliːtʃ] *v* bleka
bleak [bliːk] *adj* karg, kal
***bleed** [bliːd] *v* blöda
bless [bles] *v* välsigna
blessing ['blesiŋ] *n* välsignelse *c*
blind [blaind] *n* persienn *c*, rullgardin *c*; *adj* blind; *v* blända
blister ['blistə] *n* blåsa *c*, vattenblåsa *c*
blizzard ['blizəd] *n* snöstorm *c*
block [blɔk] *v* blockera, spärra; *n* kloss *c*; **~ of flats** hyreshus *nt*
Blog [blɔg] *n* blogg c
blond [blɔnd] *adj* blond
blood [blʌd] *n* blod *nt*; **~ pressure** blodtryck *nt*
blood poisoning ['blʌdˌpɔizəniŋ] *n* blodförgiftning *c*
blood vessel ['blʌdˌvesəl] *n* blodkärl *nt*
bloody ['blʌdi] *adj colloquial* blodig
blossom ['blɔsəm] *n* blomma *c*
blot [blɔt] *n* fläck *c*; **blotting paper** läskpapper *nt*
blouse [blauz] *n* blus *c*
blow [blou] *n* örfil *c*, slag *nt*; vindpust *c*
***blow** [blou] *v* blåsa
blowout ['blouaut] *n* punktering *c*
blue [bluː] *adj* blå; nedstämd
blunt [blʌnt] *adj* slö; trubbig
blush [blʌʃ] *v* rodna
board [bɔːd] *n* bräda *c*; tavla *c*; pension *c*; styrelse *c*; **~**

and lodging mat och logi, helpension *c*
boarder ['bɔːdə] *n* internatselev *c*, inackordering *c*
boardinghouse ['bɔːdiŋhaus] *n* pensionat *nt*
boarding school ['bɔːdiŋskuːl] *n* internatskola *c*
boast [boust] *v* *skryta
boat [bout] *n* båt *c*, skepp *nt*
body ['bɔdi] *n* kropp *c*
bodyguard ['bɔdigɑːd] *n* livvakt *c*
bog [bɔg] *n* träsk *nt*
boil [bɔil] *v* koka; *n* spikböld *c*
bold [bould] *adj* djärv, fräck
Bolivia [bə'liviə] Bolivia
Bolivian [bə'liviən] *adj* boliviansk; *n* bolivian *c*
bolt [boult] *n* regel *c*; bult *c*
bomb [bɔm] *n* bomb *c*; *v* bombardera
bond [bɔnd] *n* obligation *c*
bone [boun] *n* ben *nt*; fiskben *nt*; *v* urbena
bonnet ['bɔnit] *n* motorhuv *c*
book [buk] *n* bok *c*; *v* boka, reservera; bokföra, *skriva in
booking ['bukiŋ] *n* beställning *c*, reservation *c*
bookmaker ['buk,meikə] *n* vadhållningsagent *c*
bookseller ['buk,selə] *n* bokhandlare *c*
bookstand ['bukstænd] *n* bokstånd *nt*
bookstore ['bukstɔː] *n* bokhandel *c*, boklåda *c*
boot [buːt] *n* stövel *c*; bagageutrymme *nt*
booth [buːð] *n* bod *c*; hytt *c*
booze [buːz] *n colloquial* sprit
border ['bɔːdə] *n* gräns *c*; kant *c*
bore[1] [bɔː] *v* tråka ut; borra; *n* tråkmåns *c*
bore[2] [bɔː] *v* (p bear)
boring ['bɔːriŋ] *adj* tråkig, långtråkig
born [bɔːn] *adj* född
borrow ['bɔrou] *v* låna
bosom ['buzəm] *n* barm *c*; bröst *nt*
boss [bɔs] *n* chef *c*
botany ['bɔtəni] *n* botanik *c*
both [bouθ] *adj* båda; **both … and** både … och
bother ['bɔðə] *v* besvära, störa; *göra sig besvär; *n* besvär *nt*
bottle ['bɔtəl] *n* flaska *c*; **~ opener** flasköppnare *c*; **hot-water ~** varmvattensflaska *c*
bottleneck ['bɔtəlnek] *n* flaskhals *c*
bottom ['bɔtəm] *n* botten *c*; bakdel *c*, stjärt *c*; *adj* nedersta
bought [bɔːt] *v* (p, pp buy)
boulder ['bouldə] *n* stenblock *nt*
bound [baund] *n* gräns *c*; ***be ~ to** *måste; **~ for** på väg till
boundary ['baundəri] *n* gränslinje *c*; landgräns *c*
bouquet [bu'kei] *n* bukett *c*

bourgeois ['buəʒwɑː] *adj* kälkborgerlig
boutique [bu'tiːk] *n* boutique *c*
bow[1] [bau] *v* bocka
bow[2] [bou] *n* båge *c*; **~ tie** fluga *c*
bowels [bauəlz] *pl* inälvor *pl*, tarmar *pl*
bowl [boul] *n* skål *c*
bowling ['bouliŋ] *n* kägelspel *nt*, bowling *c*; **~ alley** bowlingbana *c*
box[1] [bɔks] *v* boxas; **boxing match** boxningsmatch *c*
box[2] [bɔks] *n* ask *c*
box office ['bɔks,ɔfis] *n* biljettlucka *c*, biljettkassa *c*
boy [bɔi] *n* pojke *c*; tjänare *c*; **~ scout** scout *c*
boyfriend ['bɔifrend] *n* pojkvän *c*
bra [brɑː] *n* behå *c*
bracelet ['breislit] *n* armband *nt*
braces ['breisiz] *pl* hängslen *pl*
brain [brein] *n* hjärna *c*; förstånd *nt*
brain wave ['breinweiv] *n* snilleblixt *c*
brake [breik] *n* broms *c*; **~ drum** bromstrumma *c*; **~ lights** bromsljus *nt*
branch [brɑːntʃ] *n* gren *c*; filial *c*
brand [brænd] *n* märke *nt*; brännmärke *nt*
brand-new [,brænd'njuː] *adj* splitter ny
brass [brɑːs] *n* mässing *c*; **~ band** mässingsorkester *c*
brave [breiv] *adj* tapper, modig
Brazil [brə'zil] Brasilien
Brazilian [brə'ziljən] *adj* brasiliansk; *n* brasilianare *c*
breach [briːtʃ] *n* rämna *c*; brott *nt*
bread [bred] *n* bröd *nt*; **wholemeal ~** fullkornsbröd *nt*
breadth [bredθ] *n* bredd *c*
break [breik] *n* brytning *c*; rast *c*
***break** [breik] *v* *bryta; **~ down** *gå sönder; *bryta samman; analysera
breakdown ['breikdaun] *n* sammanbrott *nt*, motorstopp *nt*
breakfast ['brekfəst] *n* frukost *c*
breast [brest] *n* bröst *nt*
breaststroke ['breststrouk] *n* bröstsim *nt*
breath [breθ] *n* anda *c*
breathe [briːð] *v* andas
breathing ['briːðiŋ] *n* andning *c*
breed [briːd] *n* ras *c*; art *c*
***breed** [briːd] *v* uppföda
breeze [briːz] *n* bris *c*
brew [bruː] *v* brygga
brewery ['bruːəri] *n* bryggeri *nt*
Brexit ['breksit] *n* brexit *c*
bribe [braib] *v* muta
bribery ['braibəri] *n* mutning *c*

brick [brik] *n* tegelsten *c*
bricklayer ['brikleiə] *n* murare *c*
bride [braid] *n* brud *c*
bridegroom ['braidgru:m] *n* brudgum *c*
bridge [bridʒ] *n* bro *c*; bridge *c*
brief [bri:f] *adj* kort; kortfattad
briefcase ['bri:fkeis] *n* portfölj *c*
briefs [bri:fs] *pl* trosor *pl*, kalsonger *pl*
bright [brait] *adj* glänsande; strålande; kvicktänkt, skärpt
brighten ['braitən] *v* göra ljusare
brill [bril] *n* slätvar *c*
brilliant ['briljənt] *adj* briljant; begåvad
brim [brim] *n* brädd *c*
***bring** [briŋ] *v* *ta med, medföra; *ha med sig; ~ **back** återföra; ~ **up** uppfostra; *ta upp
brisk [brisk] *adj* pigg
British ['britiʃ] *adj* brittisk
Briton ['britən] *n* britt *c*
broad [brɔ:d] *adj* bred; utsträckt, vidsträckt; allmän
broadband ['brɔ:dæbænd] *n* bredband *c*
broadcast ['brɔ:dkɑ:st] *n* utsändning *c*
***broadcast** ['brɔ:dkɑ:st] *v* utsända
brochure ['brouʃuə] *n* broschyr *c*
broke[1] [brouk] *v* (p break)
broke[2] [brouk] *adj* pank
broken ['broukən] *adj* (pp break) sönder; trasig
broker ['broukə] *n* mäklare *c*
bronchitis [brɔŋ'kaitis] *n* luftrörskatarr *c*
bronze [brɔnz] *n* brons *c*; *adj* brons-
brooch [broutʃ] *n* brosch *c*
brook [bruk] *n* bäck *c*
broom [bru:m] *n* kvast *c*
brothel ['brɔθəl] *n* bordell *c*
brother ['brʌðə] *n* bror *c*; broder *c*
brother-in-law ['brʌðərinlɔ:] *n* (pl brothers-) svåger *c*
brought [brɔ:t] *v* (p, pp bring)
brown [braun] *adj* brun
bruise [bru:z] *n* blodutgjutning *c*, blåmärke *nt*; *v* *slå gul och blå
brunette [bru:'net] *n* brunett *c*
brush [brʌʃ] *n* borste *c*; pensel *c*; *v* borsta
brutal ['bru:təl] *adj* brutal
bubble ['bʌbəl] *n* bubbla *c*
buck [bʌk] *n colloquial* bock *c*
bucket ['bʌkit] *n* hink *c*
buckle ['bʌkəl] *n* spänne *nt*
bud [bʌd] *n* knopp *c*
buddy ['bʌdi] *n colloquial* kompis *c*
budget ['bʌdʒit] *n* budget *c*
buffet ['bufei] *n* gående bord
bug [bʌg] *n* vägglus *c*; skalbagge *c*; *nAm* insekt *c*

***build** [bild] *v* bygga
building ['bildiŋ] *n* byggnad *c*
bulb [bʌlb] *n* blomlök *c*; **light ~** glödlampa *c*
Bulgaria [bʌl'gɛəriə] Bulgarien
Bulgarian [bʌl'gɛəriən] *adj* bulgarisk; *n* bulgar *c*
bulk [bʌlk] *n* volym *c*; massa *c*; största delen
bulky ['bʌlki] *adj* omfångsrik, skrymmande
bull [bul] *n* tjur *c*
bullet ['bulit] *n* kula *c*
bulletin ['bulitin] *n* anslag *nt*; **~ board** *n* anslag stavla *c*
bullfight ['bulfait] *n* tjurfäktning *c*
bullring ['bulriŋ] *n* tjurfäktningsarena *c*
bump [bʌmp] *v* stöta; sammanstöta; dunka; *n* duns *c*, slag *nt*, stöt *c*
bumper ['bʌmpə] *n* kofångare *c*
bumpy ['bʌmpi] *adj* gropig
bun [bʌn] *n* bulle *c*
bunch [bʌntʃ] *n* bukett *c*; hop *c*
bundle ['bʌndəl] *n* bunt *c*; *v* bunta ihop
bunk [bʌŋk] *n* koj *c*
buoy [bɔi] *n* boj *c*
burden ['bə:dən] *n* börda *c*
bureau ['bjuərou] *n* (pl ~x, ~s) skrivbord *nt*; *nAm* byrå *c*
bureaucracy [bjuə'rɔkrəsi] *n* byråkrati *c*
burglar ['bə:glə] *n* inbrottstjuv *c*
burgle ['bə:gəl] *v* *göra inbrott
burial ['beriəl] *n* begravning *c*, gravsättning *c*
burn [bə:n] *n* brännsår *nt*
***burn** [bə:n] *v* *brinna; bränna; vidbränna
***burst** [bə:st] *v* *spricka; *brista
bury ['beri] *v* begrava
bus [bʌs] *n* buss *c*
bush [buʃ] *n* buske *c*
business ['biznəs] *n* affärer *pl*, handel *c*; affär *c*, affärsverksamhet *c*; sysselsättning *c*; **~ hours** kontorstid *c*, affärstid *c*; **~ trip** affärsresa *c*; **on ~** i affärer
business-like ['biznislaik] *adj* affärsmässig
businessman ['biznəsmən] *n* (pl -men) affärsman *c*
businesswoman ['biznəswumən] *n* affärskvinna *c*
bust [bʌst] *n* byst *c*
bustle ['bʌsəl] *n* jäkt *nt*
busy ['bizi] *adj* upptagen; livlig
but [bʌt] *conj* men; dock; *prep* utom
butcher ['butʃə] *n* slaktare *c*
butter ['bʌtə] *n* smör *nt*
butterfly ['bʌtəflai] *n* fjäril *c*; **~ stroke** fjärilsim *nt*
buttock ['bʌtək] *n* skinka *c*
button ['bʌtən] *n* knapp *c*; *v* knäppa
buttonhole ['bʌtənhoul] *n*

knapphål *nt*
***buy** [bai] *v* köpa; anskaffa
buyer ['baiə] *n* köpare *c*
buzz [bʌz] *n* surr *nt*
by [bai] *prep* av; med; vid
bye-bye [bai'bai] *colloquial* hej då
by-pass ['baipɑːs] *n* omfartsled *c*; *v* *fara förbi; *undvika

C

cab [kæb] *n* taxi *c*
cabaret ['kæbərei] *n* kabaré *c*; nattklubb *c*
cabbage ['kæbidʒ] *n* kål *c*
cab driver ['kæb,draivə] *n* taxichaufför *c*
cabin ['kæbin] *n* kabin *c*; hydda *c*; hytt *c*; kajuta *c*
cabinet ['kæbinət] *n* skåp *nt*; regering *c*
cable ['keibəl] *n* kabel *c*; telegram *nt*; *v* telegrafera
cadre ['kɑːdə] *n* stamanställd *c*; stamtrupp *c*
café ['kæfei] *n* kafé *nt*
cafeteria [,kæfə'tiəriə] *n* kafeteria *c*
caffeine ['kæfiːn] *n* koffein *nt*
cage [keidʒ] *n* bur *c*
cake [keik] *n* kaka *c*; bakverk *nt*, tårta *c*
calamity [kə'læməti] *n* katastrof *c*, olycka *c*
calcium ['kælsiəm] *n* kalcium *nt*
calculate ['kælkjuleit] *v* räkna ut, beräkna
calculation [,kælkju'leiʃən] *n* beräkning *c*
calculator ['kælkjuleitə] *n* miniräknare *c*
calendar ['kæləndə] *n* kalender *c*
calf [kɑːf] *n* (pl calves) kalv *c*; vad *c*; ~ **skin** kalvskinn *nt*
call [kɔːl] *v* ropa; kalla; ringa; *n* rop *nt*; besök *nt*; påringning *c*; ***be called** heta; ~ **names** skymfa; ~ **on** besöka; ~ **up** *Am* ringa upp
call waiting ['kɔːl‿'weitiŋ] *n* samtal väntar *nt*
caller ID ['kɔːlər‿ai'diː] *n* nummerpresentatör *c*
calm [kɑːm] *adj* stilla, lugn; ~ **down** lugna
calorie ['kæləri] *n* kalori *c*
Calvinism ['kælvinizəm] *n* kalvinism *c*
came [keim] *v* (p come)
camel ['kæməl] *n* kamel *c*
camera ['kæmərə] *n* kamera *c*; filmkamera *c*; ~ **shop** fotoaffär *c*
camp [kæmp] *n* läger *nt*; *v* kampa
campaign [kæm'pein] *n* kampanj *c*
camp bed [,kæmp'bed] *n* tältsäng *c*, fältsäng *c*
camper ['kæmpə] *n* kampare *c*

camping ['kæmpiŋ] *n* kamping *c*; ~ **site** kampingplats *c*
can [kæn] *n* konservburk *c*; ~ **opener** konservöppnare *c*
***can** [kæn] *v* *kunna
Canada ['kænədə] Kanada
Canadian [kə'neidiən] *adj* kanadensisk; *n* kanadensare *c*
canal [kə'næl] *n* kanal *c*
canary [kə'nɛəri] *n* kanariefågel *c*
cancel ['kænsəl] *v* annullera; avbeställa
cancellation [ˌkænsə'leiʃən] *n* annullering *c*
cancer ['kænsə] *n* cancer *c*
candidate ['kændidət] *n* kandidat *c*
candle ['kændəl] *n* stearinljus *nt*
candy ['kændi] *nAm* karamell *c*; snask *nt*, godis *nt*; ~ **store** *Am* gottaffär *c*
cane [kein] *n* rör *nt*; käpp *c*
canister ['kænistə] *n* bleckburk *c*
canoe [kə'nu:] *n* kanot *c*
canteen [kæn'ti:n] *n* kantin *c*
canvas ['kænvəs] *n* smärting *c*
cap [kæp] *n* skärmmössa *c*, mössa *c*
capable ['keipəbəl] *adj* kapabel, duglig
capacity [kə'pæsəti] *n* kapacitet *c*; förmåga *c*
cape [keip] *n* cape *c*; udde *c*
capital ['kæpitəl] *n* huvudstad *c*; kapital *nt*; *adj* huvudsaklig, huvud-; ~ **letter** stor bokstav
capitalism ['kæpitəlizəm] *n* kapitalism *c*
capitulation [kəˌpitju'leiʃən] *n* kapitulation *c*
capsule ['kæpsju:l] *n* kapsyl *c*
captain ['kæptin] *n* kapten *c*
capture ['kæptʃə] *v* *tillfångata; *inta; *n* tillfångatagande *nt*; erövring *c*
car [kɑ:] *n* bil *c*; ~ **hire** biluthyrning *c*; ~ **park** parkeringsplats *c*; ~ **rental** *Am* biluthyrning *c*
caramel ['kærəməl] *n* karamell *c*
carat ['kærət] *n* karat *c*
caravan ['kærəvæn] *n* husvagn *c*
carburettor [ˌkɑ:bju'retə] *n* förgasare *c*
card [kɑ:d] *n* kort *nt*; brevkort *nt*
cardboard ['kɑ:dbɔ:d] *n* papp *c*; *adj* papp-
cardigan ['kɑ:digən] *n* kofta *c*
cardinal ['kɑ:dinəl] *n* kardinal *c*; *adj* huvudsaklig, huvud-
care [kɛə] *n* vård *c*; bekymmer *nt*; ~ **about** bry sig om; ~ **for** *vilja ha; tycka om; ***take** ~ **of** sköta om, *ta hand om
career [kə'riə] *n* karriär *c*
carefree ['kɛəfri:] *adj* sorglös

careful ['kɛəfəl] *adj* försiktig; omsorgsfull
careless ['kɛələs] *adj* vårdslös, slarvig
caretaker ['kɛə,teikə] *n* vaktmästare *c*
cargo ['kɑːgou] *n* (pl ~es) last *c*, laddning *c*
carjacking ['kɑː,dʒækiŋ] *n* bilkapning *c*
carnival ['kɑːnivəl] *n* karneval *c*
carp [kɑːp] *n* (pl ~) karp *c*
carpenter ['kɑːpintə] *n* snickare *c*
carpet ['kɑːpit] *n* matta *c*
carpool ['kɑː,puːl] *n* samåkning *c*; *v* samåka
carriage ['kæridʒ] *n* järnvägsvagn *c*; vagn *c*, ekipage *nt*
carriageway ['kæridʒwei] *n* körbana *c*
carrot ['kærət] *n* morot *c*
carry ['kæri] *v* *bära; föra; **~ on** *fortsätta; **~ out** genomföra
carrycot ['kærikɔt] *n* babykorg *c*
cart [kɑːt] *n* kärra *c*
cartilage ['kɑːtilidʒ] *n* brosk *nt*
carton ['kɑːtən] *n* kartong *c*; cigarrettlimpa *c*
cartoon [kɑː'tuːn] *n* tecknad film
cartridge ['kɑːtridʒ] *n* patron *c*
carve [kɑːv] *v* *skära; *utskära, snida
carving ['kɑːviŋ] *n* sniderі *nt*
case [keis] *n* fall *nt*; resväska *c*; etui *nt*; **attaché ~** dokumentportfölj *c*; **in ~** ifall; **in ~ of** i händelse av
cash [kæʃ] *n* kontanter *pl*; *v* lösa in, inkassera; **~ dispenser** bankomat *c*
cashier [kæ'ʃiə] *n* kassör *c*; kassörska *c*
cash machine ['kæʃmə'ʃiːn] *n* bankomat *c*; uttagsautomat *c*
cashmere ['kæʃmiə] *n* kaschmir *c*
casino [kə'siːnou] *n* (pl ~s) kasino *nt*
cask [kɑːsk] *n* tunna *c*
cassette [kə'set] *n* kassett *c*
cast [kɑːst] *n* kast *nt*
***cast** [kɑːst] *v* kasta
castle ['kɑːsəl] *n* slott *nt*, borg *c*
casual ['kæʒuəl] *adj* informell; flyktig, oförmodad, tillfällig
casualty ['kæʒuəlti] *n* offer *nt*; olycksfall *nt*
cat [kæt] *n* katt *c*
catacomb ['kætəkoum] *n* katakomb *c*
catalogue ['kætəlɔg] *n* katalog *c*
catarrh [kə'tɑː] *n* katarr *c*
catastrophe [kə'tæstrəfi] *n* katastrof *c*
***catch** [kætʃ] *v* fånga; *gripa; överrumpla; *hinna
catchword ['kætʃwəːd] *n* slagord *nt*

category ['kætigəri] *n* kategori *c*
cathedral [kə'θi:drəl] *n* domkyrka *c*, katedral *c*
catholic ['kæθəlik] *adj* katolsk
cattle ['kætəl] *pl* boskap *c*
caught [kɔ:t] *v* (p, pp catch)
cauliflower ['kɔliflauə] *n* blomkål *c*
cause [kɔ:z] *v* orsaka; vålla; *n* orsak *c*; grund *c*, anledning *c*; sak *c*; ~ **to** förmå att
caution ['kɔ:ʃən] *n* försiktighet *c*; *v* varna
cautious ['kɔ:ʃəs] *adj* försiktig
cave [keiv] *n* grotta *c*
cavern ['kævən] *n* håla *c*
caviar ['kævia:] *n* kaviar *c*
cavity ['kævəti] *n* hålighet *c*
CD(-ROM) [si:'di:] *n* CD-(ROM) *c*
CD player ['si:'di:‿ˌpleiə] *n* CD-spelare *c*
cease [si:s] *v* upphöra
ceasefire ['si:sfaiə] *n* eld upphör *nt*
ceiling ['si:liŋ] *n* innertak *nt*
celebrate ['selibreit] *v* fira
celebration [ˌseli'breiʃən] *n* firande *nt*
celebrity [si'lebrəti] *n* berömdhet *c*
celery ['seləri] *n* selleri *nt*
cell [sel] *n* cell *c*; mobil *c*
cellar ['selə] *n* källare *c*
cellphone ['selfoun] *n* mobil(telefon) *c*
cement [si'ment] *n* cement *nt*
cemetery ['semitri] *n* kyrkogård *c*, begravningsplats *c*
censorship ['sensəʃip] *n* censur *c*
center ['sentə] *nAm* center *nt*
centimetre ['sentimi:tə] *n* centimeter *c*
central ['sentrəl] *adj* central; ~ **heating** centralvärme *c*; ~ **station** centralstation *c*
centralize ['sentrəlaiz] *v* centralisera
centre ['sentə] *n* centrum *nt*; medelpunkt *c*
century ['sentʃəri] *n* århundrade *nt*
ceramics [si'ræmiks] *pl* keramik *c*, lergods *nt*
ceremony ['serəməni] *n* ceremoni *c*
certain ['sə:tən] *adj* säker; viss
certainly ['sə:tənli] *adv* säkert
certificate [sə'tifikət] *n* certifikat *nt*; intyg *nt*, handling *c*, diplom *nt*, attest *c*
chain [tʃein] *n* kedja *c*
chair [tʃɛə] *n* stol *c*
chairman ['tʃɛəmən] *n* (pl -men) ordförande *c*
chairwoman ['tʃɛəwumən] *n* ordförande (kvinnlig) *c*
chalet ['ʃælei] *n* alpstuga *c*
chalk [tʃɔ:k] *n* krita *c*
challenge ['tʃæləndʒ] *v* utmana; *n* utmaning *c*
chamber ['tʃeimbə] *n* kammare *c*

champagne [ʃæm'peɪn] *n* champagne *c*
champion ['tʃæmpjən] *n* mästare *c*; förkämpe *c*
chance [tʃɑːns] *n* slump *c*; chans *c*, tillfällighet *c*; risk *c*; **by ~** av en slump
change [tʃeindʒ] *v* förändra, ändra; växla; klä om sig; byta; *n* förändring *c*; småpengar *pl*; **for a ~** som omväxling
channel ['tʃænəl] *n* kanal *c*; **English Channel** Engelska kanalen
chaos ['keiɔs] *n* kaos *nt*
chaotic [kei'ɔtik] *adj* kaotisk
chap [tʃæp] *n* karl *c*
chapel ['tʃæpəl] *n* kapell *nt*
chaplain ['tʃæplin] *n* kaplan *c*
character ['kærəktə] *n* karaktär *c*
characteristic [ˌkærəktə'ristik] *adj* betecknande, karakteristisk; *n* kännetecken *nt*; karaktärsdrag *nt*
characterize ['kærəktəraiz] *v* karakterisera
charcoal ['tʃɑːkoul] *n* träkol *nt*
charge [tʃɑːdʒ] *v* *ta betalt; *ålägga; anklaga; lasta; *n* avgift *c*; laddning *c*, börda *c*, belastning *c*; anklagelse *c*; **free of ~** kostnadsfri; **in ~ of** ansvarig för; ***take ~ of** *ta hand om
charger ['tʃɑːdʒə] *n* laddare *c*
charity ['tʃærəti] *n* välgörenhet *c*
charm [tʃɑːm] *n* tjusning *c*, charm *c*; amulett *c*
charming ['tʃɑːmiŋ] *adj* charmerande
chart [tʃɑːt] *n* tabell *c*; diagram *nt*; sjökort *nt*; **conversion ~** omräkningstabell *c*
chase [tʃeis] *v* förfölja; *fördriva, jaga bort; *n* jakt *c*
chasm ['kæzəm] *n* klyfta *c*
chassis ['ʃæsi] *n* (pl ~) chassi *nt*
chaste [tʃeist] *adj* kysk
chat [tʃæt] *v* prata, småprata; *n* pratstund *c*, prat *nt*, småprat *nt*
chatterbox ['tʃætəbɔks] *n* pratmakare *c*
chauffeur ['ʃoufə] *n* chaufför *c*
cheap [tʃiːp] *adj* billig; förmånlig
cheat [tʃiːt] *v* lura, fuska; *bedra
check [tʃek] *v* kolla, kontrollera; *n* rutigt mönster; nota *c*; *nAm* check *c*; **check!** schack!; **~ in** checka in, *skriva in sig; **~ out** lämna
checkbook ['tʃekbuk] *nAm* checkhäfte *nt*
checkerboard ['tʃekəbɔːd] *nAm* schackbräde *nt*
checkers ['tʃekəz] *plAm* damspel *nt*
checkroom ['tʃekruːm] *nAm*

garderob *c*
checkup ['tʃekʌp] *n* undersökning *c*
cheek [tʃi:k] *n* kind *c*
cheekbone ['tʃi:kboun] *n* kindben *nt*
cheeky ['tʃi:ki] *adj colloquial* fräck
cheer [tʃiə] *v* heja, hälsa med jubel; **~ up** muntra upp
cheerful ['tʃiəfəl] *adj* munter, glad
cheese [tʃi:z] *n* ost *c*
chef [ʃef] *n* kökschef *c*
chemical ['kemikəl] *adj* kemisk
chemist ['kemist] *n* apotekare *c*; **chemist's** apotek *nt*; kemikalieaffär *c*
chemistry ['kemistri] *n* kemi *c*
cheque [tʃek] *n* check *c*
chequebook ['tʃekbuk] *n* checkhäfte *nt*
cherry ['tʃeri] *n* körsbär *nt*
chess [tʃes] *n* schack *nt*
chest [tʃest] *n* bröst *nt*; bröstkorg *c*; kista *c*; **~ of drawers** byrå *c*
chestnut ['tʃesnʌt] *n* kastanj *c*
chew [tʃu:] *v* tugga
chewing gum ['tʃu:iŋgʌm] *n* tuggummi *nt*
chicken ['tʃikin] *n* kyckling *c*
chickenpox ['tʃikinpɔks] *n* vattkoppor *pl*
chief [tʃi:f] *n* chef *c*; *adj* huvud-, över-
chieftain ['tʃi:ftən] *n* hövding *c*
child [tʃaild] *n* (pl children) barn *nt*
childbirth ['tʃaildbə:θ] *n* förlossning *c*
childhood ['tʃaildhud] *n* barndom *c*
Chile ['tʃili] Chile
Chilean ['tʃiliən] *adj* chilensk; *n* chilenare *c*
chill [tʃil] *n* rysning *nt*
chilly ['tʃili] *adj* kylig
chimes [tʃaimz] *pl* klockspel *nt*
chimney ['tʃimni] *n* skorsten *c*
chin [tʃin] *n* haka *c*
China ['tʃainə] Kina
china ['tʃainə] *n* porslin *nt*
Chinese [tʃai'ni:z] *adj* kinesisk; *n* kines *c*
chip [tʃip] *n* flisa *c*; spelmark *c*; *v* kantstöta, tälja; **chips** pommes frites
chisel ['tʃizəl] *n* mejsel *c*
chives [tʃaivz] *pl* gräslök *c*
chlorine ['klɔ:ri:n] *n* klor *c*
chock-full [tʃɔk'ful] *adj* fullpackad, proppfull
chocolate ['tʃɔklət] *n* choklad *c*; chokladpralin *c*
choice [tʃɔis] *n* val *nt*; urval *nt*
choir [kwaiə] *n* kör *c*
choke [tʃouk] *v* kvävas; *strypa, kväva; *n* choke *c*
***choose** [tʃu:z] *v* *välja
chop [tʃɔp] *n* kotlett *c*; *v* hacka
Christ [kraist] Kristus

christen ['krisən] *v* döpa
christening ['krisəniŋ] *n* dop *nt*
Christian ['kristʃən] *adj* kristen; ~ **name** förnamn *nt*
Christmas ['krisməs] jul *c*
chronic ['krɔnik] *adj* kronisk
chronological [ˌkrɔnə'lɔdʒikəl] *adj* kronologisk
chuckle ['tʃʌkəl] *v* småskratta
chunk [tʃʌŋk] *n* stycke *nt*
church [tʃə:tʃ] *n* kyrka *c*
churchyard ['tʃə:tʃjɑ:d] *n* kyrkogård *c*
cigar [si'gɑ:] *n* cigarr *c*; ~ **shop** cigarraffär *c*
cigarette [ˌsigə'ret] *n* cigarrett *c*
cigarette case [ˌsigə'retkeis] *n* cigarrettetui *nt*
cigarette holder [ˌsigə'retˌhouldə] *n* cigarrettmunstycke *nt*
cigarette lighter [ˌsigə'retˌlaitə] *n* cigarrettändare *c*
cinema ['sinəmə] *n* biograf *c*
cinnamon ['sinəmən] *n* kanel *c*
circle ['sə:kəl] *n* cirkel *c*; krets *c*; balkong *c*; *v* *omge, *omsluta
circulation [ˌsə:kju'leiʃən] *n* cirkulation *c*; blodcirkulation *c*; omlopp *nt*
circumstance ['sə:kəmstæns] *n* omständighet *c*
circus ['sə:kəs] *n* cirkus *c*
citizen ['sitizən] *n* stadsbo *c*
citizenship ['sitizənʃip] *n* medborgarskap *nt*
city ['siti] *n* stad *c*
civic ['sivik] *adj* medborgar-
civil ['sivəl] *adj* medborgerlig; hövlig; ~ **law** civilrätt *c*; ~ **servant** statstjänsteman *c*
civilian [si'viljən] *adj* civil; *n* civilist *c*
civilization [ˌsivəlai'zeiʃən] *n* civilisation *c*
civilized ['sivəlaizd] *adj* civiliserad
claim [kleim] *v* kräva, fordra; *påstå; *n* anspråk *nt*, fordran *c*
clamp [klæmp] *n* klämma *c*; krampa *c*
clap [klæp] *v* applådera
clarify ['klærifai] *v* *klargöra
class [klɑ:s] *n* klass *c*
classical ['klæsikəl] *adj* klassisk
classify ['klæsifai] *v* indela
classmate ['klɑ:smeit] *n* klasskamrat *c*
classroom ['klɑ:sru:m] *n* klassrum *nt*
clause [klɔ:z] *n* klausul *c*
claw [klɔ:] *n* klo *c*
clay [klei] *n* lera *c*
clean [kli:n] *adj* ren; *v* städa, *rengöra
cleaning ['kli:niŋ] *n* rengöring *c*; ~ **fluid** rengöringsmedel *nt*

clear [kliə] *adj* klar; tydlig; *v* röja
clearing ['kliəriŋ] *n* uthuggning *c*
cleft [kleft] *n* skreva *c*
clergyman ['klə:dʒimən] *n* (pl -men) präst *c*
clerk [klɑ:k] *n* kontorist *c*; bokhållare *c*; sekreterare *c*
clever ['klevə] *adj* intelligent; skicklig, klok
click [klik] *v* klicka; **~ into place** klicka på plats
client ['klaiənt] *n* kund *c*; klient *c*
cliff [klif] *n* klippa *c*
climate ['klaimit] *n* klimat *nt*
climb [klaim] *v* klättra; *n* klättring *c*
cling [kliŋ] *v* klänga sig; **~ to** klänga sig fast
clinic ['klinik] *n* klinik *c*
cloak [klouk] *n* cape *c*
cloakroom ['kloukru:m] *n* kapprum *nt*
clock [klɔk] *n* ur *nt*; **at ... o'clock** klockan ...
cloister ['klɔistə] *n* kloster *nt*
clone [kloun] *v* klona; *n* klon *c*
close[1] [klouz] *v* stänga, *sluta; **closed** *adj* stängd, sluten
close[2] [klous] *adj* nära
closet ['klɔzit] *n* skåp *nt*; garderob *c*
cloth [klɔθ] *n* tyg *nt*; trasa *c*
clothes [klouðz] *pl* kläder *pl*
clothing ['klouðiŋ] *n* beklädnad *c*
cloud [klaud] *n* moln *nt*
cloudy ['klaudi] *adj* mulen, molnig
clover ['klouvə] *n* klöver *c*
clown [klaun] *n* clown *c*
club [klʌb] *n* klubb *c*, förening *c*; påk *c*, klubba *c*
clumsy ['klʌmzi] *adj* klumpig
clutch [klʌtʃ] *n* koppling *c*; grepp *nt*
coach [koutʃ] *n* buss *c*; vagn *c*; kaross *c*; tränare *c*
coal [koul] *n* kol *nt*
coarse [kɔ:s] *adj* grov
coast [koust] *n* kust *c*
coat [kout] *n* överrock *c*, kappa *c*
coat hanger ['kout,hæŋə] *n* galge *c*
cocaine [kou'kein] *n* kokain *nt*
cock [kɔk] *n* tupp *c*
cocktail ['kɔkteil] *n* cocktail *c*
coconut ['koukənʌt] *n* kokosnöt *c*
cod [kɔd] *n* (pl ~) torsk *c*
code [koud] *n* kod *c*
coffee ['kɔfi] *n* kaffe *nt*
cognac ['kɔnjæk] *n* konjak *c*
coherence [kou'hiərəns] *n* sammanhang *nt*
coin [kɔin] *n* mynt *nt*; slant *c*
coincide [,kouin'said] *v* *sammanfalla
cold [kould] *adj* kall; *n* kyla *c*; förkylning *c*; ***catch a ~** *bli förkyld
collaborate [kə'læbərait] *v* samarbeta

collapse [kə'læps] *v* kollapsa, *bryta samman
collar ['kɔlə] *n* halsband *nt*; krage *c*; ~ **stud** kragknapp *c*
collarbone ['kɔləboun] *n* nyckelben *nt*
colleague ['kɔli:g] *n* kollega *c*
collect [kə'lekt] *v* samla; hämta; samla in
collection [kə'lekʃən] *n* samling *c*; brevlådstömning *c*; kollekt *c*, insamling *c*
collective [kə'lektiv] *adj* kollektiv
collector [kə'lektə] *n* samlare *c*; insamlare *c*
college ['kɔlidʒ] *n* högre läroanstalt; högskola *c*
collide [kə'laid] *v* kollidera
collision [kə'liʒən] *n* sammanstötning *c*, kollision *c*; ombordläggning *c*
Colombia [kə'lɔmbiə] Colombia
Colombian [kə'lɔmbiən] *adj* colombiansk; *n* colombian *c*
colonel ['kə:nəl] *n* överste *c*
colony ['kɔləni] *n* koloni *c*
colour ['kʌlə] *n* färg *c*; *v* färga; ~ **film** färgfilm *c*
colour-blind ['kʌləblaind] *adj* färgblind
coloured ['kʌləd] *adj* färgad
colourful ['kʌləfəl] *adj* färgrik, färgstark
column ['kɔləm] *n* pelare *c*; kolumn *c*; rubrik *c*
coma ['koumə] *n* koma *c*
comb [koum] *v* kamma; *n* kam *c*
combat ['kɔmbæt] *n* kamp *c*, strid *c*; *v* bekämpa, kämpa
combination [ˌkɔmbi'neiʃən] *n* kombination *c*
combine [kəm'bain] *v* kombinera
***come** [kʌm] *v* *komma; ~ **across** råka träffa, stöta på; *få tag i
comedian [kə'mi:diən] *n* skådespelare *c*; komiker *c*
comedy ['kɔmədi] *n* lustspel *nt*, komedi *c*; **musical** ~ musikalisk komedi
comfort ['kʌmfət] *n* komfort *c*, bekvämlighet *c*; tröst *c*; *v* trösta
comfortable ['kʌmfətəbəl] *adj* bekväm, komfortabel
comic ['kɔmik] *adj* komisk
comics ['kɔmiks] *pl* tecknad serie
coming ['kʌmiŋ] *n* ankomst *c*
comma ['kɔmə] *n* kommatecken *nt*
command [kə'ma:nd] *v* befalla; *n* befallning *c*
commander [kə'ma:ndə] *n* befälhavare *c*
commemoration [kəˌmemə'reiʃən] *n* minnesfest *c*
commence [kə'mens] *v* börja
comment ['kɔment] *n* kommentar *c*; *v* kommentera
commerce ['kɔmə:s] *n*

handel *c*
commercial [kə'mə:ʃəl] *adj* kommersiell, handels-; *n* reklamsändning *c*; **~ law** handelsrätt *c*
commission [kə'miʃən] *n* kommission *c*
commit [kə'mit] *v* anförtro, överlämna; *begå, föröva
committee [kə'miti] *n* kommitté *c*, utskott *nt*
common ['kɔmən] *adj* gemensam; allmän, vanlig; simpel
commune ['kɔmju:n] *n* kommun *c*
communicate [kə'mju:nikeit] *v* meddela
communication [kə,mju:ni'keiʃən] *n* kommunikation *c*; meddelande *nt*
communism ['kɔmjunizəm] *n* kommunism *c*
communist ['kɔmjunist] *n* kommunist *c*
community [kə'mju:nəti] *n* gemenskap *c*, samhälle *nt*
commuter [kə'mju:tə] *n* pendlare *c*
compact ['kɔmpækt] *adj* kompakt
compact disc ['kɔmpækt disk] *n* CD-skiva *c*; **~ player** CD-spelare *c*
companion [kəm'pænjən] *n* följeslagare *c*
company ['kʌmpəni] *n* sällskap *nt*; bolag *nt*; företag *nt*, firma *c*
comparative [kəm'pærətiv] *adj* relativ
compare [kəm'pɛə] *v* jämföra
comparison [kəm'pærisən] *n* jämförelse *c*
compartment [kəm'pɑ:tmənt] *n* kupé *c*; fack *nt*
compass ['kʌmpəs] *n* kompass *c*
compel [kəm'pel] *v* tvinga
compensate ['kɔmpənseit] *v* kompensera
compensation [,kɔmpən'seiʃən] *n* kompensation *c*; skadeersättning *c*
compete [kəm'pi:t] *v* tävla
competition [,kɔmpə'tiʃən] *n* tävlan *c*; tävling *c*
competitor [kəm'petitər] *n* medtävlare *c*
compile [kəm'pail] *v* sammanställa, samla ihop
complain [kəm'plein] *v* klaga
complaint [kəm'pleint] *n* reklamation *c*, klagomål *nt*; **complaints book** reklamationsbok *c*
complete [kəm'pli:t] *adj* fullkomlig, komplett; *v* avsluta
completely [kəm'pli:tli] *adv* fullkomligt, totalt, fullständigt
complex ['kɔmpleks] *n* komplex *nt*; *adj* invecklad
complexion [kəm'plekʃən] *n* hy *c*

complicated ['kɔmplikeitid] *adj* komplicerad, invecklad
compliment ['kɔmplimənt] *n* komplimang *c*; *v* komplimentera, gratulera
compose [kəm'pouz] *v* sammanställa
composer [kəm'pouzə] *n* kompositör *c*
composition [ˌkɔmpə'ziʃən] *n* komposition *c*; sammansättning *c*
comprehensive [ˌkɔmpri'hensiv] *adj* omfattande, innehållsrik
comprise [kəm'praiz] *v* *inbegripa, omfatta
compromise ['kɔmprəmaiz] *n* kompromiss *c*
compulsory [kəm'pʌlsəri] *adj* obligatorisk
computer [kəm'pjutə] *n* dator *c*
conceal [kən'si:l] *v* *dölja
conceited [kən'si:tid] *adj* egenkär
conceive [kən'si:v] *v* avla; tänka ut; fatta
concentrate ['kɔnsəntreit] *v* koncentrera
concentration [ˌkɔnsən'treiʃən] *n* koncentration *c*
conception [kən'sepʃən] *n* uppfattning *c*; befruktning *c*
concern [kən'sə:n] *v* beträffa, *angå; *n* oro *c*; angelägenhet *c*; koncern *c*
concerned [kən'sə:nd] *adj* bekymrad; inblandad
concerning [kən'sə:niŋ] *prep* angående, beträffande
concert ['kɔnsət] *n* konsert *c*; ~ **hall** konsertsal *c*
concession [kən'seʃən] *n* koncession *c*; beviljande *nt*
concise [kən'sais] *adj* kortfattad, koncis
conclusion [kəŋ'klu:ʒən] *n* slut *nt*, slutsats *c*
concrete ['kɔŋkri:t] *adj* konkret; *n* betong *c*
concurrence [kəŋ'kʌrəns] *n* sammanträffande *nt*
concussion [kəŋ'kʌʃən] *n* hjärnskakning *c*
condition [kən'diʃən] *n* villkor *nt*; tillstånd *nt*, kondition *c*
conditional [kən'diʃənəl] *adj* villkorlig
conditioner [kən'diʃənə] *n* sköljmedel
condom ['kondəm] *n* kondom *c*
conduct[1] ['kɔndʌkt] *n* uppförande *nt*
conduct[2] [kən'dʌkt] *v* ledsaga; dirigera
conductor [kən'dʌktə] *n* förare *c*; dirigent *c*
confectioner [kən'fekʃənə] *n* konditor *c*
conference ['kɔnfərəns] *n* konferens *c*
confess [kən'fes] *v* erkänna; bikta sig; bekänna
confession [kən'feʃən] *n* bekännelse *c*; bikt *c*
confidence ['kɔnfidəns] *n*

förtroende *nt*
confident ['kɔnfidənt] *adj* tillitsfull
confidential [ˌkɔnfi'denʃəl] *adj* konfidentiell
confirm [kən'fəːm] *v* bekräfta
confirmation [ˌkɔnfə'meiʃən] *n* bekräftelse *c*
confiscate ['kɔnfiskeit] *v* konfiskera
conflict ['kɔnflikt] *n* konflikt *c*
confuse [kən'fjuːz] *v* förvirra
confusion [kən'fjuːʒən] *n* förvirring *c*
congratulate [kəŋ'grætʃuleit] *v* lyckönska, gratulera
congratulation [kəŋˌgrætʃu'leiʃən] *n* lyckönskning *c*, gratulation *c*
congregation [ˌkɔŋgri'geiʃən] *n* församling *c*; kongregation *c*
congress ['kɔŋgres] *n* kongress *c*
connect [kə'nekt] *v* *förbinda, koppla; koppla till, *anknyta; *ansluta
connection [kə'nekʃən] *n* förbindelse *c*; sammanhang *nt*, anknytning *c*
connoisseur [ˌkɔnə'səː] *n* kännare *c*
connotation [ˌkɔnə'teiʃən] *n* bibetydelse *c*
conquer ['kɔŋkə] *v* erövra; besegra
conqueror ['kɔŋkərə] *n* erövrare *c*
conquest ['kɔŋkwest] *n* erövring *c*
conscience ['kɔnʃəns] *n* samvete *nt*
conscious ['kɔnʃəs] *adj* medveten
consciousness ['kɔnʃəsnəs] *n* medvetande *nt*
conscript ['kɔnskript] *n* värnpliktig *c*
consent [kən'sent] *v* samtycka; *n* samtycke *nt*, bifall *nt*
consequence ['kɔnsikwəns] *n* verkan *c*, följd *c*
consequently ['kɔnsikwəntli] *adv* följaktligen
conservative [kən'səːvətiv] *adj* samhällsbevarande, konservativ
consider [kən'sidə] *v* betrakta; överväga; *anse
considerable [kən'sidərəbəl] *adj* betydlig; avsevärd, betydande
considerate [kən'sidərət] *adj* hänsynsfull
consideration [kənˌsidə'reiʃən] *n* övervägande *nt*; hänsyn *c*, hänsynsfullhet *c*
considering [kən'sidəriŋ] *prep* med hänsyn till
consignment [kən'sainmənt] *n*

försändelse *c*
consist of [kən'sist] *bestå av
conspire [kən'spaiə] *v* *sammansvärja sig
constant ['kɔnstənt] *adj* ständig
constipation [ˌkɔnsti'peiʃən] *n* förstoppning *c*
constituency [kən'stitʃuənsi] *n* valkrets *c*
constitution [ˌkɔnsti'tju:ʃən] *n* grundlag *c*; sammansättning *c*
construct [kən'strʌkt] *v* konstruera; bygga, uppföra
construction [kən'strʌkʃən] *n* konstruktion *c*; uppförande *nt*; bygge *nt*, byggnad *c*
consul ['kɔnsəl] *n* konsul *c*
consulate ['kɔnsjulət] *n* konsulat *nt*
consult [kən'sʌlt] *v* rådfråga
consultation [ˌkɔnsəl'teiʃən] *n* konsultation *c*; ~ **hours** mottagningstid *c*
consume [kən'sju:m] *v* konsumera
consumer [kən'sju:mə] *n* konsument *c*
contact ['kɔntækt] *n* kontakt *c*, beröring *c*; *v* kontakta; ~ **lenses** kontaktlinser *pl*
contagious [kən'teidʒəs] *adj* smittosam, smittande
contain [kən'tein] *v* *innehålla; rymma
container [kən'teinə] *n* behållare *c*; container *c*
contemporary [kən'tempərəri] *adj* samtida; nutida; *n* samtida person
contempt [kən'tempt] *n* förakt *nt*, ringaktning *c*
content [kən'tent] *adj* nöjd
contents ['kɔntents] *pl* innehåll *nt*
contest ['kɔntest] *n* strid *c*; tävling *c*
continent ['kɔntinənt] *n* kontinent *c*, världsdel *c*
continental [ˌkɔnti'nentəl] *adj* kontinental
continual [kən'tinjuəl] *adj* ständig; **continually** *adv* oupphörligen
continue [kən'tinju:] *v* *fortsätta, *fortgå
continuous [kən'tinjuəs] *adj* oavbruten, kontinuerlig
contour ['kɔntuə] *n* kontur *c*
contraceptive [ˌkɔntrə'septiv] *n* preventivmedel *nt*
contract[1] ['kɔntrækt] *n* kontrakt *nt*
contract[2] [kən'trækt] *v* *ådraga sig
contractor [kən'træktə] *n* entreprenör *c*
contradict [ˌkɔntrə'dikt] *v* *motsäga
contradictory [ˌkɔntrə'diktəri] *adj* motsägande
contrary ['kɔntrəri] *n* motsats *c*; *adj* motsatt; **on**

the ~ däremot
contrast ['kɔntrɑːst] *n* kontrast *c*
contribution [ˌkɔntri'bjuːʃən] *n* bidrag *nt*
control [kən'troul] *n* kontroll *c*; *v* kontrollera
controversial [ˌkɔntrə'vəːʃəl] *adj* omtvistad, omstridd
convenience [kən'viːnjəns] *n* bekvämlighet *c*
convenient [kən'viːnjənt] *adj* bekväm; lämplig, passande
convent ['kɔnvənt] *n* kloster *nt*
conversation [ˌkɔnvə'seiʃən] *n* konversation *c*, samtal *nt*
convert [kən'vəːt] *v* omvända; omräkna
convict[1] [kən'vikt] *v* förklara skyldig
convict[2] ['kɔnvikt] *n* brottsling *c*
conviction [kən'vikʃən] *n* övertygelse *c*; fällande dom
convince [kən'vins] *v* övertyga
convulsion [kən'vʌlʃən] *n* kramp *c*
cook [kuk] *n* kock *c*; *v* laga mat; tillaga
cookbook ['kukbuk] *nAm* kokbok *c*
cooker ['kukə] *n* spis *c*; **gas ~** gasspis *c*
cookery book ['kukəribuk] *n* kokbok *c*
cookie ['kuki] *nAm* kex *nt*
cool [kuːl] *adj* kylig
cooperation [kouˌɔpə'reiʃən] *n* samarbete *nt*; samverkan *c*
co-operative [kou'ɔpərətiv] *adj* kooperativ; samarbetsvillig; *n* kooperation *c*
coordinate [kou'ɔːdineit] *v* samordna
coordination [kouˌɔːdi'neiʃən] *n* samordning *c*
cope [koup] *v* klara det
copper ['kɔpə] *n* koppar *c*
copy ['kɔpi] *n* kopia *c*; avskrift *c*; exemplar *nt*; *v* kopiera; härma; **carbon ~** karbonkopia *c*
coral ['kɔrəl] *n* korall *c*
cord [kɔːd] *n* rep *nt*; lina *c*
cordial ['kɔːdiəl] *adj* hjärtlig
corduroy ['kɔːdərɔi] *n* manchester *c*
core [kɔː] *n* kärna *c*; kärnhus *nt*
cork [kɔːk] *n* kork *c*
corkscrew ['kɔːkskruː] *n* korkskruv *c*
corn [kɔːn] *n* korn *nt*; spannmål *c*, säd *c*; liktorn *c*; **~ on the cob** majskolv *c*
corner ['kɔːnə] *n* hörn *nt*
cornfield ['kɔːnfiːld] *n* sädesfält *nt*
corpse [kɔːps] *n* lik *nt*
corpulent ['kɔːpjulənt] *adj* korpulent; tjock
correct [kə'rekt] *adj* riktig,

korrekt, rätt; *v* rätta, rätta till
correction [kə'rekʃən] *n* rättelse *c*
correctness [kə'rektnəs] *n* riktighet *c*
correspond [ˌkɔri'spɔnd] *v* korrespondera; överensstämma, motsvara
correspondence [ˌkɔri'spɔndəns] *n* överensstämmelse *c*, brevväxling *c*
correspondent [ˌkɔri'spɔndənt] *n* korrespondent *c*
corridor ['kɔridɔː] *n* korridor *c*
corrupt [kə'rʌpt] *adj* korrumperad; *v* korrumpera
corruption [kə'rʌpʃən] *n* korruption *c*
corset ['kɔːsit] *n* korsett *c*
cosmetics [kɔz'metiks] *pl* skönhetsmedel *pl*, kosmetika *pl*
cost [kɔst] *n* kostnad *c*; pris *nt*
***cost** [kɔst] *v* kosta
cosy ['kouzi] *adj* mysig, hemtrevlig
cot [kɔt] *nAm* turistsäng *c*
cottage ['kɔtidʒ] *n* stuga *c*
cotton ['kɔtən] *n* bomull *c*
cotton wool ['kɔtənwul] *n* bomull *c*
couch [kautʃ] *n* soffa *c*
cough [kɔf] *n* hosta *c*; *v* hosta
could [kud] *v* (p can)
council ['kaunsəl] *n* rådsförsamling *c*
councillor ['kaunsələ] *n* rådsmedlem *c*
counsel ['kaunsəl] *n* överläggning *c*, råd *nt*
counsellor ['kaunsələ] *n* rådgivare *c*
count [kaunt] *v* räkna; räkna ihop; medräkna; *anse; *n* greve *c*
counter ['kauntə] *n* disk *c*
counterfeit ['kauntəfiːt] *v* förfalska
counterfoil ['kauntəfɔil] *n* talong *c*
countess ['kauntis] *n* grevinna *c*
country ['kʌntri] *n* land *nt*; landsbygd *c*; **~ house** lantställe *nt*
countryman ['kʌntrimən] *n* (pl -men) landsman *c*
countryside ['kʌntrisaid] *n* landsbygd *c*
county ['kaunti] *n* grevskap *nt*
couple ['kʌpəl] *n* par *nt*
coupon ['kuːpɔn] *n* kupong *c*, biljett *c*
courage ['kʌridʒ] *n* tapperhet *c*, mod *nt*
courageous [kə'reidʒəs] *adj* modig, tapper
course [kɔːs] *n* kurs *c*; rätt *c*; lopp *nt*; **intensive ~** snabbkurs *c*; **of ~** givetvis, naturligtvis
court [kɔːt] *n* domstol *c*; hov *nt*
courteous ['kəːtiəs] *adj* artig

cousin ['kʌzən] *n* kusin *c*
cover ['kʌvə] *v* täcka; *n* skydd *nt*; lock *nt*; pärm *c*; ~ **charge** kuvertavgift *c*
cow [kau] *n* ko *c*
coward ['kauəd] *n* ynkrygg *c*
cowardly ['kauədli] *adj* feg
crab [kræb] *n* krabba *c*
crack [kræk] *n* smäll *c*; spricka *c*; *v* smälla; *spricka, spräcka
cracker ['krækə] *nAm* kex *nt*
cradle ['kreidəl] *n* vagga *c*
cramp [kræmp] *n* kramp *c*
crane [krein] *n* lyftkran *c*
crankshaft ['kræŋkʃɑːft] *n* vevaxel *c*
crap [kræp] *n* V skit *c*
crash [kræʃ] *n* kollision *c*; *v* kollidera; störta; ~ **barrier** vägräcke *nt*
crate [kreit] *n* spjällåda *c*
crater ['kreitə] *n* krater *c*
crawl [krɔːl] *v* *krypa; *n* crawlsim *nt*
craze [kreiz] *n* mani *c*
crazy ['kreizi] *adj* galen; vansinnig, tokig
creak [kriːk] *v* gnissla
cream [kriːm] *n* kräm *c*; grädde *c*; *adj* gräddfärgad
creamy ['kriːmi] *adj* grädd-
crease [kriːs] *v* skrynkla; *n* veck *nt*; skrynkla *c*
create [kri'eit] *v* skapa
creative [kri'eitiv] *adj* kreativ
creature ['kriːtʃə] *n* varelse *c*
credible ['kredibəl] *adj* trovärdig
credit ['kredit] *n* kredit *c*; *v* kreditera; ~ **card** kreditkort *nt*
creditor ['kreditə] *n* fordringsägare *c*
credulous ['kredjuləs] *adj* godtrogen
creek [kriːk] *n* vik *c*
***creep** [kriːp] *v* *krypa
creepy ['kriːpi] *adj* kuslig
cremate [kri'meit] *v* kremera
crew [kruː] *n* besättning *c*
cricket ['krikit] *n* kricket *nt*; syrsa *c*
crime [kraim] *n* brott *nt*
criminal ['kriminəl] *n* förbrytare *c*, brottsling *c*; *adj* kriminell, brottslig; ~ **law** strafflag *c*
criminality [ˌkrimi'næləti] *n* brottslighet *c*
crimson ['krimzən] *adj* karmosinröd
crippled ['kripəld] *adj* invalidiserad
crisis ['kraisis] *n* (pl crises) kris *c*
crisp [krisp] *adj* knaprig, frasig
critic ['kritik] *n* kritiker *c*
critical ['kritikəl] *adj* kritisk, farlig
criticism ['kritisizəm] *n* kritik *c*
criticize ['kritisaiz] *v* kritisera
crochet ['krouʃei] *v* virka
crockery ['krɔkəri] *n* lergods *nt*, porslin *nt*
crocodile ['krɔkədail] *n*

krokodil *c*
crooked ['krukid] *adj* krokig, vriden; oärlig
crop [krɔp] *n* skörd *c*
cross [krɔs] *v* *gå över; *adj* vresig, arg; *n* kors *nt*
cross-eyed ['krɔsaid] *adj* skelögd
crossing ['krɔsiŋ] *n* överfart *c*; korsning *c*; övergångsställe *nt*
crossroads ['krɔsroudz] *n* gatukorsning *c*
crosswalk ['krɔswɔːk] *nAm* övergångsställe *nt*
crow [krou] *n* kråka *c*
crowbar ['kroubɑː] *n* bräckjärn *nt*
crowd [kraud] *n* folkmassa *c*, hop *c*
crowded ['kraudid] *adj* fullpackad; överfull
crown [kraun] *n* krona *c*; *v* kröna
crucifix ['kruːsifiks] *n* krucifix *nt*
crucifixion [ˌkruːsi'fikʃən] *n* korsfästelse *c*
crucify ['kruːsifai] *v* korsfästa
cruel [kruəl] *adj* grym
cruise [kruːz] *n* kryssning *c*
crumb [krʌm] *n* smula *c*
crusade [kruː'seid] *n* korståg *nt*
crust [krʌst] *n* skorpa *c*
crutch [krʌtʃ] *n* krycka *c*
cry [krai] *v* *gråta; *skrika; ropa; *n* skrik *nt*; rop *nt*
crystal ['kristəl] *n* kristall *c*; *adj* kristall-
Cuba ['kjuːbə] Kuba
Cuban ['kjuːbən] *adj* kubansk; *n* kuban *c*
cube [kjuːb] *n* kub *c*; tärning *c*
cuckoo ['kukuː] *n* gök *c*
cucumber ['kjuːkəmbə] *n* gurka *c*
cuddle ['kʌdəl] *v* krama, kela med
cuff [kʌf] *n* manschett *c*
cuff links ['kʌfliŋks] *pl* manschettknappar *pl*
cul-de-sac ['kʌldəsæk] *n* återvändsgränd *c*
cultivate ['kʌltiveit] *v* odla
culture ['kʌltʃə] *n* kultur *c*
cultured ['kʌltʃəd] *adj* kultiverad
cunning ['kʌniŋ] *adj* listig
cup [kʌp] *n* kopp *c*; pokal *c*
cupboard ['kʌbəd] *n* skåp *nt*
curb [kəːb] *n* trottoarkant *c*; *v* tygla, kuva
cure [kjuə] *v* bota; *n* kur *c*; tillfrisknande *nt*
curiosity [ˌkjuəri'ɔsəti] *n* nyfikenhet *c*
curious ['kjuəriəs] *adj* vetgirig, nyfiken; märkvärdig
curl [kəːl] *v* locka; krusa; *n* lock *c*
curler ['kəːlə] *n* papiljott *c*
curly ['kəːli] *adj* lockig
currant ['kʌrənt] *n* korint *c*; vinbär *nt*
currency ['kʌrənsi] *n* valuta *c*; **foreign ~** utländsk valuta

current ['kʌrənt] *n* ström *c*; *adj* nuvarande, gällande; **alternating ~** växelström *c*; **direct ~** likström *c*
curry ['kʌri] *n* curry *c*
curse [kə:s] *v* *svära; förbanna; *n* svordom *c*
curtain ['kə:tən] *n* gardin *c*; ridå *c*
curve [kə:v] *n* kurva *c*; krökning *c*
curved [kə:vd] *adj* böjd
cushion ['kuʃən] *n* kudde *c*
custody ['kʌstədi] *n* häkte *nt*; förvaring *c*; förmynderskap *nt*
custom ['kʌstəm] *n* vana *c*; bruk *nt*
customary ['kʌstəməri] *adj* vanlig, sedvanlig, bruklig
customer ['kʌstəmə] *n* kund *c*; klient *c*
Customs ['kʌstəmz] *pl* tull *c*; **~ duty** tull *c*; **~ officer** tulltjänsteman *c*
cut [kʌt] *n* snitt *nt*; skärsår *nt*
***cut** [kʌt] *v* *skära; klippa; *skära ned; **~ off** *skära av; klippa av; stänga av
cutlery ['kʌtləri] *n* bestick *nt*
cutlet ['kʌtlət] *n* kotlett *c*
cycle ['saikəl] *n* cykel *c*; kretslopp *nt*
cyclist ['saiklist] *n* cyklist *c*
cylinder ['silində] *n* cylinder *c*; **~ head** topplock *nt*
Czech Republic [ˌtʃek ri'pʌblik] Tjeckiska republiken

D

dad [dæd] *n* pappa *c*
daddy ['dædi] *n* pappa *c*
daffodil ['dæfədil] *n* påsklilja *c*
daily ['deili] *adj* daglig; *n* dagstidning *c*
dairy ['dɛəri] *n* mejeri *nt*
dam [dæm] *n* damm *c*; jordvall *c*
damage ['dæmidʒ] *n* skada *c*; *v* förstöra
damn [dæm] *v* förbanna
damp [dæmp] *adj* fuktig; *n* fukt *c*; *v* fukta
dance [dɑ:ns] *v* dansa; *n* dans *c*
dandelion ['dændilaiən] *n* maskros *c*
dandruff ['dændrəf] *n* mjäll *nt*
Dane [dein] *n* dansk *c*
danger ['deindʒə] *n* fara *c*
dangerous ['deindʒərəs] *adj* farlig
Danish ['deiniʃ] *adj* dansk
dare [dɛə] *v* våga; utmana
daring ['dɛəriŋ] *adj* djärv, oförskräckt
dark [dɑ:k] *adj* mörk; *n* mörker *nt*
darling ['dɑ:liŋ] *n* älskling *c*
darn [dɑ:n] *v* stoppa

dash [dæʃ] *v* rusa; *n* tankstreck *nt*
dashboard ['dæʃbɔːd] *n* instrumentbräda *c*
data ['deitə] *pl* data *pl*
date[1] [deit] *n* datum *nt*; träff *c*; *v* datera; **out of ~** omodern
date[2] [deit] *n* dadel *c*
daughter ['dɔːtə] *n* dotter *c*
daughter-in-law ['dɔːtərinlɔː] *n* svärdotter *c*
dawn [dɔːn] *n* gryning *c*; dagning *c*
day [dei] *n* dag *c*; **by ~** om dagen; **~ trip** dagsutflykt *c*; **per ~** per dag; **the ~ before yesterday** i förrgår
day spa ['dei‿ˌspɑː] *n* day spa *c*
daybreak ['deibreik] *n* dagbräckning *c*
daylight ['deilait] *n* dagsljus *nt*
dead [ded] *adj* död
deaf [def] *adj* döv
deal [diːl] *n* affärsuppgörelse *c*, affärstransaktion *c*
***deal** [diːl] *v* dela ut; **~ with** befatta sig med; *göra affärer med
dealer ['diːlə] *n* agent *c*, -handlare
dear [diə] *adj* kär; dyr; dyrbar
death [deθ] *n* död *c*; **~ penalty** dödsstraff *nt*
debate [di'beit] *n* debatt *c*
debit ['debit] *n* debet *c*
debit card ['debit‿ˌkɑːd] *n* kontokort *nt*
debt [det] *n* skuld *c*
decaf(feinated) [diː'kæfineitid] *adj* koffeinfri
decaffeinated [diː'kæfineitid] *adj* koffeinfri
deceit [di'siːt] *n* bedrägeri *nt*
deceive [di'siːv] *v* *bedra
December [di'sembə] december
decency ['diːsənsi] *n* anständighet *c*
decent ['diːsənt] *adj* anständig
decide [di'said] *v* *besluta, bestämma, *avgöra
decision [di'siʒən] *n* avgörande *nt*, beslut *nt*
deck [dek] *n* däck *nt*; **~ cabin** däckshytt *c*; **~ chair** vilstol *c*
declaration [ˌdeklə'reiʃən] *n* förklaring *c*; deklaration *c*
declare [di'klɛə] *v* förklara; *uppge; förtulla
decorate ['dekəreit] *v* dekorera
decoration [ˌdekə'reiʃən] *n* dekoration *c*
decrease [diː'kriːs] *v* *skära ned, minska; *avta; *n* minskning *c*
dedicate ['dedikeit] *v* ägna
deduce [di'djuːs] *v* härleda
deduct [di'dʌkt] *v* *dra av
deed [diːd] *n* handling *c*, gärning *c*
deep [diːp] *adj* djup
deep-freeze [ˌdiːp'friːz] *n* frys *c*

deer [diə] *n* (pl ~) hjort *c*
defeat [di'fi:t] *v* besegra; *n* nederlag *nt*
defective [di'fektiv] *adj* bristfällig
defence [di'fens] *n* försvar *nt*
defend [di'fend] *v* försvara
deficiency [di'fiʃənsi] *n* brist *c*
deficit ['defisit] *n* underskott *nt*
define [di'fain] *v* definiera, bestämma
definite ['definit] *adj* bestämd
definition [ˌdefi'niʃən] *n* definition *c*
degree [di'gri:] *n* grad *c*
delay [di'lei] *v* försena, *uppskjuta; *n* försening *c*; uppskov *nt*
delegate ['deligət] *n* delegat *c*
delegation [ˌdeli'geiʃən] *n* deputation *c*, delegation *c*
deliberate[1] [di'libəreit] *v* *överlägga, överväga
deliberate[2] [di'libərət] *adj* överlagd
deliberation [diˌlibə'reiʃən] *n* överläggning *c*
delicacy ['delikəsi] *n* delikatess *c*
delicate ['delikət] *adj* fin; ömtålig; känslig
delicatessen [ˌdelikə'tesən] *n* delikatessaffär *c*
delicious [di'liʃəs] *adj* utsökt, läcker
delight [di'lait] *n* förtjusning *c*, njutning *c*; *v* *glädja; **delighted** förtjust
delightful [di'laitfəl] *adj* härlig, förtjusande
deliver [di'livə] *v* leverera, avlämna; frälsa
delivery [di'livəri] *n* leverans *c*; förlossning *c*; frälsning *c*; **~ van** varubil *c*
demand [di'mɑ:nd] *v* fordra, kräva; *n* begäran *c*; efterfrågan *c*
democracy [di'mɔkrəsi] *n* demokrati *c*
democratic [ˌdemə'krætik] *adj* demokratisk
demolish [di'mɔliʃ] *v* *riva
demolition [ˌdemə'liʃən] *n* rivning *c*
demonstrate ['demənstreit] *v* bevisa; demonstrera
demonstration [ˌdemən'streiʃən] *n* demonstration *c*
den [den] *n* lya *c*
Denmark ['denmɑ:k] Danmark
denomination [diˌnɔmi'neiʃən] *n* benämning *c*
dense [dens] *adj* tät
dent [dent] *n* buckla *c*
dental ['dentl] *adj* dental; **dental floss** *n* tandtråd *c*
dentist ['dentist] *n* tandläkare *c*
denture ['dentʃə] *n* tandprotes *c*
deny [di'nai] *v* förneka; neka, *bestrida, vägra

deodorant [di:'oudərənt] *n* deodorant *c*
depart [di'pɑ:t] *v* avresa, avlägsna sig; *avlida
department [di'pɑ:tmənt] *n* avdelning *c*, departement *nt*; ~ **store** varuhus *nt*
departure [di'pɑ:tʃə] *n* avgång *c*, avresa *c*
dependant [di'pendənt] *adj* beroende
depend on [di'pend] bero på; *vara beroende av; **that depends on** det beror på
deposit [di'pɔzit] *n* inbetalning *c*; handpenning *c*, pant *c*; avlagring *c*, sediment *nt*; *v* deponera
depot ['depou] *n* depå *c*; *nAm* station *c*
depressed [di'prest] *adj* deprimerad
depressing [di'presiŋ] *adj* nedslående
depression [di'preʃən] *n* depression *c*; lågtryck *nt*
deprive of [di'praiv] beröva
depth [depθ] *n* djup *nt*
deputy ['depjuti] *n* deputerad *c*; ställföreträdare *c*
descend [di'send] *v* *stiga ned
descendant [di'sendənt] *n* ättling *c*
descent [di'sent] *n* nedstigning *c*
describe [di'skraib] *v* *beskriva
description [di'skripʃən] *n* beskrivning *c*; signalement *nt*
desert[1] ['dezət] *n* öken *c*; *adj* öde
desert[2] [di'zə:t] *v* desertera; *överge
deserve [di'zə:v] *v* förtjäna
design [di'zain] *v* *planlägga; *n* utkast *nt*; mönster *nt*
designate ['dezigneit] *v* bestämma
desirable [di'zaiərəbəl] *adj* önskvärd, åtråvärd
desire [di'zaiə] *n* önskan *c*; lust *c*, begär *nt*; *v* önska, längta
desk [desk] *n* skrivbord *nt*; talarstol *c*; skolbänk *c*
despair [di'spɛə] *n* förtvivlan *c*; *v* förtvivla
despatch [di'spætʃ] *v* avsända
desperate ['despərət] *adj* desperat
despise [di'spaiz] *v* förakta
despite [di'spait] *prep* trots
dessert [di'zə:t] *n* dessert *c*
destination [,desti'neiʃən] *n* bestämmelseort *c*
destine ['destin] *v* *avse, bestämma
destiny ['destini] *n* öde *nt*
destroy [di'strɔi] *v* förstöra
destruction [di'strʌkʃən] *n* förstörelse *c*; undergång *c*
detach [di'tætʃ] *v* avskilja
detail ['di:teil] *n* detalj *c*
detailed ['di:teild] *adj* detaljerad, utförlig
detect [di'tekt] *v* upptäcka

detective [di'tektiv] *n* detektiv *c*; ~ **story** detektivroman *c*
detergent [di'tə:dʒənt] *n* rengöringsmedel *nt*
determine [di'tə:min] *v* bestämma, fastställa
determined [di'tə:mind] *adj* beslutsam
detest [di'test] *v* avsky
detour ['di:tuə] *n* omväg *c*
devaluation [ˌdi:vælju'eiʃən] *n* devalvering *c*
devalue [ˌdi:'vælju:] *v* devalvera
develop [di'veləp] *v* utveckla; framkalla
development [di'veləpmənt] *n* utveckling *c*; framkallning *c*
deviate ['di:vieit] *v* *avvika
devil ['devəl] *n* djävul *c*
devise [di'vaiz] *v* uttänka
devote [di'vout] *v* ägna, offra
dew [dju:] *n* dagg *c*
diabetes [ˌdaiə'bi:ti:z] *n* sockersjuka *c*, diabetes *c*
diabetic [ˌdaiə'betik] *n* diabetiker *c*, sockersjuk *c*
diagnose [ˌdaiəg'nouz] *v* ställa en diagnos
diagnosis [ˌdaiəg'nousis] *n* (pl -ses) diagnos *c*
diagonal [dai'ægənəl] *n* diagonal *c*; *adj* diagonal
diagram ['daiəgræm] *n* diagram *nt*; grafisk framställning
dial ['daiəl] *n* urtavla
dialect ['daiəlekt] *n* dialekt *c*
diamond ['daiəmənd] *n* diamant *c*
diaper ['daiəpə] *nAm* blöja *c*
diaphragm ['daiəfræm] *n* diafragma *c*; bländare *c*
diarrhoea [daiə'riə] *n* diarré *c*
diary ['daiəri] *n* fickalmanacka *c*; dagbok *c*
dictaphone ['diktəfoun] *n* diktafon *c*
dictate [dik'teit] *v* diktera
dictator [dik'teitə] *n* diktator *c*
dictionary ['dikʃənəri] *n* ordbok *c*
did [did] *v* (p do)
die [dai] *v* *dö
diesel ['di:zəl] *n* diesel *c*
diet ['daiət] *n* diet *c*
differ ['difə] *v* *vara olik
difference ['difərəns] *n* skillnad *c*
different ['difərənt] *adj* olik; annan
difficult ['difikəlt] *adj* svår; kinkig
difficulty ['difikəlti] *n* svårighet *c*
***dig** [dig] *v* gräva
digest [di'dʒest] *v* smälta maten
digestible [di'dʒestəbəl] *adj* lättsmält
digestion [di'dʒestʃən] *n* matsmältning *c*
digit ['didʒit] *n* siffra *c*
digital ['didʒitəl] *adj* digital
digital camera ['didʒi-

təl‿'kæmərə] *n* digitalkamera *c*
digital photo ['didʒitəl‿'foutou] *n* digitalfoto *nt*
digital projector ['didʒitəl‿prə'jektə] *n* digital projektor *nt*
dignified ['dignifaid] *adj* värdig
dignity ['digniti] *n* värdighet *c*
dike [daik] *n* fördämning *c*
dilapidated [di'læpideitid] *adj* förfallen
diligence ['dilidʒəns] *n* nit *nt*, flit *c*
diligent ['dilidʒənt] *adj* ihärdig, flitig, arbetsam
dilute [dai'lju:t] *v* förtunna, utspäda
dim [dim] *adj* matt, dunkel; vag, oklar
dine [dain] *v* *äta middag
dinghy ['diŋgi] *n* jolle *c*
dining car ['dainiŋkɑ:] *n* restaurangvagn *c*
dining room ['dainiŋru:m] *n* matsal *c*
dinner ['dinə] *n* middag *c*, lunch *c*
dinner jacket ['dinə,dʒækit] *n* smoking *c*
dinner service ['dinə,sə:vis] *n* matservis *c*
diphtheria [dif'θiəriə] *n* difteri *c*
diploma [di'ploumə] *n* diplom *nt*
diplomat ['dipləmæt] *n* diplomat *c*
direct [di'rekt] *adj* direkt; *v* rikta; vägleda; leda; regissera
direction [di'rekʃən] *n* riktning *c*; instruktion *c*; regi *c*; styrelse *c*, direktion *c*; **directions for use** bruksanvisning *c*
directive [di'rektiv] *n* direktiv *nt*
director [di'rektə] *n* direktör *c*; regissör *c*
directory [di'rektəri] *n* adress-förteckning *c*
dirt [də:t] *n* smuts *c*
dirty ['də:ti] *adj* smutsig
disabled [di'seibəld] *adj* invalidiserad, handikappad
disadvantage [,disəd'vɑ:ntidʒ] *n* nackdel *c*
disagree [,disə'gri:] *v* *vara oenig, *vara oense
disagreeable [,disə'gri:əbəl] *adj* obehaglig
disappear [,disə'piə] *v* *försvinna
disappoint [,disə'pɔint] *v* *göra besviken; ***be disappointing** *vara en besvikelse
disappointment [,disə'pɔintmənt] *n* besvikelse *c*
disapprove [,disə'pru:v] *v* ogilla
disaster [di'zɑ:stə] *n* katastrof *c*, olycka *c*
disastrous [di'zɑ:strəs] *adj*

katastrofal
disc [disk] *n* kota *c*, skiva *c*; grammofonskiva *c*; **slipped ~** diskbråck *nt*
discard [di'skɑːd] *v* kassera
discharge [dis'tʃɑːdʒ] *v* lossa; urladda; **~ of** *frita från
discipline ['disiplin] *n* disciplin *c*
discolour [di'skʌlə] *v* urbleka, avfärga; **discoloured** missfärgad
disconnect [ˌdiskə'nekt] *v* åtskilja; stänga av; *ta loss
discontented [ˌdiskən'tentid] *adj* missbelåten
discontinue [ˌdiskən'tinjuː] *v* sluta, *avbryta
discourage [di'skʌrədʒ] *v* göra modfälld
discount ['diskaunt] *n* rabatt *c*, avdrag *nt*
discover [di'skʌvə] *v* upptäcka
discovery [di'skʌvəri] *n* upptäckt *c*
discuss [di'skʌs] *v* diskutera; debattera
discussion [di'skʌʃən] *n* diskussion *c*; överläggning *c*, debatt *c*, samtal *nt*
disease [di'ziːz] *n* sjukdom *c*
disembark [ˌdisim'bɑːk] *v* *landstiga, *gå i land
disgrace [dis'greis] *n* skam *c*
disguise [dis'gaiz] *v* förklä sig; *n* förklädnad *c*
disgust [dis'gʌst] *n* avsky *c*
disgusting [dis'gʌstiŋ] *adj* äcklig, vidrig
dish [diʃ] *n* tallrik *c*; serveringsfat *nt*, fat *nt*; maträtt *c*
dishonest [di'sɔnist] *adj* oärlig
dishwasher ['diʃwɔʃə] *n* tvättmaskin *c*
disinfect [ˌdisin'fekt] *v* desinfektera
disinfectant [ˌdisin'fektənt] *n* desinfektionsmedel *nt*
disk drive ['disk‿ˌdraiv] *n* skivenhet *c*
dislike [di'slaik] *v* inte tycka om, tycka illa om; *n* antipati *c*, motvilja *c*
dislocated ['disləkeitid] *adj* ur led
dismiss [dis'mis] *v* skicka bort; avskeda
disorder [di'sɔːdə] *n* oreda *c*
dispatch [di'spætʃ] *v* avsända
display [di'splei] *v* utställa; visa; *n* utställning *c*
displease [di'spliːz] *v* misshaga, förarga
disposable [di'spouzəbəl] *adj* engångs-
disposal [di'spouzəl] *n* förfogande *nt*
dispose of [di'spouz] *göra sig av med
dispute [di'spjuːt] *n* dispyt *c*; gräl *nt*, tvist *c*; *v* tvista, *bestrida
dissatisfied [di'sætisfaid] *adj* missnöjd

dissolve [di'zɔlv] *v* upplösa
dissuade from [di'sweid] avråda
distance ['distəns] *n* avstånd *nt*; **~ in kilometres** kilometeravstånd *nt*
distant ['distənt] *adj* avlägsen
distinct [di'stiŋkt] *adj* tydlig; olik
distinction [di'stiŋkʃən] *n* skillnad *c*
distinguish [di'stiŋgwiʃ] *v* urskilja, *göra skillnad
distinguished [di'stiŋgwiʃt] *adj* framstående
distress [di'stres] *n* nöd *c*; **~ signal** nödsignal *c*
distribute [di'stribju:t] *v* utdela
distributor [di'stribjutə] *n* distributör *c*; strömfördelare *c*
district ['distrikt] *n* distrikt *nt*; område *nt*; stadsdel *c*
disturb [di'stə:b] *v* störa
disturbance [di'stə:bəns] *n* störning *c*; oro *c*
ditch [ditʃ] *n* dike *nt*
dive [daiv] *v* *dyka
diversion [dai'və:ʃən] *n* trafikomläggning *c*; förströelse *c*
divide [di'vaid] *v* dela; indela; åtskilja
divine [di'vain] *adj* gudomlig
division [di'viʒən] *n* delning *c*; avdelning *c*
divorce [di'vɔ:s] *n* skilsmässa *c*; *v* skiljas, skilja sig
dizziness ['dizinəs] *n* yrsel *c*
dizzy ['dizi] *adj* yr
***do** [du:] *v* *göra; *vara nog
dock [dɔk] *n* docka *c*; kaj *c*; *v* docka
docker ['dɔkə] *n* hamnarbetare *c*
doctor ['dɔktə] *n* doktor *c*, läkare *c*
document ['dɔkjumənt] *n* handling *c*, intyg *nt*
dog [dɔg] *n* hund *c*
doll [dɔl] *n* docka *c*
dollar ['dʌlə] *n* dollar *c*
dolphin ['dɔlfin] *n* delfin *c*
dome [doum] *n* kupol *c*
domestic [də'mestik] *adj* inrikes; *n* tjänare *c*
domicile ['dɔmisail] *n* hemort *c*
domination [ˌdɔmi'neiʃən] *n* herravälde *nt*
dominion [də'minjən] *n* makt *c*
donate [dou'neit] *v* donera
donation [dou'neiʃən] *n* donation *c*
done [dʌn] *v* (pp do)
donkey ['dɔŋki] *n* åsna *c*
donor ['dounə] *n* donator *c*
door [dɔ:] *n* dörr *c*; **revolving ~** svängdörr *c*; **sliding ~** skjutdörr *c*
doorbell ['dɔ:bel] *n* dörrklocka *c*
doorkeeper ['dɔ:ˌki:pə] *n* dörrvaktmästare *c*
doorman ['dɔ:mən] *n* (pl -men) dörrvaktmästare *c*
dormitory ['dɔ:mitri] *n*

sovsal *c*
dose [dous] *n* dos *c*
dot [dɔt] *n* punkt *c*
double ['dʌbəl] *adj* dubbel
doubt [daut] *v* tvivla, betvivla; *n* tvivel *nt*; **without ~** utan tvivel
doubtful ['dautfəl] *adj* tvivelaktig; oviss
dough [dou] *n* deg *c*
down[1] [daun] *adv* ned; omkull, ner, nedåt; *adj* nedstämd; *prep* nedåt, nedför; **~ payment** handpenning *c*
down[2] [daun] *n* dun *nt*
download ['daun,loud] *n* nerladdning *c*
downpour ['daunpɔː] *n* störtregn *nt*
downstairs [,daun'stɛəz] *adv* där nere, ner
downstream [,daun'striːm] *adv* medströms
down-to-earth [,dauntu'əːθ] *adj* omdömesgill
downwards ['daunwədz] *adv* nedåt
dozen ['dʌzən] *n* (pl ~, ~s) dussin *nt*
draft [draːft] *n* växel *c*
drag [dræg] *v* släpa
dragon ['drægən] *n* drake *c*
drain [drein] *v* dränera, *torrlägga; *n* avlopp *nt*
drama ['draːmə] *n* drama *nt*; skådespel *nt*
dramatic [drə'mætik] *adj* dramatisk
drank [dræŋk] *v* (p drink)
draught [draːft] *n* drag *nt*; **draughts** damspel *nt*; **~ beer** fatöl
draw [drɔː] *n* dragplåster *nt*, oavgjord match; dragning *c*
***draw** [drɔː] *v* rita; *dra; *ta ut; **~ up** avfatta, redigera
drawbridge ['drɔːbridʒ] *n* vindbrygga *c*
drawer ['drɔːə] *n* låda *c*, byrålåda *c*; **drawers** kalsonger *pl*
drawing ['drɔːiŋ] *n* teckning *c*
drawing pin ['drɔːiŋpin] *n* häftstift *nt*
drawing room ['drɔːiŋruːm] *n* salong *c*
dread [dred] *v* frukta; *n* fruktan *c*
dreadful ['dredfəl] *adj* förskräcklig, förfärlig
dream [driːm] *n* dröm *c*
***dream** [driːm] *v* drömma
dress [dres] *v* klä på, klä sig; *förbinda; *n* klänning *c*
dressing gown ['dresiŋgaun] *n* morgonrock *c*
dressing room ['dresiŋruːm] *n* påklädningsrum *nt*
dressing table ['dresiŋ,teibəl] *n* toalettbord *nt*
dressmaker ['dres,meikə] *n* sömmerska *c*
drill [dril] *v* borra; träna; *n* borr *c*
drink [driŋk] *n* drink *c*, dryck *c*
***drink** [driŋk] *v* *dricka

drinking water ['driŋkiŋ,wɔːtə] *n* dricksvatten *nt*
drip-dry [,drip'drai] *adj* strykfri
drive [draiv] *n* väg *c*; biltur *c*
***drive** [draiv] *v* köra
driver ['draivə] *n* förare *c*
drive-thru ['draiv,thruː] *v* drive-in
driver's licence, driving licence körkort *nt*
drizzle ['drizəl] *n* duggregn *nt*
drop [drɔp] *v* tappa; *n* droppe *c*
drought [draut] *n* torka *c*
drown [draun] *v* dränka; ***be drowned** drunkna
drug [drʌg] *n* drog *c*; medicin *c*
drugstore ['drʌgstɔː] *nAm* apotek *nt*, kemikalieaffär *c*; varuhus *nt*
drum [drʌm] *n* trumma *c*
drunk [drʌŋk] *adj* (pp drink) berusad, full
dry [drai] *adj* torr; *v* torka
dry-clean [,drai'kliːn] *v* kemtvätta
dry cleaner's [,drai'kliːnəz] *n* kemtvätt *c*
dryer ['draiə] *n* torktumlare *c*
duchess [dʌtʃis] *n* hertiginna *c*
duck [dʌk] *n* anka *c*
due [djuː] *adj* väntad; *bör betalas; betalbar
dues [djuːz] *pl* avgifter
dug [dʌg] *v* (p, pp dig)
duke [djuːk] *n* hertig *c*
dull [dʌl] *adj* tråkig, långtråkig; matt, dov; slö
dumb [dʌm] *adj* stum; dum
dune [djuːn] *n* dyn *c*
dung [dʌŋ] *n* dynga *c*
duration [dju'reiʃən] *n* varaktighet *c*
during ['djuəriŋ] *prep* under
dusk [dʌsk] *n* skymning *c*
dust [dʌst] *n* damm *nt*
dustbin ['dʌstbin] *n* soptunna *c*
dusty ['dʌsti] *adj* dammig
Dutch [dʌtʃ] *adj* holländsk, nederländsk
Dutchman ['dʌtʃmən] *n* (pl -men) holländare *c*, nederländare *c*
duty ['djuːti] *n* plikt *c*; tullavgift *c*; **Customs ~** tullavgift *c*
duty-free [,djuːti'friː] *adj* tullfri
DVD ['diːviː'diː] *n* DVD *c*
DVD-ROM ['diːviːdiː'rɔm] *n* DVD-ROM *c*
dwarf [dwɔːf] *n* dvärg *c*
dye [dai] *v* färga; *n* färg *c*
dynamo ['dainəmou] *n* (pl ~s) dynamo *c*

E

each [iːtʃ] *adj* varje, var; **~ other** varandra
eager ['iːgə] *adj* ivrig, otålig
eagle ['iːgəl] *n* örn *c*
ear [iə] *n* öra *nt*
earache ['iəreik] *n* örsprång *nt*
eardrum ['iədrʌm] *n* trumhinna *c*
earl [əːl] *n* greve *c*
early ['əːli] *adj* tidig
earn [əːn] *v* tjäna, förtjäna
earnest ['əːnist] *n* allvar *nt*
earnings ['əːniŋz] *pl* inkomster, intäkter *pl*
earring ['iəriŋ] *n* örhänge *nt*
earth [əːθ] *n* jord *c*; mark *c*
earthquake ['əːθkweik] *n* jordbävning *c*
ease [iːz] *n* lätthet *c*; välbefinnande *nt*
east [iːst] *n* öster *c*, öst
Easter ['iːstə] påsk *c*
eastern ['iːstən] *adj* ostlig, östra
easy ['iːzi] *adj* lätt; bekväm; **~ chair** fåtölj *c*
easy-going ['iːzi,gouiŋ] *adj* avspänd, sorglös
***eat** [iːt] *v* *äta
eavesdrop ['iːvzdrɔp] *v* tjuvlyssna
ebony ['ebəni] *n* ebenholts *c*
eccentric [ik'sentrik] *adj* excentrisk
echo ['ekou] *n* (pl **~es**) genljud *nt*, eko *nt*
eclipse [i'klips] *n* förmörkelse *c*
economic [,iːkə'nɔmik] *adj* ekonomisk
economical [,iːkə'nɔmikəl] *adj* sparsam, ekonomisk
economist [i'kɔnəmist] *n* ekonom *c*
economize [i'kɔnəmaiz] *v* spara
economy [i'kɔnəmi] *n* ekonomi *c*
eco-tourist ['iːkou,tuːrist] *n* ekoturist *c*
ecstasy ['ekstəzi] *n* extas *c*
Ecuador ['ekwədɔː] Ecuador
Ecuadorian [,ekwə'dɔːriən] *n* ecuadorian *c*
eczema ['eksimə] *n* eksem *nt*
edge [edʒ] *n* kant *c*
edible ['edibəl] *adj* ätbar
edit ['edit] *v* redigera
edition [i'diʃən] *n* upplaga *c*; **morning ~** morgonupplaga *c*
editor ['editə] *n* redaktör *c*
educate ['edʒukeit] *v* uppfostra, utbilda
education [,edʒu'keiʃən] *n* uppfostran *c*; utbildning *c*
eel [iːl] *n* ål *c*
effect [i'fekt] *n* verkan *c*; *v* *åstadkomma; **in ~** faktiskt
effective [i'fektiv] *adj* verksam, effektiv

efficient [i'fiʃənt] *adj* effektiv, duglig, verksam
effort ['efət] *n* ansträngning *c*
egg [eg] *n* ägg *nt*
eggplant ['egplɑːnt] *n* äggplanta *c*
egg yolk ['egjouk] *n* äggula *c*
Egypt ['iːdʒipt] Egypten
Egyptian [i'dʒipʃən] *adj* egyptisk; *n* egypter *c*
eiderdown ['aidədaun] *n* duntäcke *nt*
eight [eit] *num* åtta
eighteen [ˌei'tiːn] *num* arton
eighteenth [ˌei'tiːnθ] *num* artonde
eighth [eitθ] *num* åttonde
eighty ['eiti] *num* åttio
either ['aiðə] *pron* endera; **either ... or** antingen ... eller
elaborate [i'læbəreit] *v* utarbeta
elastic [i'læstik] *adj* elastisk; tänjbar; **~ band** resårband *nt*
elasticity [ˌelæ'stisəti] *n* elasticitet *c*
elbow ['elbou] *n* armbåge *c*
elder ['eldə] *adj* äldre
elderly ['eldəli] *adj* äldre
eldest ['eldist] *adj* äldst
elect [i'lekt] *v* *välja
election [i'lekʃən] *n* val *nt*
electric [i'lektrik] *adj* elektrisk; **~ cord** sladd *c*; **~ razor** rakapparat *c*
electrician [ˌilek'triʃən] *n* elektriker *c*
electricity [ˌilek'trisəti] *n* elektricitet *c*
electronic [ilek'trɔnik] *adj* elektronisk
elegance ['eligəns] *n* elegans *c*
elegant ['eligənt] *adj* elegant
element ['elimənt] *n* element *nt*, beståndsdel *c*
elephant ['elifənt] *n* elefant *c*
elevator ['eliveitə] *nAm* hiss *c*
eleven [i'levən] *num* elva
eleventh [i'levənθ] *num* elfte
elf [elf] *n* (pl elves) älva *c*, alf *c*
eliminate [i'limineit] *v* eliminera
elm [elm] *n* alm *c*
else [els] *adv* annars
elsewhere [ˌel'swɛə] *adv* någon annanstans
elucidate [i'luːsideit] *v* belysa, förklara
e-mail ['iːmeil] *n* e-post *c*; **~ address** *n* e-postadress *c*
emancipation [iˌmænsi'peiʃən] *n* frigörelse *c*
embankment [im'bæŋkmənt] *n* vägbank *c*
embargo [em'bɑːgou] *n* (pl ~es) embargo *nt*
embark [im'bɑːk] *v* *gå ombord
embarkation [ˌembɑː'keiʃən] *n* embarkering *c*
embarrass [im'bærəs] *v* genera, *göra förlägen; hindra; **embarrassed** förlägen; **embarrassing** pinsam; **embarrassment** *n*

förlägenhet *c*
embassy ['embəsi] *n* ambassad *c*
emblem ['embləm] *n* emblem *nt*
embrace [im'breis] *v* krama, omfamna; *n* omfamning *c*
embroider [im'brɔidə] *v* brodera
embroidery [im'brɔidəri] *n* broderi *nt*
emerald ['emərəld] *n* smaragd *c*
emergency [i'mə:dʒənsi] *n* nödsituation *c*; nödläge *nt*; ~ **exit** nödutgång *c*
emigrant ['emigrənt] *n* utvandrare *c*
emigrate ['emigreit] *v* utvandra
emigration [ˌemi'greiʃən] *n* utvandring *c*
emotion [i'mouʃən] *n* sinnesrörelse *c*, känsla *c*
emperor ['empərə] *n* kejsare *c*
emphasize ['emfəsaiz] *v* betona
empire ['empaiə] *n* imperium *nt*, kejsardöme *nt*
employ [im'plɔi] *v* *sysselsätta, anställa; använda
employee [ˌemplɔi'i:] *n* anställd *c*, löntagare *c*
employer [im'plɔiə] *n* arbetsgivare *c*
employment [im'plɔimənt] *n* anställning *c*, arbete *nt*; ~ **exchange** arbetsförmedling *c*
empress ['empris] *n* kejsarinna *c*
empty ['empti] *adj* tom; *v* tömma
enable [i'neibəl] *v* *möjliggöra
enamel [i'næməl] *n* emalj *c*
enamelled [i'næməld] *adj* emaljerad
enchanting [in'tʃɑ:ntiŋ] *adj* förtrollande, bedårande
encircle [in'sə:kəl] *v* inringa, omringa; *innesluta
enclose [iŋ'klouz] *v* bifoga
enclosure [iŋ'klouʒə] *n* bilaga *c*
encounter [iŋ'kauntə] *v* möta, träffa; *n* sammanträffande *nt*
encourage [iŋ'kʌridʒ] *v* uppmuntra
encyclopaedia [enˌsaiklə'pi:diə] *n* uppslagsbok *c*
end [end] *n* ände *c*, slut *nt*; *v* sluta
ending ['endiŋ] *n* slut *nt*
endless ['endləs] *adj* oändlig
endorse [in'dɔ:s] *v* endossera
endure [in'djuə] *v* *stå ut med
enemy ['enəmi] *n* fiende *c*
energetic [ˌenə'dʒetik] *adj* energisk
energy ['enədʒi] *n* energi *c*; kraft *c*
engage [iŋ'geidʒ] *v* anställa; förplikta sig; **engaged** förlovad; upptagen
engagement [iŋ'geidʒmənt]

n förlovning *c*; förpliktelse *c*; avtalat möte; ~ **ring** förlovningsring *c*
engine ['endʒin] *n* maskin *c*, motor *c*; lokomotiv *nt*
engineer [ˌendʒi'niə] *n* ingenjör *c*
England ['iŋglənd] England
English ['iŋgliʃ] *adj* engelsk
Englishman ['iŋgliʃmən] *n* (pl -men) engelsman *c*
engrave [iŋ'greiv] *v* gravera
engraver [iŋ'greivə] *n* gravör *c*
engraving [iŋ'greiviŋ] *n* gravyr *c*
enigma [i'nigmə] *n* gåta *c*
enjoy [in'dʒɔi] *v* *njuta, *njuta av
enjoyable [in'dʒɔiəbəl] *adj* rolig, trevlig
enjoyment [in'dʒɔimənt] *n* nöje *nt*
enlarge [in'lɑːdʒ] *v* förstora; utvidga
enlargement [in'lɑːdʒmənt] *n* förstoring *c*
enormous [i'nɔːməs] *adj* väldig, enorm
enough [i'nʌf] *adv* nog; *adj* tillräcklig
enquire [iŋ'kwaiə] *v* underrätta sig, förhöra sig; undersöka
enquiry [iŋ'kwaiəri] *n* undersökning *c*; förfrågan *c*
enter ['entə] *v* *gå in, inträda; *skriva in
enterprise ['entəpraiz] *n* företag *nt*
entertain [ˌentə'tein] *v* *underhålla, roa; *mottaga som gäst
entertainer [ˌentə'teinə] *n* underhållare *c*
entertaining [ˌentə'teiniŋ] *adj* underhållande, roande
entertainment [ˌentə'teinmənt] *n* underhållning *c*
enthusiasm [in'θjuːziæzəm] *n* entusiasm *c*
enthusiastic [inˌθjuːzi'æstik] *adj* entusiastisk
entire [in'taiə] *adj* hel
entirely [in'taiəli] *adv* helt
entrance ['entrəns] *n* ingång *c*; tillträde *nt*; inträde *nt*
entrance fee ['entrənsfiː] *n* inträdesavgift *c*
entry ['entri] *n* ingång *c*; tillträde *nt*; anteckning *c*; **no** ~ tillträde förbjudet
envelop [in'veləp] *v* svepa in
envelope ['envəloup] *n* kuvert *nt*
envious ['enviəs] *adj* avundsjuk, avundsam
environment [in'vaiərənmənt] *n* miljö *c*; omgivning *c*
envoy ['envɔi] *n* envoyé *c*
envy ['envi] *n* avundsjuka *c*; *v* avundas
epic ['epik] *n* epos *nt*; *adj* episk
epidemic [ˌepi'demik] *n* epidemi *c*
epilepsy ['epilepsi] *n* epilepsi

c
epilogue ['epilɔg] *n* epilog *c*
episode ['episoud] *n* episod *c*
equal ['iːkwəl] *adj* lika; *v* *vara likvärdig
equality [i'kwɔləti] *n* jämlikhet *c*
equalize ['iːkwəlaiz] *v* utjämna
equally ['iːkwəli] *adv* lika
equator [i'kweitə] *n* ekvatorn
equip [i'kwip] *v* utrusta, ekipera
equipment [i'kwipmənt] *n* utrustning *c*
equivalent [i'kwivələnt] *adj* motsvarande, likvärdig
eraser [i'reizə] *n* radergummi *nt*
erect [i'rekt] *v* uppbygga, upprätta; *adj* upprättstående, upprätt
err [əː] *v* *ta fel, *missta; irra
errand ['erənd] *n* ärende *nt*
error ['erə] *n* misstag *nt*, fel *nt*
escalator ['eskəleitə] *n* rulltrappa *c*
escape [i'skeip] *v* *undslippa; *undgå, fly; *n* flykt *c*
escort[1] ['eskɔːt] *n* eskort *c*
escort[2] [i'skɔːt] *v* eskortera
especially [i'speʃəli] *adv* särskilt, i synnerhet
esplanade [ˌesplə'neid] *n* esplanad *c*
essay ['esei] *n* essä *c*; uppsats *c*
essence ['esəns] *n* essens *c*; väsen *nt*, kärna *c*
essential [i'senʃəl] *adj* oumbärlig; väsentlig
essentially [i'senʃəli] *adv* väsentligen
establish [i'stæbliʃ] *v* etablera; fastställa
estate [i'steit] *n* lantegendom *c*
esteem [i'stiːm] *n* aktning *c*, respekt *c*; *v* uppskatta
estimate[1] ['estimeit] *v* värdera
estimate[2] ['estimət] *n* beräkning *c*
estuary ['estʃuəri] *n* flodmynning *c*
etcetera [et'setərə] och så vidare
etching ['etʃiŋ] *n* etsning *c*
eternal [i'təːnəl] *adj* evig
eternity [i'təːnəti] *n* evighet *c*
Ethiopia [iθi'oupiə] Etiopien
Ethiopian [iθi'oupiən] *adj* etiopisk; *n* etiopier *c*
e-ticket ['iːˌtikət] *n* e-biljett *c*
EU ['iː'ju] EU
Euro ['juːrou] *n* euro *c*
Europe ['juərəp] Europa
European [ˌjuərə'piːən] *adj* europeisk; *n* europé *c*; **~ Union** Europeiska Unionen
evacuate [i'vækjueit] *v* evakuera
evaluate [i'væljueit] *v* värdera
evaporate [i'væpəreit] *v* avdunsta
even ['iːvən] *adj* jämn, plan, lika; *adv* till och med

evening ['i:vniŋ] *n* kväll *c*; **~ dress** aftonklädsel *c*
event [i'vent] *n* händelse *c*
eventual [i'ventʃuəl] *adj* slutlig
eventually [i'ventʃuəli] *adv* så småningom
ever ['evə] *adv* någonsin; alltid
every ['evri] *adj* varje
everybody ['evri,bɔdi] *pron* var och en
everyday ['evridei] *adj* daglig
everyone ['evriwʌn] *pron* envar, var och en
everything ['evriθiŋ] *pron* allting
everywhere ['evriwɛə] *adv* överallt
evidence ['evidəns] *n* bevis *nt*
evident ['evidənt] *adj* tydlig
evil ['i:vəl] *n* ondska *c*; *adj* ond, elak
evolution [,i:və'lu:ʃən] *n* utveckling *c*
exact [ig'zækt] *adj* exakt
exactly [ig'zæktli] *adv* exakt
exaggerate [ig'zædʒəreit] *v* *överdriva
exam [ig'zæm] *n colloquial* examen *c*
examination [ig,zæmi'neiʃən] undersökning *c*
examine [ig'zæmin] *v* undersöka
example [ig'zɑ:mpəl] *n* exempel *nt*; **for ~** till exempel
excavation [,ekskə'veiʃən] *n* utgrävning *c*
exceed [ik'si:d] *v* *överskrida; överträffa
excel [ik'sel] *v* utmärka sig
excellent ['eksələnt] *adj* förträfflig
except [ik'sept] *prep* med undantag av, utom
exception [ik'sepʃən] *n* undantag *nt*
exceptional [ik'sepʃənəl] *adj* enastående, ovanlig
excerpt ['eksə:pt] *n* utdrag *nt*
excess [ik'ses] *n* överdrift *c*
excessive [ik'sesiv] *adj* överdriven
exchange [iks'tʃeindʒ] *v* växla, utbyta, byta ut; *n* byte *nt*; börs *c*; **~ office** växelkontor *nt*; **~ rate** växelkurs *c*
excite [ik'sait] *v* upphetsa
excited [ik'saitəd] *adj* upphetsad
excitement [ik'saitmənt] *n* uppståndelse *c*, spänning *c*
exciting [ik'saitiŋ] *adj* spännande
exclaim [ik'skleim] *v* utropa
exclamation [,eksklə'meiʃən] *n* utrop *nt*
exclude [ik'sklu:d] *v* *utesluta
exclusive [ik'sklu:siv] *adj* exklusiv
exclusively [ik'sklu:sivli] *adv* enbart, uteslutande
excursion [ik'skə:ʃən] *n* utflykt *c*

excuse[1] [ik'skju:s] *n* ursäkt *c*
excuse[2] [ik'skju:z] *v* ursäkta
execute ['eksikju:t] *v* utföra
execution [ˌeksi'kju:ʃən] *n* avrättning *c*; utförande *nt*
executioner [ˌeksi'kju:ʃənə] *n* bödel *c*
executive [ig'zekjutiv] *adj* verkställande; *n* verkställande myndighet; direktör *c*
executive assistant [ig'zekjətiv‿ə'sistənt] *n* chefssekreterare *c*
exempt [ig'ʒempt] *v* *frita, frikalla, befria; *adj* befriad
exemption [ig'zempʃən] *n* befrielse *c*
exercise ['eksəsaiz] *n* övning *c*; skriftligt prov; *v* öva; utöva
exhale [eks'heil] *v* utandas
exhaust [ig'zɔ:st] *n* avgas *c*; *v* utmatta; ~ **gases** avgaser *pl*
exhibit [ig'zibit] *v* ställa ut; förevisa, uppvisa
exhibition [ˌeksi'biʃən] *n* utställning *c*
exile ['eksail] *n* landsflykt *c*; landsflykting *c*
exist [ig'zist] *v* existera
existence [ig'zistəns] *n* existens *c*
exit ['eksit] *n* utgång *c*; utfart *c*
exotic [ig'zɔtik] *adj* exotisk
expand [ik'spænd] *v* utvidga; utbreda
expansion [ik'spænʃən] *n* expansion *c*
expect [ik'spekt] *v* vänta sig
expectation [ˌekspek'teiʃən] *n* förväntan *c*
expedition [ˌekspə'diʃən] *n* expedition *c*; snabbhet *c*
expel [ik'spel] *v* utvisa
expenditure [ik'spenditʃə] *n* utgifter, åtgång *c*
expense [ik'spens] *n* utgift *c*; **expenses** *pl* omkostnader *pl*
expensive [ik'spensiv] *adj* dyrbar, dyr; kostsam
experience [ik'spiəriəns] *n* erfarenhet *c*; *v* *erfara, uppleva; **experienced** erfaren
experiment [ik'sperimənt] *n* experiment *nt*, försök *nt*; *v* experimentera
expert ['ekspə:t] *n* fackman *c*, expert *c*; *adj* sakkunnig
expire [ik'spaiə] *v* utlöpa, *förfalla; utandas; **expired** ogiltig
explain [ik'splein] *v* förklara
explanation [ˌeksplə'neiʃən] *n* förklaring *c*
explicit [ik'splisit] *adj* tydlig, uttrycklig
explode [ik'sploud] *v* explodera
exploit [ik'splɔit] *v* *utsuga, utnyttja
explore [ik'splɔ:] *v* utforska
explosion [ik'splouʒən] *n* explosion *c*
explosive [ik'splousiv] *adj* explosiv; *n* sprängämne *nt*
export[1] [ik'spɔ:t] *v* exportera

export² ['ekspɔːt] *n* export *c*
expose [ik'spous] *v* utsätta
exposition [ˌekspə'ziʃən] *n* utställning *c*
exposure [ik'spouʒə] *n* utsättande *nt*; exponering *c*; ~ **meter** exponeringsmätare *c*
express [ik'spres] *v* uttrycka; *ge uttryck åt; *adj* snabbgående; uttrycklig; ~ **train** expresståg *nt*
expression [ik'spreʃən] *n* uttryck *nt*; yttrande *nt*
exquisite [ik'skwizit] *adj* utsökt
extend [ik'stend] *v* förlänga; utvidga; bevilja
extension [ik'stenʃən] *n* förlängning *c*; utvidgande *nt*; anknytningslinje *c*; ~ **cord** förlängningssladd *c*
extensive [ik'stensiv] *adj* omfångsrik; vidsträckt, omfattande
extent [ik'stent] *n* utsträckning *c*, omfång *nt*
exterior [ek'stiəriə] *adj* yttre; *n* yttre *nt*
external [ek'stəːnəl] *adj* utvändig
extinguish [ik'stiŋgwiʃ] *v* släcka
extort [ik'stɔːt] *v* utpressa
extortion [ik'stɔːʃən] *n* utpressning *c*
extra ['ekstrə] *adj* extra
extract¹ [ik'strækt] *v* *utdra
extract² ['ekstrækt] *n* utdrag *nt*
extradite ['ekstrədait] *v* utlämna
extraordinary [ik'strɔːdənri] *adj* utomordentlig
extravagant [ik'strævəgənt] *adj* överdriven, extravagant, slösaktig
extreme [ik'striːm] *adj* extrem; ytterlig, yttersta; *n* ytterlighet *c*
exuberant [ig'zjuːbərənt] *adj* översvallande
eye [ai] *n* öga *nt*
eyebrow ['aibrau] *n* ögonbryn *nt*
eyelash ['ailæʃ] *n* ögonfrans *c*
eyelid ['ailid] *n* ögonlock *nt*
eyebrow pencil ['aiˌpensəl] *n* ögonbrynspenna *c*
eye shadow ['aiˌʃædou] *n* ögonskugga *c*
eyewitness ['aiˌwitnəs] *n* ögonvittne *nt*

F

fable ['feibəl] *n* fabel *c*
fabric ['fæbrik] *n* tyg *nt*; struktur *c*
façade [fə'sɑːd] *n* fasad *c*
face [feis] *n* ansikte *nt*; *v* konfrontera, *vara vänd mot; **~ massage** ansiktsmassage *c*; **facing** mittemot
face cream ['feiskriːm] *n* ansiktskräm *c*
face pack ['feispæk] *n* ansiktsmask *c*
face-powder ['feis,paudə] *n* ansiktspuder *nt*
facilities [fə'silətis] *pl* möjligheter *pl*; **cooking ~** *pl* kokmöjligheter *pl*
fact [fækt] *n* faktum *nt*; **in ~** i själva verket
factor ['fæktə] *n* faktor *c*
factory ['fæktəri] *n* fabrik *c*
factual ['fæktʃuəl] *adj* faktisk
faculty ['fækəlti] *n* förmåga *c*; fallenhet *c*, talang *c*; fakultet *c*
fade [feid] *v* blekna
fail [feil] *v* misslyckas; fattas; försumma; kuggas; **without ~** helt säkert
failure ['feiljə] *n* misslyckande *nt*
faint [feint] *v* svimma; *adj* vag, svag
fair [fɛə] *n* marknad *c*; varumässa *c*; *adj* just, rättvis; ljushårig, blond; fager
fairly ['fɛəli] *adv* tämligen, ganska
fairy ['fɛəri] *n* fe *c*
fairytale ['fɛəriteil] *n* saga *c*
faith [feiθ] *n* tro *c*; tillit *c*
faithful ['feiθful] *adj* trogen
fake [feik] *n* förfalskning *c*
fall [fɔːl] *n* fall *nt*; *nAm* höst *c*
***fall** [fɔːl] *v* *falla
false [fɔːls] *adj* falsk; fel, oäkta; **~ teeth** löständer *pl*
falter ['fɔːltə] *v* vackla; stamma
fame [feim] *n* ryktbarhet *c*, berömmelse *c*; rykte *nt*
familiar [fə'miljə] *adj* välkänd; familjär
family ['fæməli] *n* familj *c*; släkt *c*; **~ name** efternamn *nt*
famous ['feiməs] *adj* berömd
fan [fæn] *n* fläkt *c*; solfjäder *c*; beundrare *c*; **~ belt** fläktrem *c*
fanatical [fə'nætikəl] *adj* fanatisk
fancy ['fænsi] *v* *ha lust att, tycka om; tänka sig, föreställa sig; *n* nyck *c*; fantasi *c*
fantastic [fæn'tæstik] *adj* fantastisk
fantasy ['fæntəzi] *n* fantasi *c*
far [fɑː] *adj* avlägset; **by ~**

betydligt; **so ~** hittills; **~ away** långt bort
fare [fɛə] *n* biljettpris *nt*; mat *c*, kost *c*
farm [fɑːm] *n* lantbruk *nt*
farmer ['fɑːmə] *n* lantbrukare *c*; **farmer's wife** lantbrukarhustru *c*
farmhouse ['fɑːmhaus] *n* lantgård *c*
far-off ['fɑːrɔf] *adj* avlägsen
farther ['fɑːðə] *adj* bortre
fascinate ['fæsineit] *v* fascinera
fascism ['fæʃizəm] *n* fascism *c*
fascist ['fæʃist] *adj* fascistisk; *n* fascist *c*
fashion ['fæʃən] *n* mode *nt*; sätt *nt*
fashionable ['fæʃənəbəl] *adj* modern
fast [fɑːst] *adj* snabb, hastig
fasten ['fɑːsən] *v* fästa, spänna fast; stänga
fastener ['fɑːsənə] *n* spänne *nt*
fat [fæt] *adj* tjock, fet; *n* fett *nt*
fat free ['fæt‿'friː] *adj* fettfri
fatal ['feitəl] *adj* ödesdiger, fatal, dödlig
fate [feit] *n* öde *nt*
father ['fɑːðə] *n* far *c*; pater *c*
father-in-law ['fɑːðərinlɔː] *n* (pl fathers-) svärfar *c*
fatty ['fæti] *adj* fet
faucet ['fɔːsit] *nAm* vattenkran *c*
fault [fɔːlt] *n* fel *nt*; defekt *c*
faultless ['fɔːltləs] *adj* felfri; oklanderlig
faulty ['fɔːlti] *adj* bristfällig
favour ['feivə] *n* välvilja *c*, tjänst *c*; *v* favorisera, gynna
favourable ['feivərəbəl] *adj* gynnsam
favourite ['feivərit] *n* favorit *c*, gunstling *c*; *adj* älsklings-
fawn [fɔːn] *adj* gulbrun; *n* rådjurskalv *c*, hjortkalv *c*
fax [fæks] *n* (tele)fax *nt*; **send a ~** skicka ett fax, faxa
fear [fiə] *n* rädsla *c*, oro *c*; *v* frukta
feasible ['fiːzəbəl] *adj* utförbar
feast [fiːst] *n* fest *c*
feat [fiːt] *n* bragd *c*, prestation *c*
feather ['feðə] *n* fjäder *c*
feature ['fiːtʃə] *n* kännemärke *nt*; ansiktsdrag *nt*
February ['februəri] februari
federal ['fedərəl] *adj* förbunds-
federation [ˌfedə'reiʃən] *n* federation *c*; förbundsstat *c*
fee [fiː] *n* arvode *nt*
feeble ['fiːbəl] *adj* svag
***feed** [fiːd] *v* mata; **fed up with** utled på
***feel** [fiːl] *v* känna; känna på; **~ like** *ha lust att
feeling ['fiːliŋ] *n* känsla *c*; känsel *c*
feet [fiːt] *pl* fötter *pl*
fell [fel] *v* (p fall)
fellow ['felou] *n* karl *c*

felt[1] [felt] *n* filt *c*
felt[2] [felt] *v* (p, pp feel)
female ['fiːmeil] *adj* hon- *pref*
feminine ['feminin] *adj* feminin
fence [fens] *n* stängsel *nt*; staket *nt*; *v* fäkta
ferment [fəː'ment] *v* jäsa
ferry-boat ['feribout] *n* färja *c*
fertile ['fəːtail] *adj* fruktbar
festival ['festivəl] *n* festival *c*
festive ['festiv] *adj* festlig
fetch [fetʃ] *v* hämta
feudal ['fjuːdəl] *adj* feodal
fever ['fiːvə] *n* feber *c*
feverish ['fiːvəriʃ] *adj* febrig
few [fjuː] *adj* få
fiancé [fi'ɑ̃ːsei] *n* fästman *c*
fiancée [fi'ɑ̃ːsei] *n* fästmö *c*
fibre ['faibə] *n* fiber *c*
fiction ['fikʃən] *n* skönlitteratur *c*, fiktion *c*
field [fiːld] *n* fält *nt*, åker *c*; ~ **glasses** fältkikare *c*
fierce [fiəs] *adj* vild, häftig
fifteen [ˌfif'tiːn] *num* femton
fifteenth [ˌfif'tiːnθ] *num* femtonde
fifth [fifθ] *num* femte
fifty ['fifti] *num* femtio
fig [fig] *n* fikon *nt*
fight [fait] *n* slagsmål *nt*; kamp *c*, strid *c*
***fight** [fait] *v* *strida, *slåss, kämpa
figure ['figə] *n* figur *c*; siffra *c*
file [fail] *n* fil *c*; brevpärm *c*, dossié *c*; rad *c*
fill [fil] *v* fylla; ~ **in** fylla i;
filling station bensinstation *c*; ~ **out** *Am* fylla i; ~ **up** tanka
filling ['filiŋ] *n* plomb *c*; fyllning *c*
film [film] *n* film *c*; *v* filma
filter ['filtə] *n* filter *nt*
filthy ['filθi] *adj* lortig, smutsig
final ['fainəl] *adj* slutlig
finally ['fainəli] *adv* slutligen
finance [fai'næns] *v* finansiera
finances [fai'nænsiz] *pl* finanser *pl*
financial [fai'nænʃəl] *adj* finansiell
finch [fintʃ] *n* bofink *c*
***find** [faind] *v* hitta, *finna
fine [fain] *n* böter *pl*; *adj* fin; skön; härlig, utmärkt; ~ **arts** de sköna konsterna
finger ['fiŋgə] *n* finger *nt*; **little** ~ lillfinger *nt*
fingerprint ['fiŋgəprint] *n* fingeravtryck *nt*
finish ['finiʃ] *v* avsluta, sluta; fullborda; *n* slut *nt*; mållinje *c*; **finished** färdig
Finland ['finlənd] Finland
Finn [fin] *n* finländare *c*
Finnish ['finiʃ] *adj* finsk
fire [faiə] *n* eld *c*; eldsvåda *c*; *v* *skjuta; avskeda
fire alarm ['faiərəˌlɑːm] *n* brandalarm *c*
fire brigade ['faiəbriˌgeid] *n* brandkår *c*
fire escape ['faiəriˌskeip] *n* brandstege *c*

fire extinguisher ['faiərik,stiŋgwiʃə] *n* brandsläckare *c*
firefighter ['faiə,faitə] *n* *brandman c*
fireplace ['faiəpleis] *n* öppen spis
fireproof ['faiəpru:f] *adj* brandsäker; eldfast
firewall ['faiə‿,wɔ:l] *n* brandvägg *c*
firm [fə:m] *adj* fast; solid; *n* firma *c*
first [fə:st] *num* första; **at ~** först; i början; **~ name** förnamn *nt*
first aid [,fə:st'eid] *n* första hjälpen; **~ kit** förbandslåda *c*; **~ post** hjälpstation *c*
first-class [,fə:st'klɑ:s] *adj* förstklassig
first-rate [,fə:st'reit] *adj* förstklassig
fir tree ['fə:tri:] *n* gran *c*, barrträd *nt*
fish[1] [fiʃ] *n* (pl ~, ~es) fisk *c*; **~ shop** fiskaffär *c*
fish[2] [fiʃ] *v* fiska; meta; **fishing gear** fiskredskap *nt*; **fishing hook** metkrok *c*; **fishing industry** fiskerinäring *c*; **fishing licence** fiskekort *nt*; **fishing line** metrev *c*; **fishing net** fisknät *nt*; **fishing rod** metspö *nt*; **fishing tackle** fiskedon *nt*
fishbone ['fiʃboun] *n* fiskben *nt*
fisherman ['fiʃəmən] *n* (pl -men) fiskare *c*
fist [fist] *n* knytnäve *c*
fit [fit] *adj* lämplig; *n* anfall *nt*; *v* passa; **fitting room** provrum *nt*
five [faiv] *num* fem
fix [fiks] *v* laga
fixed [fikst] *adj* fästad, orörlig
fizz [fiz] *n* brus *nt*
flag [flæg] *n* flagga *c*
flame [fleim] *n* låga *c*
flamingo [flə'miŋgou] *n* (pl ~s, ~es) flamingo *c*
flannel ['flænəl] *n* flanell *c*
flash [flæʃ] *n* blixt *c*, glimt *c*
flash bulb ['flæʃbʌlb] *n* blixtlampa *c*
flashlight ['flæʃlait] *n* ficklampa *c*
flask [flɑ:sk] *n* plunta *c*; **thermos ~** termos *c*
flat [flæt] *adj* flat, platt; *n* lägenhet *c*; **~ tyre** punktering *c*
flavour ['fleivə] *n* smak *c*; *v* smaksätta, krydda
flee [fli:] *v* fly
fleet [fli:t] *n* flotta *c*
flesh [fleʃ] *n* kött *nt*
flew [flu:] *v* (p fly)
flex [fleks] *n* sladd *c*
flexible ['fleksibəl] *adj* böjlig; smidig
flight [flait] *n* flygresa *c*; **charter ~** charterflyg *nt*
flint [flint] *n* flintsten *c*
float [flout] *v* *flyta; *n* flöte *nt*, flottör *c*
flock [flɔk] *n* hjord *c*

flood [flʌd] *n* översvämning *c*; flod *c*
floor [flɔː] *n* golv *nt*; våning *c*
florist ['flɔrist] *n* blomsterhandlare *c*
flour [flauə] *n* mjöl *nt*, vetemjöl *nt*
flow [flou] *v* *flyta, strömma
flower [flauə] *n* blomma *c*
flowerbed ['flauəbed] *n* rabatt *c*
flower shop ['flauəʃɔp] *n* blomsterhandel *c*
flown [floun] *v* (pp fly)
flu [fluː] *n* influensa *c*
fluent ['fluːənt] *adj* flytande
fluid ['fluːid] *adj* flytande; *n* vätska *c*
flute [fluːt] *n* flöjt *c*
fly [flai] *n* fluga *c*; gylf *c*
***fly** [flai] *v* *flyga
foam [foum] *n* skum *nt*; *v* skumma
foam rubber ['foum,rʌbə] *n* skumgummi *nt*
focus ['foukəs] *n* brännpunkt *c*
fog [fɔg] *n* dimma *c*
foggy ['fɔgi] *adj* dimmig
foglamp ['fɔglæmp] *n* dimlykta *c*
fold [fould] *v* *vika; *n* veck *nt*
folk [fouk] *n* folk *nt*; **~ song** folkvisa *c*
folk dance ['foukdɑːns] *n* folkdans *c*
folklore ['fouklɔː] *n* folklore *c*
follow ['fɔlou] *v* följa efter; **following** *adj* nästa, följande
***be fond of** [biː fɔnd ɔv] tycka om
food [fuːd] *n* mat *c*; föda *c*; **~ poisoning** matförgiftning *c*
foodstuffs ['fuːdstʌfs] *pl* matvaror *pl*
fool [fuːl] *n* dumbom *c*, dåre *c*; *v* skoja, lura
foolish ['fuːliʃ] *adj* löjlig, dåraktig; dum
foot [fut] *n* (pl feet) fot *c*; **~ powder** fotpuder *nt*; **on ~** till fots
football ['futbɔːl] *n* fotboll *c*; **~ match** fotbollsmatch *c*
foot brake ['futbreik] *n* fotbroms *c*
footpath ['futpɑːθ] *n* gångstig *c*
footwear ['futwɛə] *n* skodon *nt*
for [fɔː, fə] *prep* till; i; av, på grund av, för; *conj* för
***forbid** [fə'bid] *v* *förbjuda
force [fɔːs] *v* tvinga; forcera; *n* makt *c*, kraft *c*; våld *nt*; **by ~** med tvång; **driving ~** drivkraft *c*
forecast ['fɔːkɑːst] *n* förutsägelse *c*; *v* *förutsäga
foreground ['fɔːgraund] *n* förgrund *c*
forehead ['fɔred] *n* panna *c*
foreign ['fɔrin] *adj* utländsk; främmande
foreigner ['fɔrinə] *n* utlänning *c*
foreman ['fɔːmən] *n* (pl -men) förman *c*

foremost ['fɔːmoust] *adj* förnämst
forest ['fɔrist] *n* skog *c*
forester ['fɔristə] *n* skogvaktare *c*
forever, **for ever** [fɔ'revə] *adv* för alltid
forge [fɔːdʒ] *v* förfalska
***forget** [fə'get] *v* glömma
forgetful [fə'getfəl] *adj* glömsk
***forgive** [fə'giv] *v* *förlåta
fork [fɔːk] *n* gaffel *c*; vägskäl *nt*; *v* förgrenas, dela sig
form [fɔːm] *n* form *c*; formulär *nt*; klass *c*; *v* forma
formal ['fɔːməl] *adj* formell
formality [fɔː'mæləti] *n* formalitet *c*
former ['fɔːmə] *adj* förutvarande; före detta; **formerly** förr, förut
formula ['fɔːmjulə] *n* (pl ~e, ~s) formel *c*
fortnight ['fɔːtnait] *n* fjorton dagar
fortress ['fɔːtris] *n* fästning *c*
fortunate ['fɔːtʃənət] *adj* lycklig
fortunately *adv* lyckligtvis
fortune ['fɔːtʃuːn] *n* förmögenhet *c*; öde *nt*, lycka *c*
forty ['fɔːti] *num* fyrtio
forward ['fɔːwəd] *adv* fram, framåt; *v* eftersända
foster parents ['fɔstə,pɛərənts] *pl* fosterföräldrar *pl*
fought [fɔːt] *v* (p, pp fight)
foul [faul] *adj* osnygg; gemen
found[1] [faund] *v* (p, pp find)
found[2] [faund] *v* grunda, stifta
foundation [faun'deiʃən] *n* stiftelse *c*; ~ **cream** underlagskräm *c*
fountain ['fauntin] *n* fontän *c*; källa *c*
fountain pen ['fauntinpen] *n* reservoarpenna *c*
four [fɔː] *num* fyra
fourteen [,fɔː'tiːn] *num* fjorton
fourteenth [,fɔː'tiːnθ] *num* fjortonde
fourth [fɔːθ] *num* fjärde
fowl [faul] *n* (pl ~s, ~) fjäderfä *nt*
fox [fɔks] *n* räv *c*
foyer ['fɔiei] *n* foajé *c*
fraction ['frækʃən] *n* bråkdel *c*
fracture ['fræktʃə] *v* *bryta; *n* brott *nt*
fragile ['frædʒail] *adj* skör; bräcklig
fragment ['frægmənt] *n* brottstycke *nt*
frame [freim] *n* ram *c*; montering *c*
France [frɑːns] Frankrike
franchise ['fræntʃaiz] *n* koncession *c*, rösträtt *c*
fraternity [frə'təːnəti] *n* broderlighet *c*
fraud [frɔːd] *n* bedrägeri *nt*
fray [frei] *v* fransa sig
free [friː] *adj* fri; gratis; ~ **of charge** kostnadsfri; ~ **ticket** fribiljett *c*

freedom ['fri:dəm] *n* frihet *c*
***freeze** [fri:z] *v* *frysa
freezer ['fri:zə] *n* frys *c*
freezing ['fri:ziŋ] *adj* iskall
freezing point ['fri:ziŋpɔint] *n* fryspunkt *c*
freight [freit] *n* frakt *c*, last *c*
freight train ['freittrein] *nAm* godståg *nt*
French [frentʃ] *adj* fransk; **the ~** *pl* fransmännen *pl*; **~ fries** *pl* pommes frites *pl*
Frenchman ['frentʃmən] *n* (pl -men) fransman *c*
frequency ['fri:kwənsi] *n* frekvens *c*; förekomst *c*
frequent ['fri:kwənt] *adj* ofta förekommande, vanlig; **frequently** ofta
fresh [freʃ] *adj* färsk; ny; uppfriskande; **~ water** sötvatten *nt*
friction ['frikʃən] *n* friktion *c*
Friday ['fraidi] fredag *c*
fridge [fridʒ] *n* kylskåp *nt*
friend [frend] *n* vän *c*; väninna *c*
friendly ['frendli] *adj* vänlig, vänskaplig
friendship ['frendʃip] *n* vänskap *c*
fright [frait] *n* fruktan *c*, skräck *c*
frighten ['fraitən] *v* skrämma
frightened ['fraitənd] *adj* skrämd; ***be ~** *bli förskräckt
frightful ['fraitfəl] *adj* förskräcklig, förfärlig
fringe [frindʒ] *n* frans *c*
frog [frɔg] *n* groda *c*
from [frɔm] *prep* från; av; från och med
front [frʌnt] *n* framsida *c*; **in ~ of** framför
frontier ['frʌntiə] *n* gräns *c*
frost [frɔst] *n* frost *c*
frozen ['frouzən] *adj* frusen; **~ food** djupfryst mat
fructose ['frʌktouz] *n* fruktos *c*; **fructose-free** *adj* fruktosfri
fruit [fru:t] *n* frukt *c*
fry [frai] *v* steka
frying pan ['fraiiŋpæn] *n* stekpanna *c*
fuck [fʌk] *v* V knulla
fuel ['fju:əl] *n* bränsle *nt*; bensin *c*; **~ pump** *Am* bensinpump *c*
full [ful] *adj* full; **~ board** helpension *c*; **~ stop** punkt *c*; **~ up** fullsatt
fun [fʌn] *n* nöje *nt*; skoj *nt*
function ['fʌŋkʃən] *n* funktion *c*
fund [fʌnd] *n* fond *c*
fundamental [ˌfʌndə'mentəl] *adj* grundläggande
funeral ['fju:nərəl] *n* begravning *c*
funnel ['fʌnəl] *n* tratt *c*
funny ['fʌni] *adj* rolig, lustig; konstig
fur [fə:] *n* päls *c*
furious ['fjuəriəs] *adj* ursinnig, rasande
furnace ['fə:nis] *n* ugn *c*
furnish ['fə:niʃ] *v* leverera,

*förse; möblera; **~ with** *förse med
furniture ['fə:nitʃə] *n* möbler *pl*
furrier ['fʌriə] *n* körsnär *c*
further ['fə:ðə] *adj* avlägsnare; ytterligare
furthermore ['fə:ðəmɔ:] *adv* dessutom
furthest ['fə:ðist] *adj* längst bort
fuse [fju:z] *n* propp *c*; stubintråd *c*
fuss [fʌs] *n* bråk *nt*, väsen *nt*
future ['fju:tʃə] *n* framtid *c*; *adj* framtida

G

gable ['geibəl] *n* gavel *c*
gadget ['gædʒit] *n* grej *c*
gain [gein] *v* *vinna; *n* förvärv *nt*, förtjänst *c*
gale [geil] *n* storm *c*
gall [gɔ:l] *n* galla *c*; **~ bladder** gallblåsa *c*
gallery ['gæləri] *n* galleri *nt*; konstgalleri *nt*
gallon ['gælən] *n* (Brit 4,55 l; Am 3,79 l) gallon *c*
gallop ['gæləp] *n* galopp *c*
gallows ['gælouz] *pl* galge *c*
gallstone ['gɔ:lstoun] *n* gallsten *c*
game [geim] *n* spel *nt*; villebråd *nt*; **~ reserve** djurreservat *nt*
gang [gæŋ] *n* gäng *nt*; skift *nt*
gangway ['gæŋwei] *n* landgång *c*
gap [gæp] *n* öppning *c*
garage ['gærɑ:ʒ] *n* garage *nt*; *v* ställa in i garaget
garbage ['gɑ:bidʒ] *n* avfall *nt*, sopor *pl*
garden ['gɑ:dən] *n* trädgård *c*; **public ~** offentlig park; **zoological gardens** djurpark *c*
gardener ['gɑ:dənə] *n* trädgårdsmästare *c*
gargle ['gɑ:gəl] *v* gurgla
garlic ['gɑ:lik] *n* vitlök *c*
gas [gæs] *n* gas *c*; *nAm* bensin *c*; **~ cooker** gaskök *nt*; **~ pump** *Am* bensinpump *c*; **~ station** bensinstation *c*; **~ stove** gasspis *c*
gasoline ['gæsəli:n] *nAm* bensin *c*
gastric ['gæstrik] *adj* mag-; **~ ulcer** magsår *nt*
gasworks ['gæswə:ks] *n* gasverk *nt*
gate [geit] *n* port *c*; grind *c*
gather ['gæðə] *v* samla; samlas; skörda
gauge [geidʒ] *n* mätare *c*
gave [geiv] *v* (p give)
gay [gei] *adj* munter; brokig
gaze [geiz] *v* stirra
gazetteer [ˌgæzə'tiə] *n* geografiskt lexikon
gear [giə] *n* växel *c*; utrustning *c*; **change ~**

växla; ~ **lever** växelspak *c*
gearbox ['giəbɔks] *n* växellåda *c*
geese [gi:s] *pl* gäss *pl*
gem [dʒem] *n* juvel *c*, ädelsten *c*; klenod *c*
gender ['dʒendə] *n* genus *nt*
general ['dʒenərəl] *adj* allmän; *n* general *c*; ~ **practitioner** allmänpraktiserande läkare; **in** ~ i allmänhet
generate ['dʒenəreit] *v* alstra
generation [ˌdʒenə'reiʃən] *n* generation *c*
generator ['dʒenəreitər] *n* generator *c*
generosity [ˌdʒenə'rɔsəti] *n* givmildhet *c*
generous ['dʒenərəs] *adj* generös, givmild
genital ['dʒenitəl] *adj* köns-
genius ['dʒi:niəs] *n* geni *nt*
gentle ['dʒentəl] *adj* mild; blid; varsam
gentleman ['dʒentəlmən] *n* (pl -men) herre *c*
genuine ['dʒenjuin] *adj* äkta
geography [dʒi'ɔgrəfi] *n* geografi *c*
geology [dʒi'ɔlədʒi] *n* geologi *c*
geometry [dʒi'ɔmətri] *n* geometri *c*
germ [dʒə:m] *n* bacill *c*; grodd *c*
German ['dʒə:mən] *adj* tysk; *n* tysk *c*
Germany ['dʒə:məni] Tyskland
gesticulate [dʒi'stikjuleit] *v* gestikulera
***get** [get] *v* *få; hämta; *bli; ~ **back** *gå tillbaka, *komma tillbaka; ~ **off** *stiga av; ~ **on** *stiga på; *göra framsteg; ~ **up** resa sig, *stiga upp
ghost [goust] *n* spöke *nt*; ande *c*
giant ['dʒaiənt] *n* jätte *c*
giddiness ['gidinəs] *n* yrsel *c*
giddy ['gidi] *adj* yr
gift [gift] *n* gåva *c*; talang *c*
gift card ['gift‿ˌkɑ:d] *n* presentkort *nt*
gifted ['giftid] *adj* begåvad
gigantic [dʒai'gæntik] *adj* väldig
giggle ['gigəl] *v* fnittra
gill [gil] *n* gäl *c*
gilt [gilt] *adj* förgylld
ginger ['dʒindʒə] *n* ingefära *c*
gipsy ['dʒipsi] *n* zigenare *c*
girdle ['gə:dəl] *n* gördel *c*
girl [gə:l] *n* flicka *c*;
girlfriend ['gə:lfrend] *n* flickvän *c*
***give** [giv] *v* *ge; överräcka; ~ **away** förråda; ~ **in** *ge efter; ~ **up** *ge upp
glacier ['glæsiə] *n* glaciär *c*
glad [glæd] *adj* glad; **gladly** gärna, med glädje
gladness ['glædnəs] *n* glädje *c*
glamorous ['glæmərəs] *adj* charmerande, förtrollande
glance [glɑ:ns] *n* blick *c*; *v* kasta en blick
gland [glænd] *n* körtel *c*

glare [glɛə] *n* skarpt sken; sken *nt*
glaring ['glɛəriŋ] *adj* bländande; påfallande; gräll
glass [glɑ:s] *n* glas *nt*; glas-; **glasses** glasögon *pl*; **magnifying ~** förstoringsglas *nt*
glaze [gleiz] *v* glasa; glasera
glide [glaid] *v* *glida
glider ['glaidə] *n* segelflygplan *nt*
glimpse [glimps] *n* skymt *c*; glimt *c*; *v* skymta
global ['gloubəl] *adj* världsomfattande; **global positioning system** *n* GPS *c*; **global warming** *n* global uppvärmning *c*
globalization [,gloubəlai'zeiʃən] *n* globalisering *c*
globalize ['gloubə,laiz] *v* globalisera
globe [gloub] *n* jordklot *nt*, glob *c*
gloom [glu:m] *n* dunkelhet *c*
gloomy ['glu:mi] *adj* dyster
glorious ['glɔ:riəs] *adj* praktfull
glory ['glɔ:ri] *n* berömmelse *c*, ära *c*, lovord *nt*
gloss [glɔs] *n* glans *c*
glossy ['glɔsi] *adj* blank
glove [glʌv] *n* handske *c*
glow [glou] *v* glöda; *n* glöd *c*
glue [glu:] *n* lim *nt*
gluten ['glu:tən] *n* gluten *nt*; **gluten-free** *adj* glutenfri
***go** [gou] *v* *gå; *bli; **~ ahead** *fortsätta; **~ away** *fara; **~ back** *gå tillbaka; **~ home** *gå hem; **~ in** *gå in; **~ on** *fortsätta; **~ out** *gå ut; **~ through** *genomgå
goal [goul] *n* mål *nt*
goalkeeper ['goul,ki:pə] *n* målvakt *c*
goat [gout] *n* get *c*
god [gɔd] *n* gud *c*
goddess ['gɔdis] *n* gudinna *c*
godfather ['gɔd,fɑ:ðə] *n* gudfar *c*
godmother ['gɔd,mʌðə] *n* gudmor *c*
goggles ['gɔgəlz] *pl* skyddsglasögon *pl*
gold [gould] *n* guld *nt*; **~ leaf** bladguld *nt*
golden ['gouldən] *adj* gyllene
goldsmith ['gouldsmiθ] *n* guldsmed *c*
golf [gɔlf] *n* golf *c*
golfclub ['gɔlfklʌb] *n* golfklubb *c*
golf course ['gɔlfkɔ:s] *n* golfbana *c*
gondola ['gɔndələ] *n* gondol *c*
gone [gɔn] *adv* (pp go) borta
good [gud] *adj* bra, god; snäll
goodbye! [,gud'bai] adjö!
good-humoured [,gud'hju:məd] *adj* gladlynt
good-looking [,gud'lukiŋ] *adj* snygg
good-natured [,gud'neitʃəd] *adj* godmodig
goods [gudz] *pl* varor *pl*; **~ train** godståg *nt*

good-tempered [ˌgud'tempəd] *adj* godlynt
goodwill [ˌgud'wil] *n* välvilja *c*
goose [gu:s] *n* (pl geese) gås *c*
gooseberry ['guzbəri] *n* krusbär *nt*
goose flesh ['gu:sfleʃ] *n* gåshud *c*
gorge [gɔ:dʒ] *n* bergsklyfta *c*
gorgeous ['gɔ:dʒəs] *adj* praktfull
gospel ['gɔspəl] *n* evangelium *nt*
gossip ['gɔsip] *n* skvaller *nt*; *v* skvallra
got [gɔt] *v* (p, pp get)
gourmet ['guəmei] *n* gastronom *c*
gout [gaut] *n* gikt *c*
govern ['gʌvən] *v* regera
governess ['gʌvənis] *n* guvernant *c*
government ['gʌvənmənt] *n* regering *c*, styrelse *c*
governor ['gʌvənə] *n* guvernör *c*
gown [gaun] *n* klänning *c*
GPS ['dʒi:pi:'es] *n* GPS *c*
grace [greis] *n* grace *c*; nåd *c*
graceful ['greisfəl] *adj* graciös; intagande; behaglig
grade [greid] *n* grad *c*; *v* klassificera
gradient ['greidiənt] *n* stigning *c*
gradual ['grædʒuəl] *adj* gradvis
graduate ['grædʒueit] *v* *ta examen
grain [grein] *n* korn *nt*, sädeskorn *nt*
gram [græm] *n* gram *nt*
grammar ['græmə] *n* grammatik *c*
grammatical [grə'mætikəl] *adj* grammatisk
gramophone ['græməfoun] *n* grammofon *c*
grand [grænd] *adj* storslagen
grandchild ['grænˌtʃaild] *n* barnbarn *c*
granddaughter ['grænˌdɔ:tə] *n* sondotter *c*, dotterdotter *c*
grandfather ['grænˌfɑ:ðə] *n* farfar *c*, morfar *c*
grandmother ['grænˌmʌðə] *n* farmor *c*; mormor *c*
grandparents ['grænˌpɛərənts] *pl* morföräldrar *pl*, farföräldrar *pl*
grandson ['grænsʌn] *n* sonson *c*, dotterson *c*
granite ['grænit] *n* granit *c*
grant [grɑ:nt] *v* bevilja, *medge; *n* bidrag *nt*, stipendium *nt*
grapefruit ['greipfru:t] *n* grapefrukt *c*
grapes [greips] *pl* vindruvor *pl*
graph [græf] *n* diagram *nt*
graphic ['græfik] *adj* grafisk
grasp [grɑ:sp] *v* *gripa; *n* grepp *nt*
grass [grɑ:s] *n* gräs *nt*
grasshopper ['grɑ:sˌhɔpə] *n*

gräshoppa *c*
grate [greit] *n* spisgaller *c*; *v* *riva
grateful ['greitfəl] *adj* tacksam
grater ['greitə] *n* rivjärn *nt*
gratis ['grætis] *adj* gratis
gratitude ['grætitju:d] *n* tacksamhet *c*
gratuity [grə'tju:əti] *n* gratifikation *c*
grave [greiv] *n* grav *c*; *adj* allvarlig
gravel ['grævəl] *n* grus *nt*
gravestone ['greivstoun] *n* gravsten *c*
graveyard ['greivjɑ:d] *n* begravningsplats *c*
gravity ['grævəti] *n* tyngdkraft *c*; allvar *nt*
gravy ['greivi] *n* sky *c*
graze [greiz] *v* beta; *n* skrubbsår *nt*
grease [gri:s] *n* fett *nt*; *v* *smörja
greasy ['gri:si] *adj* flottig, oljig
great [greit] *adj* stor; **Great Britain** Storbritannien
Greece [gri:s] Grekland
greed [gri:d] *n* habegär *nt*
greedy ['gri:di] *adj* hagalen; glupsk
Greek [gri:k] *adj* grekisk; *n* grek *c*
green [gri:n] *adj* grön; **~ card** grönt kort
greengrocer ['gri:n,grousə] *n* grönsakshandlare *c*
greenhouse ['gri:nhaus] *n* drivhus *nt*, växthus *nt*
greens [gri:nz] *pl* grönsaker *pl*
greet [gri:t] *v* hälsa
greeting ['gri:tiŋ] *n* hälsning *c*
grey [grei] *adj* grå
greyhound ['greihaund] *n* vinthund *c*
grief [gri:f] *n* sorg *c*, bedrövelse *c*
grieve [gri:v] *v* sörja
grill [gril] *n* grill *c*; *v* grilla
grillroom ['grilru:m] *n* grillrestaurang *c*
grim [grim] *adj* barsk
grin [grin] *v* flina; *n* flin *nt*
***grind** [graind] *v* mala; finmala
grip [grip] *v* *gripa; *n* grepp *nt*; *nAm* kappsäck *c*
grit [grit] *n* grus *nt*
groan [groun] *v* stöna
grocer ['grousə] *n* specerihandlare *c*; **grocer's**; **grocery** speceriaffär *c*
groceries ['grousəriz] *pl* specerier *pl*
groin [grɔin] *n* ljumske *c*
groom [gru:m] *n* brudgum *c*
groove [gru:v] *n* skåra *c*, fåra *c*
gross[1] [grous] *n* (pl ~) gross *nt*
gross[2] [grous] *adj* grov; brutto-
grotto ['grɔtou] *n* (pl ~es, ~s) grotta *c*
ground[1] [graund] *n* grund *c*, mark *c*; **~ floor** bottenvåning

c; **grounds** mark *c*
ground² [graund] *v* (p, pp grind)
group [gruːp] *n* grupp *c*
grouse [graus] *n* (pl ~) vildhönsfågel *c*, ripa *c*
grove [grouv] *n* skogsdunge *c*
***grow** [grou] *v* växa; odla; *bli
growl [graul] *v* morra
grown-up ['grounʌp] *adj* vuxen; *n* vuxen *c*
growth [grouθ] *n* växt *c*; svulst *c*
grudge [grʌdʒ] *v* missunna
grumble ['grʌmbəl] *v* knorra
guarantee [ˌgærən'tiː] *n* garanti *c*; säkerhet *c*; *v* garantera
guard [gɑːd] *n* vakt *c*; *v* bevaka
guardian ['gɑːdiən] *n* förmyndare *c*
guess [ges] *v* gissa; förmoda; *n* förmodan *c*
guest [gest] *n* gäst *c*
guesthouse ['gesthaus] *n* pensionat *nt*
guest room ['gestruːm] *n* gästrum *nt*
guide [gaid] *n* reseledare *c*; guide *c*; *v* vägleda; guida
guide dog ['gaiddɔg] *n* ledarhund *c*
guidebook ['gaidbuk] *n* resehandbok *c*
guideline ['gaidlain] *n* riktlinje *c*
guilt [gilt] *n* skuld *c*
guilty ['gilti] *adj* skyldig
guinea pig ['ginipig] *n* marsvin *nt*
guitar [gi'tɑː] *n* gitarr *c*
gulf [gʌlf] *n* bukt *c*
gull [gʌl] *n* mås *c*
gum [gʌm] *n* tandkött *nt*; gummi *nt*; klister *nt*
gun [gʌn] *n* gevär *nt*; kanon *c*
gunpowder ['gʌnˌpaudə] *n* krut *nt*
gust [gʌst] *n* kastby *c*
gusty ['gʌsti] *adj* stormig
gut [gʌt] *n* tarm *c*; **guts** mod *nt*
gutter ['gʌtə] *n* rännsten *c*
guy [gai] *n* karl *c*
gymnasium [dʒim'neiziəm] *n* (pl ~s, -sia) gymnastiksal *c*
gymnast ['dʒimnæst] *n* gymnast *c*
gymnastics [dʒim'næstiks] *pl* gymnastik *c*
gynaecologist [ˌgainə'kɔlədʒist] *n* gynekolog *c*

H

habit ['hæbit] *n* vana *c*
habitable ['hæbitəbəl] *adj* beboelig
habitual [hə'bitʃuəl] *adj* invand
had [hæd] *v* (p, pp have)
haddock ['hædək] *n* (pl ~) kolja *c*
haemorrhage ['hemərid3] *n* blödning *c*
haemorrhoids ['hemərɔidz] *pl* hemorrojder *pl*
hail [heil] *n* hagel *nt*
hair [hɛə] *n* hår *nt*; ~ **cream** hårkräm *c*; ~ **gel** hårgelé *nt*; ~ **piece** löshår *nt*; ~ **rollers** hårrullar *pl*
hairbrush ['hɛəbrʌʃ] *n* hårborste *c*
haircut ['hɛəkʌt] *n* hårklippning *c*
hairdo ['hɛədu:] *n* frisyr *c*
hairdresser ['hɛə,dresə] *n* damfrisör *c*
hairdrier, **hairdryer** ['hɛədraiə] *n* hårtork *c*
hairgrip ['hɛəgrip] *n* hårspänne *nt*
hair net ['hɛənet] *n* hårnät *nt*
hair oil ['hɛərɔil] *n* hårolja *c*
hairpin ['hɛəpin] *n* hårnål *c*
hair spray ['hɛəsprei] *n* hårspray *nt*
hairy ['hɛəri] *adj* hårig
half[1] [hɑ:f] *adj* halv; *adv* till hälften
half[2] [hɑ:f] *n* (pl halves) hälft *c*
half time [,hɑ:f'taim] *n* halvlek *c*
halfway [,hɑ:f'wei] *adv* halvvägs
halibut ['hælibət] *n* (pl ~) helgeflundra *c*
hall [hɔ:l] *n* hall *c*; sal *c*
halt [hɔ:lt] *v* stanna
halve [hɑ:v] *v* halvera
ham [hæm] *n* skinka *c*
hamlet ['hæmlət] *n* liten by
hammer ['hæmə] *n* hammare *c*
hammock ['hæmək] *n* hängmatta *c*
hamper ['hæmpə] *n* matkorg *c*
hand [hænd] *n* hand *c*; *v* överlämna; ~ **cream** handkräm *c*
handbag ['hændbæg] *n* handväska *c*
handbook ['hændbuk] *n* handbok *c*
handbrake ['hændbreik] *n* handbroms *c*
handcuffs ['hændkʌfs] *pl* handbojor *pl*
handful ['hændful] *n* handfull *c*
handheld ['hand,held] *adj* handhållen
handicap ['hændikæp] *n* handikapp *nt*

handicapped ['hændikæpt] *adj* handikappad
handicraft ['hændikrɑ:ft] *n* hantverk *nt*; konsthantverk *nt*
handkerchief ['hæŋkətʃif] *n* näsduk *c*
handle ['hændəl] *n* skaft *nt*, handtag *nt*; *v* hantera; behandla
hand-made [ˌhænd'meid] *adj* handgjord
handshake ['hændʃeik] *n* handslag *nt*
handsome ['hænsəm] *adj* snygg
handwork ['hændwə:k] *n* hantverk *nt*
handwriting ['hændˌraitiŋ] *n* handstil *c*
***hang** [hæŋ] *v* hänga
hanger ['hæŋə] *n* klädhängare *c*
hangover ['hæŋˌouvə] *n* baksmälla *c*
happen ['hæpən] *v* hända, ske
happening ['hæpəniŋ] *n* händelse *c*
happiness ['hæpinəs] *n* lycka *c*
happy ['hæpi] *adj* belåten, lycklig
harbour ['hɑ:bə] *n* hamn *c*
hard [hɑ:d] *adj* hård; **hardly** knappast
hardware ['hɑ:dwɛə] *n* järnvaror *pl*; **~ store** järnhandel *c*
hare [hɛə] *n* hare *c*
harm [hɑ:m] *n* skada *c*; ont *nt*; *v* skada, *göra illa
harmful ['hɑ:mfəl] *adj* skadlig
harmless ['hɑ:mləs] *adj* oförarglig
harmony ['hɑ:məni] *n* harmoni *c*
harp [hɑ:p] *n* harpa *c*
harpsichord ['hɑ:psikɔ:d] *n* cembalo *c*
harsh [hɑ:ʃ] *adj* sträv; sträng; grym
harvest ['hɑ:vist] *n* skörd *c*
has [hæz] *v* (pr have)
haste [heist] *n* brådska *c*, hast *c*
hasten ['heisən] *v* skynda sig
hasty ['heisti] *adj* hastig
hat [hæt] *n* hatt *c*; **~ rack** hatthylla *c*
hatch [hætʃ] *n* lucka *c*
hate [heit] *v* hata; *n* hat *nt*
hatred ['heitrid] *n* hat *nt*
haughty ['hɔ:ti] *adj* högdragen
haul [hɔ:l] *v* släpa
***have** [hæv] *v* *ha; *få; **~ to** *måste
hawk [hɔ:k] *n* hök *c*; falk *c*
hay [hei] *n* hö *nt*; **~ fever** hösnuva *c*
hazard ['hæzəd] *n* risk *c*
haze [heiz] *n* dis *nt*
hazelnut ['heizəlnʌt] *n* hasselnöt *c*
hazy ['heizi] *adj* disig
he [hi:] *pron* han
head [hed] *n* huvud *nt*; *v* leda; **~ of state** statsöverhuvud *nt*;

~ **teacher** överlärare *c*
headache ['hedeik] *n* huvudvärk *c*
heading ['hediŋ] *n* överskrift *c*
headlamp ['hedlæmp] *n* strålkastare *c*
headlight ['hedlait] *n* strålkastare *c*
headline ['hedlain] *n* rubrik *c*
headmaster [ˌhed'mɑːstə] *n* rektor *c*
headquarters [ˌhed'kwɔːtəz] *pl* högkvarter *nt*
head-strong ['hedstrɔŋ] *adj* envis
head waiter [ˌhed'weitə] *n* hovmästare *c*
heal [hiːl] *v* läka
health [helθ] *n* hälsa *c*; ~ **centre** hälsovårdscentral *c*; ~ **certificate** friskintyg *nt*
healthy ['helθi] *adj* frisk
heap [hiːp] *n* hög *c*
***hear** [hiə] *v* höra
hearing ['hiəriŋ] *n* hörsel *c*
heart [hɑːt] *n* hjärta *nt*; innersta *nt*; **by** ~ utantill; ~ **attack** hjärtattack *c*
heartburn ['hɑːtbəːn] *n* halsbränna *c*
hearth [hɑːθ] *n* eldstad *c*
heartless ['hɑːtləs] *adj* hjärtlös
hearty ['hɑːti] *adj* hjärtlig
heat [hiːt] *n* hetta *c*, värme *c*; *v* uppvärma; **heating pad** värmedyna *c*
heater ['hiːtə] *n* kamin *c*; **immersion** ~ doppvärmare *c*
heath [hiːθ] *n* hed *c*
heathen ['hiːðən] *n* hedning *c*; *adj* hednisk
heather ['heðə] *n* ljung *c*
heating ['hiːtiŋ] *n* uppvärmning *c*
heaven ['hevən] *n* himmel *c*
heavy ['hevi] *adj* tung
Hebrew ['hiːbruː] *n* hebreiska *c*
hedge [hedʒ] *n* häck *c*
hedgehog ['hedʒhɔg] *n* igelkott *c*
heel [hiːl] *n* häl *c*; klack *c*
height [hait] *n* höjd *c*; höjdpunkt *c*
heir [eə] *n* arvinge *c*
heiress ['eəres] *n* *arvtagerska c*
helicopter ['helikʌptə] *n* helikopter *c*
hell [hel] *n* helvete *nt*
hello! [he'lou] hej!; **say hello to** säg hej till
helm [helm] *n* rorkult *c*
helmet ['helmit] *n* hjälm *c*
helmsman ['helmzmən] *n* rorsman *c*
help [help] *v* hjälpa; *n* hjälp *c*
helper ['helpə] *n* hjälp *c*
helpful ['helpfəl] *adj* hjälpsam
helping ['helpiŋ] *n* portion *c*
hem [hem] *n* fåll *c*
hemp [hemp] *n* hampa *c*
hen [hen] *n* höna *c*
her [həː] *pron* henne; *adj* hennes

herb [hə:b] *n* ört *c*
herd [hə:d] *n* hjord *c*
here [hiə] *adv* här; **~ you are** var så god
hereditary [hi'reditəri] *adj* ärftlig
hernia ['hə:niə] *n* brock *nt*
hero ['hiərou] *n* (pl ~es) hjälte *c*
heron ['herən] *n* häger *c*
herring ['heriŋ] *n* (pl ~, ~s) sill *c*
herself [hə:'self] *pron* sig; själv
hesitate ['heziteit] *v* tveka
heterosexual [ˌhetərə'sekʃuəl] *adj* heterosexuell
hiccup ['hikʌp] *n* hicka *c*
hide [haid] *n* djurhud *c*, skinn *nt*
***hide** [haid] *v* gömma; *dölja
hideous ['hidiəs] *adj* avskyvärd
hierarchy ['haiərɑ:ki] *n* hierarki *c*
high [hai] *adj* hög
highway ['haiwei] *n* landsväg *c*; *nAm* motorväg *c*
hijack ['haidʒæk] *v* kapa
hijacker ['haidʒækə] *n* kapare *c*
hike [haik] *v* vandra
hill [hil] *n* kulle *c*; backe *c*
hillside ['hilsaid] *n* sluttning *c*
hilltop ['hiltɔp] *n* backkrön *nt*
hilly ['hili] *adj* backig, kuperad
him [him] *pron* honom
himself [him'self] *pron* sig; själv
hinder ['hində] *v* hindra
hinge [hindʒ] *n* gångjärn *nt*
hint [hint] *n* vink *c*
hip [hip] *n* höft *c*
hip-hop ['hipˌhɔp] *n* hip-hop *c*
hire [haiə] *v* hyra; **for ~** till uthyrning
hire purchase[ˌhaiə'pə:tʃəs] *n*, **installment plan** *nAm* avbetalningsköp *nt*
his [hiz] *adj* hans
historian [hi'stɔ:riən] *n* historiker *c*
historic [hi'stɔrik] *adj* historisk
historical [hi'stɔrikəl] *adj* historisk
history ['histəri] *n* historia *c*
hit [hit] *n* schlager *c*
***hit** [hit] *v* *slå; träffa
hitchhike ['hitʃhaik] *v* lifta
hitchhiker ['hitʃˌhaikə] *n* liftare *c*
hoarse [hɔ:s] *adj* skrovlig, hes
hobby ['hɔbi] *n* hobby *c*
hobbyhorse ['hɔbihɔ:s] *n* käpphäst *c*
hockey ['hɔki] *n* hockey *c*
hoist [hɔist] *v* hissa
hold [hould] *n* lastrum *nt*
***hold** [hould] *v* *hålla fast, *hålla; *bibehålla; **~ on** *hålla sig fast; **~ up** stötta, *hålla uppe
hold-up ['houldʌp] *n* väpnat rån

hole [houl] *n* hål *nt*
holiday ['hɔlədi] *n* semester *c*; helgdag *c*; **~ camp** ferieläger *nt*; **~ resort** semesterort *c*; **on ~** på semester
Holland ['hɔlənd] Holland
hollow ['hɔlou] *adj* ihålig
holy ['houli] *adj* helig
homage ['hɔmidʒ] *n* hyllning *c*
home [houm] *n* hem *nt*; hus *nt*, vårdhem *nt*; *adv* hemma, hem; **at ~** hemma
home-made [ˌhoum'meid] *adj* hemgjord
homesickness ['houmˌsiknəs] *n* hemlängtan *c*
homework ['houmˌwəːk] *n* läxa *c*
homosexual [ˌhoumə'sekʃuəl] *adj* homosexuell
honest ['ɔnist] *adj* ärlig; uppriktig
honesty ['ɔnisti] *n* ärlighet *c*
honey ['hʌni] *n* honung *c*
honeymoon ['hʌnimuːn] *n* smekmånad *c*, bröllopsresa *c*
honk [hʌŋk] *vAm* tuta
honour ['ɔnə] *n* heder *c*; *v* hedra, ära
honourable ['ɔnərəbəl] *adj* ärofull; rättskaffens
hood [hud] *n* kapuschong *c*; *nAm* motorhuv *c*
hoof [huːf] *n* hov *c*
hook [huk] *n* krok *c*
hoot [huːt] *v* tuta
hooter ['huːtə] *n* signalhorn *nt*
hoover ['huːvə] *v* *dammsuga
hop[1] [hɔp] *v* hoppa; *n* hopp *nt*
hop[2] [hɔp] *n* humle *nt*
hope [houp] *n* hopp *nt*; *v* hoppas
hopeful ['houpfəl] *adj* hoppfull
hopeless ['houpləs] *adj* hopplös
horizon [hə'raizən] *n* horisont *c*
horizontal [ˌhɔri'zɔntəl] *adj* horisontal
horn [hɔːn] *n* horn *nt*; blåsinstrument *nt*; signalhorn *nt*
horrible ['hɔribəl] *adj* förskräcklig; ryslig, avskyvärd, gräslig
horror ['hɔrə] *n* skräck *c*, fasa *c*
hors d'œuvre [ɔː'dəːvr] *n* förrätt *c*
horse [hɔːs] *n* häst *c*
horseman ['hɔːsmən] *n* (pl -men) ryttare *c*
horsepower ['hɔːsˌpauə] *n* hästkraft *c*
horserace ['hɔːsreis] *n* hästkapplöpning *c*
horseradish ['hɔːsˌrædiʃ] *n* pepparrot *c*
horseshoe ['hɔːsʃuː] *n* hästsko *c*
horticulture ['hɔːtikʌltʃə] *n* trädgårdsodling *c*

hosiery ['houʒəri] *n* trikåvaror *pl*
hospitable ['hɔspitəbəl] *adj* gästfri
hospital ['hɔspitəl] *n* sjukhus *nt*, lasarett *nt*
hospitality [ˌhɔspi'tæləti] *n* gästfrihet *c*
host [houst] *n* värd *c*
hostage ['hɔstidʒ] *n* gisslan *c*
hostel ['hɔstəl] *n* härbärge *nt*
hostess ['houstis] *n* värdinna *c*
hostile ['hɔstail] *adj* fientlig
hot [hɔt] *adj* varm, het
hotel [hou'tel] *n* hotell *nt*
hotspot ['hɔtˌspɔt] *n* inneställe *c*
hot-tempered [ˌhɔt'tempəd] *adj* hetlevrad
hour [auə] *n* timme *c*
hourly ['auəli] *adj* varje timme
house [haus] *n* hus *nt*; bostad *c*; ~ **agent** fastighetsmäklare *c*; ~ **block** *Am* husblock *nt*; **public** ~ restaurang *c*
houseboat ['hausbout] *n* husbåt *c*
household ['haushould] *n* hushåll *nt*
housekeeper ['hausˌki:pə] *n* hushållerska *c*
housekeeping ['hausˌki:piŋ] *n* hushållning *c*, hushållssysslor *pl*
housemaid ['hausmeid] *n* hembiträde *nt*
housewife ['hauswaif] *n* hemmafru *c*
housework ['hauswə:k] *n* hushållsarbete *nt*
how [hau] *adv* hur; så; ~ **many** hur många; ~ **much** hur mycket
however [hau'evə] *conj* likväl, emellertid
hug [hʌg] *v* omfamna; *n* kram *c*
huge [hju:dʒ] *adj* kolossal, jättestor, väldig
hum [hʌm] *v* nynna
human ['hju:mən] *adj* mänsklig; ~ **being** människa *c*
humanity [hju'mænəti] *n* mänsklighet *c*
humble ['hʌmbəl] *adj* ödmjuk
humid ['hju:mid] *adj* fuktig
humidity [hju'midəti] *n* fuktighet *c*
humorous ['hju:mərəs] *adj* skämtsam, humoristisk, lustig
humour ['hju:mə] *n* humor *c*
hundred ['hʌndrəd] *n* hundra
Hungarian [hʌŋ'gɛəriən] *adj* ungersk; *n* ungrare *c*
Hungary ['hʌŋgəri] Ungern
hunger ['hʌŋgə] *n* hunger *c*
hungry ['hʌŋgri] *adj* hungrig
hunt [hʌnt] *v* jaga; *n* jakt *c*
hunter ['hʌntə] *n* jägare *c*
hurricane ['hʌrikən] *n* orkan *c*; ~ **lamp** stormlykta *c*
hurry ['hʌri] *v* skynda sig; *n* brådska *c*; **in a** ~ fort
***hurt** [hə:t] *v* värka, skada; såra

hurtful ['hə:tfəl] *adj* skadlig
husband ['hʌzbənd] *n* äkta man, make *c*
hut [hʌt] *n* hydda *c*
hydrogen ['haidrədʒən] *n* väte *nt*
hygiene ['haidʒi:n] *n* hygien *c*
hygienic [hai'dʒi:nik] *adj* hygienisk
hymn [him] *n* hymn *c*, psalm *c*
hyphen ['haifən] *n* bindestreck *nt*
hypocrisy [hi'pɔkrəsi] *n* hyckleri *nt*
hypocrite ['hipəkrit] *n* hycklare *c*
hypocritical [ˌhipə'kritikəl] *adj* hycklande, skenhelig
hysterical [hi'sterikəl] *adj* hysterisk

I

I [ai] *pron* jag
ice [ais] *n* is *c*
ice bag ['aisbæg] *n* isblåsa *c*
ice cream ['aiskri:m] *n* glass *c*
Iceland ['aislənd] Island
Icelander ['aisləndə] *n* isländning *c*
Icelandic [ais'lændik] *adj* isländsk
icon ['aikɔn] *n* ikon *c*
idea [ai'diə] *n* idé *c*; tanke *c*, infall *nt*; begrepp *nt*, föreställning *c*
ideal [ai'diəl] *adj* idealisk; *n* ideal *nt*
identical [ai'dentikəl] *adj* identisk
identification [aiˌdentifi'keiʃən] *n* identifiering *c*; legitimation *c*
identify [ai'dentifai] *v* identifiera
identity [ai'dentəti] *n* identitet *c*; **~ card** identitetskort *nt*
idiom ['idiəm] *n* idiom *nt*
idiomatic [ˌidiə'mætik] *adj* idiomatisk
idiot ['idiət] *n* idiot *c*
idiotic [ˌidi'ɔtik] *adj* idiotisk
idle ['aidəl] *adj* overksam; lat; gagnlös, tom
idol ['aidəl] *n* avgud *c*; idol *c*
if [if] *conj* om; ifall
ignition [ig'niʃən] *n* tändning *c*; **~ coil** tändspole *c*
ignorant ['ignərənt] *adj* okunnig
ignore [ig'nɔ:] *v* ignorera
ill [il] *adj* sjuk; dålig; elak
illegal [i'li:gəl] *adj* olaglig, illegal
illegible [i'ledʒəbəl] *adj* oläslig
illiterate [i'litərət] *n* analfabet *c*
illness ['ilnəs] *n* sjukdom *c*
illuminate [i'lu:mineit] *v* lysa upp
illumination [iˌlu:mi'neiʃən]

n belysning *c*
illusion [i'lu:ʒən] *n* illusion *c*; villfarelse *c*
illustrate ['iləstreit] *v* illustrera
illustration [ˌilə'streiʃən] *n* illustration *c*
image ['imidʒ] *n* bild *c*
imaginary [i'mædʒinəri] *adj* inbillad
imagination [iˌmædʒi'neiʃən] *n* fantasi *c*, inbillning *c*
imagine [i'mædʒin] *v* föreställa sig; inbilla sig; tänka sig
imitate ['imiteit] *v* imitera, efterlikna
imitation [ˌimi'teiʃən] *n* imitation *c*
immediate [i'mi:djət] *adj* omedelbar
immediately [i'mi:djətli] *adv* genast, omedelbart
immense [i'mens] *adj* enorm, oerhörd, oändlig
immigrant ['imigrənt] *n* invandrare *c*
immigrate ['imigreit] *v* immigrera
immigration [ˌimi'greiʃən] *n* invandring *c*
immodest [i'mɔdist] *adj* oblyg
immunity [i'mju:nəti] *n* immunitet *c*
immunize ['imjunaiz] *v* immunisera
impartial [im'pɑ:ʃəl] *adj* opartisk
impassable [im'pɑ:səbəl] *adj* oframkomlig
impatient [im'peiʃənt] *adj* otålig
impede [im'pi:d] *v* hindra
impediment [im'pedimənt] *n* hinder *nt*
imperfect [im'pə:fikt] *adj* ofullkomlig
imperial [im'piəriəl] *adj* kejserlig; imperial-
impersonal [im'pə:sənəl] *adj* opersonlig
impertinence [im'pə:tinəns] *n* näsvishet *c*
impertinent [im'pə:tinənt] *adj* oförskämd, fräck, näsvis
implement[1] ['implimənt] *n* redskap *nt*, verktyg *nt*
implement[2] ['impliment] *v* utföra, *fullgöra
imply [im'plai] *v* antyda; *innebära
impolite [ˌimpə'lait] *adj* ohövlig
import[1] [im'pɔ:t] *v* införa, importera
import[2] ['impɔ:t] *n* import *c*, införsel *c*, importvara *c*; ~ **duty** importtull *c*
importance [im'pɔ:təns] *n* betydelse *c*
important [im'pɔ:tənt] *adj* viktig, betydelsefull
importer [im'pɔ:tə] *n* importör *c*
imposing [im'pouziŋ] *adj* imponerande
impossible [im'pɔsəbəl] *adj* omöjlig

impotence ['impətəns] *n* impotens *c*
impotent ['impətənt] *adj* impotent
impress [im'pres] *v* *göra intryck på, imponera
impression [im'preʃən] *n* intryck *nt*
impressive [im'presiv] *adj* imponerande
imprison [im'prizən] *v* fängsla
imprisonment [im'prizənmənt] *n* fångenskap *c*
improbable [im'prɔbəbəl] *adj* otrolig
improper [im'prɔpə] *adj* opassande, felaktig
improve [im'pru:v] *v* förbättra
improvement [im'pru:vmənt] *n* förbättring *c*
improvise ['imprəvaiz] *v* improvisera
impudent ['impjudənt] *adj* oförskämd
impulse ['impʌls] *n* impuls *c*; stimulans *c*
impulsive [im'pʌlsiv] *adj* impulsiv
in [in] *prep* i; om, på; *adv* in
inaccessible [iˌnæk'sesəbəl] *adj* otillgänglig
inaccurate [i'nækjurət] *adj* oriktig
inadequate [i'nædikwət] *adj* otillräcklig
incapable [iŋ'keipəbəl] *adj* oduglig
incense ['insens] *n* rökelse *c*
inch ['intʃ] *n* (2,54 cm) tum *c*
incident ['insidənt] *n* händelse *c*
incidental [ˌinsi'dentəl] *adj* tillfällig
incite [in'sait] *v* sporra
inclination [ˌiŋkli'neiʃən] *n* benägenhet *c*
incline [iŋ'klain] *n* sluttning *c*
inclined [iŋ'klaind] *adj* benägen; lutande; ***be ~ to** *vara benägen att
include [iŋ'klu:d] *v* innefatta, omfatta; **included** inberäknad
inclusive [iŋ'klu:siv] *adj* inklusive
income ['iŋkəm] *n* inkomst *c*
income tax ['iŋkəmtæks] *n* inkomstskatt *c*
incompetent [iŋ'kɔmpətənt] *adj* inkompetent
incomplete [ˌiŋkəm'pli:t] *adj* ofullständig
inconceivable [ˌiŋkən'si:vəbəl] *adj* ofattbar
inconspicuous [ˌiŋkən'spikjuəs] *adj* oansenlig, försynt
inconvenience [ˌiŋkən'vi:njəns] *n* olägenhet *c*, besvär *nt*
inconvenient [ˌiŋkən'vi:njənt] *adj* olämplig; besvärlig
incorrect [ˌiŋkə'rekt] *adj* felaktig, oriktig

increase[1] [iŋ'kri:s] *v* öka; *tillta
increase[2] ['iŋkri:s] *n* ökning *c*
incredible [iŋ'kredəbəl] *adj* otrolig
incurable [iŋ'kjuərəbəl] *adj* obotlig
indecent [in'di:sənt] *adj* opassande
indeed [in'di:d] *adv* verkligen
indefinite [in'definit] *adj* obestämd
indemnity [in'demnəti] *n* skadeersättning *c*, gottgörelse *c*
independence [ˌindi'pendəns] *n* självständighet *c*
independent [ˌindi'pendənt] *adj* självständig; oberoende
index ['indeks] *n* register *nt*, förteckning *c*; **~ finger** pekfinger *nt*
India ['indiə] Indien
Indian ['indiən] *adj* indisk; indiansk; *n* indier *c*; indian *c*
indicate ['indikeit] *v* påpeka, antyda, visa
indication [ˌindi'keiʃən] *n* tecken *nt*, antydan *c*
indicator ['indikeitə] *n* indikator *c*, blinker *c*
indifferent [in'difərənt] *adj* likgiltig
indigestion [ˌindi'dʒestʃən] *n* matsmältningsbesvär *nt*
indignation [ˌindig'neiʃən] *n* harm *c*, upprördhet *c*
indirect [ˌindi'rekt] *adj* indirekt
individual [ˌindi'vidʒuəl] *adj* enskild, individuell; *n* individ *c*, enskild person
Indonesia [ˌində'ni:ziə] Indonesien
Indonesian [ˌində'ni:ziən] *adj* indonesisk; *n* indones *c*
indoor ['indɔ:] *adj* inomhus-
indoors [ˌin'dɔ:z] *adv* inomhus
indulge [in'dʌldʒ] *v* *ge efter
industrial [in'dʌstriəl] *adj* industriell; **~ area** industriområde *nt*
industrious [in'dʌstriəs] *adj* flitig
industry ['indəstri] *n* industri *c*
inedible [i'nedibəl] *adj* oätbar
inefficient [ˌini'fiʃənt] *adj* ineffektiv; oduglig
inevitable [i'nevitəbəl] *adj* oundviklig
inexpensive [ˌinik'spensiv] *adj* billig
inexperienced [ˌinik'spiəriənst] *adj* oerfaren
infant ['infənt] *n* spädbarn *nt*
infantry ['infəntri] *n* infanteri *nt*
infect [in'fekt] *v* infektera, smitta
infection [in'fekʃən] *n* infektion *c*
infectious [in'fekʃəs] *adj* smittosam

infer [in'fəː] *v* *innebära, *dra en slutsats
inferior [in'fiəriə] *adj* underlägsen, sämre; mindervärdig; nedre
infinite ['infinət] *adj* oändlig
infinitive [in'finitiv] *n* infinitiv *c*
inflammable [in'flæməbəl] *adj* eldfarlig
inflammation [ˌinflə'meiʃən] *n* inflammation *c*
inflatable [in'fleitəbəl] *adj* uppblåsbar
inflate [in'fleit] *v* blåsa upp
inflation [in'fleiʃən] *n* inflation *c*
inflict [in'flikt] *v* tillfoga
influence ['influəns] *n* påverkan *c*; *v* påverka
influential [ˌinflu'enʃəl] *adj* inflytelserik
influenza [ˌinflu'enzə] *n* influensa *c*
inform [in'fɔːm] *v* informera; meddela, underrätta
informal [in'fɔːməl] *adj* informell
information [ˌinfə'meiʃən] *n* uppgift *c*; upplysning *c*, meddelande *nt*; ~ **bureau** upplysningsbyrå *c*
infra-red [ˌinfrə'red] *adj* infraröd
infrequent [in'friːkwənt] *adj* sällsynt
ingredient [iŋ'griːdiənt] *n* ingrediens *c*
inhabit [in'hæbit] *v* bebo
inhabitable [in'hæbitəbəl] *adj* beboelig
inhabitant [in'hæbitənt] *n* invånare *c*
inhale [in'heil] *v* inandas
inherit [in'herit] *v* ärva
inheritance [in'heritəns] *n* arv *nt*
inhibit [in'hibit] *v* hämma
initial [i'niʃəl] *adj* ursprunglig, första; *n* initial *c*; *v* parafera
initiate [i'niʃieit] *v* påbörja
initiative [i'niʃətiv] *n* initiativ *nt*
inject [in'dʒekt] *v* inspruta
injection [in'dʒekʃən] *n* injektion *c*
injure ['indʒə] *v* skada, såra
injury ['indʒəri] *n* skada *c*, oförrätt *c*
injustice [in'dʒʌstis] *n* orättvisa *c*
ink [iŋk] *n* bläck *nt*
inlet ['inlet] *n* sund *nt*, inlopp *nt*
inn [in] *n* värdshus *nt*
inner ['inə] *adj* inre; ~ **tube** innerslang *c*
innocence ['inəsəns] *n* oskuld *c*
innocent ['inəsənt] *adj* oskyldig
inoculate [i'nɔkjuleit] *v* ympa
inoculation [iˌnɔkju'leiʃən] *n* ympning *c*
inquire [iŋ'kwaiə] *v* *ta reda på, förhöra sig, förfråga sig
inquiry [iŋ'kwaiəri] *n* förfrågan *c*; undersökning *c*;

~ **office** upplysningsbyrå *c*
inquisitive [iŋ'kwizətiv] *adj* frågvis
insane [in'sein] *adj* sinnessjuk
inscription [in'skripʃən] *n* inskription *c*
insect ['insekt] *n* insekt *c*; ~ **repellent** insektsmedel *nt*
insecticide [in'sektisaid] *n* insektsgift *nt*
insensitive [in'sensətiv] *adj* känslolös
insert [in'sə:t] *v* infoga, stoppa in
inside [ˌin'said] *n* insida *c*; *adj* inre; *adv* inne; inuti; *prep* innanför, in i; ~ **out** ut och in
insight ['insait] *n* insikt *c*
insignificant [ˌinsig'nifikənt] *adj* obetydlig; oansenlig, intetsägande; oviktig
insist [in'sist] *v* insistera; *vidhålla
insolence ['insələns] *n* oförskämdhet *c*
insolent ['insələnt] *adj* oförskämd, fräck
insomnia [in'sɔmniə] *n* sömnlöshet *c*
inspect [in'spekt] *v* inspektera, undersöka, granska
inspection [in'spekʃən] *n* inspektion *c*; kontroll *c*
inspector [in'spektə] *n* inspektor *c*, inspektör *c*
inspire [in'spaiə] *v* inspirera
install [in'stɔ:l] *v* installera
installation [ˌinstə'leiʃən] *n* installation *c*
instalment [in'stɔ:lmənt] *n* avbetalning *c*
instance ['instəns] *n* exempel *nt*; fall *nt*; **for** ~ till exempel
instant ['instənt] *n* ögonblick *nt*
instant message ['instənt‿'mesədʒ] *n* direktmeddelande *nt*
instantly ['instəntli] *adv* ögonblickligen, omedelbart
instead of [in'sted ɔv] i stället för
instinct ['instiŋkt] *n* instinkt *c*
institute ['institju:t] *n* institut *nt*; anstalt *c*; *v* stifta, inrätta
institution [ˌinsti'tju:ʃən] *n* institution *c*, grundande *nt*
instruct [in'strʌkt] *v* instruera
instruction [in'strʌkʃən] *n* undervisning *c*
instructive [in'strʌktiv] *adj* lärorik
instructor [in'strʌktə] *n* lärare *c*, instruktör *c*
instrument ['instrumənt] *n* instrument *nt*; **musical** ~ musikinstrument *nt*
insufficient [ˌinsə'fiʃənt] *adj* otillräcklig
insulate ['insjuleit] *v* isolera
insulation [ˌinsju'leiʃən] *n* isolering *c*

insulator ['insjuleitə] *n* isolator *c*
insult¹ [in'sʌlt] *v* förolämpa
insult² ['insʌlt] *n* förolämpning *c*
insurance [in'ʃuərəns] *n* försäkring *c*; **~ policy** försäkringsbrev *nt*
insure [in'ʃuə] *v* försäkra
intact [in'tækt] *adj* intakt
integrate ['intəgreit] *v* integrera
intellect ['intəlekt] *n* förstånd *nt*, intellekt *nt*
intellectual [ˌintə'lektʃuəl] *adj* intellektuell
intelligence [in'telidʒəns] *n* intelligens *c*
intelligent [in'telidʒənt] *adj* intelligent
intend [in'tend] *v* ämna
intense [in'tens] *adj* intensiv; häftig
intention [in'tenʃən] *n* avsikt *c*
intentional [in'tenʃənəl] *adj* avsiktlig
intercourse ['intəkɔːs] *n* umgänge *nt*
interest ['intrəst] *n* intresse *nt*; ränta *c*; *v* intressera
interested ['intristid] *adj* intresserad
interesting ['intrəstiŋ] *adj* intressant
interfere [ˌintə'fiə] *v* *ingripa; **~ with** blanda sig i
interference [ˌintə'fiərəns] *n* inblandning *c*
interim ['intərim] *n* mellantid *c*
interior [in'tiəriə] *n* insida *c*; interiör *c*; inrikesärenden
interlude ['intəluːd] *n* mellanspel *nt*
intermediary [ˌintə'miːdjəri] *n* förmedlare *c*
intermission [ˌintə'miʃən] *n* paus *c*
internal [in'təːnəl] *adj* inre; invärtes; inhemsk, invändig
international [ˌintə'næʃənəl] *adj* internationell
Internet ['intənet] *n* Internet *nt*
interpret [in'təːprit] *v* tolka
interpreter [in'təːpritə] *n* tolk *c*
interrogate [in'terəgeit] *v* förhöra
interrogation [inˌterə'geiʃən] *n* förhör *nt*
interrogative [ˌintə'rɔgətiv] *adj* interrogativ
interrupt [ˌintə'rʌpt] *v* *avbryta
interruption [ˌintə'rʌpʃən] *n* avbrott *nt*
intersection [ˌintə'sekʃən] *n* skärning *c*, vägkorsning *c*
interval ['intəvəl] *n* paus *c*; intervall *c*
intervene [ˌintə'viːn] *v* *ingripa
interview ['intəvjuː] *n* intervju *c*
intestine [in'testin] *n* tarm *c*
intimate ['intimət] *adj* förtrolig
into ['intu] *prep* in i

intolerable [in'tɔlərəbəl] *adj* outhärdlig
intoxicated [in'tɔksikeitid] *adj* berusad
intrigue [in'tri:g] *n* intrig *c*
introduce [ˌintrə'dju:s] *v* presentera, introducera; införa
introduction [ˌintrə'dʌkʃən] *n* presentation *c*; inledning *c*
invade [in'veid] *v* invadera
invalid[1] ['invəli:d] *n* invalid *c*; *adj* invalidiserad
invalid[2] [in'vælid] *adj* ogiltig
invasion [in'veiʒən] *n* invasion *c*
invent [in'vent] *v* *uppfinna; uppdikta
invention [in'venʃən] *n* uppfinning *c*
inventive [in'ventiv] *adj* uppfinningsrik
inventor [in'ventə] *n* uppfinnare *c*
inventory ['invəntri] *n* inventering *c*
invert [in'və:t] *v* kasta om, vända upp och ner
invest [in'vest] *v* investera; placera pengar
investigate [in'vestigeit] *v* efterforska, utreda
investigation [inˌvesti'geiʃən] *n* utredning *c*
investment [in'vestmənt] *n* investering *c*, kapitalplacering *c*
investor [in'vestə] *n* aktieägare *c*, investerare *c*
invisible [in'vizəbəl] *adj* osynlig
invitation [ˌinvi'teiʃən] *n* inbjudan *c*
invite [in'vait] *v* *inbjuda
invoice ['invɔis] *n* faktura *c*
involve [in'vɔlv] *v* inblanda
inwards ['inwədz] *adv* inåt
iodine ['aiədi:n] *n* jod *c*
Iran [i'rɑ:n] Iran
Iranian [i'reiniən] *adj* iransk; *n* iranier *c*
Iraq [i'rɑ:k] Irak
Iraqi [i'rɑ:ki] *adj* irakisk; *n* irakier *c*
Ireland ['aiələnd] Irland
Irish ['aiəriʃ] *adj* irländsk
iron ['aiən] *n* järn *nt*; strykjärn *nt*; järn-; *v* *stryka
ironical [ai'rɔnikəl] *adj* ironisk
irony ['aiərəni] *n* ironi *c*
irregular [i'regjulə] *adj* oregelbunden
irreparable [i'repərəbəl] *adj* oreparerbar
irrevocable [i'revəkəbəl] *adj* oåterkallelig
irritable ['iritəbəl] *adj* lättretad
irritate ['iriteit] *v* irritera, reta
is [iz] *v* (pr be)
island ['ailənd] *n* ö *c*
isolate ['aisəleit] *v* isolera
isolation [ˌaisə'leiʃən] *n* isolering *c*
Israel ['izreil] Israel
Israeli [iz'reili] *adj* israelisk; *n* israelier *c*
issue ['iʃu:] *v* *utge; *n*

utgivning *c*, upplaga *c*; fråga *c*, tvisteämne *nt*; resultat *nt*, utgång *c*, följd *c*, konsekvens *c*
it [it] *pron* den, det
Italian [i'tæljən] *adj* italiensk; *n* italienare *c*
Italy ['itəli] Italien
itch [itʃ] *n* klåda *c*; *v* klia
item ['aitəm] *n* post *c*; punkt *c*
itinerary [ai'tinərəri] *n* resrutt *c*, resplan *c*
its *pron* dess
itself [it'self] sig; **by ~** automatiskt
ivory ['aivəri] *n* elfenben *nt*
ivy ['aivi] *n* murgröna *c*

J

jack [dʒæk] *n* domkraft *c*
jacket ['dʒækit] *n* kavaj *c*, jacka *c*; bokomslag *nt*
jade [dʒeid] *n* jade *c*
jail [dʒeil] *n* fängelse *nt*
jam [dʒæm] *n* sylt *c*; trafikstockning *c*
janitor ['dʒænitə] *n* portvakt *c*
January ['dʒænjuəri] januari
Japan [dʒə'pæn] Japan
Japanese [ˌdʒæpə'niːz] *adj* japansk; *n* japan *c*
jar [dʒɑː] *n* kruka *c*; skakning *c*
jaundice ['dʒɔːndis] *n* gulsot *c*
jaw [dʒɔː] *n* käke *c*
jealous ['dʒeləs] *adj* svartsjuk
jealousy ['dʒeləsi] *n* svartsjuka *c*
jeans [dʒiːnz] *pl* jeans *pl*
jelly ['dʒeli] *n* gelé *c*
jellyfish ['dʒelifiʃ] *n* manet *c*
jersey ['dʒəːzi] *n* jerseytyg *nt*; ylletröja *c*
jet [dʒet] *n* stråle *c*; jetplan *nt*
jet lag ['jet‿ˌlæg] *n* jet lag *c*
jetty ['dʒeti] *n* hamnpir *c*
Jew [dʒuː] *n* jude *c*
jewel ['dʒuːəl] *n* smycke *nt*
jeweller ['dʒuːələ] *n* juvelerare *c*; guldsmedsaffär *c*
jewellery ['dʒuːəlri] *n* smycken; juveler
Jewish ['dʒuːiʃ] *adj* judisk
job [dʒɔb] *n* jobb *nt*; plats *c*, arbete *nt*
jobless ['dʒɔbles] *adj* arbetslös
jockey ['dʒɔki] *n* jockey *c*
join [dʒɔin] *v* *förbinda; *ansluta sig till; förena, sammanfoga
joint [dʒɔint] *n* led *c*; sammanfogning *c*; *adj* gemensam, förenad
jointly ['dʒɔintli] *adv* gemensamt
joke [dʒouk] *n* vits *c*, skämt *nt*
jolly ['dʒɔli] *adj* lustig; glad; trevlig; livad

Jordan ['dʒɔːdən] Jordanien
Jordanian [dʒɔː'deiniən] *adj* jordansk; *n* jordanier *c*
journal ['dʒəːnəl] *n* journal *c*, tidskrift *c*
journalism ['dʒəːnəlizəm] *n* journalism *c*
journalist ['dʒəːnəlist] *n* journalist *c*
journey ['dʒəːni] *n* resa *c*
joy [dʒɔi] *n* fröjd *c*, glädje *c*
joyful ['dʒɔifəl] *adj* förtjust, glad; glädjande
jubilee ['dʒuːbiliː] *n* jubileum *nt*
judge [dʒʌdʒ] *n* domare; *v* döma; bedöma
judgment ['dʒʌdʒmənt] *n* dom *c*
jug [dʒʌg] *n* tillbringare *c*
juice [dʒuːs] *n* saft *c*, juice *c*
juicy ['dʒuːsi] *adj* saftig
July [dʒu'lai] juli
jump [dʒʌmp] *v* hoppa; *n* språng *nt*, hopp *nt*
jumper ['dʒʌmpə] *n* jumper *c*
junction ['dʒʌŋkʃən] *n* vägkorsning *c*; knutpunkt *c*
June [dʒuːn] juni
jungle ['dʒʌŋgəl] *n* djungel *c*, urskog *c*
junior ['dʒuːnjə] *adj* junior
junk [dʒʌŋk] *n* skräp *nt*; djonk *c*
jury ['dʒuəri] *n* jury *c*
just [dʒʌst] *adj* rättvis, berättigad; riktig; *adv* just; precis
justice ['dʒʌstis] *n* rätt *c*; rättvisa *c*
justify ['dʒʌstifai] *v* försvara
juvenile ['dʒuːvənail] *adj* ungdomlig

K

kangaroo [ˌkæŋgə'ruː] *n* känguru *c*
keel [kiːl] *n* köl *c*
keen [kiːn] *adj* livlig, angelägen; skarp
***keep** [kiːp] *v* *hålla; bevara; *fortsätta; ~ **away from** hålla sig på avstånd från; ~ **off** *låta vara; ~ **on** *fortsätta; ~ **quiet** *tiga; ~ **up** *hålla ut; ~ **up with** hänga med
kennel ['kenəl] *n* hundkoja *c*; kennel *c*
Kenya ['kenjə] Kenya
kerosene ['kerəsiːn] *n* fotogen *c*
kettle ['ketəl] *n* kittel *c*
key [kiː] *n* nyckel *c*
keyhole ['kiːhoul] *n* nyckelhål *nt*
khaki ['kɑːki] *n* kaki *c*
kick [kik] *v* sparka; *n* spark *c*
kickoff [ˌki'kɔf] *n* avspark *c*
kid [kid] *n* barn *nt*, unge *c*; getskinn *nt*; *v* *driva med
kidney ['kidni] *n* njure *c*
kill [kil] *v* *slå ihjäl, döda

kilogram ['kiləgræm] *n* kilo *nt*
kilometre ['kilə,mi:tə] *n* kilometer *c*
kind [kaind] *adj* snäll, vänlig; god; *n* sort *c*
kindergarten ['kində,ga:tən] *n* lekskola *c*
king [kiŋ] *n* kung *c*
kingdom ['kiŋdəm] *n* kungarike *nt*; rike *nt*
kiosk ['ki:ɔsk] *n* kiosk *c*
kiss [kis] *n* kyss *c*, puss *c*; *v* kyssa
kit [kit] *n* utrustning *c*
kitchen ['kitʃin] *n* kök *nt*; **~ garden** köksträdgård *c*; **~ towel** kökshandduk *c*
knapsack ['næpsæk] *n* ryggsäck *c*
knee [ni:] *n* knä *nt*
kneecap ['ni:kæp] *n* knäskål *c*
***kneel** [ni:l] *v* knäböja
knew [nju:] *v* (p know)
knife [naif] *n* (pl knives) kniv *c*
knight [nait] *n* riddare *c*
***knit** [nit] *v* sticka
knob [nɔb] *n* handtag *nt*
knock [nɔk] *v* knacka; *n* knackning *c*; **~ against** stöta emot; **~ down** *slå omkull
knot [nɔt] *n* knut *c*; *v* *knyta
***know** [nou] *v* *veta, känna
knowledge ['nɔlidʒ] *n* kunskap *c*
knuckle ['nʌkəl] *n* knoge *c*

L

label ['leibəl] *n* etikett *c*; *v* etikettera
laboratory [lə'bɔrətəri] *n* laboratorium *nt*
labour ['leibə] *n* arbete *nt*; förlossningsarbete *nt*; *v* anstränga sig; **labor permit** *Am* arbetstillstånd *nt*
labourer ['leibərə] *n* arbetare *c*
labour-saving ['leibə,seiviŋ] *adj* arbetsbesparande
labyrinth ['læbərinθ] *n* labyrint *c*
lace [leis] *n* spets *c*; skosnöre *nt*
lack [læk] *n* saknad *c*, brist *c*; *v* sakna
lactose ['læktous] *n* laktos *c*; **lactose-free** *adj* laktosfri
lactose intolerant ['læktous‿in'tɔlərənt] *adj* laktosintolerant
lacquer ['lækə] *n* lack *nt*
lad [læd] *n* pojke *c*, gosse *c*
ladder ['lædə] *n* stege *c*
lady ['leidi] *n* dam *c*; **ladies' room** damtoalett *c*
lagoon [lə'gu:n] *n* lagun *c*
lake [leik] *n* sjö *c*
lamb [læm] *n* lamm *nt*; lammkött *nt*
lame [leim] *adj* ofärdig, halt, förlamad

lamentable ['læməntəbəl] *adj* bedrövlig
lamp [læmp] *n* lampa *c*
lampshade ['læmpʃeid] *n* lampskärm *c*
land [lænd] *n* land *nt*; *v* landa; *gå i land
landlady ['lænd,leidi] *n* hyresvärdinna *c*
landlord ['lændlɔːd] *n* hyresvärd *c*
landmark ['lændmɑːk] *n* landmärke *nt*
landscape ['lændskeip] *n* landskap *nt*
lane [lein] *n* gränd *c*, smal gata; körfil *c*
language ['læŋgwidʒ] *n* språk *nt*; ~ **laboratory** språklaboratorium *nt*
lantern ['læntən] *n* lykta *c*
lapel [lə'pel] *n* rockslag *nt*
lap ['læp] *n* knä *nt*
laptop ['læp,tɔp] *n* bärbar dator *c*
large [lɑːdʒ] *adj* stor; rymlig
lark [lɑːk] *n* lärka *c*
laryngitis [,lærin'dʒaitis] *n* strupkatarr *c*
last [lɑːst] *adj* sist; förra; *v* vara; **at** ~ till sist; till slut
lasting ['lɑːstiŋ] *adj* varaktig
latchkey ['lætʃkiː] *n* portnyckel *c*
late [leit] *adj* sen; för sent
lately ['leitli] *adv* på sista tiden, nyligen
lather ['lɑːðə] *n* lödder *nt*
Latin America ['lætin ə'merikə] Latinamerika
Latin-American [,lætinə'merikən] *adj* latinamerikansk
latitude ['lætitjuːd] *n* breddgrad *c*
laugh [lɑːf] *v* skratta; *n* skratt *nt*
laughter ['lɑːftə] *n* skratt *nt*
launch [lɔːntʃ] *v* lansera; *sjösätta; *avskjuta; *n* slup *c*
launching ['lɔːntʃiŋ] *n* sjösättning *c*
launderette [,lɔːndə'ret] *n* tvättomat *c*
laundry ['lɔːndri] *n* tvättinrättning *c*; tvätt *c*
lavatory ['lævətəri] *n* toalett *c*
lavish ['læviʃ] *adj* slösaktig
law [lɔː] *n* lag *c*; juridik *c*; ~ **court** domstol *c*
lawful ['lɔːfəl] *adj* laglig
lawn [lɔːn] *n* gräsmatta *c*
lawsuit ['lɔːsuːt] *n* rättegång *c*, process *c*
lawyer ['lɔːjə] *n* advokat *c*; jurist *c*
laxative ['læksətiv] *n* avföringsmedel *nt*
***lay** [lei] *v* placera, *lägga, *sätta; ~ **bricks** mura
layer [leiə] *n* lager *nt*
layman ['leimən] *n* lekman *c*
lazy ['leizi] *adj* lat
***lead** [liːd] *v* leda
lead[1] [liːd] *n* försprång *nt*; ledning *c*; koppel *nt*
lead[2] [led] *n* bly *nt*
leader ['liːdə] *n* ledare *c*
leadership ['liːdəʃip] *n*

ledarskap *nt*
leading ['li:diŋ] *adj* förnämst, ledande
leaf [li:f] *n* (pl leaves) löv *nt*, blad *nt*
league [li:g] *n* förbund *nt*
leak [li:k] *v* läcka; *n* läcka *c*
leaky ['li:ki] *adj* otät
lean [li:n] *adj* mager
***lean** [li:n] *v* luta sig
leap [li:p] *n* hopp *nt*
***leap** [li:p] *v* skutta, hoppa
leap year ['li:pjiə] *n* skottår *nt*
***learn** [lə:n] *v* lära sig
learner ['lə:nə] *n* nybörjare *c*
lease [li:s] *n* hyreskontrakt *nt*; arrende *nt*; *v* hyra, arrendera ut; arrendera
leash [li:ʃ] *n* koppel *nt*
least [li:st] *adj* minst; **at ~** åtminstone
leather ['leðə] *n* läder *nt*; läder-, skinn-
leave [li:v] *n* ledighet *c*
***leave** [li:v] *v* lämna, *ge sig av, resa bort, *låta; **~ behind** efterlämna; **~ out** utelämna
Lebanese [ˌlebə'ni:z] *adj* libanesisk; *n* libanes *c*
Lebanon ['lebənən] Libanon
lecture ['lektʃə] *n* föreläsning *c*, föredrag *nt*
left[1] [left] *adj* vänster
left[2] [left] *v* (p, pp leave)
left-hand ['lefthænd] *adj* vänster
left-handed [ˌleft'hændid] *adj* vänsterhänt
leg [leg] *n* ben *nt*
legacy ['legəsi] *n* legat *nt*
legal ['li:gəl] *adj* legal, laglig; juridisk
legalization [ˌli:gəlai'zeiʃən] *n* legalisering *c*
legation [li'geiʃən] *n* legation *c*
legible ['ledʒibəl] *adj* läslig
legitimate [li'dʒitimət] *adj* rättmätig, legitim
leisure ['leʒə] *n* ledighet *c*
lemon ['lemən] *n* citron *c*
lemonade [ˌlemə'neid] *n* läskedryck *c*
***lend** [lend] *v* låna ut
length [leŋθ] *n* längd *c*
lengthen ['leŋθən] *v* förlänga
lengthways ['leŋθweiz] *adv* på längden
lens [lenz] *n* lins *c*; **telephoto ~** teleobjektiv *nt*; **zoom ~** zoomlins *c*
leprosy ['leprəsi] *n* spetälska *c*
less [les] *adv* mindre
lessen ['lesən] *v* förminska
lesson ['lesən] *n* läxa *c*, lektion *c*
***let** [let] *v* *låta; hyra ut; **~ down** *svika
letter ['letə] *n* brev *nt*; bokstav *c*; **~ of credit** kreditiv *nt*; **~ of recommendation** rekommendationsbrev *nt*
letterbox ['letəbɔks] *n* brevlåda *c*
lettuce ['letis] *n* grönsallad *c*
level ['levəl] *adj* slät; plan, jämn; *n* plan *nt*, nivå *c*;

vattenpass *nt*; *v* jämna, utjämna; ~ **crossing** järnvägsövergång *c*
lever ['liːvə] *n* hävstång *c*, spak *c*
liability [ˌlaiə'biləti] *n* skyldighet *c*
liable ['laiəbəl] *adj* ansvarig, benägen; ~ **to** utsatt för
liar ['laiə] *n* lögnare *c*
liberal ['libərəl] *adj* liberal; frikostig, rundhänt, givmild
liberation [ˌlibə'reiʃən] *n* frigörelse *c*, befrielse *c*; frigivande *nt*
Liberia [lai'biəriə] Liberia
Liberian [lai'biəriən] *adj* liberiansk; *n* liberian *c*
liberty ['libəti] *n* frihet *c*
library ['laibrəri] *n* bibliotek *nt*
licence ['laisəns] *n* licens *c*; tillståndsbevis *nt*; **driving** ~ körkort *nt*; ~ **number** *nAm* registreringsnummer *nt*; ~ **plate** *nAm* registreringsskylt *c*
license ['laisəns] *v* *ge rättighet, auktorisera
lick [lik] *v* slicka; övertrumfa
lid [lid] *n* lock *nt*
lie [lai] *v* *ljuga; *n* lögn *c*
***lie** [lai] *v* *ligga; ~ **down** *lägga sig
life [laif] *n* (pl lives) liv *nt*; ~ **insurance** livförsäkring *c*; ~ **jacket** flytväst *c*
life support ['laif‿səˌpɔːt] *n* livsuppehållande (maskin) *c*
lifebelt ['laifbelt] *n* livbälte *nt*
lifetime ['laiftaim] *n* livstid *c*
lift [lift] *v* lyfta, höja; *n* hiss *c*; skjuts *c*
light [lait] *n* ljus *nt*; *adj* lätt; ljus; ~ **bulb** glödlampa *c*
***light** [lait] *v* tända
lighter ['laitə] *n* tändare *c*
lighthouse ['laithaus] *n* fyr *c*
lighting ['laitiŋ] *n* belysning *c*
lightning ['laitniŋ] *n* blixt *c*
like [laik] *v* tycka om; *adj* lik; *conj* såsom; *prep* liksom
likely ['laikli] *adj* sannolik
like-minded [ˌlaik'maindid] *adj* likasinnad
likewise ['laikwaiz] *adv* likaså, likaledes
lily ['lili] *n* lilja *c*
limb [lim] *n* lem *c*
lime [laim] *n* kalk *c*; lind *c*; grön citron
limetree ['laimtriː] *n* lind *c*
limit ['limit] *n* gräns *c*; *v* begränsa
limp [limp] *v* halta; *adj* slapp
line [lain] *n* rad *c*; streck *nt*; lina *c*; linje *c*; **stand in** ~ *Am* köa
linen ['linin] *n* linne *nt*
liner ['lainə] *n* linjefartyg *nt*
lingerie ['lɔ̃ʒəriː] *n* damunderkläder *pl*
lining ['lainiŋ] *n* foder *nt*
link [liŋk] *v* *sammanbinda; *n* länk *c*
link [liŋk] *n* (*computer*) länk *c*
lion ['laiən] *n* lejon *nt*
lip [lip] *n* läpp *c*
liposuction ['lipouˌsʌkʃən] *n* fettsugning *c*

lipstick ['lipstik] *n* läppstift *nt*
liqueur [li'kjuə] *n* likör *c*
liquid ['likwid] *adj* flytande; *n* vätska *c*
liquor ['likə] *n* sprit *c*
liquorice ['likəris] *n* lakrits *c*
list [list] *n* lista *c*; *v* *inskriva
listen ['lisən] *v* lyssna
listener ['lisnə] *n* lyssnare *c*
literary ['litrəri] *adj* litterär, litteratur-
literature ['litrətʃə] *n* litteratur *c*
litre ['li:tə] *n* liter *c*
litter ['litə] *n* avfall *nt*; kull *c*
little ['litəl] *adj* liten; föga
live[1] [liv] *v* leva; bo
live[2] [laiv] *adj* levande
livelihood ['laivlihud] *n* uppehälle *nt*
lively ['laivli] *adj* livfull
liver ['livə] *n* lever *c*
living ['liviŋ] *n* levnadssätt *nt*; **~ room** vardagsrum *nt*
lizard ['lizəd] *n* ödla *c*
load [loud] *n* last *c*; börda *c*; *v* lasta
loaf [louf] *n* (pl loaves) limpa *c*
loan [loun] *n* lån *nt*
lobby ['lɔbi] *n* vestibul *c*; foajé *c*
lobster ['lɔbstə] *n* hummer *c*
local ['loukəl] *adj* lokal-, lokal; **~ call** lokalsamtal *nt*; **~ train** lokaltåg *nt*
locality [lou'kæləti] *n* samhälle *nt*
locate [lou'keit] *v* lokalisera
location [lou'keiʃən] *n* läge *nt*
lock [lɔk] *v* låsa; *n* lås *nt*; sluss *c*; **~ up** låsa in
locker ['lɔkə] *n* förvaringsbox *c*
locomotive [ˌloukə'moutiv] *n* lok *nt*
lodge [lɔdʒ] *v* inkvartera; *n* jaktstuga *c*
lodger ['lɔdʒə] *n* inackordering *c*
lodgings ['lɔdʒiŋz] *pl* inkvartering *c*
log [lɔg] *n* stock *c*; **~ in** *v* logga in; **~ off** *v* logga ut
logic ['lɔdʒik] *n* logik *c*
logical ['lɔdʒikəl] *adj* logisk
lonely ['lounli] *adj* ensam
long [lɔŋ] *adj* lång; långvarig; **~ for** längta efter; **no longer** inte längre
longing ['lɔŋiŋ] *n* längtan *c*
longitude ['lɔndʒitju:d] *n* längdgrad *c*
look [luk] *v* titta; tyckas, *se ut; *n* blick *c*; utseende *nt*; **~ after** sköta, passa, *ta hand om; **~ at** *se på, titta på; **~ for** leta efter; **~ out** *se upp; **~ up** *slå upp
looking-glass ['lukiŋgla:s] *n* spegel *c*
loop [lu:p] *n* ögla *c*
loose [lu:s] *adj* lös
loosen ['lu:sən] *v* lossa
lord [lɔ:d] *n* lord *c*
lorry ['lɔri] *n* lastbil *c*
***lose** [lu:z] *v* mista, förlora
loser ['lu:sə] *n* förlorare *c*

loss [lɔs] *n* förlust *c*
lost [lɔst] *adj* vilsegången; försvunnen; ~ **and found** hittegods *nt*; ~ **property office** hittegodsmagasin *nt*
lot [lɔt] *n* lott *c*; mängd *c*, hög *c*
lottery ['lɔtəri] *n* lotteri *nt*
loud [laud] *adj* högljudd, gäll
loudspeaker [ˌlaud'spiːkə] *n* högtalare *c*
lounge [laundʒ] *n* sällskapsrum *nt*
louse [laus] *n* (pl lice) lus *c*
love [lʌv] *v* älska, *hålla av; *n* kärlek *c*; **in** ~ förälskad
lovely ['lʌvli] *adj* söt, förtjusande, ljuvlig
lover ['lʌvə] *n* älskare *c*
love story ['lʌvˌstɔːri] *n* kärlekshistoria *c*
low [lou] *adj* låg; djup; nedstämd; ~ **tide** ebb *c*
lower ['louə] *v* sänka; minska; *adj* lägre, undre
lowlands ['louləndz] *pl* lågland *nt*
loyal ['lɔiəl] *adj* lojal
lubricate ['luːbrikeit] *v* *smörja, olja
lubrication [ˌluːbri'keiʃən] *n* smörjning *c*; ~ **oil** smörjolja *c*; ~ **system** smörjsystem *nt*
luck [lʌk] *n* tur *c*; **bad** ~ otur *c*; **good** ~! lycka till!
lucky ['lʌki] *adj* lyckosam, tursam; ~ **charm** amulett *c*
ludicrous ['luːdikrəs] *adj* löjeväckande, löjlig
luggage ['lʌgidʒ] *n* bagage *nt*; **hand** ~ handbagage *nt*; **left** ~ **office** bagageinlämning *c*; ~ **rack** bagagehylla *c*; ~ **van** resgodsfinka *c*
lukewarm ['luːkwɔːm] *adj* ljum
lumbago [lʌm'beigou] *n* ryggskott *nt*
luminous ['luːminəs] *adj* lysande
lump [lʌmp] *n* klump *c*, bit *c*; bula *c*; ~ **of sugar** sockerbit *c*; ~ **sum** klumpsumma *c*
lumpy ['lʌmpi] *adj* klimpig
lunacy ['luːnəsi] *n* vansinne *nt*
lunatic ['luːnətik] *adj* vansinnig; *n* sinnessjuk *c*
lunch [lʌntʃ] *n* lunch *c*
luncheon ['lʌntʃən] *n* lunch *c*
lung [lʌŋ] *n* lunga *c*
lust [lʌst] *n* åtrå *c*
luxurious [lʌg'ʒuəriəs] *adj* luxuös
luxury ['lʌkʃəri] *n* lyx *c*

M

machine [mə'ʃiːn] *n* maskin *c*, apparat *c*
machinery [mə'ʃiːnəri] *n* maskineri *nt*
mackerel ['mækrəl] *n* (pl ~) makrill *c*
mackintosh ['mækintɔʃ] *n* regnrock *c*
mad [mæd] *adj* sinnesförvirrad, vanvettig, tokig; rasande
madness ['mædnəs] *n* vansinne *nt*
magazine [ˌmægə'ziːn] *n* tidskrift *c*; magasin *nt*
magic ['mædʒik] *n* magi *c*, trollkonst *c*; *adj* magisk
magician [mə'dʒiʃən] *n* trollkarl *c*
magistrate ['mædʒistreit] *n* rådman *c*
magnetic [mæg'netik] *adj* magnetisk
magneto [mæg'niːtou] *n* (pl ~s) magnetapparat *c*
magnificent [mæg'nifisənt] *adj* ståtlig; magnifik, praktfull
magnify ['mægnifai] *v* förstora
maid [meid] *n* hembiträde *nt*
maiden name ['meidən neim] flicknamn *nt*
mail [meil] *n* post *c*; *v* posta; ~ **order** *Am* postanvisning *c*
mailbox ['meilbɔks] *nAm* brevlåda *c*
main [mein] *adj* huvud-; störst; ~ **deck** överdäck *nt*; ~ **line** huvudlinje *c*; ~ **road** huvudväg *c*; ~ **street** huvudgata *c*
mainland ['meinlənd] *n* fastland *nt*
mainly ['meinli] *adv* huvudsakligen
mains [meinz] *pl* huvudledning *c*
maintain [mein'tein] *v* *upprätthålla
maintenance ['meintənəns] *n* underhåll *nt*
maize [meiz] *n* majs *c*
major ['meidʒə] *adj* större; störst; *n* major *c*
majority [mə'dʒɔrəti] *n* majoritet *c*
***make** [meik] *v* *göra; tjäna; *hinna med; ~ **do with** klara sig med; ~ **good** *gottgöra; ~ **up** *sätta upp, *göra upp
make-up ['meikʌp] *n* smink *c*
malaria [mə'lɛəriə] *n* malaria *c*
Malay [mə'lei] *n* malaysier *c*
Malaysia [mə'leiziə] Malaysia
Malaysian [mə'leiziən] *adj* malaysisk
male [meil] *adj* han-, mans-, manlig
malicious [mə'liʃəs] *adj*

illvillig
malignant [mə'lignənt] *adj* elakartad
mall [mɔːl] *nAm* köpcenter *nt*
mallet ['mælit] *n* klubba *c*
malnutrition [ˌmælnju'triʃən] *n* undernäring *c*
mammal ['mæməl] *n* däggdjur *nt*
man [mæn] *n* (pl men) man *c*; människa *c*; **men's room** herrtoalett *c*
manage ['mænidʒ] *v* styra; lyckas
manageable ['mænidʒəbəl] *adj* hanterlig
management ['mænidʒmənt] *n* styrelse *c*; direktion *c*
manager ['mænidʒə] *n* direktör *c*, chef *c*
mandarin ['mændərin] *n* mandarin *c*
mandate ['mændeit] *n* mandat *nt*
manger ['meindʒə] *n* foderbehållare *c*
manicure ['mænikjuə] *n* manikyr *c*; *v* manikyrera
mankind [mæn'kaind] *n* mänsklighet *c*
mannequin ['mænəkin] *n* skyltdocka *c*
manner ['mænə] *n* sätt *nt*, vis *nt*; **manners** *pl* uppförande *nt*
man-of-war [ˌmænəv'wɔː] *n* örlogsfartyg *nt*
manor house ['mænəhaus] *n* herrgård *c*
mansion ['mænʃən] *n* patricierhus *nt*
manual ['mænjuəl] *adj* hand-
manufacture [ˌmænju'fæktʃə] *v* tillverka
manufacturer [ˌmænju'fæktʃərə] *n* fabrikant *c*
manure [mə'njuə] *n* gödsel *c*
manuscript ['mænjuskript] *n* manuskript *nt*
many ['meni] *adj* många
map [mæp] *n* karta *c*; plan *c*
maple ['meipəl] *n* lönn *c*
marble ['mɑːbəl] *n* marmor *c*; spelkula *c*
March [mɑːtʃ] mars
march [mɑːtʃ] *v* marschera; *n* marsch *c*
mare [mɛə] *n* sto *nt*
margarine [ˌmɑːdʒə'riːn] *n* margarin *nt*
margin ['mɑːdʒin] *n* marginal *c*
maritime ['mæritaim] *adj* maritim
mark [mɑːk] *v* märka; markera; utmärka; *n* märke *nt*; betyg *nt*; skottavla *c*
market ['mɑːkit] *n* marknad *c*, saluhall *c*
marketplace ['mɑːkitpleis] *n* torg *nt*; marknadsplats *c*
marmalade ['mɑːməleid] *n* marmelad *c*
marriage ['mæridʒ] *n* äktenskap *nt*
marrow ['mærou] *n* märg *c*
marry ['mæri] *v* gifta sig

marsh [mɑːʃ] *n* sumpmark *c*
martyr ['mɑːtə] *n* martyr *c*
marvel ['mɑːvəl] *n* under *nt*; *v* förundra sig
marvellous ['mɑːvələs] *adj* underbar
mascara [mæ'skɑːrə] *n* maskara *c*
masculine ['mæskjulin] *adj* manlig
mash [mæʃ] *v* mosa; **mashed potatoes** *pl* potatismos *nt*
mask [mɑːsk] *n* mask *c*
Mass [mæs] *n* mässa *c*
mass [mæs] *n* mängd *c*, massa *c*; klump *c*; **~ production** massproduktion *c*
massage ['mæsɑːʒ] *n* massage *c*; *v* massera
masseur [mæ'səː] *n* massör *c*
massive ['mæsiv] *adj* massiv
mast [mɑːst] *n* mast *c*
master ['mɑːstə] *n* mästare *c*; arbetsgivare *c*; lektor *c*, lärare *c*; *v* bemästra
masterpiece ['mɑːstəpiːs] *n* mästerverk *nt*
mat [mæt] *n* matta *c*; *adj* matt
match [mætʃ] *n* tändsticka *c*; jämlike *c*, match *c*, parti *nt*; *v* passa ihop
matchbox ['mætʃbɔks] *n* tändsticksask *c*
material [mə'tiəriəl] *n* material *nt*; tyg *nt*; *adj* materiell
mathematical [ˌmæθə'mætikəl] *adj* matematisk
mathematics [ˌmæθə'mætiks] *n* matematik *c*
matrimony ['mætriməni] *n* äktenskap *nt*
matter ['mætə] *n* materia *c*, ämne *nt*; angelägenhet *c*, fråga *c*; *v* *vara viktigt; **as a ~ of fact** faktiskt, i själva verket
matter-of-fact [ˌmætərəv'fækt] *adj* torr och saklig
mattress ['mætrəs] *n* madrass *c*
mature [mə'tjuə] *adj* mogen
maturity [mə'tjuərəti] *n* mogen ålder, mognad *c*
mausoleum [ˌmɔːsə'liːəm] *n* mausoleum *nt*
mauve [mouv] *adj* rödlila
May [mei] maj
***may** [mei] *v* *kunna; *få
maybe ['meibiː] *adv* kanske
mayor [mɛə] *n* borgmästare *c*
maze [meiz] *n* labyrint *c*; virrvarr *nt*
me [miː] *pron* mig
meadow ['medou] *n* äng *c*
meal [miːl] *n* måltid *c*, mål *nt*
mean [miːn] *adj* gemen; medel-; *n* genomsnitt *nt*
***mean** [miːn] *v* betyda; mena
meaning ['miːniŋ] *n* mening *c*
meaningless ['miːniŋləs] *adj* meningslös
means [miːnz] *n* medel *nt*; **by no ~** inte alls
in the meantime [in ðə

'miːntaim] under tiden
meanwhile ['miːnwail] *adv* under tiden
measles ['miːzəlz] *n* mässling *c*
measure ['meʒə] *v* mäta; *n* mått *nt*; åtgärd *c*
meat [miːt] *n* kött *nt*
mechanic [mi'kænik] *n* mekaniker *c*, montör *c*
mechanical [mi'kænikəl] *adj* mekanisk
mechanism ['mekənizəm] *n* mekanism *c*
medal ['medəl] *n* medalj *c*
media ['miːdiə] *pl* media *pl*
mediaeval [ˌmedi'iːvəl] *adj* medeltida
mediate ['miːdieit] *v* medla
mediator ['miːdieitə] *n* medlare *c*
medical ['medikəl] *adj* medicinsk
medicine ['medsin] *n* medicin *c*; läkarvetenskap *c*
meditate ['mediteit] *v* meditera
Mediterranean [ˌmeditə'reiniən] Medelhavet
medium ['miːdiəm] *adj* genomsnittlig, medel-, medelmåttig
***meet** [miːt] *v* träffa, möta
meeting ['miːtiŋ] *n* sammanträde *nt*; möte *nt*
meeting place ['miːtiŋpleis] *n* mötesplats *c*
melancholy ['meləŋkəli] *n* vemod *nt*
mellow ['melou] *adj* mjuk, fyllig
melodrama ['meləˌdrɑːmə] *n* melodrama *nt*
melody ['melədi] *n* melodi *c*
melon ['melən] *n* melon *c*
melt [melt] *v* smälta
member ['membə] *n* medlem *c*; **Member of Parliament** riksdagsman *c*
membership ['membəʃip] *n* medlemskap *nt*
memo ['memou] *n* (pl ~s) memorandum *nt*
memorable ['memərəbəl] *adj* minnesvärd
memorial [mə'mɔːriəl] *n* minnesmärke *nt*
memorize ['meməraiz] *v* lära sig utantill
memory ['meməri] *n* minne *nt*
mend [mend] *v* laga, reparera
menstruation [ˌmenstru'eiʃən] *n* menstruation *c*
mental ['mentəl] *adj* mental
mention ['menʃən] *v* nämna, omnämna; *n* omnämnande *nt*
menu ['menjuː] *n* matsedel *c*, meny *c*
merchandise ['məːtʃəndaiz] *n* handelsvaror *pl*
merchant ['məːtʃənt] *n* köpman *c*
merciful ['məːsifəl] *adj* barmhärtig
mercury ['məːkjuri] *n* kvicksilver *nt*

mercy ['mə:si] *n* barmhärtighet *c*
mere [miə] *adj* blott och bar
merely ['miəli] *adv* endast
merge [mə:dʒ] *v* slå ihop
merger ['mə:dʒə] *n* sammanslagning *c*
merit ['merit] *v* förtjäna; *n* förtjänst *c*
merry ['meri] *adj* munter
merry-go-round ['merigou,raund] *n* karusell *c*
mesh [meʃ] *n* maska *c*
mess [mes] *n* oordning *c*, oreda *c*; **~ up** spoliera
message ['mesidʒ] *n* meddelande *nt*
message board ['mesədʒ‿,bɔ:d] *n* meddelandeforum *c*
messenger ['mesindʒə] *n* bud *nt*
metal ['metəl] *n* metall *c*; metall-
meter ['mi:tə] *n* mätare *c*
method ['meθəd] *n* metod *c*, förfaringssätt *nt*; ordning *c*
methodical [mə'θɔdikəl] *adj* metodisk
metre ['mi:tə] *n* meter *c*
metric ['metrik] *adj* metrisk
Mexican ['meksikən] *adj* mexikansk; *n* mexikanare *c*
Mexico ['meksikou] Mexiko
mice [mais] *pl* möss *pl*
microphone ['maikrəfoun] *n* mikrofon *c*
midday ['middei] *n* mitt på dagen
middle ['midəl] *n* mitt *c*; *adj* mellersta; **Middle Ages** Medeltiden; **~ class** medelklass *c*; **middle-class** *adj* borgerlig
midnight ['midnait] *n* midnatt *c*
midst [midst] *n* mitt *c*
midsummer ['mid,sʌmə] *n* midsommar *c*
midwife ['midwaif] *n* (pl -wives) barnmorska *c*
might [mait] *n* makt *c*
***might** [mait] *v* *kunna
mighty ['maiti] *adj* mäktig
migraine ['migrein] *n* migrän *c*
mild [maild] *adj* mild
mildew ['mildju] *n* mögel *nt*
milestone ['mailstoun] *n* milstolpe *c*
milieu ['mi:ljə:] *n* miljö *c*
military ['militəri] *adj* militär-; **~ force** krigsmakt *c*
milk [milk] *n* mjölk *c*
milkman ['milkmən] *n* (pl -men) mjölkbud *nt*
milkshake ['milkʃeik] *n* milkshake *c*
milky ['milki] *adj* mjölkig
mill [mil] *n* kvarn *c*; fabrik *c*
miller ['milə] *n* mjölnare *c*
million ['miljən] *n* miljon *c*
millionaire [,miljə'nɛə] *n* miljonär *c*
mince [mins] *v* finhacka
mind [maind] *n* begåvning *c*; *v* *ha något emot; bry sig om, akta, akta sig för
mine [main] *n* gruva *c*

miner ['mainə] *n* gruvarbetare *c*
mineral ['minərəl] *n* mineral *nt*; ~ **water** mineralvatten *nt*
mingle ['miŋgl] *v* mingla
miniature ['minjətʃə] *n* miniatyr *c*
minimum ['miniməm] *n* minimum *nt*
mining ['mainiŋ] *n* gruvdrift *c*
minister ['ministə] *n* minister *c*; präst *c*; **Prime Minister** statsminister *c*
ministry ['ministri] *n* departement *nt*
mink [miŋk] *n* mink *c*
minor ['mainə] *adj* liten, mindre; underordnad; *n* minderårig *c*
minority [mai'nɔrəti] *n* minoritet *c*
mint [mint] *n* mynta *c*
minus ['mainəs] *prep* minus
minute[1] ['minit] *n* minut *c*; **minutes** protokoll *nt*
minute[2] [mai'nju:t] *adj* ytterst liten
miracle ['mirəkəl] *n* mirakel *nt*
miraculous [mi'rækjuləs] *adj* otrolig
mirror ['mirə] *n* spegel *c*
misbehave [ˌmisbi'heiv] *v* uppföra sig illa
miscarriage [mis'kæridʒ] *n* missfall *nt*
miscellaneous [ˌmisə'leiniəs] *adj* blandad
mischief ['mistʃif] *n* ofog *nt*; skada *c*, förtret *c*, åverkan *c*
mischievous ['mistʃivəs] *adj* odygdig, skadlig
miserable ['mizərəbəl] *adj* olycklig, eländig
misery ['mizəri] *n* elände *nt*; nöd *c*
misfortune [mis'fɔ:tʃən] *n* otur *c*, olycka *c*
mishap ['mishæp] *n* missöde *nt*
***mislay** [mis'lei] *v* *förlägga
misplaced [mis'pleist] *adj* malplacerad
mispronounce [ˌmisprə'nauns] *v* uttala fel
miss[1] [mis] fröken *c*
miss[2] [mis] *v* missa
missing ['misiŋ] *adj* försvunnen; ~ **person** försvunnen person
mist [mist] *n* dimma *c*
mistake [mi'steik] *n* fel *nt*, misstag *nt*
***mistake** [mi'steik] *v* förväxla, *missförstå
mistaken [mi'steikən] *adj* felaktig; ***be** ~ *missta sig
mister ['mistə] herr
mistress ['mistrəs] *n* husmor *c*; föreståndarinna *c*; älskarinna *c*
mistrust [mis'trʌst] *v* misstro
misty ['misti] *adj* disig
***misunderstand** [ˌmisʌndə'stænd] *v* *missförstå
misunderstanding [ˌmisʌndə'stændiŋ] *n* missförstånd *nt*

misuse [mis'ju:s] *n* missbruk *nt*
mittens ['mitənz] *pl* tumvantar *pl*
mix [miks] *v* blanda; ~ **with** *umgås med
mixed [mikst] *adj* blandad
mixer ['miksə] *n* mixer *c*
mixture ['mikstʃə] *n* blandning *c*
moan [moun] *v* jämra sig
moat [mout] *n* vallgrav *c*
mobile ['moubail] *n* mobil *c*; *adj* mobil; ~ **phone** mobil(telefon) *c*
mock [mɔk] *v* håna
mockery ['mɔkəri] *n* hån *nt*
model ['mɔdəl] *n* modell *c*; mannekäng *c*; *v* modellera, forma
modem ['moudem] *n* modem *nt*
moderate ['mɔdərət] *adj* måttlig, moderat; medelmåttig
modern ['mɔdən] *adj* modern
modest ['mɔdist] *adj* blygsam, anspråkslös
modesty ['mɔdisti] *n* blygsamhet *c*
modify ['mɔdifai] *v* ändra
moist [mɔist] *adj* fuktig
moisten ['mɔisən] *v* fukta
moisture ['mɔistʃə] *n* fuktighet *c*; **moisturizing cream** fuktighetsbevarande kräm
molar ['moulə] *n* kindtand *c*
moment ['moumənt] *n* ögonblick *nt*
momentary ['mouməntəri] *adj* tillfällig
monarch ['mɔnək] *n* monark *c*
monarchy ['mɔnəki] *n* monarki *c*
monastery ['mɔnəstri] *n* kloster *nt*
Monday ['mʌndi] måndag *c*
monetary ['mʌnitəri] *adj* monetär; ~ **unit** myntenhet *c*
money ['mʌni] *n* pengar *pl*; ~ **exchange** växelkontor *nt*; ~ **order** postanvisning *c*
monk [mʌŋk] *n* munk *c*
monkey ['mʌŋki] *n* apa *c*
monologue ['mɔnəlɔg] *n* monolog *c*
monopoly [mə'nɔpəli] *n* monopol *nt*
monotonous [mə'nɔtənəs] *adj* monoton
month [mʌnθ] *n* månad *c*
monthly ['mʌnθli] *adj* månatlig; ~ **magazine** månadstidning *c*
monument ['mɔnjumənt] *n* monument *nt*, minnesmärke *nt*
mood [mu:d] *n* humör *nt*
moon [mu:n] *n* måne *c*
moonlight ['mu:nlait] *n* månsken *nt*
moose [mu:s] *n* (pl ~, ~s) älg *c*
moped ['mouped] *n* moped *c*
moral ['mɔrəl] *n* moral *c*; *adj* sedlig, moralisk
morality [mə'ræləti] *n* morallära *c*

more [mɔː] *adj* fler; **once ~** en gång till
moreover [mɔː'rouvə] *adv* dessutom, för övrigt
morning ['mɔːniŋ] *n* morgon *c*, förmiddag *c*; **~ paper** morgontidning *c*; **this ~** i morse
Moroccan [mə'rɔkən] *adj* marockansk; *n* marockan *c*
Morocco [mə'rɔkou] Marocko
morphine ['mɔːfiːn] *n* morfin *nt*
morsel ['mɔːsəl] *n* bit *c*
mortal ['mɔːtəl] *adj* dödlig
mortgage ['mɔːgidʒ] *n* hypotek *nt*, inteckning *c*
mosaic [mə'zeiik] *n* mosaik *c*
mosque [mɔsk] *n* moské *c*
mosquito [mə'skiːtou] *n* (pl ~es) mygga *c*; moskit *c*
mosquito net [mə'skiːtounet] *n* myggnät *nt*
moss [mɔs] *n* mossa *c*
most [moust] *adj* (de) flesta; **at ~** på sin höjd; **~ of all** mest av allt
mostly ['moustli] *adv* för det mesta
motel [mou'tel] *n* motell *nt*
moth [mɔθ] *n* mal *c*
mother ['mʌðə] *n* mor *c*; **~ tongue** modersmål *nt*
mother-in-law ['mʌðərinlɔː] *n* (pl mothers-) svärmor *c*
mother of pearl [ˌmʌðərəv'pəːl] *n* pärlemor *c*
motion ['mouʃən] *n* rörelse *c*; motion *c*
motivate ['moutiveit] *v* motivera
motive ['moutiv] *n* motiv *nt*
motor ['moutə] *n* motor *c*; *v* bila; **~ body** *Am* karosseri *nt*; **starter ~** startmotor *c*
motorbike ['moutəbaik] *nAm* moped *c*
motorboat ['moutəbout] *n* motorbåt *c*
motorcar ['moutəkɑː] *n* bil *c*
motorcycle ['moutəˌsaikəl] *n* motorcykel *c*
motorist ['moutərist] *n* bilist *c*
motorway ['moutəwei] *n* motorväg *c*
motto ['mɔtou] *n* (pl ~es, ~s) motto *nt*
mouldy ['mouldi] *adj* möglig
mound [maund] *n* kulle *c*
mount [maunt] *v* *bestiga; montera; *n* berg *nt*; montering *c*
mountain ['mauntin] *n* berg *nt*; **~ pass** bergspass *nt*; **~ range** bergskedja *c*
mountaineering [ˌmaunti'niəriŋ] *n* bergsbestigning *c*
mountainous ['mauntinəs] *adj* bergig
mourning ['mɔːniŋ] *n* sorg *c*
mouse [maus] *n* (pl mice) mus *c*
moustache [mə'stɑːʃ] *n* mustasch *c*
mouth [mauθ] *n* mun *c*; gap

nt, käft *c*; mynning *c*
mouthwash ['mauθwɔʃ] *n* munvatten *nt*
movable ['mu:vəbəl] *adj* flyttbar
move [mu:v] *v* *sätta i rörelse; flytta; röra sig; röra; *n* drag *nt*, steg *nt*; flyttning *c*
movement ['mu:vmənt] *n* rörelse *c*
movie ['mu:vi] *n* film *c*; **movies** *Am* bio *c*; **~ theater** bio *c*
much [mʌtʃ] *adj* många; *adv* mycket; **as ~** lika mycket; likaså
mud [mʌd] *n* gyttja *c*
muddle ['mʌdəl] *n* oreda *c*, röra *c*, virrvarr *nt*; *v* förvirra
muddy ['mʌdi] *adj* lerig
muffler ['mʌflə] *nAm* ljuddämpare *c*
mug [mʌg] *n* mugg *c*
mule [mju:l] *n* mulåsna *c*
multicultural [ˌmʌlti'kʌltʃərəl] *adj* multikulturell
multiplex ['mʌltiˌpleks] *n* multiplex *c*
multiplication [ˌmʌltipli'keiʃən] *n* multiplikation *c*
multiply ['mʌltiplai] *v* multiplicera
mumps [mʌmps] *n* påssjuka *c*
municipal [mju:'nisipəl] *adj* kommunal-
municipality [mju:ˌnisi'pæləti] *n* kommun *c*
murder ['mə:də] *n* mord *nt*; *v* mörda
murderer ['mə:dərə] *n* mördare *c*
muscle ['mʌsəl] *n* muskel *c*
muscular ['mʌskjulə] *adj* muskulös
museum [mju:'zi:əm] *n* museum *nt*
mushroom ['mʌʃru:m] *n* svamp *c*
music ['mju:zik] *n* musik *c*; **~ academy** konservatorium *nt*
musical ['mju:zikəl] *adj* musikalisk; *n* musikal *c*
music hall ['mju:zikhɔ:l] *n* revyteater *c*
musician [mju:'ziʃən] *n* musiker *c*
muslin ['mʌzlin] *n* muslin *nt*
mussel ['mʌsəl] *n* blåmussla *c*
***must** [mʌst] *v* *måste
mustard ['mʌstəd] *n* senap *c*
mute [mju:t] *adj* stum
mutiny ['mju:tini] *n* myteri *nt*
mutton ['mʌtən] *n* fårkött *nt*
mutual ['mju:tʃuəl] *adj* inbördes, ömsesidig
my [mai] *adj* min
myself [mai'self] *pron* mig; själv
mysterious [mi'stiəriəs] *adj* gåtfull, mystisk
mystery ['mistəri] *n* mysterium *nt*
myth [miθ] *n* myt *c*

N

nag [næg] *v* tjata
nail [neil] *n* nagel *c*; spik *c*
nail file ['neilfail] *n* nagelfil *c*
nail polish ['neil,pɔliʃ] *n* nagellack *nt*
nail scissors ['neil,sizəz] *pl* nagelsax *c*
naïve [nɑː'iːv] *adj* naiv
naked ['neikid] *adj* naken; kal
name [neim] *n* namn *nt*; *v* uppkalla; **in the ~ of** i … namn
namely ['neimli] *adv* nämligen
nap [næp] *n* tupplur *c*
napkin ['næpkin] *n* servett *c*
nappy ['næpi] *n* blöja *c*
narcosis [nɑː'kousis] *n* (pl -ses) narkos *c*
narcotic [nɑː'kɔtik] *n* narkotika *c*; narkoman *c*
narrow ['nærou] *adj* trång, snäv, smal
narrow-minded [,nærou'maindid] *adj* inskränkt
nasty ['nɑːsti] *adj* smutsig, obehaglig; otäck
nation ['neiʃən] *n* nation *c*; folk *nt*
national ['næʃənəl] *adj* nationell; folk-; stats-; **~ anthem** nationalsång *c*; **~ dress** nationaldräkt *c*; **~ park** nationalpark *c*
nationality [,næʃə'næləti] *n* nationalitet *c*
nationalize ['næʃənəlaiz] *v* nationalisera
native ['neitiv] *n* inföding *c*; *adj* infödd, inhemsk; **~ country** fosterland *nt*, hemland *nt*; **~ language** modersmål *nt*
natural ['nætʃərəl] *adj* naturlig; medfödd
naturally ['nætʃərəli] *adv* naturligtvis
nature ['neitʃə] *n* natur *c*
naughty ['nɔːti] *adj* odygdig, stygg
nausea ['nɔːsiə] *n* illamående *nt*
naval ['neivəl] *adj* flott-
navel ['neivəl] *n* navel *c*
navigable ['nævigəbəl] *adj* segelbar
navigate ['nævigeit] *v* navigera; segla
navigation [,nævi'geiʃən] *n* navigation *c*; sjöfart *c*
navy ['neivi] *n* flotta *c*
near [niə] *adj* nära, närbelägen
nearby ['niəbai] *adj* närliggande
nearly ['niəli] *adv* närapå, nästan
neat [niːt] *adj* prydlig; oblandad, ren; klar, koncis
necessary ['nesəsəri] *adj*

nödvändig
necessity [nə'sesəti] *n* nödvändighet *c*
neck [nek] *n* hals *c*; **nape of the ~** nacke *c*
necklace ['nekləs] *n* halsband *nt*
necktie ['nektai] *n* slips *c*
need [ni:d] *v* behöva, *måste; *n* behov *nt*; nödvändighet *c*; **~ to** *måste
needle ['ni:dəl] *n* nål *c*
needlework ['ni:dəlwə:k] *n* handarbete *nt*
negative ['negətiv] *adj* nekande, negativ; *n* negativ *nt*
neglect [ni'glekt] *v* försumma; *n* slarv *nt*
neglectful [ni'glektfəl] *adj* försumlig
negligee ['neglizei] *n* negligé *c*
negotiate [ni'gouʃieit] *v* förhandla
negotiation [ni,gouʃi'eiʃən] *n* förhandling *c*
neighbour ['neibə] *n* granne *c*
neighbourhood ['neibəhud] *n* grannskap *nt*
neighbouring ['neibəriŋ] *adj* angränsande
neither ['naiðə] *pron* ingendera; **neither ... nor** varken … eller
nephew ['nefju:] *n* systerson *c*, brorson *c*
nerve [nə:v] *n* nerv *c*; fräckhet *c*
nervous ['nə:vəs] *adj* nervös
nest [nest] *n* bo *nt*
net [net] *n* nät *nt*; *adj* netto-
the Netherlands ['neðələndz] Nederländerna
network ['netwə:k] *n* nätverk *nt*
networking ['net,wə:kiŋ] *n* nätverksarbete *c*
neuralgia [njuə'rældʒə] *n* neuralgi *c*
neurosis [njuə'rousis] *n* neuros *c*
neuter ['nju:tə] *adj* neutrum
neutral ['nju:trəl] *adj* neutral
never ['nevə] *adv* aldrig
nevertheless [,nevəðə'les] *adv* inte desto mindre
new [nju:] *adj* ny; **New Year** nyår *nt*
news [nju:z] *n* nyhet *c*, dagsnyheter *pl*
newsagent ['nju:,zeidʒənt] *n* tidningsförsäljare *c*
newspaper ['nju:z,peipə] *n* dagstidning *c*
newsreel ['nju:zri:l] *n* journalfilm *c*
newsstand ['nju:zstænd] *n* tidningskiosk *c*
New Zealand [nju: 'zi:lənd] Nya Zeeland
next [nekst] *adj* nästa, följande; **~ to** bredvid
next-door [,nekst'dɔ:] *adv* näst intill
nice [nais] *adj* snäll, söt, trevlig; god; sympatisk
nickel ['nikəl] *n* nickel *c*
nickname ['nikneim] *n*

smeknamn *nt*
nicotine ['nikəti:n] *n* nikotin *nt*
niece [ni:s] *n* systerdotter *c*, brorsdotter *c*
Nigeria [nai'dʒiəriə] Nigeria
Nigerian [nai'dʒiəriən] *adj* nigeriansk; *n* nigerian *c*
night [nait] *n* natt *c*; kväll *c*; **by ~** om natten; **~ flight** nattflyg *nt*; **~ rate** nattaxa *c*; **~ train** nattåg *nt*
nightclub ['naitklʌb] *n* nattklubb *c*
night cream ['naitkri:m] *n* nattkräm *c*
nightingale ['naitiŋgeil] *n* näktergal *c*
nightly ['naitli] *adj* nattlig
nightmare ['naitmɛə] *n* mardröm *c*
nil [nil] ingenting, noll
nine [nain] *num* nio
nineteen [ˌnain'ti:n] *num* nitton
nineteenth [ˌnain'ti:nθ] *num* nittonde
ninety ['nainti] *num* nittio
ninth [nainθ] *num* nionde
nitrogen ['naitrədʒən] *n* kväve *nt*
no [nou] nej; *adj* ingen; **~ one** ingen
nobility [nou'biləti] *n* adel *c*
noble ['noubəl] *adj* adlig; ädel
nobody ['noubɔdi] *pron* ingen
nod [nɔd] *n* nick *c*; *v* nicka
noise [nɔiz] *n* ljud *nt*; oväsen *nt*, buller *nt*
noisy ['nɔizi] *adj* bullrig; högljudd
nominal ['nɔminəl] *adj* nominell, obetydlig
nominate ['nɔmineit] *v* nominera, utnämna
nomination [ˌnɔmi'neiʃən] *n* nominering *c*; utnämning *c*
none [nʌn] *pron* ingen
nonsense ['nɔnsəns] *n* dumheter *pl*
non-smoker [ˌnɔn'smoukə] *n* icke-rökare *c*
noon [nu:n] *n* klockan tolv
nor ['nɔ:]; inte heller
normal ['nɔ:məl] *adj* vanlig, normal
north [nɔ:θ] *n* nord *c*; *adj* nordlig; **North Pole** Nordpolen
north-east [ˌnɔ:θ'i:st] *n* nordost *c*
northern ['nɔ:ðən] *adj* norra
north-west [ˌnɔ:θ'west] *n* nordväst *c*
Norway ['nɔ:wei] Norge
Norwegian [nɔ:'wi:dʒən] *adj* norsk; *n* norrman *c*
nose [nouz] *n* näsa *c*
nosebleed ['nouzbli:d] *n* näsblod *nt*
nostril ['nɔstril] *n* näsborre *c*
nosy ['nouzi] *adj colloquial* nyfiken
not [nɔt] *adv* inte
notary ['noutəri] *n* juridiskt ombud
note [nout] *n* anteckning *c*; fotnot *c*; ton *c*; *v* anteckna;

observera, notera
notebook ['noutbuk] *n* anteckningsbok *c*
noted ['noutid] *adj* välkänd
notepaper ['nout,peipə] *n* brevpapper *nt*
nothing ['nʌθiŋ] *n* ingenting, intet *nt*
notice ['noutis] *v* *lägga märke till, uppmärksamma, märka; *se; *n* meddelande *nt*, uppsägning *c*; uppmärksamhet *c*
noticeable ['noutisəbəl] *adj* märkbar; anmärkningsvärd
notify ['noutifai] *v* meddela; underrätta
notion ['nouʃən] *n* aning *c*, begrepp *nt*
notorious [nou'tɔːriəs] *adj* beryktad
nought [nɔːt] *n* nolla *c*
noun [naun] *n* substantiv *nt*
nourishing ['nʌriʃiŋ] *adj* närande
novel ['nɔvəl] *n* roman *c*
novelist ['nɔvəlist] *n* romanförfattare *c*
November [nou'vembə] november
now [nau] *adv* nu; **~ and then** då och då
nowadays ['nauədeiz] *adv* nuförtiden
nowhere ['nouwεə] *adv* ingenstans
nozzle ['nɔzəl] *n* munstycke *nt*
nuance [njuː'ɑ̃ːs] *n* nyans *c*
nuclear ['njuːkliə] *adj* kärn-; **~ energy** kärnkraft *c*
nucleus ['njuːkliəs] *n* kärna *c*
nude [njuːd] *adj* naken; *n* akt *c*
nuisance ['njuːsəns] *n* besvär *nt*
numb [nʌm] *adj* utan känsel; domnad, förlamad
number ['nʌmbə] *n* nummer *nt*; tal *nt*, antal *nt*
numeral ['njuːmərəl] *n* räkneord *nt*
numerous ['njuːmərəs] *adj* talrik
nun [nʌn] *n* nunna *c*
nurse [nəːs] *n* sjuksköterska *c*; barnsköterska *c*; *v* vårda; amma
nursery ['nəːsəri] *n* barnkammare *c*; daghem *nt*; plantskola *c*
nut [nʌt] *n* nöt *c*; mutter *c*
nutcrackers ['nʌt,krækəz] *pl* nötknäppare *c*
nutmeg ['nʌtmeg] *n* muskotnöt *c*
nutritious [njuː'triʃəs] *adj* närande
nutshell ['nʌtʃel] *n* nötskal *nt*
nylon ['nailɔn] *n* nylon *nt*

O

oak [ouk] *n* ek *c*
oar [ɔː] *n* åra *c*
oasis [ou'eisis] *n* (pl oases) oas *c*
oath [ouθ] *n* ed *c*
oats [outs] *pl* havre *c*
obedience [ə'biːdiəns] *n* lydnad *c*
obedient [ə'biːdiənt] *adj* lydig
obey [ə'bei] *v* lyda
object[1] ['ɔbdʒikt] *n* objekt *nt*; föremål *nt*; syfte *nt*
object[2] [əb'dʒekt] *v* invända, protestera
objection [əb'dʒekʃən] *n* invändning *c*
objective [əb'dʒektiv] *adj* objektiv; *n* mål *nt*
obligatory [ə'bligətəri] *adj* obligatorisk
oblige [ə'blaidʒ] *v* förplikta; ***be obliged to** *vara tvungen att; *måste
obliging [ə'blaidʒiŋ] *adj* tillmötesgående
oblong ['ɔblɔŋ] *adj* avlång, rektangulär; *n* rektangel *c*
obscene [əb'siːn] *adj* oanständig
obscure [əb'skjuə] *adj* dunkel, skum, oklar, mörk
observation [ˌɔbzə'veiʃən] *n* iakttagelse *c*, observation *c*
observatory [əb'zəːvətri] *n* observatorium *nt*
observe [əb'zəːv] *v* observera, *iaktta
obsession [əb'seʃən] *n* besatthet *c*
obstacle ['ɔbstəkəl] *n* hinder *nt*
obstinate ['ɔbstinət] *adj* envis; hårdnackad
obtain [əb'tein] *v* *erhålla, skaffa sig
obtainable [əb'teinəbəl] *adj* anskaffbar
obvious ['ɔbviəs] *adj* tydlig
occasion [ə'keiʒən] *n* tillfälle *nt*; anledning *c*
occasionally [ə'keiʒənəli] *adv* då och då
occupant ['ɔkjupənt] *n* innehavare *c*
occupation [ˌɔkju'peiʃən] *n* sysselsättning *c*; ockupation *c*
occupy ['ɔkjupai] *v* ockupera, *uppta, *besätta; **occupied** *adj* ockuperad, upptagen
occur [ə'kəː] *v* ske, hända, *förekomma
occurrence [ə'kʌrəns] *n* händelse *c*
ocean ['ouʃən] *n* världshav *nt*
October [ɔk'toubə] oktober
octopus ['ɔktəpəs] *n* bläckfisk *c*
oculist ['ɔkjulist] *n* ögonläkare *c*

odd [ɔd] *adj* underlig, konstig; udda
odour ['oudə] *n* lukt *c*
of [ɔv, əv] *prep* av
off [ɔf] *adv* av; iväg; *prep* från
offence [ə'fens] *n* förseelse *c*; kränkning *c*, anstöt *c*
offend [ə'fend] *v* såra, kränka; *förgå sig
offensive [ə'fensiv] *adj* offensiv; anstötlig, kränkande; *n* offensiv *c*
offer ['ɔfə] *v* *erbjuda; *bjuda; *n* erbjudande *nt*
office ['ɔfis] *n* kontor *nt*; ämbete *nt*; ~ **hours** kontorstid *c*
officer ['ɔfisə] *n* officer *c*
official [ə'fiʃəl] *adj* officiell
off-licence ['ɔf,laisəns] *n*, **liquor store** *nAm* systembolag *nt*
often ['ɔfən] *adv* ofta
oil [ɔil] *n* olja *c*; **fuel** ~ brännolja *c*; ~ **filter** oljefilter *nt*; ~ **pressure** oljetryck *nt*
oil painting [,ɔil'peintiŋ] *n* oljemålning *c*
oil refinery ['ɔilri,fainəri] *n* oljeraffinaderi *nt*
oil well ['ɔilwel] *n* oljekälla *c*, oljefyndighet *c*
oily ['ɔili] *adj* oljig
ointment ['ɔintmənt] *n* salva *c*
okay! [,ou'kei] fint!
old [ould] *adj* gammal; ~ **age** ålderdom *c*
old-fashioned [,ould'fæʃənd] *adj* gammaldags, gammalmodig
olive ['ɔliv] *n* oliv *c*; ~ **oil** olivolja *c*
omelette ['ɔmlət] *n* omelett *c*
ominous ['ɔminəs] *adj* olycksbådande
omit [ə'mit] *v* utelämna
omnipotent [ɔm'nipətənt] *adj* allsmäktig
on [ɔn] *prep* på; vid
once [wʌns] *adv* en gång; **at** ~ på en gång; **for** ~ för en gångs skull; ~ **more** en gång till
oncoming ['ɔn,kʌmiŋ] *adj* förestående, mötande
one [wʌn] *num* en; *pron* man
oneself [wʌn'self] *pron* själv
onion ['ʌnjən] *n* lök *c*
only ['ounli] *adj* enda; *adv* endast, bara, blott; *conj* men
onwards ['ɔnwədz] *adv* framåt, vidare
onyx ['ɔniks] *n* onyx *c*
opal ['oupəl] *n* opal *c*
open ['oupən] *v* öppna; *adj* öppen
opener['oupnə] *n* öppnare *c*
opening ['oupəniŋ] *n* öppning *c*
opera ['ɔpərə] *n* opera *c*; ~ **house** operahus *nt*
operate ['ɔpəreit] *v* fungera; operera
operation [,ɔpə'reiʃən] *n* funktion *c*; operation *c*
operator ['ɔpəreitə] *n* telefonist *c*
opinion [ə'pinjən] *n* uppfattning *c*, åsikt *c*

opponent [ə'pounənt] *n* motståndare *c*
opportunity [ˌɔpə'tju:nəti] *n* tillfälle *nt*
oppose [ə'pouz] *v* opponera sig
opposite ['ɔpəzit] *prep* mittemot; *adj* motstående, motsatt
opposition [ˌɔpə'ziʃən] *n* opposition *c*
oppress [ə'pres] *v* förtrycka, tynga
optician [ɔp'tiʃən] *n* optiker *c*
optimism ['ɔptimizəm] *n* optimism *c*
optimist ['ɔptimist] *n* optimist *c*
optimistic [ˌɔpti'mistik] *adj* optimistisk
optional ['ɔpʃənəl] *adj* valfri
or [ɔ:] *conj* eller
oral ['ɔ:rəl] *adj* muntlig
orange ['ɔrindʒ] *n* apelsin *c*; *adj* brandgul
orbit ['ɔ:bit] *n* omlopp *nt*
orchard ['ɔ:tʃəd] *n* fruktträdgård *c*
orchestra ['ɔ:kistrə] *n* orkester *c*; **~ seat** *Am* parkett *c*
order ['ɔ:də] *v* befalla; beställa; *n* ordningsföljd *c*, ordning *c*; befallning *c*, order *c*; beställning *c*; **in ~** i ordning; **in ~ to** för att; **made to ~** gjord på beställning; **out of ~** funktionsoduglig; **postal ~** postanvisning *c*
order form ['ɔ:dəfɔ:m] *n* orderblankett *c*
ordinary ['ɔ:dənri] *adj* vanlig, alldaglig
ore [ɔ:] *n* malm *c*
organ ['ɔ:gən] *n* organ *nt*; orgel *c*
organic [ɔ:'gænik] *adj* organisk
organization [ˌɔ:gənai'zeiʃən] *n* organisation *c*
organize ['ɔ:gənaiz] *v* organisera
Orient ['ɔ:riənt] *n* Orienten
oriental [ˌɔ:ri'entəl] *adj* orientalisk
orientate ['ɔ:riənteit] *v* orientera sig
origin ['ɔridʒin] *n* ursprung *nt*; härstamning *c*, härkomst *c*
original [ə'ridʒinəl] *adj* ursprunglig, originell
originally [ə'ridʒinəli] *adv* ursprungligen
ornament ['ɔ:nəmənt] *n* utsmyckning *c*
ornamental [ˌɔ:nə'mentəl] *adj* prydnads-, dekorativ
orphan ['ɔ:fən] *n* föräldralöst barn
orthodox ['ɔ:θədɔks] *adj* ortodox
ostrich ['ɔstritʃ] *n* struts *c*
other ['ʌðə] *adj* annan
otherwise ['ʌðəwaiz] *conj* annars; *adv* annorlunda
ought [ɔ:t] *v* bör

***ought to** [ɔːt] *böra
ounce ['auns] *n* uns *nt*
our [auə] *adj* vår
ours ['auəz] *pron* vår
ourselves [auə'selvz] *pron* oss; själva
out [aut] *adv* ute, ut; ~ **of** utanför, från
outbreak ['autbreik] *n* utbrott *nt*
outcome ['autkʌm] *n* följd *c*, resultat *nt*
***outdo** [ˌaut'duː] *v* överträffa
outdoors [ˌaut'dɔːz] *adv* utomhus
outfit ['autfit] *n* utrustning *c*
outing ['autiŋ] *n* utflykt *c*
outline ['autlain] *n* ytterlinje *c*; *v* teckna konturerna av, skissera
outlook ['autluk] *n* utsikt *c*; syn *c*
output ['autput] *n* produktion *c*
outrage ['autreidʒ] *n* illgärning *c*, våldsdåd *nt*
outside [ˌaut'said] *adv* utomhus; *prep* utanför; *n* utsida *c*
outsize ['autsaiz] *n* extrastorlek *c*
outskirts ['autskəːts] *pl* utkant *c*
outsource ['autˌsɔːs] *v* lägga ut på entreprenad
outstanding [ˌaut'stændiŋ] *adj* framstående, framträdande, utestående
outward ['autwəd] *adj* yttre
outwards ['autwədz] *adv* utåt
oval ['ouvəl] *adj* oval
oven ['ʌvən] *n* ugn *c*; **microwave** ~ mikrovågsugn *c*
over ['ouvə] *prep* över, ovanför; *adv* över; *adj* över; ~ **there** där borta
overall ['ouvərɔːl] *adj* sammanlagd
overalls ['ouvərɔːlz] *pl* overall *c*
overcast ['ouvəkɑːst] *adj* mulen
overcoat ['ouvəkout] *n* överrock *c*
***overcome** [ˌouvə'kʌm] *v* *övervinna
overdo [ˌouvə'duː] *v* överdriva
overdraft ['ouvədrɑːft] *n* övertrassering *c*
overdraw [ˌouvə'drɔː] *v* övertrassera
overdue [ˌouvə'djuː] *adj* försenad; förfallen till betalning
overgrown [ˌouvə'groun] *adj* igenvuxen
overhaul [ˌouvə'hɔːl] *v* undersöka, *genomgå; *hinna ifatt
overhead [ˌouvə'hed] *adv* ovan
overlook [ˌouvə'luk] *v* *förbise
overnight [ˌouvə'nait] *adv* över natten
overseas [ˌouvə'siːz] *adj* över haven

oversight ['ouvəsait] *n* förbiseende *nt*; uppsikt *c*
***oversleep** [ˌouvə'sli:p] *v* *försova sig
overstrung [ˌouvə'strʌŋ] *adj* överspänd
***overtake** [ˌouvə'teik] *v* köra om; **no overtaking** omkörning förbjuden
over-tired [ˌouvə'taiəd] *adj* uttröttad
overture ['ouvətʃə] *n* ouvertyr *c*
overweight ['ouvəweit] *n* övervikt *c*
overwhelm [ˌouvə'welm] *v* överväldiga
overwork [ˌouvə'wə:k] *v* överanstränga sig
owe [ou] *v* *vara skyldig; *ha att tacka för; **owing to** med anledning av
owl [aul] *n* uggla *c*
own [oun] *v* äga; *adj* egen
owner ['ounə] *n* ägare *c*, innehavare *c*
ox [ɔks] *n* (pl oxen) oxe *c*
oxygen ['ɔksidʒən] *n* syre *nt*
oyster ['ɔistə] *n* ostron *nt*
ozone ['ouzoun] *n* ozon *nt*

P

pace [peis] *n* sätt att *gå; steg *nt*; tempo *nt*
Pacific Ocean [pə'sifik 'ouʃən] Stilla havet
pacifism ['pæsifizəm] *n* pacifism *c*
pacifist ['pæsifist] *n* pacifist *c*; pacifistisk
pack [pæk] *v* packa; **~ up** packa in
package ['pækidʒ] *n* paket *nt*
packet ['pækit] *n* paket *nt*
packing ['pækiŋ] *n* packning *c*, förpackning *c*
pact ['pækt] *n* pakt *c*
pad [pæd] *n* dyna *c*; anteckningsblock *nt*
paddle ['pædəl] *n* paddel *c*
padlock ['pædlɔk] *n* hänglås *nt*
pagan ['peigən] *adj* hednisk; *n* hedning *c*
page [peidʒ] *n* sida *c*
pail [peil] *n* ämbar *nt*
pain [pein] *n* smärta *c*; **pains** möda *c*
painful ['peinfəl] *adj* smärtsam
painkiller ['peinkilə] *n* smärtstillande medel *nt*
painless ['peinləs] *adj* smärtfri
paint [peint] *n* målarfärg *c*; *v* måla
paintbox ['peintbɔks] *n* färglåda *c*
paintbrush ['peintbrʌʃ] *n* pensel *c*
painter ['peintə] *n* målare *c*
painting ['peintiŋ] *n* målning *c*
pair [pɛə] *n* par *nt*

Pakistan [ˌpɑːki'stɑːn] Pakistan
Pakistani [ˌpɑːki'stɑːni] *adj* pakistansk; *n* pakistanier *c*
palace ['pæləs] *n* palats *nt*
pale [peil] *adj* blek; ljus-
palm [pɑːm] *n* palm *c*; handflata *c*
palpable ['pælpəbəl] *adj* kännbar, påtaglig
palpitation [ˌpælpi'teiʃən] *n* hjärtklappning *c*
pan [pæn] *n* panna *c*
pane [pein] *n* ruta *c*
panel ['pænəl] *n* panel *c*
panelling ['pænəliŋ] *n* panel *c*
panic ['pænik] *n* panik *c*
pant [pænt] *v* flämta
panties ['pæntiz] *pl* trosor *pl*
pants [pænts] *pl* underbyxor *pl*; *plAm* byxor *pl*
pant suit ['pæntsuːt] *n* byxdräkt *c*
panty hose ['pæntihouz] *n* strumpbyxor *pl*
paper ['peipə] *n* papper *nt*; tidning *c*; pappers-; **carbon** ~ karbonpapper *nt*; ~ **bag** papperspåse *c*; ~ **napkin** pappersservett *c*; **typing** ~ skrivmaskinspapper *nt*; **wrapping** ~ omslagspapper *nt*
paperback ['peipəbæk] *n* pocketbok *c*
paper knife ['peipənaif] *n* papperskniv *c*
parade [pə'reid] *n* parad *c*
paradise ['pærədais] *n* paradis *nt*
paraffin ['pærəfin] *n* fotogen *c*
paragraph ['pærəgrɑːf] *n* paragraf *c*
parakeet ['pærəkiːt] *n* papegoja *c*
paralise ['pærəlaiz] *v* paralysera
parallel ['pærəlel] *adj* jämlöpande, parallell; *n* parallell *c*
paralyse ['pærəlaiz] *v* paralysera
parcel ['pɑːsəl] *n* paket *nt*
pardon ['pɑːdən] *n* förlåtelse *c*; benådning *c*
parent ['pɛərənt] *n* förälder *c*
parents ['pɛərənts] *pl* föräldrar *pl*
parents-in-law ['pɛərəntsinlɔː] *pl* svärföräldrar *pl*
parish ['pæriʃ] *n* församling *c*
park [pɑːk] *n* park *c*; *v* parkera
parking ['pɑːkiŋ] *n* parkering *c*; **no** ~ parkering förbjuden; ~ **fee** parkeringsavgift *c*; ~ **light** parkeringsljus *nt*; ~ **lot** *Am* parkeringsplats *c*; ~ **meter** parkeringsmätare *c*; ~ **zone** parkeringszon *c*
parliament ['pɑːləmənt] *n* riksdag *c*, parlament *nt*
parliamentary [ˌpɑːlə'mentəri] *adj* parlamentarisk
parrot ['pærət] *n* papegoja *c*
parsley ['pɑːsli] *n* persilja *c*

parson ['pɑːsən] *n* präst *c*
parsonage ['pɑːsənidʒ] *n* prästgård *c*
part [pɑːt] *n* del *c*; stycke *nt*; *v* skilja; **spare ~** reservdel *c*
partial ['pɑːʃəl] *adj* ofullständig; partisk
participant [pɑː'tisipənt] *n* deltagare *c*
participate [pɑː'tisipeit] *v* *delta
particular [pə'tikjulə] *adj* särskild; noga; **in ~** särskilt
partition [pɑː'tiʃən] *n* skiljevägg *c*; delning *c*, del *c*
partly ['pɑːtli] *adv* delvis
partner ['pɑːtnə] *n* partner *c*; kompanjon *c*
partridge ['pɑːtridʒ] *n* rapphöna *c*
party ['pɑːti] *n* parti *nt*; kalas *nt*, fest *c*; sällskap *nt*
pass [pɑːs] *v* *förflyta, passera; *ge; *bli godkänd; *vAm* köra om; *n* bergspass *nt*; pass *nt*; **no passing** *Am* omkörning förbjuden; **~ by** *gå förbi; **~ through** *gå igenom
passage ['pæsidʒ] *n* passage *c*; överfart *c*; avsnitt *nt*; genomresa *c*
passenger ['pæsəndʒə] *n* passagerare *c*; **~ car** *Am* järnvägsvagn *c*
passer-by [ˌpɑːsə'bai] *n* förbipasserande *c*
passion ['pæʃən] *n* lidelse *c*, passion *c*; raseri *nt*
passionate ['pæʃənət] *adj* lidelsefull
passive ['pæsiv] *adj* passiv
passport ['pɑːspɔːt] *n* pass *nt*; **~ control** passkontroll *c*; **~ photograph** passfoto *nt*
password ['pɑːswəːd] *n* lösenord *nt*
past [pɑːst] *n* det förflutna; *adj* förfluten, förra; *prep* förbi
paste [peist] *n* pasta *c*; *v* klistra
pastime ['pɑːstaim] *n* tidsfördriv *nt*
pastry ['peistri] *n* bakelser *pl*; **~ shop** konditori *nt*
pasture ['pɑːstʃə] *n* betesmark *c*
pasty ['peisti] *n* pirog *c*
patch [pætʃ] *v* lappa
patent ['peitənt] *n* patent *nt*, patentbrev *nt*
path [pɑːθ] *n* stig *c*
patience ['peiʃəns] *n* tålamod *nt*
patient ['peiʃənt] *adj* tålmodig; *n* patient *c*
patriot ['peitriət] *n* patriot *c*
patrol [pə'troul] *n* patrull *c*; *v* patrullera; övervaka
pattern ['pætən] *n* mönster *nt*
pause [pɔːz] *n* paus *c*; *v* pausa
pave [peiv] *v* *stenlägga
pavement ['peivmənt] *n* trottoar *c*; gatubeläggning *c*
pavilion [pə'viljən] *n* paviljong *c*
paw [pɔː] *n* tass *c*
pawn [pɔːn] *v* *pantsätta; *n*

schackbonde
pawnbroker ['pɔ:n,broukə] *n* pantlånare *c*
pay [pei] *n* avlöning *c*, lön *c*
***pay** [pei] *v* betala; löna sig; ~ **attention to** uppmärksamma; **paying** lönande; ~ **off** slutbetala; ~ **on account** avbetala
pay desk ['peidesk] *n* kassa *c*
payee [pei'i:] *n* betalningsmottagare *c*
payment ['peimənt] *n* betalning *c*
pea [pi:] *n* ärta *c*
peace [pi:s] *n* fred *c*
peaceful ['pi:sfəl] *adj* fridfull
peach [pi:tʃ] *n* persika *c*
peacock ['pi:kɔk] *n* påfågel *c*
peak [pi:k] *n* topp *c*; höjdpunkt *c*; ~ **hour** rusningstid *c*; ~ **season** högsäsong *c*
peanut ['pi:nʌt] *n* jordnöt *c*
pear [pɛə] *n* päron *nt*
pearl [pə:l] *n* pärla *c*
peasant ['pezənt] *n* bonde *c*
pebble ['pebəl] *n* strandsten *c*
peculiar [pi'kju:ljə] *adj* egendomlig, säregen
peculiarity [pi,kju:li'ærəti] *n* egendomlighet *c*
pedal ['pedəl] *n* pedal *c*
pedestrian [pi'destriən] *n* fotgängare *c*; **no pedestrians** förbjudet för fotgängare; ~ **crossing** övergångsställe för fotgängare
peel [pi:l] *v* skala; *n* skal *nt*
peep [pi:p] *v* kika
peg [peg] *n* pinne *c*, hängare *c*, sprint *c*
pelican ['pelikən] *n* pelikan *c*
pelvis ['pelvis] *n* bäcken *nt*
pen [pen] *n* penna *c*
penalty ['penəlti] *n* böter *pl*; straff *nt*; ~ **kick** straffspark *c*
pencil ['pensəl] *n* blyertspenna *c*
pencil sharpener ['pensəl,ʃɑ:pnə] *n* pennvässare *c*
pendant ['pendənt] *n* hängsmycke *nt*
penetrate ['penitreit] *v* genomtränga
penguin ['peŋgwin] *n* pingvin *c*
penicillin [,peni'silin] *n* penicillin *nt*
peninsula [pə'ninsjulə] *n* halvö *c*
penknife ['pennaif] *n* (pl -knives) pennkniv *c*
penny ['peni] *n* penny *c*
pension[1] ['pɑ̃:siɔ̃:] *n* pensionat *nt*
pension[2] ['penʃən] *n* pension *c*
Pentecost ['pentikast] *n* pingst *c*
people ['pi:pəl] *pl* folk *pl*; *n* folk *nt*
pepper ['pepə] *n* peppar *c*
peppermint ['pepəmint] *n* pepparmint *nt*
per [pə:] *prep* per; ~ **cent** *n* procent *c*
perceive [pə'si:v] *v*

*förnimma
percentage [pə'sentidʒ] *n* procent *c*
perceptible [pə'septibəl] *adj* märkbar
perception [pə'sepʃən] *n* förnimmelse *c*
perch [pəːtʃ] (pl ~) abborre *c*
percolator ['pəːkəleitə] *n* kaffebryggare *c*
perfect ['pəːfikt] *adj* perfekt, fullkomlig
perfection [pə'fekʃən] *n* fullkomlighet *c*
perform [pə'fɔːm] *v* utföra
performance [pə'fɔːməns] *n* föreställning *c*
perfume ['pəːfjuːm] *n* parfym *c*
perhaps [pə'hæps] *adv* kanske; kanhända
peril ['peril] *n* fara *c*
perilous ['periləs] *adj* livsfarlig
period ['piəriəd] *n* period *c*; punkt *c*
periodical [,piəri'ɔdikəl] *n* tidskrift *c*; *adj* periodisk
perish ['periʃ] *v* *omkomma
perishable ['periʃəbəl] *adj* ömtålig
perjury ['pəːdʒəri] *n* mened *c*
permanent ['pəːmənənt] *adj* varaktig, beständig, ständig; fast, stadigvarande; **~ wave** permanent *c*
permission [pə'miʃən] *n* tillåtelse *c*, tillstånd *nt*; lov *nt*, tillståndsbevis *nt*
permit[1] [pə'mit] *v* *tillåta
permit[2] ['pəːmit] *n* tillståndsbevis *nt*, tillstånd *nt*
peroxide [pə'rɔksaid] *n* vätesuperoxid *c*
perpendicular [,pəːpən'dikjulə] *adj* lodrät
Persia ['pəːʃə] Persien
Persian ['pəːʃən] *adj* persisk; *n* perser *c*
person ['pəːsən] *n* person *c*; **per ~** per person
personal ['pəːsənəl] *adj* personlig; **personal identification number** *n* PIN *c*
personality [,pəːsə'næləti] *n* personlighet *c*
personnel [,pəːsə'nel] *n* personal *c*
perspective [pə'spektiv] *n* perspektiv *nt*
perspiration [,pəːspə'reiʃən] *n* transpiration *c*, svettning *c*, svett *c*
perspire [pə'spaiə] *v* transpirera, svettas
persuade [pə'sweid] *v* övertala; övertyga
persuasion [pə'sweiʒən] *n* övertygelse *c*
pessimism ['pesimizəm] *n* pessimism *c*
pessimist ['pesimist] *n* pessimist *c*
pessimistic [,pesi'mistik] *adj* pessimistisk
pet [pet] *n* sällskapsdjur *nt*; kelgris *c*; älsklings-
petal ['petəl] *n* kronblad *nt*
petition [pi'tiʃən] *n* petition *c*

petrol ['petrəl] *n* bensin *c*; ~ **pump** bensinpump *c*; ~ **station** bensinmack *c*; ~ **tank** bensintank *c*; **unleaded** ~ blyfri bensin *c*
petroleum [pi'trouliəm] *n* råolja *c*
petty ['peti] *adj* oväsentlig, obetydlig, liten; ~ **cash** kontorskassa *c*
pewter ['pju:tə] *n* tennlegering *c*
phantom ['fæntəm] *n* fantom *c*
pharmacist ['fɑ:məsist] *n* apotekare *c*
pharmacology [ˌfɑ:mə'kɔlədʒi] *n* farmakologi *c*
pharmacy ['fɑ:məsi] *n* apotek *nt*
phase [feiz] *n* fas *c*
pheasant ['fezənt] *n* fasan *c*
Philippine ['filipain] *adj* filippinsk
Philippines ['filipi:nz] *pl* Filippinerna
philosopher [fi'lɔsəfə] *n* filosof *c*
philosophy [fi'lɔsəfi] *n* filosofi *c*
phone [foun] *n* telefon *c*; *v* telefonera, ringa upp
phone card ['foun‿ˌkɑ:d] *n* telefonkort *nt*
phonetic [fə'netik] *adj* fonetisk
photo ['foutou] *n* (pl ~s) foto *nt*
photocopy ['fəutəukopi] *n* fotokopia *c*; *v* fotokopiera
photograph ['foutəgrɑ:f] *n* fotografi *nt*; *v* fotografera
photographer [fə'tɔgrəfə] *n* fotograf *c*
photography [fə'tɔgrəfi] *n* fotografering *c*
photo message ['foutou‿ˌmesədʒ] *n* fotomeddelande *nt*
phrase [freiz] *n* fras *c*
phrase book ['freizbuk] *n* parlör *c*
physical ['fizikəl] *adj* fysisk
physician [fi'ziʃən] *n* läkare *c*
physicist ['fizisist] *n* fysiker *c*
physics ['fiziks] *n* fysik *c*, naturvetenskap *c*
physiology [ˌfizi'ɔlədʒi] *n* fysiologi *c*
pianist ['pi:ənist] *n* pianist *c*
piano [pi'ænou] *n* piano *nt*; **grand** ~ flygel *c*
pick [pik] *v* plocka; *välja; *n* val *nt*; ~ **up** plocka upp; hämta; **pick-up van** skåpvagn *c*
pickles ['pikəlz] *pl* pickels *pl*
picnic ['piknik] *n* picknick *c*; *v* picknicka
picture ['piktʃə] *n* tavla *c*; film *c*, illustration *c*; bild *c*; ~ **postcard** vykort *nt*; **pictures** bio *c*
picturesque [ˌpiktʃə'resk] *adj* pittoresk
piece [pi:s] *n* bit *c*, stycke *nt*
pier [piə] *n* pir *c*

pierce [piəs] *v* *göra hål, genomborra
pig [pig] *n* gris *c*
pigeon ['pidʒən] *n* duva *c*
piggy bank ['pigibæŋk] *n* spargris *c*
pig-headed [ˌpig'hedid] *adj* tjurskallig
piglet ['piglət] *n* spädgris *c*
pigskin ['pigskin] *n* svinläder *nt*
pike [paik] (pl ~) gädda *c*
pile [pail] *n* hög *c*; *v* stapla; **piles** *pl* hemorrojder *pl*
pilgrim ['pilgrim] *n* pilgrim *c*
pilgrimage ['pilgrimidʒ] *n* pilgrimsfärd *c*
pill [pil] *n* piller *nt*
pillar ['pilə] *n* pelare *c*, stolpe *c*
pillarbox ['piləbɔks] *n* brevlåda *c*
pillow ['pilou] *n* huvudkudde *c*, kudde *c*
pillowcase ['piloukeis] *n* örngott *nt*
pilot ['pailət] *n* pilot *c*; lots *c*
pimple ['pimpəl] *n* finne *c*
pin [pin] *n* knappnål *c*; *v* fästa med nål; **bobby ~** *Am* hårklämma *c*
PIN [pin] *n* PIN *c*
pincers ['pinsəz] *pl* kniptång *c*
pinch [pintʃ] *v* *nypa
pine [pain] *n* tall *c*; furu *c*
pineapple ['paiˌnæpəl] *n* ananas *c*
ping-pong ['piŋpɔŋ] *n* bordtennis *c*
pink [piŋk] *adj* skär
pioneer [ˌpaiə'niə] *n* pionjär *c*
pious ['paiəs] *adj* from
pip [pip] *n* kärna *c*
pipe [paip] *n* pipa *c*; rör *nt*; **~ cleaner** piprensare *c*; **~ tobacco** piptobak *c*
pirate ['paiərət] *n* sjörövare *c*
pistol ['pistəl] *n* pistol *c*
piston ['pistən] *n* kolv *c*; **~ ring** kolvring *c*
pit [pit] *n* grop *c*; gruva *c*
pitcher ['pitʃə] *n* krus *nt*
pity ['piti] *n* medlidande *nt*; *v* *ha medlidande med, beklaga; **what a pity!** så synd!
placard ['plækɑːd] *n* plakat *nt*
place [pleis] *n* ställe *nt*; *v* placera, *sätta; **~ of birth** födelseort *c*; ***take ~** äga rum
plague [pleig] *n* plåga *c*
plaice [pleis] (pl ~) rödspätta *c*
plain [plein] *adj* tydlig; enkel, vanlig; *n* slätt *c*
plan [plæn] *n* plan *c*; *v* planera
plane [plein] *adj* plan; *n* flygplan *nt*; **~ crash** flygolycka *c*
planet ['plænit] *n* planet *c*
planetarium [ˌplæni'tɛəriəm] *n* planetarium *nt*
plank [plæŋk] *n* planka *c*
plant [plɑːnt] *n* planta *c*; fabrik *c*; *v* plantera

plantation [plæn'teiʃən] *n* plantage *c*
plaster ['plɑːstə] *n* rappning *c*, gips *c*; plåster *nt*
plastic ['plæstik] *adj* plast-; *n* plast *c*
plate [pleit] *n* tallrik *c*; platta *c*
plateau ['plætou] *n* (pl ~x, ~s) platå *c*
platform ['plætfɔːm] *n* plattform *c*; **~ ticket** perrongbiljett *c*
platinum ['plætinəm] *n* platina *c*
play [plei] *v* leka; spela; *n* lek *c*; pjäs *c*; **one-act ~** enaktare *c*; **~ truant** skolka
player [pleiə] *n* spelare *c*
playground ['pleigraund] *n* lekplats *c*
playing card ['pleiiŋkɑːd] *n* spelkort *nt*
playwright ['pleirait] *n* skådespelsförfattare *c*
plea [pliː] *n* svaromål *nt*; anhållan *c*; ursäkt *c*
plead [pliːd] *v* plädera
pleasant ['plezənt] *adj* angenäm, trevlig
please [pliːz] var god; *v* *glädja; **pleased** nöjd; **pleasing** angenäm
pleasure ['pleʒə] *n* nöje *nt*, glädje *c*
plentiful ['plentifəl] *adj* riklig
plenty ['plenti] *n* riklighet *c*; överflöd *nt*
pliers [plaiəz] *pl* tång *c*
plimsolls ['plimsəlz] *pl* gymnastikskor *pl*
plot [plɔt] *n* komplott *c*, sammansvärjning *c*; handling *c*; jordlott *c*
plough [plau] *n* plog *c*; *v* plöja
plucky ['plʌki] *adj* käck
plug [plʌg] *n* plugg *c*, stickkontakt *c*; **~ in** *sticka in, *ansluta
plum [plʌm] *n* plommon *nt*
plumber ['plʌmə] *n* rörmokare *c*
plump [plʌmp] *adj* knubbig
plural ['pluərəl] *n* plural *c*
plus [plʌs] *prep* plus
pneumatic [njuː'mætik] *adj* luft-
pneumonia [njuː'mouniə] *n* lunginflammation *c*
poach [poutʃ] *v* *tjuvskjuta
pocket ['pɔkit] *n* ficka *c*
pocketbook ['pɔkitbuk] *n* plånbok *c*; anteckningsbok *c*
pocketknife ['pɔkitnaif] *n* (pl -knives) fickkniv *c*
poem ['pouim] *n* dikt *c*
poet ['pouit] *n* skald *c*
poetry ['pouitri] *n* poesi *c*
point [pɔint] *n* punkt *c*; spets *c*; *v* peka; **~ of view** synpunkt *c*; **~ out** visa, utpeka
pointed ['pɔintid] *adj* spetsig
poison ['pɔizən] *n* gift *nt*; *v* förgifta
poisonous ['pɔizənəs] *adj* giftig
Poland ['poulənd] Polen

pole [poul] *n* påle *c*; pol *c*
police [pə'li:s] *pl* polis *c*
policeman [pə'li:smən] *n* (pl -men) poliskonstapel *c*, polis *c*
police station [pə'li:s,steiʃən] *n* polisstation *c*
policy ['pɔlisi] *n* politik *c*; försäkringsbrev *nt*
polio ['pouliou] *n* polio *c*, barnförlamning *c*
Polish ['pouliʃ] *adj* polsk
polish ['pɔliʃ] *v* polera
polite [pə'lait] *adj* artig
political [pə'litikəl] *adj* politisk
politician [,pɔli'tiʃən] *n* politiker *c*
politics ['pɔlitiks] *n* politik *c*
poll [poul] *n* röstning *c*; **go to the polls** gå till val
pollute [pə'lu:t] *v* förorena
pollution [pə'lu:ʃən] *n* förorening *c*
pond [pɔnd] *n* damm *c*
pony ['pouni] *n* ponny *c*
pool [pu:l] *n* bassäng *c*; **~ attendant** badvakt *c*
poor [puə] *adj* fattig; usel
pope [poup] *n* påve *c*
pop music [pɔp 'mju:zik] popmusik *c*
poppy ['pɔpi] *n* vallmo *c*
popular ['pɔpjulə] *adj* populär; folk-
population [,pɔpju'leiʃən] *n* befolkning *c*
populous ['pɔpjuləs] *adj* folkrik
porcelain ['pɔ:səlin] *n* porslin *nt*
porcupine ['pɔ:kjupain] *n* piggsvin *nt*
pork [pɔ:k] *n* griskött *nt*
port [pɔ:t] *n* hamn *c*; babord
portable ['pɔ:təbəl] *adj* bärbar
porter ['pɔ:tə] *n* bärare *c*; dörrvaktmästare *c*
porthole ['pɔ:thoul] *n* hyttventil *c*
portion ['pɔ:ʃən] *n* portion *c*
portrait ['pɔ:trit] *n* porträtt *nt*
Portugal ['pɔ:tjugəl] Portugal
Portuguese [,pɔ:tju'gi:z] *adj* portugisisk; *n* portugis *c*
posh [pɔʃ] *adj colloquial* stilig
position [pə'ziʃən] *n* position *c*; läge *nt*; inställning *c*; ställning *c*
positive ['pɔzətiv] *adj* positiv
possess [pə'zes] *v* äga; **possessed** *adj* besatt
possession [pə'zeʃən] *n* ägo, innehav *nt*; **possessions** ägodelar *pl*
possibility [,pɔsə'biləti] *n* möjlighet *c*
possible ['pɔsəbəl] *adj* möjlig; eventuell
post [poust] *n* stolpe *c*; tjänst *c*; post *c*; *v* posta; **post-office** postkontor *nt*
postage ['poustidʒ] *n* porto *nt*; **~ paid** portofri; **~ stamp** frimärke *nt*
postcard ['poustkɑ:d] *n*

brevkort *nt*; vykort *nt*
poster ['poustə] *n* affisch *c*
poste restante [poust re'stɑ̃:t] poste restante
postman ['poustmən] *n* (pl -men) brevbärare *c*
post-paid [ˌpoust'peid] *adj* franko
postpone [pə'spoun] *v* *uppskjuta
pot [pɔt] *n* gryta *c*
potato [pə'teitou] *n* (pl ~es) potatis *c*
pottery ['pɔtəri] *n* keramik *c*; lergods *nt*
pouch [pautʃ] *n* pung *c*
poulterer ['poultərə] *n* vilthandlare *c*
poultry ['poultri] *n* fjäderfä *nt*
pound [paund] *n* pund *nt*
pour [pɔ:] *v* hälla
poverty ['pɔvəti] *n* fattigdom *c*
powder ['paudə] *n* puder *nt*; ~ **compact** puderdosa *c*; **talc** ~ talk *c*
powder room ['paudəru:m] *n* damtoalett *c*
power [pauə] *n* styrka *c*, kraft *c*; energi *c*; makt *c*
powerful ['pauəfəl] *adj* mäktig; stark
powerless ['pauələs] *adj* maktlös
power station ['pauəˌsteiʃən] *n* kraftverk *nt*
practical ['præktikəl] *adj* praktisk
practically ['præktikli] *adv* nästan
practice ['præktis] *n* utövande *nt*, praktik *c*
practise ['præktis] *v* praktisera; öva sig
praise [preiz] *v* berömma; *n* beröm *nt*
pram [præm] *n* barnvagn *c*
prawn [prɔ:n] *n* räka *c*
pray [prei] *v* *bedja
prayer [prɛə] *n* bön *c*
preach [pri:tʃ] *v* predika
precarious [pri'kɛəriəs] *adj* vansklig
precaution [pri'kɔ:ʃən] *n* försiktighet *c*; försiktighetsåtgärd *c*
precede [pri'si:d] *v* *föregå
preceding [pri'si:diŋ] *adj* föregående
precious ['preʃəs] *adj* dyrbar
precipice ['presipis] *n* stup *nt*
precipitation [priˌsipi'teiʃən] *n* nederbörd *c*
precise [pri'sais] *adj* precis, noga; noggrann
predecessor ['pri:disesə] *n* föregångare *c*
predict [pri'dikt] *v* förutspå
prefer [pri'fə:] *v* *föredra
preferable ['prefərəbəl] *adj* att föredra
preference ['prefərəns] *n* förkärlek *c*
prefix ['pri:fiks] *n* förstavelse *c*
pregnant ['pregnənt] *adj* havande, gravid
prejudice ['predʒədis] *n*

fördom *c*
preliminary [pri'liminəri] *adj* inledande; preliminär
premature ['premətʃuə] *adj* förhastad, förtidig
premier ['premiə] *n* premiärminister *c*
premises ['premisiz] *pl* fastighet *c*
premium ['pri:miəm] *n* försäkringspremie *c*; belöning *c*
prepaid [,pri:'peid] *adj* betald i förskott
preparation [,prepə'reiʃən] *n* förberedelse *c*
prepare [pri'pɛə] *v* förbereda; *göra i ordning
prepared [pri'pɛəd] *adj* beredd
preposition [,prepə'ziʃən] *n* preposition *c*
prescribe [pri'skraib] *v* ordinera
prescription [pri'skripʃən] *n* recept *nt*
presence ['prezəns] *n* närvaro *c*
present[1] ['prezənt] *n* gåva *c*, present *c*; nutid *c*; *adj* nuvarande; närvarande
present[2] [pri'zent] *v* presentera; *framlägga
presently ['prezəntli] *adv* snart, strax
preservation [,prezə'veiʃən] *n* bevarande *nt*, konservering *c*
preserve [pri'zə:v] *v* bevara; konservera
president ['prezidənt] *n* president *c*; ordförande *c*
press [pres] *n* trängsel *c*, press *c*; *v* trycka; pressa; ~ **conference** presskonferens *c*
pressing ['presiŋ] *adj* brådskande, trängande
pressure ['preʃə] *n* tryck *nt*; påtryckning *c*; **atmospheric** ~ lufttryck *nt*
pressure cooker ['preʃə,kukə] *n* tryckkokare *c*
prestige [pre'sti:ʒ] *n* prestige *c*
presumable [pri'zju:məbəl] *adj* trolig
presumptuous [pri'zʌmpʃəs] *adj* övermodig; anspråksfull
pretence [pri'tens] *n* förevändning *c*
pretend [pri'tend] *v* låtsa, simulera
pretext ['pri:tekst] *n* svepskäl *nt*
pretty ['priti] *adj* söt, vacker; *adv* ganska, tämligen
prevent [pri'vent] *v* förhindra; förebygga
preventive [pri'ventiv] *adj* förebyggande
preview ['privju:] *n* förhandsvisning *c*
previous ['pri:viəs] *adj* föregående, tidigare
price [prais] *n* pris *nt*; *v* *prissätta
priceless ['praisləs] *adj*

ovärderlig
price list ['prais,list] *n* prislista *c*
prick [prik] *v* *sticka
pride [praid] *n* stolthet *c*
priest [pri:st] *n* katolsk präst
primary ['praiməri] *adj* primär; huvudsaklig; elementär
prince [prins] *n* prins *c*
princess [prin'ses] *n* prinsessa *c*
principal ['prinsəpəl] *adj* huvud-; *n* rektor *c*
principle ['prinsəpəl] *n* princip *c*, grundsats *c*
print [print] *v* trycka; *n* avtryck *nt*; tryck *nt*; **printed matter** trycksak *c*
prior [praiə] *adj* föregående
priority [prai'ɔrəti] *n* företräde *nt*, prioritet *c*
prison ['prizən] *n* fängelse *nt*
prisoner ['prizənə] *n* intern *c*, fånge *c*; ~ **of war** krigsfånge *c*
privacy ['praivəsi] *n* avskildhet *c*, privatliv *nt*
private ['praivit] *adj* privat; personlig
privilege ['privilidʒ] *n* privilegium *nt*
prize [praiz] *n* pris *nt*; belöning *c*
probable ['prɔbəbəl] *adj* sannolik, trolig
probably ['prɔbəbli] *adv* sannolikt
problem ['prɔbləm] *n* problem *nt*; spörsmål *nt*
pro-choice ['prou‿'tʃois] *adj* pro-choice
procedure [prə'si:dʒə] *n* procedur *c*
proceed [prə'si:d] *v* *fortsätta; *gå tillväga
process ['prouses] *n* process *c*, förlopp *nt*
procession [prə'seʃən] *n* procession *c*
proclaim [prə'kleim] *v* *kungöra, utropa
produce[1] [prə'dju:s] *v* framställa
produce[2] ['prɔdju:s] *n* produkt *c*
producer [prə'dju:sə] *n* producent *c*
product ['prɔdʌkt] *n* produkt *c*
production [prə'dʌkʃən] *n* produktion *c*
profession [prə'feʃən] *n* yrke *nt*
professional [prə'feʃənəl] *adj* yrkes-, yrkesskicklig
professor [prə'fesə] *n* professor *c*
profit ['prɔfit] *n* vinst *c*, behållning *c*; nytta *c*; *v* *ha nytta; *dra fördel
profitable ['prɔfitəbəl] *adj* vinstbringande
profound [prə'faund] *adj* djup, djupsinnig
programme ['prougræm] *n* program *nt*
progress[1] ['prougres] *n* framsteg *nt*
progress[2] [prə'gres] *v* *göra

framsteg
progressive [prə'gresiv] *adj* framstegsvänlig, progressiv; tilltagande
prohibit [prə'hibit] *v* *förbjuda
prohibition [ˌproui'biʃən] *n* förbud *nt*
prohibitive [prə'hibitiv] *adj* oöverkomlig
project ['prɔdʒekt] *n* projekt *nt*, plan *c*
pro-life ['prou‿'laif] *adj* pro-life
promenade [ˌprɔmə'nɑːd] *n* promenad *c*
promise ['prɔmis] *n* löfte *nt*; *v* lova
promote [prə'mout] *v* befordra, främja
promotion [prə'mouʃən] *n* befordran *c*
prompt [prɔmpt] *adj* omgående
pronoun ['prounaun] *n* pronomen *nt*
pronounce [prə'nauns] *v* uttala
pronunciation [ˌprənʌnsi'eiʃən] *n* uttal *nt*
proof [pruːf] *n* bevis *nt*; provtryck *nt*
propaganda [ˌprɔpə'gændə] *n* propaganda *c*
propel [prə'pel] *v* *driva framåt
propeller [prə'pelə] *n* propeller *c*
proper ['prɔpə] *adj* passande; riktig, lämplig, anständig, tillbörlig
property ['prɔpəti] *n* egendom *c*, ägodelar *pl*; egenskap *c*
prophet ['prɔfit] *n* profet *c*
proportion [prə'pɔːʃən] *n* proportion *c*
proportional [prə'pɔːʃənəl] *adj* proportionell
proposal [prə'pouzəl] *n* förslag *nt*
propose [prə'pouz] *v* *föreslå
proposition [ˌprɔpə'ziʃən] *n* förslag *nt*
proprietor [prə'praiətə] *n* ägare *c*
prospect ['prɔspekt] *n* utsikt *c*
prospectus [prə'spektəs] *n* prospekt *nt*
prosperity [prɔ'sperəti] *n* framgång *c*, välstånd *nt*; välgång *c*
prosperous ['prɔspərəs] *adj* blomstrande, framgångsrik
prostitute ['prɔstitjuːt] *n* prostituerad *c*
protect [prə'tekt] *v* skydda
protection [prə'tekʃən] *n* skydd *nt*
protein ['proutiːn] *n* protein *nt*
protest[1] ['proutest] *n* protest *c*
protest[2] [prə'test] *v* protestera
Protestant ['prɔtistənt] *adj* protestantisk
proud [praud] *adj* stolt;

högmodig
prove [pruːv] *v* bevisa; visa sig vara
proverb ['prɔvəːb] *n* ordspråk *nt*
provide [prə'vaid] *v* *förse, skaffa; **provided that** förutsatt att
province ['prɔvins] *n* län *nt*; landskap *nt*
provincial [prə'vinʃəl] *adj* provinsiell
provisional [prə'viʒənəl] *adj* provisorisk
provisions [prə'viʒənz] *pl* proviant *c*
prune [pruːn] *n* katrinplommon *nt*
psychiatrist [sai'kaiətrist] *n* psykiater *c*
psychic ['saikik] *adj* psykisk
psychoanalyst [,saikou'ænəlist] *n* psykoanalytiker *c*
psychological [,saikɔ'lɔdʒikəl] *adj* psykologisk
psychologist [sai'kɔlədʒist] *n* psykolog *c*
psychology [sai'kɔlədʒi] *n* psykologi *c*
public ['pʌblik] *adj* offentlig; allmän; *n* publik *c*; ~ **garden** offentlig park; ~ **house** pub *c*
publication [,pʌbli'keiʃən] *n* offentliggörande *nt*; publikation *c*
publicity [pʌ'blisəti] *n* publicitet *c*
publish ['pʌbliʃ] *v* *offentliggöra, *ge ut, publicera
publisher ['pʌbliʃə] *n* förläggare *c*
puddle ['pʌdəl] *n* pöl *c*
pull [pul] *v* *dra; ~ **out** *ta fram, *dra upp, *avgå; ~ **up** stanna
pulley ['puli] *n* (pl ~s) block *nt*
Pullman ['pulmən] *n* sovvagn *c*
pullover ['pu,louvə] *n* pullover *c*
pulpit ['pulpit] *n* predikstol *c*, talarstol *c*
pulse [pʌls] *n* puls *c*
pump [pʌmp] *n* pump *c*; *v* pumpa
pun [pʌn] *n* ordlek *c*
punch [pʌntʃ] *v* *slå; *n* knytnävsslag *nt*
punctual ['pʌŋktʃuəl] *adj* punktlig
puncture ['pʌŋktʃə] *n* punktering *c*
punctured ['pʌŋktʃəd] *adj* punkterad
punish ['pʌniʃ] *v* straffa
punishment ['pʌniʃmənt] *n* straff *nt*
pupil ['pjuːpəl] *n* elev *c*
puppet-show ['pʌpitʃou] *n* dockteater *c*
purchase ['pəːtʃəs] *v* köpa; *n* köp *nt*, uppköp *nt*; ~ **price** köpesumma *c*
purchaser ['pəːtʃəsə] *n* köpare *c*

pure [pjuə] *adj* ren
purple ['pəːpəl] *adj* purpur
purpose ['pəːpəs] *n* ändamål *nt*, avsikt *c*, syfte *nt*; **on ~** med vilja
purse [pəːs] *n* portmonnä *c*, kassa *c*
pursue [pə'sjuː] *v* förfölja; eftersträva
pus [pʌs] *n* var *nt*
push [puʃ] *n* knuff *c*; *v* *skjuta; knuffa, *driva på
push button ['puʃˌbʌtən] *n* knapp *c*, strömbrytare *c*
***put** [put] *v* *lägga, ställa, placera; stoppa; **~ away** ställa på plats; **~ off** *uppskjuta; **~ on** klä på sig; **~ out** släcka
puzzle ['pʌzəl] *n* pussel *nt*; huvudbry *nt*; *v* förbrylla; **jigsaw ~** pussel *nt*
puzzling ['pʌzliŋ] *adj* förbryllande
pyjamas [pə'dʒɑːməz] *pl* pyjamas *c*

Q

quack [kwæk] *n* charlatan *c*, kvacksalvare *c*
quail [kweil] *n* (pl ~, ~s) vaktel *c*
quaint [kweint] *adj* egendomlig; gammaldags
qualification [ˌkwɔlifi'keiʃən] *n* kvalifikation *c*; inskränkning *c*, förbehåll *nt*
qualified ['kwɔlifaid] *adj* kvalificerad; kompetent
qualify ['kwɔlifai] *v* kvalificera sig
quality ['kwɔləti] *n* kvalitet *c*; egenskap *c*
quantity ['kwɔntəti] *n* kvantitet *c*; antal *nt*
quarantine ['kwɔrəntiːn] *n* karantän *c*
quarrel ['kwɔrəl] *v* kivas, gräla; *n* gräl *nt*, kiv *nt*
quarry ['kwɔri] *n* stenbrott *nt*
quarter ['kwɔːtə] *n* kvart *c*; kvartal *nt*; kvarter *nt*; **~ of an hour** kvart *c*
quarterly ['kwɔːtəli] *adj* kvartals-
quay [kiː] *n* kaj *c*
queen [kwiːn] *n* drottning *c*
queer [kwiə] *adj* underlig, konstig; besynnerlig
query ['kwiəri] *n* förfrågan *c*; *v* betvivla
question ['kwestʃən] *n* fråga *c*; problem *nt*, spörsmål *nt*; *v* fråga ut; ifrågasätta; **~ mark** frågetecken *nt*
queue [kjuː] *n* kö *c*; *v* köa
quick [kwik] *adj* kvick
quick-tempered [ˌkwik'tempəd] *adj* lättretlig
quiet ['kwaiət] *adj* stillsam, stilla, lugn; *n* ro *c*, stillhet *c*
quilt [kwilt] *n* täcke *nt*
quit [kwit] *v* upphöra, *ge

upp
quite [kwait] *adv* fullkomligt, helt; någorlunda, ganska, alldeles
quiz [kwiz] *n* (pl ~zes) frågesport *c*
quota ['kwoutə] *n* kvot *c*
quotation [kwou'teiʃən] *n* citat *nt*; ~ **marks** citationstecken *pl*
quote [kwout] *v* citera

R

rabbit ['ræbit] *n* kanin *c*
rabies ['reibiz] *n* rabies *c*
race [reis] *n* kapplöpning *c*, lopp *nt*; ras *c*
racecourse ['reiskɔːs] *n* hästkapplöpningsbana *c*
racehorse ['reishɔːs] *n* kapplöpningshäst *c*
racetrack ['reistræk] *n* tävlingsbana *c*
racial ['reiʃəl] *adj* ras-
racket ['rækit] *n* oväsen *nt*; *n* (*tennis*) racket *c*
radiator ['reidieitə] *n* värmeelement *nt*
radical ['rædikəl] *adj* radikal
radio ['reidiou] *n* radio *c*
radish ['rædiʃ] *n* rädisa *c*
radius ['reidiəs] *n* (pl radii) radie *c*
raft [rɑːft] *n* flotte *c*
rag [ræg] *n* trasa *c*
rage [reidʒ] *n* ursinne *nt*, raseri *nt*; *v* rasa, *vara rasande
raid [reid] *n* räd *c*
rail [reil] *n* ledstång *c*, räcke *nt*
railing ['reiliŋ] *n* räcke *nt*
railroad ['reilroud] *nAm* järnväg *c*
railway ['reilwei] *n* järnväg *c*
rain [rein] *n* regn *nt*; *v* regna
rainbow ['reinbou] *n* regnbåge *c*
raincoat ['reinkout] *n* regnrock *c*
rainy ['reini] *adj* regnig
raise [reiz] *v* höja; öka; uppfostra, uppföda, odla; *pålägga; *nAm* löneförhöjning *c*
raisin ['reizən] *n* russin *nt*
rake [reik] *n* kratta *c*
rally ['ræli] *n* massmöte *nt*
ramp [ræmp] *n* ramp *c*
ramshackle ['ræm,ʃækəl] *adj* fallfärdig
rancid ['rænsid] *adj* härsken
rang [ræŋ] *v* (p ring)
range [reindʒ] *n* räckvidd *c*
range finder ['reindʒ,faində] *n* avståndsmätare *c*
rank [ræŋk] *n* rang *c*; rad *c*
ransom ['rænsəm] *n* lösen *c*
rap [ræp] *n* rapp *c*
rape [reip] *v* *våldta
rapid ['ræpid] *adj* snabb, hastig
rapids ['ræpidz] *pl* fors *c*
rare [rɛə] *adj* sällsynt

rarely ['rɛəli] *adv* sällan
rascal ['rɑːskəl] *n* lymmel *c*, skälm *c*
rash [ræʃ] *n* hudutslag *nt*; *adj* obetänksam, förhastad
raspberry ['rɑːzbəri] *n* hallon *nt*
rat [ræt] *n* råtta *c*
rate [reit] *n* taxa *c*, pris *nt*; fart *c*; **at any ~** i varje fall; **~ of exchange** valutakurs *c*
rather ['rɑːðə] *adv* ganska, någorlunda, rätt; hellre, snarare
ration ['ræʃən] *n* ranson *c*
rattan [ræ'tæn] *n* rotting *c*
raven ['reivən] *n* korp *c*
raw [rɔː] *adj* rå; **~ material** råmaterial *nt*
ray [rei] *n* stråle *c*
rayon ['reiɔn] *n* konstsiden *c*
razor ['reizə] *n* rakkniv *c*
razor blade ['reizəbleid] *n* rakblad *nt*
reach [riːtʃ] *v* nå; *n* räckhåll *nt*
react [ri'ækt] *v* reagera
reaction [ri'ækʃən] *n* reaktion *c*
***read** [riːd] *v* läsa
reading ['riːdiŋ] *n* läsning *c*
reading lamp ['riːdiŋlæmp] *n* läslampa *c*
reading room ['riːdiŋruːm] *n* läsesal *c*
ready ['redi] *adj* klar, färdig
ready-made [ˌredi'meid] *adj* konfektionssydd
real [riəl] *adj* verklig
reality [ri'æləti] *n* verklighet *c*
realizable ['riəlaizəbəl] *adj* utförbar
realize ['riəlaiz] *v* *inse; realisera, förverkliga
really ['riəli] *adv* verkligen, faktiskt; egentligen
rear [riə] *n* baksida *c*; *v* uppfostra, uppföda
rear light [riə'lait] *n* baklykta *c*
reason ['riːzən] *n* orsak *c*, skäl *nt*; förnuft *nt*, förstånd *nt*; *v* resonera
reasonable ['riːzənəbəl] *adj* förnuftig; rimlig
reassure [ˌriːə'ʃuə] *v* lugna
rebate ['riːbeit] *n* rabatt *c*
rebellion [ri'beljən] *n* uppror *nt*
recall [ri'kɔːl] *v* erinra sig; återkalla; upphäva
receipt [ri'siːt] *n* kvitto *nt*, mottagningsbevis *nt*; mottagande *nt*
receive [ri'siːv] *v* *motta
receiver [ri'siːvə] *n* telefonlur *c*; hälare *c*
recent ['riːsənt] *adj* ny, färsk
recently ['riːsəntli] *adv* häromdagen, nyligen
reception [ri'sepʃən] *n* mottagande *nt*; mottagning *c*; **~ office** reception *c*
receptionist [ri'sepʃənist] *n* receptionist *c*
recession [ri'seʃən] *n* tillbakagång *c*
recipe ['resipi] *n* recept *nt*
recital [ri'saitəl] *n* solistframträdande *nt*

reckon ['rekən] *v* räkna; *anse; förmoda
recognition [ˌrekəg'niʃən] *n* erkännande *nt*
recognize ['rekəgnaiz] *v* känna igen; erkänna
recollect [ˌrekə'lekt] *v* minnas
recommence [ˌriːkə'mens] *v* börja om
recommend [ˌrekə'mend] *v* rekommendera, förorda; tillråda
recommendation [ˌrekəmen'deiʃən] *n* rekommendation *c*
reconciliation [ˌrekənsili'eiʃən] *n* försoning *c*
reconstructive surgery [ˌriːkən'strʌktiv‿'səːdʒəri] *n* rekonstruktiv kirurgi *c*
record[1] ['rekɔːd] *n* grammofonskiva *c*; rekord *nt*; protokoll *nt*; **long-playing ~** LP-skiva *c*
record[2] [ri'kɔːd] *v* anteckna, inregistrera; inspela
recorder [ri'kɔːdə] *n* bandspelare *c*
recording [ri'kɔːdiŋ] *n* inspelning *c*
record player ['rekɔːdˌpleiə] *n* skivspelare *c*, grammofon *c*
recover [ri'kʌvə] *v* *återfå; tillfriskna
recovery [ri'kʌvəri] *n* tillfrisknande *nt*
recreation [ˌrekri'eiʃən] *n* förströelse *c*, avkoppling *c*; **~ centre** fritidscenter *nt*; **~ ground** bollplan *c*
recruit [ri'kruːt] *n* rekryt *c*
rectangle ['rektæŋgəl] *n* rektangel *c*
rectangular [rek'tæŋgjulə] *adj* rektangulär
rectum ['rektəm] *n* ändtarm *c*
recyclable [ˌriː'sʌikləbl] *adj* återvinningsbar
recycle [ˌriː'sʌikl] *v* återvinna
red [red] *adj* röd
redeem [ri'diːm] *v* frälsa, återköpa
reduce [ri'djuːs] *v* reducera, minska, förvandla, *skära ned
reduction [ri'dʌkʃən] *n* prisnedsättning *c*, reduktion *c*
redundant [ri'dʌndənt] *adj* överflödig
reed [riːd] *n* vass *c*
reef [riːf] *n* rev *nt*
referee [ˌrefə'riː] *n* skiljedomare *c*
reference ['refrəns] *n* hänvisning *c*, referens *c*; sammanhang *nt*; **with ~ to** beträffande
refer to [ri'fəː] hänvisa till
refill ['riːfil] *n* påfyllningsförpackning *c*
refinery [ri'fainəri] *n* raffinaderi *nt*
reflect [ri'flekt] *v* reflektera
reflection [ri'flekʃən] *n*

reflex *c*; spegelbild *c*
reflector [ri'flektə] *n* reflektor *c*
reformation [ˌrefə'meiʃən] *n* Reformationen
refresh [ri'freʃ] *v* fräscha upp, svalka
refreshment [ri'freʃmənt] *n* förfriskning *c*
refrigerator [ri'fridʒəreitə] *n* kylskåp *nt*
refugee [ˌrefju'dʒi:] *n* flykting *c*
refund[1] [ri'fʌnd] *v* återbetala
refund[2] ['ri:fʌnd] *n* återbetalning *c*
refusal [ri'fju:zəl] *n* vägran *c*
refuse[1] [ri'fju:z] *v* vägra
refuse[2] ['refju:s] *n* avfall *nt*
regard [ri'gɑ:d] *v* *anse; betrakta; *n* hänsyn *c*; **as regards** med hänsyn till, angående
regarding [ri'gɑ:diŋ] *prep* angående, beträffande; rörande
regatta [ri'gætə] *n* kappsegling *c*
régime [rei'ʒi:m] *n* regim *c*
region ['ri:dʒən] *n* region *c*; område *nt*
regional ['ri:dʒənəl] *adj* regional
register ['redʒistə] *v* *inskriva sig; rekommendera; **registered letter** rekommenderat brev
registration [ˌredʒi'streiʃən] *n* registrering *c*; ~ **form** inskrivningsblankett *c*; ~ **number** registreringsnummer *nt*; ~ **plate** nummerplåt *c*
regret [ri'gret] *v* beklaga; ångra; *n* beklagande *nt*
regular ['regjulə] *adj* regelbunden, regelmässig; normal, reguljär
regulate ['regjuleit] *v* reglera
regulation [ˌregju'leiʃən] *n* regel *c*, reglemente *nt*; reglering *c*
rehabilitation [ˌri:həˌbili'teiʃən] *n* rehabilitering *c*
rehearsal [ri'hə:səl] *n* repetition *c*
rehearse [ri'hə:s] *v* repetera
reign [rein] *n* regeringstid *c*; *v* regera
reimburse [ˌri:im'bə:s] *v* återbetala
reindeer ['reindiə] *n* (pl ~) ren *c*
reject [ri'dʒekt] *v* *avslå, avvisa; förkasta
relate [ri'leit] *v* berätta
related [ri'leitid] *adj* besläktad
relation [ri'leiʃən] *n* förhållande *nt*, relation *c*; släkting *c*
relative ['relətiv] *n* släkting *c*; *adj* relativ
relax [ri'læks] *v* koppla av, slappna av
relaxation [ˌrilæk'seiʃən] *n* avkoppling *c*
reliable [ri'laiəbəl] *adj* pålitlig

relic ['relik] *n* relik *c*
relief [ri'li:f] *n* lättnad *c*; hjälp *c*; relief *c*
relieve [ri'li:v] *v* lätta, lindra; avlösa
religion [ri'lidʒən] *n* religion *c*
religious [ri'lidʒəs] *adj* religiös
rely on [ri'lai] lita på
remain [ri'mein] *v* *förbli; *återstå
remainder [ri'meində] *n* rest *c*, återstod *c*
remaining [ri'meiniŋ] *adj* övrig, resterande
remark [ri'mɑ:k] *n* anmärkning *c*; *v* påpeka, anmärka
remarkable [ri'mɑ:kəbəl] *adj* anmärkningsvärd
remedy ['remədi] *n* läkemedel *nt*; botemedel *nt*
remember [ri'membə] *v* *komma ihåg; minnas
remembrance [ri'membrəns] *n* hågkomst *c*, minne *nt*
remind [ri'maind] *v* påminna
remit [ri'mit] *v* översända
remittance [ri'mitəns] *n* penningförsändelse *c*
remnant ['remnənt] *n* rest *c*, kvarleva *c*
remote [ri'mout] *adj* avsides, avlägsen
remote control [ri'mout‿kən'troul] *n* fjärrkontroll *c*
removal [ri'mu:vəl] *n* undanröjning *c*
remove [ri'mu:v] *v* avlägsna
remunerate [ri'mju:nəreit] *v* belöna; *ersätta
remuneration [ri,mju:nə'reiʃən] *n* belöning *c*
renew [ri'nju:] *v* förnya; förlänga
renewable [ri'nju:əbəl] *adj* förnybar
rent [rent] *v* hyra; *n* hyra *c*
repair [ri'pɛə] *v* reparera; *n* reparation *c*
reparation [,repə'reiʃən] *n* reparation *c*
***repay** [ri'pei] *v* återbetala
repayment [ri'peimənt] *n* återbetalning *c*
repeat [ri'pi:t] *v* upprepa
repellent [ri'pelənt] *adj* frånstötande, motbjudande
repentance [ri'pentəns] *n* ånger *c*
repertory ['repətəri] *n* repertoar *c*
repetition [,repə'tiʃən] *n* upprepning *c*
replace [ri'pleis] *v* *ersätta
reply [ri'plai] *v* svara; *n* svar *nt*; **in ~** som svar
report [ri'pɔ:t] *v* rapportera; meddela; anmäla sig; *n* redogörelse *c*, rapport *c*
reporter [ri'pɔ:tə] *n* reporter *c*
represent [,repri'zent] *v* representera; föreställa
representation [,reprizen'teiʃən] *n*

representation *c*; framställning *c*
representative [ˌrepri'zentətiv] *adj* representativ
reprimand ['reprimɑːnd] *v* tillrättavisa
reproach [ri'proutʃ] *n* förebråelse *c*; *v* förebrå
reproduce [ˌriːprə'djuːs] *v* *återge
reproduction [ˌriːprə'dʌkʃən] *n* återgivning *c*, reproduktion *c*; fortplantning *c*
reptile ['reptail] *n* kräldjur *nt*
republic [ri'pʌblik] *n* republik *c*
republican [ri'pʌblikən] *adj* republikansk
repulsive [ri'pʌlsiv] *adj* frånstötande
reputation [ˌrepju'teiʃən] *n* renommé *nt*; anseende *nt*
request [ri'kwest] *n* begäran *c*; förfrågan *c*; *v* begära
require [ri'kwaiə] *v* kräva
requirement [ri'kwaiəmənt] *n* krav *nt*
requisite ['rekwizit] *adj* erforderlig
rescue ['reskjuː] *v* rädda; *n* räddning *c*
research [ri'səːtʃ] *n* forskning *c*
resemblance [ri'zembləns] *n* likhet *c*
resemble [ri'zembəl] *v* likna
resent [ri'zent] *v* *ta illa upp
reservation [ˌrezə'veiʃən] *n* reservation *c*
reserve [ri'zəːv] *v* reservera; beställa; *n* reserv *c*
reserved [ri'zəːvd] *adj* reserverad
reservoir ['rezəvwɑː] *n* reservoar *c*
reside [ri'zaid] *v* bo
residence ['rezidəns] *n* bostad *c*; **~ permit** uppehållstillstånd *nt*
resident ['rezidənt] *n* invånare *c*; *adj* bofast; inneboende
resign [ri'zain] *v* *avgå
resignation [ˌrezig'neiʃən] *n* avsked *nt*, avskedsansökan *c*
resist [ri'zist] *v* *göra motstånd mot
resistance [ri'zistəns] *n* motstånd *nt*
resolute ['rezəluːt] *adj* resolut, beslutsam
respect [ri'spekt] *n* respekt *c*; aktning *c*, vördnad *c*; *v* respektera
respectable [ri'spektəbəl] *adj* respektabel, aktningsvärd
respectful [ri'spektfəl] *adj* respektfull
respective [ri'spektiv] *adj* respektive
respiration [ˌrespə'reiʃən] *n* andning *c*
respite ['respait] *n* uppskov *nt*
responsibility [riˌspɔnsə'biləti] *n* ansvar *nt*
responsible [ri'spɔnsəbəl]

adj ansvarig
rest [rest] *n* vila *c*; rest *c*; *v* vila
rest room ['restru:m] *nAm* toalett *c*
rest home ['resthoum] *n* vilohem *nt*
restaurant ['restərɔ̃:] *n* restaurang *c*
restful ['restfəl] *adj* lugn
restless ['restləs] *adj* rastlös
restrain [ri'strein] *v* *hålla tillbaka, tygla
restriction [ri'strikʃən] *n* inskränkning *c*, begränsning *c*
result [ri'zʌlt] *n* resultat *nt*; följd *c*; utgång *c*; *v* resultera
resume [ri'zju:m] *v* *återuppta
résumé ['rezjumei] *n* sammanfattning *c*
retail ['ri:teil] *v* *sälja i detalj
retailer ['ri:teilə] *n* detaljist *c*
retina ['retinə] *n* näthinna *c*
retire [ri'taiə] *v* dra sig tillbaka
retired [ri'taiəd] *adj* pensionerad
retirement [ri'taiəment] *n* pensionering *c*
return [ri'tə:n] *v* återvända, *komma tillbaka; *n* återkomst *c*; **~ flight** returflyg *nt*; **~ journey** återresa *c*
reunite [ˌri:ju:'nait] *v* återförena
reveal [ri'vi:l] *v* uppenbara, avslöja
revelation [ˌrevə'leiʃən] *n* avslöjande *nt*; uppenbarelse *c*
revenge [ri'vendʒ] *n* hämnd *c*
revenue ['revənju:] *n* inkomst *c*
reverse [ri'və:s] *n* motsats *c*; avigsida *c*; backväxel *c*; motgång *c*; *adj* omvänd; *v* backa
review [ri'vju:] *n* recension *c*; tidskrift *c*
revise [ri'vaiz] *v* revidera
revision [ri'viʒən] *n* revision *c*
revival [ri'vaivəl] *n* återupplivande *nt*; förnyelse *c*
revolt [ri'voult] *v* *göra uppror; *n* revolt *c*
revolting [ri'voultiŋ] *adj* motbjudande, upprörande, äcklig
revolution [ˌrevə'lu:ʃən] *n* revolution *c*; varv *nt*
revolutionary [ˌrevə'lu:ʃənəri] *adj* revolutionär
revolver [ri'vɔlvə] *n* revolver *c*
revue [ri'vju:] *n* revy *c*
reward [ri'wɔ:d] *n* belöning *c*; *v* belöna
rheumatism ['ru:mətizəm] *n* reumatism *c*
rhinoceros [rai'nɔsərəs] *n* (pl ~, ~es) noshörning *c*
rhubarb ['ru:bɑ:b] *n* rabarber *c*
rhyme [raim] *n* rim *nt*

rhythm ['riðəm] *n* rytm *c*
rib [rib] *n* revben *nt*
ribbon ['ribən] *n* band *nt*
rice [rais] *n* ris *nt*
rich [ritʃ] *adj* rik
riches ['ritʃiz] *pl* rikedom *c*
rid [rid] *v* befria; **get ~ of** göra sig av med
riddle ['ridəl] *n* gåta *c*
ride [raid] *n* körning *c*
***ride** [raid] *v* åka; *rida
rider ['raidə] *n* ryttare *c*
ridge [ridʒ] *n* rygg *c*, upphöjning *c*, kam *c*
ridicule ['ridikju:l] *v* förlöjliga
ridiculous [ri'dikjuləs] *adj* löjlig
riding ['raidiŋ] *n* ridning *c*
riding school ['raidiŋsku:l] *n* ridskola *c*
rifle ['raifəl] *v* gevär *nt*
right [rait] *n* rättighet *c*; *adj* riktig, rätt; höger; rättvis; **all right!** bra!; ***be ~** *ha rätt; **~ of way** förkörsrätt *c*
righteous ['raitʃəs] *adj* rättfärdig
right-hand ['raithænd] *adj* höger
rightly ['raitli] *adv* med rätta
rim [rim] *n* fälg *c*; kant *c*
ring [riŋ] *n* ring *c*; cirkusarena *c*
***ring** [riŋ] *v* ringa; **~ up** ringa upp
rinse [rins] *v* skölja; *n* sköljning *c*
riot ['raiət] *n* upplopp *nt*
rip [rip] *v* *riva sönder
ripe [raip] *adj* mogen
rise [raiz] *n* löneförhöjning *c*; upphöjning *c*; stigning *c*; uppsving *nt*
***rise** [raiz] *v* *stiga upp; *gå upp; *stiga
rising ['raiziŋ] *n* uppror *nt*
risk [risk] *n* risk *c*; fara *c*; *v* riskera
risky ['riski] *adj* vågad, riskfylld
rival ['raivəl] *n* rival *c*; konkurrent *c*; *v* rivalisera, konkurrera
rivalry ['raivəlri] *n* rivalitet *c*; konkurrens *c*
river ['rivə] *n* å *c*, flod *c*; **~ bank** flodstrand *c*
riverside ['rivəsaid] *n* flodstrand *c*
roach [routʃ] *n* (pl ~) mört *c*
road [roud] *n* gata *c*, väg *c*; **~ fork** vägskäl *nt*; **~ map** vägkarta *c*; **~ system** vägnät *nt*; **~ up** vägarbete *nt*
roadhouse ['roudhaus] *n* värdshus *nt*
roadrage ['roud,reidʒ] *n* aggressivt beteende hos bilförare *c*
roadside ['roudsaid] *n* vägkant *c*; **~ restaurant** värdshus *nt*
roadway ['roudwei] *nAm* körbana *c*
roam [roum] *v* ströva
roar [rɔ:] *v* *tjuta, *ryta; *n* vrål *nt*, dån *nt*
roast [roust] *v* grilla, halstra
rob [rɔb] *v* råna

robber ['rɔbə] *n* rånare *c*
robbery ['rɔbəri] *n* rån *nt*, stöld *c*
robe [roub] *n* klänning *c*; ämbetsdräkt *c*
robin ['rɔbin] *n* rödhake *c*
robust [rou'bʌst] *adj* robust
rock [rɔk] *n* klippa *c*; *v* gunga
rocket ['rɔkit] *n* raket *c*
rocky ['rɔki] *adj* klippig
rod [rɔd] *n* stång *c*
roe [rou] *n* rom *c*
roll [roul] *v* rulla; *n* rulle *c*; kuvertbröd *nt*
Rollerblade ['roulə,bleid] *n* Rollerblade® *c*
roller-skating ['roulə,skeitiŋ] *n* rullskridskoåkning *c*
Roman Catholic ['roumən 'kæθəlik] romersk katolsk
romance [rə'mæns] *n* romans *c*
romantic [rə'mæntik] *adj* romantisk
roof [ru:f] *n* tak *nt*; **thatched ~** halmtak *nt*
room [ru:m] *n* rum *nt*; utrymme *nt*, plats *c*; **~ and board** mat och logi; **~ service** rumsbetjäning *c*; **~ temperature** rumstemperatur *c*
roomy ['ru:mi] *adj* rymlig
root [ru:t] *n* rot *c*
rope [roup] *n* rep *nt*
rosary ['rouzəri] *n* radband *nt*
rose [rouz] *n* ros *c*; *adj* rosa
rotten ['rɔtən] *adj* rutten
rouge [ru:ʒ] *n* rouge *c*
rough [rʌf] *adj* ojämn, hård
roulette [ru:'let] *n* rulett *c*
round [raund] *adj* rund; *prep* runt om, omkring; *n* rond *c*; **~ trip** *Am* tur och retur
roundabout ['raundəbaut] *n* rondell *c*
rounded ['raundid] *adj* rundad
route [ru:t] *n* rutt *c*
routine [ru:'ti:n] *n* rutin *c*
row[1] [rou] *n* rad *c*; *v* ro
row[2] [rau] *n* bråk *nt*
rowdy ['raudi] *adj* busig
rowing boat ['rouiŋbout] *n* roddbåt *c*
royal ['rɔiəl] *adj* kunglig
rub [rʌb] *v* *gnida
rubber ['rʌbə] *n* gummi *nt*; suddgummi *nt*; **~ band** gummiband *nt*
rubbish ['rʌbiʃ] *n* skräp *nt*; trams *nt*, strunt *nt*; **talk ~** prata strunt
rubbish bin ['rʌbiʃbin] *n* sophink *c*
ruby ['ru:bi] *n* rubin *c*
rucksack ['rʌksæk] *n* ryggsäck *c*
rudder ['rʌdə] *n* roder *nt*
rude [ru:d] *adj* ohövlig
rug [rʌg] *n* liten matta; pläd *c*
ruin ['ru:in] *v* *ödelägga, ruinera; *n* undergång *c*; **ruins** ruin *c*
rule [ru:l] *n* regel *c*; makt *c*, regering *c*, styrelsesätt *nt*; *v* regera, styra; **as a ~** vanligen, som regel

ruler ['ru:lə] *n* härskare *c*, regent *c*; linjal *c*
Rumania [ru:'meiniə] Rumänien
Rumanian [ru:'meiniən] *adj* rumänsk; *n* rumän *c*
rumour ['ru:mə] *n* rykte *nt*
***run** [rʌn] *v* *springa; ~ **into** råka träffa
runaway ['rʌnəwei] *n* rymling *c*
rung [rʌn] *v* (pp ring)
runner ['rʌnə] *n* löpare *c*
runway ['rʌnwei] *n* start-, landningsbana
rural ['ruərəl] *adj* lantlig
ruse [ru:z] *n* list *c*
rush [rʌʃ] *v* rusa; *n* säv *c*
rush hour ['rʌʃauə] *n* rusningstid *c*
Russia ['rʌʃə] Ryssland
Russian ['rʌʃən] *adj* rysk; *n* ryss *c*
rust [rʌst] *n* rost *c*
rustic ['rʌstik] *adj* rustik
rusty ['rʌsti] *adj* rostig

S

sack [sæk] *n* säck *c*
sacred ['seikrid] *adj* helig
sacrifice ['sækrifais] *n* offer *nt*; *v* offra
sacrilege ['sækrilidʒ] *n* helgerån *nt*
sad [sæd] *adj* sorgsen; vemodig, bedrövad
saddle ['sædəl] *n* sadel *c*
sadness ['sædnəs] *n* sorgsenhet *c*
safe [seif] *adj* säker; *n* kassaskåp *nt*
safety ['seifti] *n* säkerhet *c*
safety belt ['seiftibelt] *n* säkerhetsbälte *nt*
safety pin ['seiftipin] *n* säkerhetsnål *c*
safety razor ['seifti,reizə] *n* rakhyvel *c*
sail [seil] *v* segla; *n* segel *nt*
sailing boat ['seiliŋbout] *n* segelbåt *c*
sailor ['seilə] *n* sjöman *c*
saint [seint] *n* helgon *nt*
salad ['sæləd] *n* sallad *c*
salad-oil ['sælədɔil] *n* salladsolja *c*
salary ['sæləri] *n* avlöning *c*, lön *c*
sale [seil] *n* försäljning *c*; **clearance** ~ realisation *c*; **for** ~ till salu; **sales** realisation *c*
saleable ['seiləbəl] *adj* säljbar
salesgirl ['seilzgə:l] *n* försäljerska *c*
salesman ['seilzmən] *n* (pl -men) försäljare *c*; expidit *c*
salmon ['sæmən] *n* (pl ~) lax *c*
salon ['sælɔ̃:] *n* salong *c*
saloon [sə'lu:n] *n* bar *c*
salt [sɔ:lt] *n* salt *nt*
salt cellar ['sɔ:lt,selə] *n*, **salt**

shaker *nAm* saltkar *nt*
salty ['sɔ:lti] *adj* salt
salute [sə'lu:t] *v* hälsa
same [seim] *adj* samma
sample ['sɑ:mpəl] *n* varuprov *nt*
sand [sænd] *n* sand *c*
sandal ['sændəl] *n* sandal *c*
sandpaper ['sænd,peipə] *n* sandpapper *nt*
sandwich ['sænwidʒ] *n* smörgås *c*
sandy ['sændi] *adj* sandig
sanitary ['sænitəri] *adj* sanitär; **~ towel** dambinda *c*
sapphire ['sæfaiə] *n* safir *c*
sardine [sɑ:'di:n] *n* sardin *c*
satchel ['sætʃəl] *n* skolväska *c*
satellite ['sætəlait] *n* satellit *c*
satellite dish ['sætəlait‿,diʃ] *n* parabol *c*
satellite radio ['satəlait‿'reidiou] *n* satellitradio *c*
satin ['sætin] *n* satäng *c*
satisfaction [,sætis'fækʃən] *n* tillfredsställelse *c*, belåtenhet *c*
satisfactory [,sætis'fæktəri] *adj* tillfredsställande
satisfy ['sætisfai] *v* tillfredsställa; **satisfied** tillfredsställd, belåten
sat nav ['sætnæv] *n* navigationssystem *nt*, GPS *c*
Saturday ['sætədi] lördag *c*
sauce [sɔ:s] *n* sås *c*
saucepan ['sɔ:spən] *n* kastrull *c*
saucer ['sɔ:sə] *n* tefat *nt*
Saudi Arabia [,saudiə'reibiə] Saudiarabien
Saudi Arabian [,saudiə'reibiən] *adj* saudiarabisk
sauna ['sɔ:nə] *n* bastu *c*
sausage ['sɔsidʒ] *n* korv *c*
savage ['sævidʒ] *adj* vild
save [seiv] *v* rädda; spara
savings ['seiviŋz] *pl* besparingar *pl*; **~ bank** sparbank *c*
saviour ['seivjə] *n* frälsare *c*
savoury ['seivəri] *adj* välsmakande
saw[1] [sɔ:] *v* (p see)
saw[2] [sɔ:] *n* såg *c*
sawdust ['sɔ:dʌst] *n* sågspån *nt*
sawmill ['sɔ:mil] *n* sågverk *nt*
***say** [sei] *v* *säga
scaffolding ['skæfəldiŋ] *n* byggnadsställning *c*
scale [skeil] *n* skala *c*; tonskala *c*; fiskfjäll *nt*; vågskål *c*; **scales** *pl* våg *c*
scan [skæn] *v* skanna; skanning *c*
scandal ['skændəl] *n* skandal *c*
Scandinavia [,skændi'neiviə] Skandinavien
Scandinavian [,skændi'neiviən] *adj* skandinavisk; *n* skandinav *c*
scanner ['skænə] *n* skanner *c*
scapegoat ['skeipgout] *n* syndabock *c*

scar [skɑː] *n* ärr *nt*
scarce [skɛəs] *adj* knapp
scarcely ['skɛəsli] *adv* knappast
scarcity ['skɛəsəti] *n* knapphet *c*
scare [skɛə] *v* skrämma; *n* skräck *c*
scarf [skɑːf] *n* (pl ~s, scarves) halsduk *c*
scarlet ['skɑːlət] *adj* scharlakansröd
scary ['skɛəri] *adj* oroväckande, skrämmande
scatter ['skætə] *v* strö, *sprida, skingra
scene [siːn] *n* scen *c*
scenery ['siːnəri] *n* landskap *nt*
scenic ['siːnik] *adj* naturskön
scent [sent] *n* doft *c*
schedule ['ʃedjuːl] *n* tidtabell *c*, tidsschema *nt*
scheme [skiːm] *n* schema *nt*; plan *c*
scholar ['skɔlə] *n* lärd *c*; stipendiat *c*
scholarship ['skɔləʃip] *n* stipendium *nt*
school [skuːl] *n* skola *c*
schoolboy ['skuːlbɔi] *n* skolpojke *c*
schoolgirl ['skuːlgəːl] *n* skolflicka *c*
schoolmaster ['skuːl,mɑːstə] *n* skollärare *c*, lärare *c*
schoolteacher ['skuːl,tiːtʃə] *n* lärare *c*
science ['saiəns] *n* vetenskap *c*
scientific [,saiən'tifik] *adj* vetenskaplig
scientist ['saiəntist] *n* vetenskapsman *c*
scissors ['sizəz] *pl* sax *c*
scold [skould] *v* skälla, gräla på; skälla ut
scooter ['skuːtə] *n* vespa *c*; sparkcykel *c*
score [skɔː] *n* poängsumma *c*; *v* *få poäng
scorn [skɔːn] *n* hån *nt*, förakt *nt*; *v* förakta
Scotland ['skɔtlənd] Skottland
Scottish ['skɔtiʃ] *adj* skotsk
scout [skaut] *n* boyscout *c*
scrap [skræp] *n* bit *c*
scrapbook ['skræpbuk] *n* klippbok *c*
scrape [skreip] *v* skrapa
scratch [skrætʃ] *v* rispa, skrapa; *n* repa *c*, skråma *c*
scream [skriːm] *v* *tjuta, *skrika; *n* skrik *nt*, skri *nt*
screen [skriːn] *n* skärm *c*; bildskärm *c*, filmduk *c*
screw [skruː] *n* skruv *c*; *v* skruva
screwdriver ['skruː,draivə] *n* skruvmejsel *c*
scrub [skrʌb] *v* skura; *n* snårmark *c*
sculptor ['skʌlptə] *n* skulptör *c*
sculpture ['skʌlptʃə] *n* skulptur *c*
sea [siː] *n* hav *nt*
seabird ['siːbəːd] *n* sjöfågel *c*

seashore ['siːkoust] *n* kust *c*
seagull ['siːgʌl] *n* fiskmås *c*
seal [siːl] *n* sigill *nt*; säl *c*
seam [siːm] *n* söm *c*
seaman ['siːmən] *n* (pl -men) matros *c*
seamless ['siːmləs] *adj* utan söm
seaport ['siːpɔːt] *n* hamnstad *c*
search [səːtʃ] *v* söka; genomsöka, visitera; *n* visitering *nt*
searchlight ['səːtʃlait] *n* strålkastare *c*
seascape ['siːskeip] *n* marinmålning *c*
seashell ['siːʃel] *n* snäcka *c*
seashore ['siːʃɔː] *n* havsstrand *c*
seasick ['siːsik] *adj* sjösjuk
seasickness ['siːˌsiknəs] *n* sjösjuka *c*
seaside ['siːsaid] *n* kust *c*; ~ **resort** badort *c*
season ['siːzən] *n* årstid *c*, säsong *c*; **high** ~ högsäsong *c*; **low** ~ lågsäsong *c*; **off** ~ lågsäsong *c*
season ticket ['siːzənˌtikit] *n* abonnemangskort *nt*
seat [siːt] *n* säte *nt*; plats *c*, sittplats *c*
seat belt ['siːtbelt] *n* säkerhetsbälte *nt*
sea urchin ['siːˌəːtʃin] *n* sjöborre *c*
sea water ['siːˌwɔːtə] *n* havsvatten *nt*
second ['sekənd] *num* andra; *n* sekund *c*; ögonblick *nt*
secondary ['sekəndəri] *adj* sekundär; ~ **school** läroverk *nt*
second-hand [ˌsekənd'hænd] *adj* begagnad
secret ['siːkrət] *n* hemlighet *c*; *adj* hemlig
secretary ['sekrətri] *n* sekreterare *c*
section ['sekʃən] *n* sektion *c*; avdelning *c*
secure [si'kjuə] *adj* säker; *v* *göra säker; *binda fast; trygga
security [si'kjuərəti] *n* säkerhet *c*; borgen *c*
sedative ['sedətiv] *n* lugnande medel
seduce [si'djuːs] *v* förföra
***see** [siː] *v* *se; *inse, *förstå; ~ **to** sörja för
seed [siːd] *n* frö *nt*
***seek** [siːk] *v* söka
seem [siːm] *v* synas, verka
seen [siːn] *v* (pp see)
seesaw ['siːsɔː] *n* gungbräda *c*
seize [siːz] *v* *gripa
seldom ['seldəm] *adv* sällan
select [si'lekt] *v* utplocka, *utvälja; *adj* utvald
selection [si'lekʃən] *n* urval *nt*
self [self] *n* jag *nt*
self-centred [ˌself'sentəd] *adj* självupptagen
self-evident [ˌsel'fevidənt] *adj* självklar

self-government [ˌself'gʌvəmənt] *n* självstyre *nt*
selfie ['selfi] *n* selfie *c*
selfish ['selfiʃ] *adj* självisk
selfishness ['selfiʃnəs] *n* egoism *c*
self-service [ˌself'sə:vis] *n* självbetjäning *c*; **~ restaurant** självservering *c*
***sell** [sel] *v* *sälja
semblance ['sembləns] *n* utseende *nt*
semi- ['semi] halv-
semicircle ['semiˌsə:kəl] *n* halvcirkel *c*
semicolon [ˌsemi'koulən] *n* semikolon *nt*
senate ['senət] *n* senat *c*
senator ['senətə] *n* senator *c*
***send** [send] *v* skicka, sända; **~ back** skicka tillbaka, returnera; **~ for** skicka efter; **~ off** skicka iväg
sender ['sendə] *n* avsändare *c*
senile ['si:nail] *adj* senil
sensation [sen'seiʃən] *n* sensation *c*; känsla *c*, förnimmelse *c*
sensational [sen'seiʃənəl] *adj* sensationell, uppseendeväckande
sense [sens] *n* sinne *nt*; förnuft *nt*; betydelse *c*, mening *c*; *v* *förnimma, märka; **~ of honour** hederskänsla *c*
senseless ['sensləs] *adj* vanvettig, orimlig
sensible ['sensəbəl] *adj* förnuftig
sensitive ['sensitiv] *adj* känslig
sentence ['sentəns] *n* mening *c*; dom *c*; *v* döma
sentimental [ˌsenti'mentəl] *adj* sentimental
separate[1] ['sepəreit] *v* skilja
separate[2] ['sepərət] *adj* åtskild, särskild
separately ['sepərətli] *adv* separat
September [sep'tembə] september
septic ['septik] *adj* septisk; ***become ~** *bli inflammerad
sequel ['si:kwəl] *n* följd *c*
sequence ['si:kwəns] *n* ordningsföljd *c*
serene [sə'ri:n] *adj* fridfull; klar
serial ['siəriəl] *n* följetong *c*
series ['siəri:z] *n* (pl ~) serie *c*
serious ['siəriəs] *adj* allvarlig, seriös
seriousness ['siəriəsnəs] *n* allvar *nt*
sermon ['sə:mən] *n* predikan *c*
servant ['sə:vənt] *n* betjänt *c*
serve [sə:v] *v* servera
service ['sə:vis] *n* tjänst *c*; betjäning *c*; **~ charge** betjäningsavgift *c*; **~ station** bensinstation *c*
serviette [ˌsə:vi'et] *n* servett *c*
session ['seʃən] *n* session *c*

set [set] *n* grupp *c*, uppsättning *c*
***set** [set] *v* *sätta; **~ menu** fast meny; **~ out** *ge sig av
setting ['setiŋ] *n* infattning *c*, omgivning *c*; **~ lotion** läggningsvätska *c*
settle ['setəl] *v* ordna, *göra upp; **~ down** *slå sig ned, lugna sig
settlement ['setəlmənt] *n* förlikning *c*, uppgörelse *c*, överenskommelse *c*
seven ['sevən] *num* sju
seventeen [ˌsevən'ti:n] *num* sjutton
seventeenth [ˌsevən'ti:nθ] *num* sjuttonde
seventh ['sevənθ] *num* sjunde
seventy ['sevənti] *num* sjuttio
several ['sevərəl] *adj* flera, åtskilliga
severe [si'viə] *adj* sträng, häftig
***sew** [sou] *v* sy; **~ up** sy ihop
sewer ['su:ə] *n* kloak *c*
sewing machine ['souiŋməˌʃi:n] *n* symaskin *c*
sex [seks] *n* kön *nt*
sexual ['sekʃuəl] *adj* sexuell
sexuality [ˌsekʃu'æləti] *n* sexualitet *c*
shade [ʃeid] *n* skugga *c*; nyans *c*
shadow ['ʃædou] *n* skugga *c*
shady ['ʃeidi] *adj* skuggig
***shake** [ʃeik] *v* skaka
shaky ['ʃeiki] *adj* ostadig, skakig
***shall** [ʃæl] *v* *ska
shallow ['ʃælou] *adj* grund
shame [ʃeim] *n* skam *c*; **shame!** fy!
shampoo [ʃæm'pu:] *n* schampo *nt*
shape [ʃeip] *n* form *c*; *v* forma
share [ʃɛə] *v* dela; *n* del *c*; aktie *c*
shark [ʃɑ:k] *n* haj *c*
sharp [ʃɑ:p] *adj* vass
sharpen ['ʃɑ:pən] *v* vässa, slipa
shave [ʃeiv] *v* raka sig
shaver ['ʃeivə] *n* rakapparat *c*
shaving brush ['ʃeiviŋbrʌʃ] *n* rakborste *c*
shaving cream ['ʃeiviŋkri:m] *n* rakkräm *c*
shaving soap ['ʃeiviŋsoup] *n* raktvål *c*
shawl [ʃɔ:l] *n* schal *c*
she [ʃi:] *pron* hon
shed [ʃed] *n* skjul *nt*
***shed** [ʃed] *v* *utgjuta; *sprida
sheep [ʃi:p] *n* (pl ~) får *nt*
sheer [ʃiə] *adj* pur, ren; genomskinlig, skir, brant
sheet [ʃi:t] *n* lakan *nt*; ark *nt*; plåt *c*
shelf [ʃelf] *n* (pl shelves) hylla *c*
shell [ʃel] *n* snäckskal *nt*; skal *nt*
shellfish ['ʃelfiʃ] *n* skaldjur *nt*

shelter ['ʃeltə] *n* skydd *nt*; *v* skydda
shepherd ['ʃepəd] *n* herde *c*
shift [ʃift] *n* ombyte *nt*, skift *nt*, förändring *c*
***shine** [ʃain] *v* *skina; glänsa, blänka
ship [ʃip] *n* fartyg *nt*; *v* skeppa; **shipping line** linjerederi *nt*
shipowner ['ʃi,pounə] *n* skeppsredare *c*
shipyard ['ʃipjɑːd] *n* skeppsvarv *nt*
shirt [ʃəːt] *n* skjorta *c*
shiver ['ʃivə] *v* huttra, skälva; *n* rysning *c*
shock [ʃɔk] *n* chock *c*; *v* chockera; **~ absorber** stötdämpare *c*
shocking ['ʃɔkiŋ] *adj* chockerande
shoe [ʃuː] *n* sko *c*; **~ polish** skokräm *c*
shoelace ['ʃuːleis] *n* skosnöre *nt*
shoemaker ['ʃuː,meikə] *n* skomakare *c*
shoe shop ['ʃuːʃɔp] *n* skoaffär *c*
shook [ʃuk] *v* (p shake)
***shoot** [ʃuːt] *v* *skjuta
shop [ʃɔp] *n* butik *c*; *v* handla; **~ assistant** affärsbiträde *nt*
shopkeeper ['ʃɔp,kiːpə] *n* affärsinnehavare *c*
shopping bag kasse *c*; **shopping centre** affärscentrum *nt*; **shopping trolley** kundvagn *c*
shopwindow [,ʃɔp'windou] *n* skyltfönster *nt*
shore [ʃɔː] *n* strand *c*
short [ʃɔːt] *adj* kort; liten; **~ circuit** kortslutning *c*
shortage ['ʃɔːtidʒ] *n* brist *c*
shorten ['ʃɔːtən] *v* förkorta
shortly ['ʃɔːtli] *adv* snart, inom kort
shorts [ʃɔːts] *pl* shorts *pl*; *plAm* kalsonger *pl*
short-sighted [,ʃɔːt'saitid] *adj* närsynt
shot [ʃɔt] *n* skott *nt*; spruta *c*; bild *c*
***should** [ʃud] *v* borde
shoulder ['ʃouldə] *n* axel *c*
shout [ʃaut] *v* *skrika; *n* skrik *nt*
shovel ['ʃʌvəl] *n* skovel *c*
show [ʃou] *n* uppförande *nt*, föreställning *c*; utställning *c*
***show** [ʃou] *v* visa; utställa, framvisa; bevisa
showcase ['ʃoukeis] *n* monter *c*
shower [ʃauə] *n* dusch *c*; regnskur *c*, störtskur *c*; **~ gel** *n* duschgelé *c or nt*
showroom ['ʃouruːm] *n* utställningslokal *c*
shriek [ʃriːk] *v* *skrika; *n* illtjut *nt*
shrimp [ʃrimp] *n* räka *c*
shrine [ʃrain] *n* relikskrin *nt*, helgedom *c*
***shrink** [ʃriŋk] *v* krympa
shrinkproof ['ʃriŋkpruːf] *adj* krympfri

shrub [ʃrʌb] *n* buske *c*
shudder ['ʃʌdə] *n* rysning *c*
shuffle ['ʃʌfəl] *v* blanda
***shut** [ʃʌt] *v* stänga; **~ in** stänga in
shutter ['ʃʌtə] *n* fönsterlucka *c*, persienn *c*
shy [ʃai] *adj* skygg, blyg
shyness ['ʃainəs] *n* blyghet *c*
Siamese [ˌsaiə'mi:z] *adj* siamesisk; *n* siames *c*
sick [sik] *adj* sjuk; illamående
sickness ['siknəs] *n* sjukdom *c*; illamående *nt*
side [said] *n* sida *c*; parti *nt*; **onesided** *adj* ensidig
sideburns ['saidbə:nz] *pl* polisonger *pl*
sidelight ['saidlait] *n* sidoljus *nt*
side street ['saidstri:t] *n* sidogata *c*
sidewalk ['saidwɔ:k] *nAm* gångbana *c*, trottoar *c*
sideways ['saidweiz] *adv* åt sidan
siege [si:dʒ] *n* belägring *c*
sieve [siv] *n* sil *c*; *v* sila
sift [sift] *v* sikta
sight [sait] *n* synhåll *nt*; syn *c*, åsyn *c*; sevärdhet *c*
sign [sain] *n* tecken *nt*; gest *c*; *v* underteckna
signal ['signəl] *n* signal *c*; tecken *nt*; *v* signalera
signature ['signətʃə] *n* signatur *c*
significant [sig'nifikənt] *adj* betydelsefull
signpost ['sainpoust] *n* vägvisare *c*
silence ['sailəns] *n* tystnad *c*; *v* tysta
silencer ['sailənsə] *n* ljuddämpare *c*
silent ['sailənt] *adj* tyst; ***be ~** *tiga
silk [silk] *n* siden *nt*
silly ['sili] *adj* dum
silver ['silvə] *n* silver *nt*; silver-
silversmith ['silvəsmiθ] *n* silversmed *c*
silverware ['silvəwεə] *n* silver *nt*
similar ['similə] *adj* liknande, dylik
similarity [ˌsimi'lærəti] *n* likhet *c*
simple ['simpəl] *adj* enkel, okonstlad; vanlig
simply ['simpli] *adv* enkelt, helt enkelt
simulate ['simjuleit] *v* låtsa
simultaneous [ˌsiməl'teiniəs] *adj* samtidig; **simultaneously** *adv* samtidigt
sin [sin] *n* synd *c*
since [sins] *prep* sedan; *adv* sedan dess; *conj* sedan; eftersom
sincere [sin'siə] *adj* uppriktig
sincerely [sin'siəli] *adv* uppriktigt
sinew ['sinju:] *n* sena *c*
***sing** [siŋ] *v* *sjunga
singer ['siŋə] *n* sångare *c*; sångerska *c*

single ['siŋgəl] *adj* en enda; ogift; **~ room** enkelrum *nt*
singular ['siŋgjulə] *n* singularis *nt*; *adj* säregen
sinister ['sinistə] *adj* olycksbådande
sink [siŋk] *n* vask *c*
***sink** [siŋk] *v* *sjunka
sip [sip] *n* liten klunk
sir [səː] min herre
siren ['saiərən] *n* siren *c*
sister ['sistə] *n* syster *c*
sister-in-law ['sistərinlɔː] *n* (pl sisters-) svägerska *c*
***sit** [sit] *v* *sitta; **~ down** *sätta sig
site [sait] *n* tomt *c*; läge *nt*
sitting room ['sitiŋruːm] *n* vardagsrum *nt*
situated ['sitʃueitid] *adj* belägen
situation [ˌsitʃu'eiʃən] *n* situation *c*; läge *nt*, anställning *c*
six [siks] *num* sex
sixteen [ˌsiks'tiːn] *num* sexton
sixteenth [ˌsiks'tiːnθ] *num* sextonde
sixth [siksθ] *num* sjätte
sixty ['siksti] *num* sextio
size [saiz] *n* storlek *c*, dimension *c*; format *nt*
skate [skeit] *v* åka skridskor; *n* skridsko *c*
skating ['skeitiŋ] *n* skridskoåkning *c*
skating rink ['skeitiŋriŋk] *n* skridskobana *c*
skeleton ['skelitən] *n* skelett *nt*
sketch [sketʃ] *n* skiss *c*, teckning *c*; *v* teckna, skissera
ski[1] [skiː] *v* åka skidor
ski[2] [skiː] *n* (pl ~, ~s) skida *c*; **~ boots** pjäxor *pl*; **~ pants** skidbyxor *pl*; **~ poles** *Am* skidstavar *pl*; **~ sticks** skidstavar *pl*
skid [skid] *v* slira, sladda
skier ['skiːə] *n* skidåkare *c*
skiing ['skiːiŋ] *n* skidåkning *c*
ski jump ['skiːdʒʌmp] *n* backhoppning *c*
skilful ['skilfəl] *adj* händig, duktig, skicklig
ski lift ['skiːlift] *n* skidlift *c*
skill [skil] *n* skicklighet *c*
skilled [skild] *adj* skicklig; yrkesutbildad
skin [skin] *n* hud *c*, djurskinn *nt*; skal *nt*; **~ cream** hudkräm *c*
skip [skip] *v* skutta; hoppa över
skirt [skəːt] *n* kjol *c*
skull [skʌl] *n* skalle *c*
sky [skai] *n* himmel *c*; luft *c*
skyscraper ['skaiˌskreipə] *n* skyskrapa *c*
slack [slæk] *adj* slak
slacks [slæks] *pl* långbyxor *pl*
slam [slæm] *v* *slå igen
slander ['slaːndə] *n* förtal *nt*
slang [slæŋ] *n* slang *c*
slant [slɑːnt] *v* slutta
slanting ['slaːntiŋ] *adj* lutande, sned, sluttande

slap [slæp] *v* *slå; *n* örfil *c*
slate [sleit] *n* skiffer *nt*
slave [sleiv] *n* slav *c*
sledge [sledʒ] *n* släde *c*, kälke *c*
sleep [sli:p] *n* sömn *c*
***sleep** [sli:p] *v* *sova
sleeping bag ['sli:piŋbæg] *n* sovsäck *c*
sleeping car ['sli:piŋka:] *n* sovvagn *c*
sleeping pill ['sli:piŋpil] *n* sömntablett *c*
sleepless ['sli:pləs] *adj* sömnlös
sleepy ['sli:pi] *adj* sömnig
sleeve [sli:v] *n* ärm *c*; skivfodral *nt*
sleigh [slei] *n* släde *c*, kälke *c*
slender ['slendə] *adj* slank
slice [slais] *n* skiva *c*
slide [slaid] *n* glidning *c*; rutschbana *c*; diapositiv *nt*
***slide** [slaid] *v* *glida
slight [slait] *adj* lätt; svag
slim [slim] *adj* slank; *v* magra
slip [slip] *v* halka, slira; *n* felsteg *nt*; underklänning *c*
slipper ['slipə] *n* toffel *c*
slippery ['slipəri] *adj* slipprig, hal
slogan ['slougən] *n* slogan *c*, partiparoll *c*
slope [sloup] *n* sluttning *c*; *v* slutta
sloping ['sloupiŋ] *adj* sluttande
sloppy ['slɔpi] *adj* oordentlig
slot [slɔt] *n* myntöppning *c*
slot machine ['slɔt,məʃi:n] *n* spelautomat *c*
slow [slou] *adj* trögtänkt, långsam; **~ down** fördröja, sakta ned
slum [slʌm] *n* fattigkvarter *nt*
slump [slʌmp] *n* prisfall *nt*
slush [slʌʃ] *n* snöslask *nt*
sly [slai] *adj* slug
smack [smæk] *v* *ge en örfil; *n* klatsch *c*
small [smɔ:l] *adj* liten
smallpox ['smɔ:lpɔks] *n* smittkoppor *pl*
smart [sma:t] *adj* chic; klipsk, duktig
smartphone ['sma:tfoun] *n* smartmobil *c*, smarttelefon *c*
smash [smæʃ] *n* slag *nt*; *v* krossa
smell [smel] *n* lukt *c*
***smell** [smel] *v* lukta; lukta illa
smelly ['smeli] *adj* illaluktande
smile [smail] *v* *le; *n* leende *nt*
smith [smiθ] *n* smed *c*
smoke [smouk] *v* röka; *n* rök *c*; **no smoking** rökning förbjuden
smoker ['smoukə] *n* rökare *c*; rökkupé *c*
smoke-free ['smouk'fri:] *adj* rökfritt
smoking compartment ['smoukiŋkəm,pa:tmənt] *n* rökkupé *c*
smooth [smu:ð] *adj* slät, jämn; mjuk
smuggle ['smʌgəl] *v*

smuggla
snack [snæk] *n* mellanmål *nt*
snack bar ['snækbɑː] *n* snackbar *c*
snail [sneil] *n* snigel *c*
snake [sneik] *n* orm *c*
snapshot ['snæpʃɔt] *n* ögonblicksbild *c*, kort *nt*
sneakers ['sniːkəz] *plAm* gymnastikskor *pl*
sneeze [sniːz] *v* *nysa
sniper ['snaipə] *n* prickskytt *c*
snooty ['snuːti] *adj* mallig, överlägsen
snore [snɔː] *v* snarka
snorkel ['snɔːkəl] *n* snorkel *c*
snout [snaut] *n* nos *c*
snow [snou] *n* snö *c*; *v* snöa
snowstorm ['snoustɔːm] *n* snöstorm *c*
snowy ['snoui] *adj* snöig
so [sou] *conj* så; *adv* så, till den grad; **and ~ on** och så vidare; **~ far** hittills; **~ that** så att, så
soak [souk] *v* blöta
soap [soup] *n* tvål *c*; **~ powder** tvåltvättmedel *nt*
sober ['soubə] *adj* nykter; sansad
so-called [ˌsou'kɔːld] *adj* så kallad
soccer ['sɔkə] *n* fotboll *c*; **~ team** fotbollslag *nt*
social ['souʃəl] *adj* social, samhälls-
socialism ['souʃəlizəm] *n* socialism *c*
socialist ['souʃəlist] *adj* socialistisk; *n* socialist *c*
society [sə'saiəti] *n* samfund *nt*; sammanslutning *c*, sällskap *nt*; förening *c*
sock [sɔk] *n* socka *c*
socket ['sɔkit] *n* glödlampshållare *c*; urtag *nt*
soda ['soudə] *nAm* läsk *c*
~ water sodavatten *nt*
sofa ['soufə] *n* soffa *c*
soft [sɔft] *adj* mjuk; **~ drink** alkoholfri dryck
soften ['sɔfən] *v* mjuka upp
software ['sɔftweə] *n* programvara *c*
soil [sɔil] *n* jord *c*; jordmån *c*
soiled [sɔild] *adj* nedsmutsad
solar ['soulə] *adj* sol-
~ system *n* solsystem *nt*
sold [sould] *v* (p, pp sell); **~ out** utsåld
soldier ['souldʒə] *n* soldat *c*
sole[1] [soul] *adj* ensam
sole[2] [soul] *n* sula *c*; sjötunga *c*
solely ['soulli] *adv* uteslutande
solemn ['sɔləm] *adj* högtidlig
solicitor [sə'lisitə] *n* advokat *c*, jurist *c*
solid ['sɔlid] *adj* gedigen, massiv; *n* fast kropp
soluble ['sɔljubəl] *adj* löslig
solution [sə'luːʃən] *n* lösning *c*
solve [sɔlv] *v* lösa
sombre ['sɔmbə] *adj* dyster
some [sʌm] *adj* några; *pron* somliga; något; **~ day** någon gång; **~ more** lite mer; **~**

time en gång, någon gång
somebody ['sʌmbədi] *pron* någon
somehow ['sʌmhau] *adv* på något sätt
someone ['sʌmwʌn] *pron* någon
something ['sʌmθiŋ] *pron* något
sometimes ['sʌmtaimz] *adv* ibland
somewhat ['sʌmwɔt] *adv* tämligen
somewhere ['sʌmwɛə] *adv* någonstans
son [sʌn] *n* son *c*
song [sɔŋ] *n* sång *c*
son-in-law ['sʌninlɔː] *n* (pl sons-) svärson *c*
soon [suːn] *adv* inom kort, fort, snart; **as ~ as** så snart som
sooner ['suːnə] *adv* hellre
sore [sɔː] *adj* öm; *n* ömt ställe; sår *nt*; **~ throat** halsont *nt*
sorrow ['sɔrou] *n* sorg *c*, bedrövelse *c*
sorry ['sɔri] *adj* ledsen; **sorry!** ursäkta!, förlåt!
sort [sɔːt] *v* ordna, sortera; *n* sort *c*, slag *nt*; **all sorts of** all slags
soul [soul] *n* själ *c*
sound [saund] *n* ljud *nt*; *v* *låta; *adj* pålitlig
soundproof ['saundpruːf] *adj* ljudisolerad
soup [suːp] *n* soppa *c*
soup plate ['suːppleit] *n* sopptallrik *c*
soup spoon ['suːpspuːn] *n* soppsked *c*
sour [sauə] *adj* sur
source [sɔːs] *n* källa *c*
south [sauθ] *n* söder *c*; **South Pole** Sydpolen
South Africa [sauθ 'æfrikə] Sydafrika
southeast [ˌsauθ'iːst] *n* sydost *c*
southerly ['sʌðəli] *adj* sydlig
southern ['sʌðən] *adj* södra
southwest [ˌsauθ'west] *n* sydväst *c*
souvenir ['suːvəniə] *n* souvenir *c*; **~ shop** souvenirbutik *c*
sovereign ['sɔvrin] *n* härskare *c*
Soviet ['souviət] *adj* sovjetisk
***sow** [sou] *v* så
spa [spɑː] *n* kurort *c*
space [speis] *n* rymd *c*; **~ shuttle** **rymdraket** *c*
spacious ['speiʃəs] *adj* rymlig
spade [speid] *n* spade *c*
Spain [spein] Spanien
Spaniard ['spænjəd] *n* spanjor *c*
Spanish ['spæniʃ] *adj* spansk
spanking ['spæŋkiŋ] *n* smäll *c*
spare [spɛə] *adj* reserv-, extra; *v* *vara utan; **~ part** reservdel *c*; **~ room** gästrum *nt*; **~ time** fritid *c*; **~ tyre** reservdäck *nt*; **~ wheel** reservhjul *nt*

spark [spɑːk] *n* gnista *c*
sparking plug ['spaːkiŋplʌg] *n* tändstift *nt*
sparkling ['spaːkliŋ] *adj* gnistrande; mousserande
sparrow ['spærou] *n* sparv *c*
***speak** [spiːk] *v* tala
speaker phone ['spiːkə‿ˌfoun] *n* högtalartelefon *c*
spear [spiə] *n* spjut *nt*
special ['speʃəl] *adj* speciell, särskild; **~ delivery** expressutdelning *c*
specialist ['speʃəlist] *n* specialist *c*
speciality [ˌspeʃi'æləti] *n* specialitet *c*
specialize ['speʃəlaiz] *v* specialisera sig
specially ['speʃəli] *adv* i synnerhet
species ['spiːʃiːz] *n* (pl ~) art *c*
specific [spə'sifik] *adj* specifik
specimen ['spesimən] *n* exemplar *nt*, specimen *nt*
speck [spek] *n* fläck *c*
spectacle ['spektəkəl] *n* skådespel *nt*; **spectacles** glasögon *pl*
spectator [spek'teitə] *n* åskådare *c*
speculate ['spekjuleit] *v* spekulera
speech [spiːtʃ] *n* talförmåga *c*; anförande *nt*, tal *nt*; språk *nt*
speechless ['spiːtʃləs] *adj* mållös
speed [spiːd] *n* hastighet *c*; fart *c*; **cruising ~** marschfart *c*; **~ limit** fartbegränsning *c*, hastighetsbegränsning *c*
***speed** [spiːd] *v* köra (för) fort
speed dial(ing) ['spiːd‿ˌdail(iŋ)] *n* snabbuppringning *c*
speeding ['spiːdiŋ] *n* fortkörning *c*
speedometer [spiː'dɔmitə] *n* hastighetsmätare *c*
spell [spel] *n* förtrollning *c*
***spell** [spel] *v* stava
spelling ['speliŋ] *n* stavning *c*
***spend** [spend] *v* förbruka, spendera; tillbringa
sphere [sfiə] *n* klot *nt*; sfär *c*
spice [spais] *n* krydda *c*
spiced [spaist] *adj* kryddad
spicy ['spaisi] *adj* kryddstark
spider ['spaidə] *n* spindel *c*; **spider's web** spindelnät *nt*
***spill** [spil] *v* spilla
***spin** [spin] *v* *spinna; snurra
spinach ['spinidʒ] *n* spenat *c*
spine [spain] *n* ryggrad *c*
spire [spaiə] *n* spira *c*
spirit ['spirit] *n* ande *c*; spöke *nt*; **spirits** spritdrycker *pl*; sinnesstämning *c*; **~ stove** spritkök *nt*
spiritual ['spiritʃuəl] *adj* andlig
spit [spit] *n* spott *nt*, saliv *c*; spett *nt*
***spit** [spit] *v* spotta
spite [spait] *n* ondska *c*; **in ~**

of trots
spiteful ['spaitfəl] *adj* ondskefull
splash [splæʃ] *v* stänka
splendid ['splendid] *adj* strålande, praktfull
splendour ['splendə] *n* prakt *c*
splint [splint] *n* spjäla *c*
splinter ['splintə] *n* splitter *nt*
***split** [split] *v* *klyva
***spoil** [spɔil] *v* fördärva; skämma bort
spoke¹ [spouk] *v* (p speak)
spoke² [spouk] *n* eker *c*
sponge [spʌndʒ] *n* tvättsvamp *c*
spool [spu:l] *n* spole *c*
spoon [spu:n] *n* sked *c*
spoonful ['spu:nful] *n* sked *c*
sport [spɔ:t] *n* sport *c*; **~ utility vehicle** SUV *c*
sports car ['spɔ:tska:] *n* sportbil *c*
sports jacket ['spɔ:ts,dʒækit] *n* sportjacka *c*
sportsman ['spɔ:tsmən] *n* (pl -men) idrottsman *c*
sportswear ['spɔ:tswɛə] *n* sportkläder *pl*
sportswoman ['spɔ:tswumən] *n* (pl -women) idrottskvinna *c*
spot [spɔt] *n* fläck *c*; ställe *nt*, plats *c*
spotless ['spɔtləs] *adj* fläckfri
spotlight ['spɔtlait] *n* strålkastare *c*
spotted ['spɔtid] *adj* fläckig
spout [spaut] *n* stråle *c*; pip *c*, ränna *c*
spray [sprei] *n* spray *c*
sprain [sprein] *v* stuka; *n* stukning *c*
***spread** [spred] *v* *sprida
spring [spriŋ] *n* vår *c*; fjäder *c*; källa *c*
springtime ['spriŋtaim] *n* vår *c*
sprouts [sprauts] *pl* brysselkål *c*
spy [spai] *n* spion *c*
squadron ['skwɔdrən] *n* skvadron *c*
square [skwɛə] *adj* kvadratisk; *n* kvadrat *c*; öppen plats, torg *nt*
squash [skwɔʃ] *n* fruktsaft *c*; squash *c*
squeeze [skwi:z] *v* klämma
squirrel ['skwirəl] *n* ekorre *c*
squirt [skwə:t] *n* stråle *c*
stable ['steibəl] *adj* stabil; *n* stall *nt*
stack [stæk] *n* stack *c*, stapel *c*
stadium ['steidiəm] *n* stadion *nt*
staff [sta:f] *n* personal *c*
stage [steidʒ] *n* scen *c*; stadium *nt*, fas *c*; etapp *c*
stain [stein] *v* fläcka ned; *n* fläck *c*; **stained glass** färgat glas; **~ remover** fläckborttagningsmedel *nt*
stainless ['steinləs] *adj* fläckfri; **~ steel** rostfritt stål
staircase ['stɛəkeis] *n* trappa

c
stairs [stɛəz] *pl* trappa *c*
stale [steil] *adj* gammal
stall [stɔːl] *n* stånd *nt*; parkett *c*
stamp [stæmp] *n* frimärke *nt*; stämpel *c*; *v* frankera; stampa; **~ machine** frimärksautomat *c*
stand [stænd] *n* ställ *nt*, stånd *nt*; läktare *c*
***stand** [stænd] *v* *stå
standard ['stændəd] *n* norm *c*; standard-; **~ of living** levnadsstandard *c*
stanza ['stænzə] *n* strof *c*
staple ['steipəl] *n* häftklammer *c*; stapelvara *c*
star [stɑː] *n* stjärna *c*
starboard ['stɑːbəd] *n* styrbord
stare [stɛə] *v* stirra
starling ['stɑːliŋ] *n* stare *c*
start [stɑːt] *v* börja; *n* början *c*
starting point ['stɑːtiŋpɔint] *n* utgångspunkt *c*
starve [stɑːrv] *v* *svälta
state [steit] *n* stat *c*; tillstånd *nt*; *v* fastställa
the States [ðə steits] Förenta Staterna
statement ['steitmənt] *n* uppgift *c*, redogörelse *c*
statesman ['steitsmən] *n* (pl -men) statsman *c*
station ['steiʃən] *n* järnvägsstation *c*; position *c*
stationary ['steiʃənəri] *adj* stillastående
stationer's ['steiʃənəz] *n* pappershandel *c*
stationery ['steiʃənəri] *n* kontorsartiklar *pl*
statistics [stə'tistiks] *pl* statistik *c*
statue ['stætʃuː] *n* staty *c*
stay [stei] *v* *förbli, stanna kvar; vistas, *uppehålla sig; *n* vistelse *c*
steadfast ['stedfɑːst] *adj* orubblig
steady ['stedi] *adj* stadig
steak [steik] *n* biff *c*
***steal** [stiːl] *v* *stjäla
steam [stiːm] *n* ånga *c*
steamer ['stiːmə] *n* ångare *c*
steel [stiːl] *n* stål *nt*
steep [stiːp] *adj* brant
steeple ['stiːpəl] *n* tornspira *c*
steer [stiə] *v* styra
steering column ['stiəriŋ,kɔləm] *n* rattstång *c*
steering wheel ['stiəriŋwiːl] *n* ratt *c*
steersman ['stiəzmən] *n* (pl -men) rorsman *c*
stem [stem] *n* stjälk *c*
stem cell ['stem‿,sel] *n* stamcell *c*
step [step] *n* steg *nt*; *v* trampa
stepchild ['steptʃaild] *n* (pl -children) styvbarn *nt*
stepfather ['step,fɑːðə] *n* styvfar *c*
stepmother ['step,mʌðə] *n* styvmor *c*
sterile ['sterail] *adj* steril
sterilize ['sterilaiz] *v*

sterilisera
stereo [steriou] *n* stereo *c*
steward ['stju:əd] *n* steward *c*
stewardess ['stju:ədes] *n* flygvärdinna *c*
stick [stik] *n* pinne *c*, käpp *c*
***stick** [stik] *v* fästa, klistra
sticker ['stikə] *n* klistermärke *nt*
sticky ['stiki] *adj* klibbig
stiff [stif] *adj* stel
still [stil] *adv* ännu; likväl; *adj* stilla
stimulant ['stimjulənt] *n* stimulans *c*; stimulantia *pl*
stimulate ['stimjuleit] *v* stimulera
sting [stiŋ] *n* sting *nt*, stick *nt*
***sting** [stiŋ] *v* *sticka
stingy ['stindʒi] *adj* småaktig
***stink** [stiŋk] *v* *stinka
stipulate ['stipjuleit] *v* stipulera, bestämma
stipulation [ˌstipju'leiʃən] *n* bestämmelse *c*
stir [stə:] *v* röra sig; röra om
stitch [stitʃ] *n* stygn *nt*, håll *nt*
stock [stɔk] *n* lager *nt*; *v* lagra; ~ **exchange** fondbörs *c*; ~ **market** fondmarknad *c*; **stocks and shares** värdepapper *pl*
stocking ['stɔkiŋ] *n* strumpa *c*
stole[1] [stoul] *v* (p steal)
stole[2] [stoul] *n* stola *c*
stomach ['stʌmək] *n* mage *c*
stomach ache ['stʌməkeik] *n* magont *nt*
stone [stoun] *n* sten *c*; ädelsten *c*; kärna *c*; sten-; **pumice** ~ pimpsten *c*
stood [stud] *v* (p, pp stand)
stop [stɔp] *v* stoppa, upphöra; *hålla upp med; *n* hållplats *c*; **stop!** stopp!
stopper ['stɔpə] *n* propp *c*
storage ['stɔ:ridʒ] *n* lagring *c*
store [stɔ:] *n* lager *nt*; affär *c*; *v* lagra
store house ['stɔ:haus] *n* magasin *nt*
storey ['stɔ:ri] *n* våning *c*
stork [stɔ:k] *n* stork *c*
storm [stɔ:m] *n* storm *c*
stormy ['stɔ:mi] *adj* stormig
story ['stɔ:ri] *n* historia *c*
stout [staut] *adj* korpulent, tjock; kraftig
stove [stouv] *n* ugn *c*; köksspis *c*
straight [streit] *adj* rak; hederlig; *adv* rakt; ~ **ahead** rakt fram; ~ **away** omedelbart, genast; ~ **on** rakt fram
strain [strein] *n* ansträngning *c*; påfrestning *c*; *v* överanstränga; sila
strainer ['streinə] *n* durkslag *nt*
strange [streindʒ] *adj* främmande; besynnerlig
stranger ['streindʒə] *n* främling *c*; okänd person
strangle ['stræŋgəl] *v* *strypa
strap [stræp] *n* rem *c*
straw [strɔ:] *n* strå *nt*, halm *c*;

sugrör *nt*
strawberry ['strɔːbəri] *n* jordgubbe *c*; **wild ~** smultron *nt*
stream [striːm] *n* bäck *c*; ström *c*; *v* strömma
street [striːt] *n* gata *c*
streetcar ['striːtkɑː] *nAm* spårvagn *c*
strength [streŋθ] *n* kraft *c*, styrka *c*
stress [stres] *n* stress *c*; betoning *c*; *v* betona
stretch [stretʃ] *v* tänja; *n* sträcka *c*
stretcher ['stretʃə] *n* bår *c*
strict [strikt] *adj* sträng; strikt
strike [straik] *n* strejk *c*
***strike** [straik] *v* *slå; *slå till; strejka
striking ['straikiŋ] *adj* slående, markant, påfallande
string [striŋ] *n* snöre *nt*; sträng *c*
strip [strip] *n* remsa *c*
stripe [straip] *n* rand *c*
striped [straipt] *adj* randig
stroke [strouk] *n* slaganfall *nt*
stroll [stroul] *v* flanera; *n* promenad *c*
strong [strɔŋ] *adj* stark; kraftig
stronghold ['strɔŋhould] *n* fästning *c*
structure ['strʌktʃə] *n* struktur *c*; byggnadsverk *nt*
struggle ['strʌgəl] *n* strid *c*, kamp *c*; *v* *slåss, kämpa
stub [stʌb] *n* talong *c*
stubborn ['stʌbən] *adj* envis
student ['stjuːdənt] *n* student *c*; studentska *c*; studerande *c*
studies ['stʌdiz] *pl* studier *pl*
study ['stʌdi] *v* studera; *n* studium *nt*; arbetsrum *nt*
stuff [stʌf] *n* material *nt*; grejor *pl*
stuffed [stʌft] *adj* fylld
stuffing ['stʌfiŋ] *n* fyllning *c*
stuffy ['stʌfi] *adj* kvav
stumble ['stʌmbəl] *v* snubbla
stung [stʌŋ] *v* (p, pp sting)
stupid ['stjuːpid] *adj* dum
style [stail] *n* stil *c*
subject[1] ['sʌbdʒikt] *n* subjekt *nt*; undersåte *c*; **~ to** utsatt för
subject[2] [səb'dʒekt] *v* underkuva
submarine ['sʌbməriːn] *n* u-båt *c*
submit [səb'mit] *v* underkasta sig
subordinate [sə'bɔːdinət] *adj* underordnad
subscriber [səb'skraibə] *n* prenumerant *c*
subscription [səb'skripʃən] *n* prenumeration *c*, abonnemang *nt*; insamling *c*
subsequent ['sʌbsikwənt] *adj* följande
subsidy ['sʌbsidi] *n* understöd *nt*
substance ['sʌbstəns] *n* substans *c*
substantial [səb'stænʃəl] *adj*

verklig; ansenlig
substitute ['sʌbstitju:t] *v* *ersätta; *n* surrogat *nt*; ställföreträdare *c*
subtitle ['sʌb,taitəl] *n* undertitel *c*
subtle ['sʌtəl] *adj* subtil
subtract [səb'trækt] *v* minska, *dra ifrån
suburb ['sʌbə:b] *n* förstad *c*, förort *c*
suburban [sə'bə:bən] *adj* förstads-
subway ['sʌbwei] *nAm* tunnelbana *c*
succeed [sək'si:d] *v* lyckas; efterträda
success [sək'ses] *n* succé *c*
successful [sək'sesfəl] *adj* framgångsrik
succumb [sə'kʌm] *v* duka under
such [sʌtʃ] *adj* sådan, liknande; *adv* så; **~ as** sådan som
suck [sʌk] *v* *suga
sudden ['sʌdən] *adj* plötslig
suddenly ['sʌdənli] *adv* plötsligt
suede [sweid] *n* mockaskinn *nt*
suffer ['sʌfə] *v* *lida; tåla
suffering ['sʌfəriŋ] *n* lidande *nt*
suffice [sə'fais] *v* räcka
sufficient [sə'fiʃənt] *adj* tillräcklig
suffrage ['sʌfridʒ] *n* rösträtt *c*
sugar ['ʃugə] *n* socker *nt*
suggest [sə'dʒest] *v* *föreslå
suggestion [sə'dʒestʃən] *n* förslag *nt*
suicide ['su:isaid] *n* självmord *nt*
suicide attack ['sju:əsaid‿ə,tæk] *n* självmordsattack *c*
suicide bomber ['sju:əsaid‿,bɔmə] *n* självmordsbombare *c*
suit [su:t] *v* passa; avpassa; *n* dräkt *c*, kostym *c*
suitable ['su:təbəl] *adj* passande
suitcase ['su:tkeis] *n* resväska *c*
suite [swi:t] *n* svit *c*
sum [sʌm] *n* summa *c*
summary ['sʌməri] *n* sammandrag *nt*, översikt *c*
summer ['sʌmə] *n* sommar *c*; **~ time** sommartid *c*
summit ['sʌmit] *n* topp *c*
sun [sʌn] *n* sol *c*
sunbathe ['sʌnbeið] *v* solbada
Sunday ['sʌndi] söndag *c*
sunglasses ['sʌn,glɑ:siz] *pl* solglasögon *pl*
sunlight ['sʌnlait] *n* solljus *nt*
sunny ['sʌni] *adj* solig
sunrise ['sʌnraiz] *n* soluppgång *c*
sunset ['sʌnset] *n* solnedgång *c*
sunshade ['sʌnʃeid] *n* solparasoll *nt*
sunshine ['sʌnʃain] *n* solsken *nt*

sunstroke ['sʌnstrouk] *n* solsting *nt*
suntan oil ['sʌntænɔil] sololja *c*
super ['sju:pə] *adj colloquial* super
superb [su'pə:b] *adj* storartad, utsökt
superficial [ˌsu:pə'fiʃəl] *adj* ytlig
superfluous [su'pə:fluəs] *adj* överflödig
superior [su'piəriə] *adj* större, bättre, överlägsen
superlative [su'pə:lətiv] *adj* superlativ; *n* superlativ *c*
supermarket ['su:pəˌma:kit] *n* snabbköp *nt*
superstition [ˌsu:pə'stiʃən] *n* vidskepelse *c*
supervise ['su:pəvaiz] *v* övervaka
supervision [ˌsu:pə'viʒən] *n* kontroll *c*, uppsikt *c*
supervisor ['su:pəvaizə] *n* arbetsledare *c*, uppsyningsman *c*
supper ['sʌpə] *n* kvällsmat *c*
supple ['sʌpəl] *adj* böjlig, mjuk, smidig
supplement ['sʌplimənt] *n* tidningsbilaga *c*
supply [sə'plai] *n* leverans *c*; förråd *nt*; utbud *nt*; *v* *förse
support [sə'pɔ:t] *v* *hålla uppe, stödja, understödja; *n* stöd *nt*; **~ hose** stödstrumpor *pl*
supporter [sə'pɔ:tə] *n* anhängare *c*
suppose [sə'pouz] *v* förmoda, *anta; **supposing that** *anta att
suppository [sə'pɔzitəri] *n* stolpiller *nt*
suppress [sə'pres] *v* undertrycka
surcharge ['sə:tʃɑ:dʒ] *n* tillägg *nt*; överbelastning *c*
sure [ʃuə] *adj* säker
surely ['ʃuəli] *adv* säkerligen
surf (the Net) [sə:f] *v* surfa (på Nätet)
surface ['sə:fis] *n* yta *c*
surfboard ['sə:fbɔ:d] *n* surfingbräda *c*
surgeon ['sə:dʒən] *n* kirurg *c*; **veterinary ~** veterinär *c*
surgery ['sə:dʒəri] *n* kirurgi *c*; läkarmottagning *c*
surname ['sə:neim] *n* efternamn *nt*
surplus ['sə:pləs] *n* överskott *nt*
surprise [sə'praiz] *n* överraskning *c*; *v* överraska; förvåna
surrender [sə'rendə] *v* *ge sig; *n* kapitulation *c*
surround [sə'raund] *v* omringa, *omge
surrounding [sə'raundiŋ] *adj* kringliggande
surroundings [sə'raundiŋz] *pl* omgivningar
survey ['sə:vei] *n* översikt *c*
survival [sə'vaivəl] *n* överlevnad *c*
survive [sə'vaiv] *v* överleva
suspect[1] [sə'spekt] *v*

misstänka; *anta
suspect[2] ['sʌspekt] *n* misstänkt *c*
suspend [sə'spend] *v* suspendera
suspenders [sə'spendəz] *plAm* hängslen *pl*; **~ bridge** hängbro *c*
suspension [sə'spenʃən] *n* upphängningsanordning *nt*, fjädring *c*
suspicion [sə'spiʃən] *n* misstanke *c*; misstänksamhet *c*, misstro *c*
suspicious [sə'spiʃəs] *adj* misstänkt; misstrogen, misstänksam
sustain [sə'stein] *v* *utstå
SUV ['esyuː'viː] *n* SUV *c*
Swahili [swə'hiːli] *n* swahili
swallow ['swɔlou] *v* sluka, *svälja; *n* svala *c*
swam [swæm] *v* (p swim)
swamp [swɔmp] *n* träsk *nt*
swan [swɔn] *n* svan *c*
swap [swɔp] *v* byta
***swear** [swɛə] *v* *svära
sweat [swet] *n* svett *c*; *v* svettas
sweater ['swetə] *n* tröja *c*
Swede [swiːd] *n* svensk *c*
Sweden ['swiːdən] Sverige
Swedish ['swiːdiʃ] *adj* svensk
***sweep** [swiːp] *v* sopa
sweet [swiːt] *adj* söt; snäll; *n* karamell *c*; dessert *c*; **sweets** sötsaker *pl*
sweeten ['swiːtən] *v* söta
sweetheart ['swiːthɑːt] *n* älskling *c*, raring *c*
sweetshop ['swiːtʃɔp] *n* gottaffär *c*
swell [swel] *adj* tjusig
***swell** [swel] *v* svälla; svullna; öka
swelling ['sweliŋ] *n* svullnad *c*
swift [swift] *adj* rask
***swim** [swim] *v* simma
swimmer ['swimə] *n* simmare *c*
swimming ['swimiŋ] *n* simning *c*; **~ pool** simbassäng *c*
swimmingtrunks ['swimiŋtrʌŋks] *pl* badbyxor *pl*
swimsuit ['swimsuːt]*n*, **swimming suit** *nAm* baddräkt *c*
swindle ['swindəl] *v* svindla; *n* svindel *c*
swindler ['swindlə] *n* svindlare *c*
swing [swiŋ] *n* gunga *c*
***swing** [swiŋ] *v* svänga; gunga
Swiss [swis] *adj* schweizisk; *n* schweizare *c*
switch [switʃ] *n* växel *c*; strömbrytare *c*, spö *nt*; *v* växla; **~ off** koppla av, stänga av; **~ on** koppla på
switchboard ['switʃbɔːd] *n* kopplingsbord *nt*
Switzerland ['switsələnd] Schweiz
sword [sɔːd] *n* svärd *nt*
swum [swʌm] *v* (pp swim)

syllable ['siləbəl] *n* stavelse *c*
symbol ['simbəl] *n* symbol *c*
sympathetic [,simpə'θetik] *adj* deltagande
sympathy ['simpəθi] *n* sympati *c*; medkänsla *c*
symphony ['simfəni] *n* symfoni *c*
symptom ['simtəm] *n* symptom *nt*
synagogue ['sinəgɔg] *n* synagoga *c*
synonym ['sinənim] *n* synonym *c*
synthetic [sin'θetik] *adj* syntetisk
Syria ['siriə] Syrien
Syrian ['siriən] *adj* syrisk; *n* syrier *c*
syringe [si'rindʒ] *n* injektionsspruta *c*
syrup ['sirəp] *n* sockerlag *c*, saft *c*
system ['sistəm] *n* system *nt*; **decimal ~** decimalsystem *nt*
systematic [,sistə'mætik] *adj* systematisk

T

table ['teibəl] *n* bord *nt*; tabell *c*; **~ of contents** innehållsförteckning *c*; **~ tennis** bordtennis *c*
tablecloth ['teibəlklɔθ] *n* bordduk *c*
tablespoon ['teibəlspu:n] *n* matsked *c*
tablet ['tæblit] *n* tablett *c*; pekdator *c*; surfplatta *c*
taboo [tə'bu:] *n* tabu *nt*
tactics ['tæktiks] *pl* taktik *c*
tag [tæg] *n* prislapp *c*, adresslapp *c*
tail [teil] *n* svans *c*
taillight ['teillait] *n* baklykta *c*
tailor ['teilə] *n* skräddare *c*
tailor-made ['teiləmeid] *adj* skräddarsydd
***take** [teik] *v* *ta; *gripa; *begripa, *förstå, fatta; **~ away** *ta bort; **~ off** *ta av; *ge sig iväg; **~ out** *ta ut; **~ over** *överta; **~ place** äga rum; **~ up** *uppta
take-off ['teikɔf] *n* start *c*
tale [teil] *n* berättelse *c*, saga *c*
talent ['tælənt] *n* talang *c*, begåvning *c*
talented ['tæləntid] *adj* begåvad
talk [tɔ:k] *v* tala, prata; *n* samtal *nt*
talkative ['tɔ:kətiv] *adj* pratsam
tall [tɔ:l] *adj* hög; lång
tame [teim] *adj* tam; *v* tämja
tampon ['tæmpən] *n* tampong *c*
tangerine [,tændʒə'ri:n] *n* mandarin *c*
tangible ['tændʒibəl] *adj* gripbar

tank [tæŋk] *n* tank *c*
tanker ['tæŋkə] *n* tankfartyg *nt*
tanned [tænd] *adj* solbränd
tap [tæp] *n* kran *c*; slag *nt*; *v* knacka
tape [teip] *n* ljudband *nt*; snöre *nt*; **adhesive ~** klisterremsa *c*, tejp *c*
tape measure ['teip,meʒə] *n* måttband *nt*
tap water ['tæpwɔːtə] *n* kranvatten *nt*
tar [taː] *n* tjära *c*
target ['taːgit] *n* måltavla *c*
tariff ['tærif] *n* tariff *c*
task [tɑːsk] *n* uppgift *c*
taste [teist] *n* smak *c*; *v* smaka
tasteless ['teistləs] *adj* smaklös
tasty ['teisti] *adj* välsmakande
taught [tɔːt] *v* (p, pp teach)
tavern ['tævən] *n* taverna *c*
tax [tæks] *n* skatt *c*; *v* beskatta
taxation [tæk'seiʃən] *n* beskattning *c*
tax-free ['tæksfriː] *adj* skattefri
taxi ['tæksi] *n* taxi *c*; **~ rank** taxistation *c*; **~ stand** *Am* taxistation *c*
taxi driver ['tæksi,draivə] *n* taxichaufför *c*
taximeter ['tæksi,miːtə] *n* taxameter *c*
tea [tiː] *n* te *nt*; eftermiddagste *nt*
***teach** [tiːtʃ] *v* undervisa, lära
teacher ['tiːtʃə] *n* lärare *c*; lärarinna *c*
teachings ['tiːtʃiŋz] *pl* lära *c*
tea cloth ['tiːklɔθ] *n* kökshandduk *c*
teacup ['tiːkʌp] *n* tekopp *c*
team [tiːm] *n* lag *nt*
teapot ['tiːpɔt] *n* tekanna *c*
***tear** [tɛə] *v* *riva
tear[1] [tiə] *n* tår *c*
tear[2] [tɛə] *n* reva *c*
tease [tiːz] *v* reta
tea set ['tiːset] *n* teservis *c*
tea-shop ['tiːʃɔp] *n* tesalong *c*
teaspoon ['tiːspuːn] *n* tesked *c*
teaspoonful ['tiːspuːn,ful] *n* tesked *c*
technical ['teknikəl] *adj* teknisk
technical support ['teknikəl‿sə'pɔːt] *n* teknisk support *c*
technician [tek'niʃən] *n* tekniker *c*
technique [tek'niːk] *n* teknik *c*
technological [,teknə'lɔdʒikəl] *adj* teknologisk
technology [tek'nɔlədʒi] *n* teknologi *c*
teenager ['tiː,neidʒə] *n* tonåring *c*
telecommunications [,telikəmjuːni'keiʃənz] *n* telekommunikation *c*

telegram ['teligræm] *n* telegram *nt*
telegraph ['teligraːf] *v* telegrafera
telepathy [ti'lepəθi] *n* telepati *c*
telephone ['telifoun] *n* telefon *c*; ~ **book** *Am* telefonkatalog *c*; ~ **booth** telefonhytt *c*; ~ **call** telefonsamtal *nt*; ~ **directory** telefonkatalog *c*; ~ **operator** telefonist *c*
television ['telivizən] *n* television *c*; **cable** ~ kabel-TV *c*; **satellite** ~ satellit-TV *c*; ~ **set** televisionsapparat *c*
telex ['teleks] *n* telex *nt*
***tell** [tel] *v* tala om; berätta, *säga
telly ['teli] *n colloquial* tv *c*
temper ['tempə] *n* humör *nt*
temperature ['temprətʃə] *n* temperatur *c*
tempest ['tempist] *n* oväder *nt*
temple ['tempəl] *n* tempel *nt*; tinning *c*
temporary ['tempərəri] *adj* tillfällig, provisorisk
tempt [tempt] *v* fresta
temptation [temp'teiʃən] *n* frestelse *c*
ten [ten] *num* tio
tenant ['tenənt] *n* hyresgäst *c*
tend [tend] *v* tendera; vårda; ~ **to** tendera åt
tendency ['tendənsi] *n* benägenhet *c*, tendens *c*
tender ['tendə] *adj* öm; mör
tendon ['tendən] *n* sena *c*
tennis ['tenis] *n* tennis *c*; ~ **shoes** tennisskor *pl*
tennis court ['teniskɔːt] *n* tennisplan *c*, tennisbana *c*
tense [tens] *adj* spänd
tension ['tenʃən] *n* spänning *c*
tent [tent] *n* tält *nt*
tenth [tenθ] *num* tionde
tepid ['tepid] *adj* ljum
term [təːm] *n* term *c*; period *c*, termin *c*; villkor *nt*
terminal ['təːminəl] *n* ändstation *c*
terrace ['terəs] *n* terrass *c*
terrain [te'rein] *n* terräng *c*
terrible ['teribəl] *adj* förskräcklig, hemsk, förfärlig
terrific [tə'rifik] *adj* storartad
terrify ['terifai] *v* förskräcka; **terrifying** skrämmande
territory ['teritəri] *n* område *nt*, territorium *nt*
terror ['terə] *n* skräck *c*
terrorism ['terərizəm] *n* terrorism *c*, terror *c*
terrorist ['terərist] *n* terrorist *c*
test [test] *n* prov *nt*, prövning *c*; *v* pröva, testa
testify ['testifai] *v* vittna
text [tekst] *n* text *c*
textbook ['teksbuk] *n* lärobok *c*
texture ['tekstʃə] *n* struktur *c*
Thai [tai] *adj* thailändsk; *n* thailändare *c*

Thailand ['tailænd] Thailand
than [ðæn] *conj* än
thank [θæŋk] *v* tacka; **~ you** tack *nt*
thankful ['θæŋkfəl] *adj* tacksam
that [ðæt] *adj* den, den där; *pron* den där; som; *conj* att
thaw [θɔː] *v* smälta, töa; *n* töväder *nt*
the [ðə,ði] *art* -en *suf*; **the … the** ju … desto
theatre ['θiətə] *n* teater *c*
theft [θeft] *n* stöld *c*
their [ðεə] *adj* deras
them [ðem] *pron* dem
theme [θiːm] *n* tema *nt*, ämne *nt*
themselves [ðəm'selvz] *pron* sig; själva
then [ðen] *adv* då; sedan, därefter
theology [θi'ɔlədʒi] *n* teologi *c*
theoretical [θiə'retikəl] *adj* teoretisk
theory ['θiəri] *n* teori *c*
therapy ['θerəpi] *n* terapi *c*
there [ðεə] *adv* där; dit
therefore ['ðεəfɔː] *conj* därför
thermometer [θə'mɔmitə] *n* termometer *c*
thermostat ['θəːməstæt] *n* termostat *c*
these [ðiːz] *adj* de här
thesis ['θiːsis] *n* (pl theses) tes *c*
they [ðei] *pron* de
thick [θik] *adj* tät; tjock
thicken ['θikən] *v* tjockna, *göra tjock
thickness ['θiknəs] *n* tjocklek *c*
thief [θiːf] *n* (pl thieves) tjuv *c*
thigh [θai] *n* lår *nt*
thimble ['θimbəl] *n* fingerborg *c*
thin [θin] *adj* tunn; mager
thing [θiŋ] *n* sak *c*
***think** [θiŋk] *v* tycka; tänka; **~ of** tänka på; **~ over** fundera på
thinker ['θiŋkə] *n* tänkare *c*
third [θəːd] *num* tredje
thirst [θəːst] *n* törst *c*
thirsty ['θəːsti] *adj* törstig
thirteen [ˌθəː'tiːn] *num* tretton
thirteenth [ˌθəː'tiːnθ] *num* trettonde
thirty ['θəːti] *num* trettio
this [ðis] *adj* den här; *pron* denna
thistle ['θisəl] *n* tistel *c*
thorn [θɔːn] *n* tagg *c*
thorough ['θʌrə] *adj* grundlig, ordentlig
thoroughfare ['θʌrəfεə] *n* huvudväg *c*, huvudgata *c*
those [ðouz] *pron* de, de där, dessa
though [ðou] *conj* även om, fastän, ehuru; *adv* emellertid
thought[1] [θɔːt] *v* (p, pp think)
thought[2] [θɔːt] *n* tanke *c*
thoughtful ['θɔːtfəl] *adj* tankfull; omtänksam

thousand ['θauzənd] *num* tusen
thread [θred] *n* tråd *c*; *v* trä upp
threadbare ['θredbɛə] *adj* trådsliten
threat [θret] *n* hot *nt*
threaten ['θretən] *v* hota
three [θri:] *num* tre
three-quarter [ˌθri:'kwɔ:tə] *adj* trefjärdedels-
threshold ['θreʃould] *n* tröskel *c*
threw [θru:] *v* (p throw)
thrifty ['θrifti] *adj* ekonomisk
throat [θrout] *n* strupe *c*; hals *c*
throne [θroun] *n* tron *c*
through [θru:] *prep* genom
throughout [θru:'aut] *adv* överallt
throw [θrou] *n* kast *nt*
***throw** [θrou] *v* slänga, kasta
thrush [θrʌʃ] *n* trast *c*
thumb [θʌm] *n* tumme *c*
thumbtack ['θʌmtæk] *nAm* häftstift *nt*
thump [θʌmp] *v* dunka
thunder ['θʌndə] *n* åska *c*; *v* åska
thunderstorm ['θʌndəstɔ:m] *n* åskväder *nt*
thundery ['θʌndəri] *adj* åsk-
Thursday ['θə:zdi] torsdag *c*
thus [ðʌs] *adv* således
thyme [taim] *n* timjan *c*
tick [tik] *n* bock *c*; **~ off** pricka av
ticket ['tikit] *n* biljett *c*; böter *pl*; **~ collector** konduk[illegible]; **~ machine** biljettautom[illegible]
tickle ['tikəl] *v* kittla
tide [taid] *n* tidvatten *nt*; **high ~** högvatten *nt*; **low ~** lågvatten *nt*
tidy ['taidi] *adj* städad; **~ up** städa
tie [tai] *v* *binda, *knyta; *n* slips *c*
tiger ['taigə] *n* tiger *c*
tight [tait] *adj* stram; trång; *adv* fast
tighten ['taitən] *v* *dra till, *dra åt; åtstrama
tights [taits] *pl* trikåer *pl*, strumpbyxor *pl*
tile [tail] *n* kakel *nt*; tegelpanna *c*
till [til] *prep* tills, till; *conj* till dess att, ända till
timber ['timbə] *n* timmer *nt*
time [taim] *n* tid *c*; gång *c*; **all the ~** hela tiden; **in ~** i tid; **~ of arrival** ankomsttid *c*; **~ of departure** avgångstid *c*
time-saving ['taimˌseiviŋ] *adj* tidsbesparande
timetable ['taimˌteibəl] *n* tidtabell *c*
timid ['timid] *adj* blyg
timidity [ti'midəti] *n* blyghet *c*
tin [tin] *n* tenn *nt*; konservburk *c*, burk *c*; **tinned food** konserver *pl*
tinfoil ['tinfɔil] *n* folie *c*
tin opener ['tiˌnoupənə] *n* konservöppnare *c*

tiny ['taini] *adj* pytteliten
tip [tip] *n* spets *c*; dricks *c*
tire[1] [taiə] *n* däck *nt*
tire[2] [taiə] *v* trötta
tired [taiəd] *adj* trött
tiring ['taiəriŋ] *adj* tröttsam
tissue ['tiʃu:] *n* vävnad *c*; ansiktsservett *c*, pappersnäsduk *c*
title ['taitəl] *n* titel *c*
to [tu:] *prep* till, i; åt; för att
toad [toud] *n* padda *c*
toadstool ['toudstu:l] *n* svamp *c*
toast [toust] *n* rostat bröd; skål *c*
tobacco [tə'bækou] *n* (pl ~s) tobak *c*; ~ **pouch** tobakspung *c*
tobacconist [tə'bækənist] *n* tobakshandlare *c*; **tobacconist's** tobaksaffär *c*
today [tə'dei] *adv* idag
toddler ['tɔdlə] *n* litet barn
toe [tou] *n* tå *c*
toffee ['tɔfi] *n* kola *c*
together [tə'geðə] *adv* tillsammans
toilet ['tɔilət] *n* toalett *c*; ~ **case** necessär *c*
toilet paper ['tɔilət,peipə] *n* toalettpapper *nt*
toiletry ['tɔilətri] *n* toalettartiklar *pl*
token ['toukən] *n* tecken *nt*; bevis *nt*; pollett *c*
told [tould] *v* (p, pp tell)
tolerable ['tɔlərəbəl] *adj* uthärdlig
toll [toul] *n* vägavgift *c*
tomato [tə'mɑ:tou] *n* (pl ~es) tomat *c*
tomb [tu:m] *n* grav *c*
tombstone ['tu:mstoun] *n* gravsten *c*
tomorrow [tə'mɔrou] *adv* i morgon
ton [tʌn] *n* ton *nt*
tone [toun] *n* ton *c*; klang *c*
tongs [tɔŋz] *pl* tång *c*
tongue [tʌŋ] *n* tunga *c*
tonic ['tɔnik] *n* stärkande medel
tonight [tə'nait] *adv* i natt, i kväll
tonsilitis [,tɔnsə'laitis] *n* halsfluss *c*
tonsils ['tɔnsəlz] *pl* halsmandlar *pl*
too [tu:] *adv* alltför; också
took [tuk] *v* (p take)
tool [tu:l] *n* redskap *nt*, verktyg *nt*; ~ **kit** vertygssats *c*
toot [tu:t] *vAm* tuta
tooth [tu:θ] *n* (pl teeth) tand *c*
toothache ['tu:θeik] *n* tandvärk *c*
toothbrush ['tu:θbrʌʃ] *n* tandborste *c*
toothpaste ['tu:θpeist] *n* tandkräm *c*
toothpick ['tu:θpik] *n* tandpetare *c*
toothpowder ['tu:θ,paudə] *n* tandpulver *nt*
top [tɔp] *n* topp *c*; översida *c*; lock *nt*; övre; **on** ~ **of** ovanpå; ~ **side** översida *c*
topic ['tɔpik] *n* samtalsämne *nt*

topical ['tɔpikəl] *adj* aktuell
torch [tɔːtʃ] *n* fackla *c*; ficklampa *c*
torment¹ [tɔː'ment] *v* plåga
torment² ['tɔːment] *n* pina *c*
torture ['tɔːtʃə] *n* tortyr *c*; *v* tortera
toss [tɔs] *v* kasta
tot [tɔt] *n* litet barn
total ['toutəl] *adj* total, fullständig; *n* summa *c*
totalitarian [ˌtoutæli'tɛəriən] *adj* totalitär
touch [tʌtʃ] *v* vidröra, röra; beröra; *n* beröring *c*; känsel *c*
touching ['tʌtʃiŋ] *adj* rörande
tough [tʌf] *adj* seg
tour [tuə] *n* rundresa *c*
tourism ['tuərizəm] *n* turism *c*
tourist ['tuərist] *n* turist *c*; **~ class** turistklass *c*; **~ office** turistbyrå *c*
tournament ['tuənəmənt] *n* turnering *c*
tow [tou] *v* *ta på släp, bogsera
towards [tə'wɔːdz] *prep* mot; gentemot; åt
towel [tauəl] *n* handduk *c*
towelling ['tauəliŋ] *n* handdukstyg *nt*
tower [tauə] *n* torn *nt*
town [taun] *n* stad *c*; **~ centre** stadscentrum *nt*; **~ hall** stadshus *nt*
townspeople ['taunzˌpiːpəl] *pl* stadsbor *pl*
toxic ['tɔksik] *adj* giftig
toy [tɔi] *n* leksak *c*
toyshop ['tɔiʃɔp] *n* leksaksaffär *c*
trace [treis] *n* spår *nt*; *v* spåra
track [træk] *n* järnvägsspår *nt*; bana *c*
tractor ['træktə] *n* traktor *c*
trade [treid] *n* handel *c*; yrke *nt*; *v* *driva handel
trade union [ˌtreid'juːnjən] *n* fackförening *c*
trademark ['treidmaːk] *n* varumärke *nt*
trader ['treidə] *n* affärsman *c*
tradesman ['treidzmən] *n* (pl -men) handelsman *c*
tradeswoman ['treidzwumən] *n* handelsidkare (kvinnlig) *c*
tradition [trə'diʃən] *n* tradition *c*
traditional [trə'diʃənəl] *adj* traditionell
traffic ['træfik] *n* trafik *c*; **~ jam** trafikstockning *c*; **~ light** trafikljus *nt*
trafficator ['træfikeitə] *n* körriktningsvisare *c*
tragedy ['trædʒədi] *n* tragedi *c*
tragic ['trædʒik] *adj* tragisk
trail [treil] *n* spår *nt*, stig *c*
trailer ['treilə] *n* släpvagn *c*; *nAm* husvagn *c*
train [trein] *n* tåg *nt*; *v* träna, dressera; **stopping ~** persontåg *nt*; **through ~** snälltåg *nt*; **~ ferry** tågfärja *c*

trainee [trei'niː] *n* praktikant *c*
trainer ['treinə] *n* tränare *c*
training ['treiniŋ] *n* träning *c*
trait [treit] *n* drag *nt*
traitor ['treitə] *n* förrädare *c*
tram [træm] *n* spårvagn *c*
tramp [træmp] *n* luffare *c*; *v* vandra
tranquil ['træŋkwil] *adj* lugn
tranquillizer ['træŋkwilaizə] *n* lugnande medel
transaction [træn'zækʃən] *n* transaktion *c*
transatlantic [ˌtrænzət'læntik] *adj* transatlantisk
transfer [træns'fəː] *v* överföra
transform [træns'fɔːm] *v* förvandla, omvandla
transformer [træns'fɔːmə] *n* transformator *c*
transition [træn'siʃən] *n* övergång *c*
translate [træns'leit] *v* *översätta
translation [træns'leiʃən] *n* översättning *c*
translator [træns'leitə] *n* översättare *c*
transmission [trænz'miʃən] *n* sändning *c*
transmit [trænz'mit] *v* sända
transmitter [trænz'mitə] *n* sändare *c*
transparent [træn'speərənt] *adj* genomskinlig
transport[1] ['trænspɔːt] *n* transport *c*
transport[2] [træn'spɔːt] *v* transportera
transportation [ˌtrænspɔː'teiʃən] *n* transport *c*
trap [træp] *n* fälla *c*
trash [træʃ] *n* smörja *c*; **~ can** *Am* soptunna *c*
travel ['trævəl] *v* resa; **~ agency** resebyrå *c*; **~ insurance** reseförsäkring *c*; **travelling expenses** resekostnader *pl*
traveller ['trævələ] *n* resenär *c*; **traveller's cheque** resecheck *c*
tray [trei] *n* bricka *c*
treason ['triːzən] *n* förräderi *nt*
treasure ['treʒə] *n* skatt *c*
treasurer ['treʒərə] *n* skattmästare *c*
treasury ['treʒəri] *n* föreningskassa *c*, skattkammare *c*
treat [triːt] *v* behandla
treatment ['triːtmənt] *n* behandling *c*
treaty ['triːti] *n* traktat *c*
tree [triː] *n* träd *nt*
tremble ['trembəl] *v* skälva, darra
tremendous [tri'mendəs] *adj* oerhörd
trendy ['trendi] *adj colloquial* trendig
trespass ['trespəs] *v* inkräkta
trespasser ['trespəsə] *n*

inkräktare *c*
trial [traiəl] *n* rättegång *c*; prov *nt*
triangle ['traiæŋgəl] *n* triangel *c*
triangular [trai'æŋgjulə] *adj* trekantig
tribe [traib] *n* stam *c*
tributary ['tribjutəri] *n* biflod *c*
tribute ['tribju:t] *n* hyllning *c*
trick [trik] *n* spratt *nt*; konststycke *nt*, trick *nt*
trigger ['trigə] *n* avtryckare *c*
trim [trim] *v* trimma
trip [trip] *n* tripp *c*, resa *c*, utflykt *c*
triumph ['traiəmf] *n* triumf *c*; *v* triumfera
triumphant [trai'ʌmfənt] *adj* segerrik
troops [tru:ps] *pl* trupper *pl*
tropical ['trɔpikəl] *adj* tropisk
tropics ['trɔpiks] *pl* tropikerna *pl*
trouble ['trʌbəl] *n* möda *c*, besvär *nt*, bekymmer *nt*; *v* besvära
troublesome ['trʌbəlsəm] *adj* besvärlig
trousers ['trauzəz] *pl* långbyxor *pl*
trout [traut] *n* (pl ~) forell *c*
truck [trʌk] *nAm* lastbil *c*
true [tru:] *adj* sann; äkta, verklig; trofast, trogen
trumpet ['trʌmpit] *n* trumpet *c*
trunk [trʌŋk] *n* koffert *c*; stam *c*; *nAm* bagageutrymme *nt*; **trunks** gymnastikbyxor *pl*
long-distance call ['trʌŋkkɔ:l] *n* rikssamtal *nt*
trust [trʌst] *v* lita på; *n* förtroende *nt*
trustworthy ['trʌst,wə:ði] *adj* pålitlig
truth [tru:θ] *n* sanning *c*
truthful ['tru:θfəl] *adj* sannfärdig
try [trai] *v* försöka, bemöda sig; *n* försök *nt*; **~ on** prova
tube [tju:b] *n* rör *nt*; tub *c*
tuberculosis [tju:,bə:kju'lousis] *n* tuberkulos *c*
Tuesday ['tju:zdi] tisdag *c*
tug [tʌg] *v* bogsera; *n* bogserbåt *c*; ryck *nt*
tuition [tju:'iʃən] *n* undervisning *c*
tulip ['tju:lip] *n* tulpan *c*
tumour ['tju:mə] *n* tumör *c*
tuna ['tju:nə] *n* (pl ~, ~s) tonfisk *c*
tune [tju:n] *n* melodi *c*, visa *c*; **~ in** ställa in
tuneful ['tju:nfəl] *adj* melodisk
tunic ['tju:nik] *n* tunika *c*
Tunisia [tju:'niziə] Tunisien
Tunisian [tju:'niziən] *adj* tunisisk; *n* tunisier *c*
tunnel ['tʌnəl] *n* tunnel *c*
turbine ['tə:bain] *n* turbin *c*
turbojet [,tə:bou'dʒet] *n* turbojet *c*
Turkey ['tə:ki] Turkiet

turkey ['tə:ki] *n* kalkon *c*
Turkish ['tə:kiʃ] *adj* turkisk; ~ **bath** turkiskt bad
turn [tə:n] *v* vända, svänga, *vrida om; *n* varv *nt*, vändning *c*; tur *c*; ~ **back** vända tillbaka; ~ **down** förkasta; ~ **into** förvandlas till; ~ **off** stänga av; ~ **on** *sätta på, tända, skruva på; ~ **over** vända upp och ner; ~ **round** vända på; vända sig om
turning ['tə:niŋ] *n* kurva *c*
turning point ['tə:niŋpɔint] *n* vändpunkt *c*
turnover ['tə:,nouvə] *n* omsättning *c*; ~ **tax** omsättningsskatt *c*
turnpike ['tə:npaik] *nAm* motorväg *c*
turpentine ['tə:pəntain] *n* terpentin *nt*
turtle ['tə:təl] *n* sköldpadda *c*
tutor ['tju:tə] *n* informator *c*; förmyndare *c*
tuxedo [tʌk'si:dou] *nAm* (pl ~s, ~es) smoking *c*
TV [,ti:'vi:] *n colloquial* TV *c*; **on** ~ på TV
tweed [twi:d] *n* tweed *c*
tweezers ['twi:zəz] *pl* pincett *c*
twelfth [twelfθ] *num* tolfte
twelve [twelv] *num* tolv
twentieth ['twentiəθ] *num* tjugonde
twenty ['twenti] *num* tjugo
twice [twais] *adv* två gånger
twig [twig] *n* kvist *c*
twilight ['twailait] *n* skymning *c*
twine [twain] *n* snodd *c*
twins [twinz] *pl* tvillingar *pl*; **twin beds** dubbelsängar *pl*
twist [twist] *v* *vrida; *n* vridning *c*
two [tu:] *num* två
two-piece [,tu:'pi:s] *adj* tvådelad
type [taip] *v* *skriva maskin; *n* typ *c*
typewriter ['taipraitə] *n* skrivmaskin *c*
typhoid ['taifɔid] *n* tyfus *c*
typical ['tipikəl] *adj* karakteristisk, typisk
typist ['taipist] *n* maskinskriverska *c*
tyrant ['taiərənt] *n* tyrann *c*
tyre [taiə] *n* däck *nt*; ~ **pressure** slangtryck *nt*

U

ugly ['ʌgli] *adj* ful
ulcer ['ʌlsə] *n* sår *nt*
ultimate ['ʌltimət] *adj* sista
ultraviolet [,ʌltrə'vaiələt] *adj* ultraviolett
umbrella [ʌm'brelə] *n* paraply *nt*
umpire ['ʌmpaiə] *n* domare *c*

unable [ʌ'neibəl] *adj* oförmögen
unacceptable [ˌʌnək'septəbəl] *adj* oantagbar
unaccountable [ˌʌnə'kauntəbəl] *adj* oförklarlig
unaccustomed [ˌʌnə'kʌstəmd] *adj* ovan
unanimous [juː'næniməs] *adj* enstämmig
unanswered [ˌʌ'nɑːnsəd] *adj* obesvarad
unauthorized [ˌʌ'nɔːθəraizd] *adj* oberättigad
unavoidable [ˌʌnə'vɔidəbəl] *adj* oundviklig
unaware [ˌʌnə'wɛə] *adj* omedveten
unbearable [ʌn'bɛərəbəl] *adj* outhärdlig
unbreakable [ˌʌn'breikəbəl] *adj* okrossbar
unbroken [ˌʌn'broukən] *adj* intakt
unbutton [ˌʌn'bʌtən] *v* knäppa upp
uncertain [ʌn'səːtən] *adj* oviss, osäker
uncle ['ʌŋkəl] *n* farbror *c*, morbror *c*
unclean [ˌʌn'kliːn] *adj* oren
uncomfortable [ʌn'kʌmfətəbəl] *adj* obekväm
uncommon [ʌn'kɔmən] *adj* sällsynt, ovanlig
unconditional [ˌʌnkən'diʃənəl] *adj* ovillkorlig
unconscious [ʌn'kɔnʃəs] *adj* medvetslös
uncork [ˌʌn'kɔːk] *v* korka upp
uncover [ʌn'kʌvə] *v* avtäcka
uncultivated [ˌʌn'kʌltiveitid] *adj* ouppodlad, okultiverad
under ['ʌndə] *prep* under, nedanför
undercurrent ['ʌndəˌkʌrənt] *n* underström *c*
underestimate [ˌʌndə'restimeit] *v* underskatta
underground ['ʌndəgraund] *adj* underjordisk; *n* tunnelbana *c*
underline [ˌʌndə'lain] *v* *stryka under
underneath [ˌʌndə'niːθ] *adv* under
underpants ['ʌndəpænts] *plAm* kalsonger *pl*
undershirt ['ʌndəʃəːt] *n* undertröja *c*
***understand** [ˌʌndə'stænd] *v* *förstå
understanding [ˌʌndə'stændiŋ] *n* förståelse *c*
understatement [ˌʌndə'steitmənt] *n* underdrift *c*
***undertake** [ˌʌndə'teik] *v* *företa
undertaking [ˌʌndə'teikiŋ] *n* företag *nt*
underwater ['ʌndəˌwɔːtə]

adj undervattens-
underwear ['ʌndəwɛə] *n* underkläder *pl*
undesirable [ˌʌndi'zaiərəbəl] *adj* ovälkommen; ej önskvärd
***undo** [ˌʌn'duː] *v* lösa upp
undoubtedly [ʌn'dautidli] *adv* otvivelaktigt
undress [ˌʌn'dres] *v* klä av sig
unearned [ˌʌ'nəːnd] *adj* oförtjänt
uneasy [ʌ'niːzi] *adj* olustig
uneducated [ˌʌ'nedjukeitid] *adj* obildad
unemployed [ˌʌnim'plɔid] *adj* arbetslös
unemployment [ˌʌnim'plɔimənt] *n* arbetslöshet *c*
unequal [ˌʌ'niːkwəl] *adj* olika
uneven [ˌʌ'niːvən] *adj* ojämn
unexpected [ˌʌnik'spektid] *adj* oanad, oväntad
unfair [ˌʌn'fɛə] *adj* ojust, orättvis
unfaithful [ˌʌn'feiθfəl] *adj* otrogen
unfamiliar [ˌʌnfə'miljə] *adj* obekant
unfasten [ˌʌn'fɑːsən] *v* lossa
unfavourable [ˌʌn'feivərəbəl] *adj* ogynnsam
unfit [ˌʌn'fit] *adj* olämplig
unfold [ʌn'fould] *v* veckla ut
unfortunate [ʌn'fɔːtʃənət] *adj* olycklig
unfortunately [ʌn'fɔːtʃənətli] *adv* tyvärr, dessvärre
unfriendly [ˌʌn'frendli] *adj* ovänlig
ungrateful [ʌn'greitfəl] *adj* otacksam
unhappy [ʌn'hæpi] *adj* olycklig
unhealthy [ʌn'helθi] *adj* ohälsosam
unhurt [ˌʌn'həːt] *adj* oskadad
uniform ['juːnifɔːm] *n* uniform *c*; *adj* likformig, konstant
unimportant [ˌʌnim'pɔːtənt] *adj* oviktig
uninhabitable [ˌʌnin'hæbitəbəl] *adj* obeboelig
uninhabited [ˌʌnin'hæbitid] *adj* obebodd
unintentional [ˌʌnin'tenʃənəl] *adj* oavsiktlig
union ['juːnjən] *n* fackförening *c*; förening *c*; union *c*
unique [juː'niːk] *adj* unik
unit ['juːnit] *n* enhet *c*
unite [juː'nait] *v* förena
united [ju'naitid] *adj* förenad
United States [juː'naitid steits] Förenta Staterna
unity ['juːnəti] *n* enhet *c*
universal [ˌjuːni'vəːsəl] *adj* universell, allmän
universe ['juːnivəːs] *n* universum *nt*

university [ˌjuːni'vəːsəti] *n* universitet *nt*
unjust [ˌʌn'dʒʌst] *adj* orättvis
unkind [ʌn'kaind] *adj* ovänlig
unknown [ˌʌn'noun] *adj* okänd
unlawful [ˌʌn'lɔːfəl] *adj* olaglig
unlearn [ˌʌn'ləːn] *v* lära sig av med
unless [ən'les] *conj* såvida inte
unlike [ˌʌn'laik] *adj* olik
unlikely [ʌn'laikli] *adj* osannolik
unlimited [ʌn'limitid] *adj* obegränsad
unload [ˌʌn'loud] *v* lasta av
unlock [ˌʌn'lɔk] *v* låsa upp
unlucky [ʌn'lʌki] *adj* oturlig, olycklig
unnecessary [ʌn'nesəsəri] *adj* onödig
unoccupied [ˌʌ'nɔkjupaid] *adj* ledig
unofficial [ˌʌnə'fiʃəl] *adj* inofficiell
unpack [ˌʌn'pæk] *v* packa upp
unpleasant [ʌn'plezənt] *adj* otrevlig, obehaglig, oangenäm
unpopular [ˌʌn'pɔpjulə] *adj* illa omtyckt, impopulär
unprotected [ˌʌnprə'tektid] *adj* oskyddad
unqualified [ˌʌn'kwɔlifaid] *adj* okvalificerad
unreal [ˌʌn'riəl] *adj* overklig
unreasonable [ʌn'riːzənəbəl] *adj* orimlig, oresonlig
unreliable [ˌʌnri'laiəbəl] *adj* opålitlig
unrest [ˌʌn'rest] *n* oro *c*; rastlöshet *c*
unsafe [ˌʌn'seif] *adj* riskabel
unsatisfactory [ˌʌnsætis'fæktəri] *adj* otillfredsställande
unscrew [ˌʌn'skruː] *v* skruva av
unselfish [ˌʌn'selfiʃ] *adj* osjälvisk
unsound [ˌʌn'saund] *adj* osund
unstable [ˌʌn'steibəl] *adj* instabil
unsteady [ˌʌn'stedi] *adj* ostadig, vacklande; villrådig
unsuccessful [ˌʌnsək'sesfəl] *adj* misslyckad
unsuitable [ˌʌn'suːtəbəl] *adj* opassande
unsurpassed [ˌʌnsə'pɑːst] *adj* oöverträffad
untidy [ʌn'taidi] *adj* oordentlig
untie [ˌʌn'tai] *v* *knyta upp
until [ən'til] *prep* tills, till
untrue [ˌʌn'truː] *adj* osann
untrustworthy [ˌʌn'trʌstˌwəːði] *adj* opålitlig
unusual [ʌn'juːʒuəl] *adj* ovanlig
unwell [ˌʌn'wel] *adj* krasslig
unwilling [ˌʌn'wiliŋ] *adj*

ovillig
unwise [ˌʌn'waiz] *adj* oförståndig
unwrap [ˌʌn'ræp] *v* veckla upp, öppna
up [ʌp] *adv* upp, uppåt
upholster [ʌp'houlstə] *v* stoppa möbler; inreda
upkeep ['ʌpki:p] *n* underhåll *nt*
uplands ['ʌpləndz] *pl* högland *nt*
upload ['ʌpˌloud] *v* ladda upp
upon [ə'pɔn] *prep* på
upper ['ʌpə] *adj* över-, övre
upright ['ʌprait] *adj* upprätt; *adv* upprätt
upscale ['ʌpˌskeil] *adj* exklusiv
upset [ˌʌp'set] *adj* upprörd
***upset** [ʌp'set] *v* kullkasta; förvirra, såra
upside down [ˌʌpsaid'daun] *adv* upp och ner
upstairs [ˌʌp'stɛəz] *adv* upp; uppför trappan; en trappa upp
upstream [ˌʌp'stri:m] *adv* uppför strömmen
upwards ['ʌpwədz] *adv* upp, uppåt
urban ['ə:bən] *adj* stads-
urge [ə:dʒ] *v* uppmana; *n* starkt behov
urgency ['ə:dʒənsi] *n* nödtvång *nt*
urgent ['ə:dʒənt] *adj* brådskande
urine ['juərin] *n* urin *nt*
Uruguay ['juərəgwai] Uruguay
Uruguayan [ˌjuərə'gwaiən] *adj* uruguaysk; *n* uruguayare *c*
us [ʌs] *pron* oss
usable ['ju:zəbəl] *adj* användbar
usage ['ju:zidʒ] *n* sedvänja *c*
use[1] [ju:z] *v* använda; ***be used to** *vara van vid; **~ up** förbruka
use[2] [ju:s] *n* användning *c*; nytta *c*; ***be of ~** *vara till nytta
useful ['ju:sfəl] *adj* användbar, nyttig
useless ['ju:sləs] *adj* lönlös, oanvändbar, oduglig
user ['ju:zə] *n* förbrukare *c*
usher ['ʌʃə] *n* platsanvisare *c*
usherette [ˌʌʃə'ret] *n* platsanviserska *c*
usual ['ju:ʒuəl] *adj* vanlig
usually ['ju:ʒuəli] *adv* vanligtvis
utensil [ju:'tensəl] *n* redskap *nt*, verktyg *nt*; köksredskap *nt*
utility [ju:'tiləti] *n* nyttighet *c*
utilize ['ju:tilaiz] *v* utnyttja, använda
utmost ['ʌtmoust] *adj* yttersta
utter ['ʌtə] *adj* fullständig, total; *v* yttra

V

vacancy ['veikənsi] *n* vakans *c*
vacant ['veikənt] *adj* ledig
vacate [və'keit] *v* utrymma
vacation [və'keiʃən] *n* lov *nt*
vaccinate ['væksineit] *v* vaccinera
vaccination [ˌvæksi'neiʃən] *n* vaccination *c*
vacuum ['vækjuəm] *n* vakuum *nt*; *vAm* *dammsuga; **~ cleaner** dammsugare *c*; **~ flask** termosflaska *c*
vague [veig] *adj* vag
vain [vein] *adj* fåfänglig; tom, fruktlös; **in ~** förgäves
valet ['vælit] *n* betjänt *c*; *v* passa upp
valid ['vælid] *adj* giltig
valley ['væli] *n* dal *c*, dalsänka *c*
valuable ['væljubəl] *adj* värdefull, dyrbar; **valuables** *pl* värdesaker *pl*
value ['vælju:] *n* värde *nt*; *v* värdera
valve [vælv] *n* ventil *c*
van [væn] *n* transportbil *c*
vanilla [və'nilə] *n* vanilj *c*
vanish ['væniʃ] *v* *försvinna
vapour ['veipə] *n* ånga *c*
variable ['vɛəriəbəl] *adj* växlande
variation [ˌvɛəri'eiʃən] *n* förändring *c*
varied ['vɛərid] *adj* varierad
variety [və'raiəti] *n* art *c*, omväxling *c*
various ['vɛəriəs] *adj* åtskilliga, olika
varnish ['vɑ:niʃ] *n* lack *nt*, fernissa *c*; *v* fernissa, lacka
vary ['vɛəri] *v* variera; ändra; *vara olik
vase [vɑ:z] *n* vas *c*
vast [vɑ:st] *adj* vidsträckt, ofantlig
vault [vɔ:lt] *n* valv *nt*; kassavalv *nt*
veal [vi:l] *n* kalvkött *nt*
vegan ['vi:gən] *n* vegan *c*; *adj* vegansk
vegetable ['vedʒətəbəl] *n* grönsak *c*; **~ merchant** grönsakshandlare *c*
vegetarian [ˌvedʒi'tɛəriən] *n* vegetarian *c*
vegetation [ˌvedʒi'teiʃən] *n* vegetation *c*
vehicle ['vi:əkəl] *n* fordon *nt*
veil [veil] *n* slöja *c*
vein [vein] *n* åder *c*; **varicose ~** åderbrock *nt*
velvet ['velvit] *n* sammet *c*
velveteen [ˌvelvi'ti:n] *n* bomullssammet *c*
venerable ['venərəbəl] *adj* vördnadsvärd
venereal disease [vi'niəriəl di'zi:z] könssjukdom *c*

Venezuela [ˌveni'zweilə] Venezuela
Venezuelan [ˌveni'zweilən] *adj* venezuelansk; *n* venezuelan *c*
ventilate ['ventileit] *v* ventilera, lufta, vädra
ventilation [ˌventi'leiʃən] *n* ventilation *c*
ventilator ['ventileitə] *n* ventilator *c*
venture ['ventʃə] *v* våga
veranda [və'rændə] *n* veranda *c*
verb [və:b] *n* verb *nt*
verbal ['və:bəl] *adj* muntlig
verdict ['və:dikt] *n* dom *c*, domslut *nt*
verge [və:dʒ] *n* kant *c*; gräns *c*
verify ['verifai] *v* verifiera, kontrollera; bekräfta
verse [və:s] *n* vers *c*
version ['və:ʃən] *n* version *c*; översättning *c*
versus ['və:səs] *prep* kontra
vertical ['və:tikəl] *adj* lodrät
very ['veri] *adv* mycket; *adj* verklig, sann; absolut
vessel ['vesəl] *n* fartyg *nt*; kärl *nt*
vest [vest] *n* undertröja *c*; *nAm* väst *c*
veterinary surgeon ['vetrinəri 'sə:dʒən] veterinär *c*
via [vaiə] *prep* via
viaduct ['vaiədʌkt] *n* viadukt *c*
vibrate [vai'breit] *v* vibrera
vibration [vai'breiʃən] *n* vibration *c*
vicinity [vi'sinəti] *n* närhet *c*, omgivningar
vicious ['viʃəs] *adj* ondskefull
victim ['viktim] *n* offer *nt*
victory ['viktəri] *n* seger *c*
video ['vidiou] *n* video; ~ **camera** videokamera *c*; ~ **cassette** videokassett *c*; ~ **game** videospel *nt*; ~ **recorder** videospelare *c*; ~ **recording** videoinspelning *c*
view [vju:] *n* utsikt *c*; åsikt *c*, uppfattning *c*; *v* betrakta
viewfinder ['vju:ˌfaində] *n* sökare *c*
vigilant ['vidʒilənt] *adj* vaksam
villa ['vilə] *n* villa *c*
village ['vilidʒ] *n* by *c*
villain ['vilən] *n* skurk *c*
vine [vain] *n* vinranka *c*
vinegar ['vinigə] *n* vinäger *c*
vineyard ['vinjəd] *n* vingård *c*
vintage ['vintidʒ] *n* vinskörd *c*
violation [vaiə'leiʃən] *n* kränkning *c*
violence ['vaiələns] *n* våld *nt*
violent ['vaiələnt] *adj* våldsam, häftig
violet ['vaiələt] *n* viol *c*; *adj* violett
violin [vaiə'lin] *n* fiol *c*
VIP [ˌvi: ai'pi:] *n* VIP *c*
virgin ['və:dʒin] *n* jungfru *c*
virtue ['və:tʃu:] *n* dygd *c*

virus ['vairəs] *n* virus *c*
visa ['vi:zə] *n* visum *nt*
visibility [ˌvizə'biləti] *n* sikt *c*
visible ['vizəbəl] *adj* synlig
vision ['viʒən] *n* vision *c*
visit ['vizit] *v* besöka; *n* besök *nt*, visit *c*; **visiting hours** besökstid *c*
visitor ['vizitə] *n* besökare *c*
vital ['vaitəl] *adj* livsviktig
vitamin ['vitəmin] *n* vitamin *nt*
vivid ['vivid] *adj* livlig
vocabulary [və'kæbjuləri] *n* ordförråd *nt*; ordlista *c*
vocal ['voukəl] *adj* vokal-
vocalist ['voukəlist] *n* vokalist *c*
voice [vɔis] *n* röst *c*
voice mail ['vois‿ˌmeil] *n* röstbrevlåda *c*
void [vɔid] *adj* ogiltig
volcano [vɔl'keinou] *n* (pl ~es, ~s) vulkan *c*
volt [voult] *n* volt *c*
voltage ['voultidʒ] *n* spänning *c*
volume ['vɔljum] *n* volym *c*; bokband *nt*
voluntary ['vɔləntəri] *adj* frivillig
volunteer [ˌvɔlən'tiə] *n* frivillig *c*
vomit ['vɔmit] *v* kräkas, spy
vote [vout] *v* rösta; *n* röst *c*; röstning *c*
voter ['voutə] *n* väljare *c*
voucher ['vautʃə] *n* kupong *c*, bong *c*
vow [vau] *n* löfte *nt*, ed *c*; *v* *svära
vowel [vauəl] *n* vokal *c*
voyage ['vɔiidʒ] *n* resa *c*
vulgar ['vʌlgə] *adj* vulgär, vanlig
vulnerable ['vʌlnərəbəl] *adj* sårbar
vulture ['vʌltʃə] *n* gam *c*

W

wade [weid] *v* vada
wafer ['weifə] *n* rån *nt*
waffle ['wɔfəl] *n* våffla *c*
wages ['weidʒiz] *pl* lön *c*
waggon ['wægən] *n* vagn *c*
waist [weist] *n* midja *c*
waistcoat ['weiskout] *n* väst *c*
wait [weit] *v* vänta; **~ on** uppassa
waiter ['weitə] *n* kypare *c*, vaktmästare *c*
waiting ['weitiŋ] *n* väntan *c*
waiting list ['weitiŋlist] *n* väntelista *c*
waiting room ['weitiŋru:m] *n* väntrum *nt*
waitress ['weitris] *n* servitris *c*
***wake** [weik] *v* väcka; **~ up** vakna
walk [wɔ:k] *v* *gå;

promenera; *n* promenad *c*; sätt att gå; **walking** till fots
walker ['wɔːkə] *n* vandrare *c*
walking stick ['wɔːkiŋstik] *n* promenadkäpp *c*
wall [wɔːl] *n* mur *c*; vägg *c*
wallet ['wɔlit] *n* plånbok *c*
wallpaper ['wɔːlˌpeipə] *n* tapet *c*
walnut ['wɔːlnʌt] *n* valnöt *c*
waltz [wɔːls] *n* vals *c*
wander ['wɔndə] *v* ströva omkring, vandra
want [wɔnt] *v* *vilja; önska; *n* behov *nt*; brist *c*
war [wɔː] *n* krig *nt*
warden ['wɔːdən] *n* intendent *c*, föreståndare *c*
wardrobe ['wɔːdroub] *n* garderob *c*, klädskåp *nt*
warehouse ['wɛəhaus] *n* förrådsbyggnad *c*, magasin *nt*
wares [wɛəz] *pl* varor *pl*
warm [wɔːm] *adj* varm; *v* värma
warmth [wɔːmθ] *n* värme *c*
warn [wɔːn] *v* varna
warning ['wɔːniŋ] *n* varning *c*
wary ['wɛəri] *adj* varsam
was [wɔz] *v* (p be)
wash [wɔʃ] *v* tvätta; **~ and wear** strykfri; **~ up** diska
washable ['wɔʃəbəl] *adj* tvättbar
washbasin ['wɔʃˌbeisən] *n* handfat *nt*
washing ['wɔʃiŋ] *n* tvätt *c*
washing machine ['wɔʃiŋməˌʃiːn] *n* tvättmaskin *c*
washing powder ['wɔʃiŋˌpaudə] *n* tvättmedel *nt*
washroom ['wɔʃruːm] *nAm* toalett *c*
wasp [wɔsp] *n* geting *c*
waste [weist] *v* slösa bort; *n* slöseri *nt*; *adj* öde
wasteful ['weistfəl] *adj* slösaktig
wastepaper basket [weist'peipəˌbɑːskit] *n* papperskorg *c*
watch [wɔtʃ] *v* *iaktta, betrakta; övervaka; *n* klocka *c*; **~ for** *hålla utkik; **~ out** *se upp
watchmaker ['wɔtʃˌmeikə] *n* urmakare *c*
watchstrap ['wɔtʃstræp] *n* klockarmband *nt*
water ['wɔːtə] *n* vatten *nt*; **iced ~** isvatten *nt*; **running ~** rinnande vatten; **~ pump** vattenpump *c*; **~ ski** vattenskida *c*
watercolo(u)r ['wɔːtəˌkʌlə] *n* vattenfärg *c*; akvarell *c*
watercress ['wɔːtəkres] *n* vattenkrasse *c*
waterfall ['wɔːtəfɔːl] *n* vattenfall *nt*
watermelon ['wɔːtəˌmelən] *n* vattenmelon *c*
waterproof ['wɔːtəpruːf] *adj* vattentät
water softener [ˌwɔːtəˌsɔfnə] *n*

avkalkningsmedel *nt*
waterway ['wɔːtəwei] *n* farled *c*
watt [wɔt] *n* watt *c*
wave [weiv] *n* våg *c*; *v* vinka
wavelength ['weivleŋθ] *n* våglängd *c*
wavy ['weivi] *adj* vågig
wax [wæks] *n* vax *nt*
waxworks ['wækswəːks] *pl* vaxkabinett *nt*
way [wei] *n* vis *nt*, sätt *nt*; väg *c*; håll *nt*, riktning *c*; avstånd *nt*; **any ~** hur som helst; **by the ~** förresten; **one-way traffic** enkelriktad trafik; **out of the ~** avsides; **the other ~ round** tvärtom; **~ back** tillbakaväg *c*; **~ in** ingång *c*; **~ out** utgång *c*
wayside ['weisaid] *n* vägkant *c*
we [wiː] *pron* vi
weak [wiːk] *adj* svag; tunn
weakness ['wiːknəs] *n* svaghet *c*
wealth [welθ] *n* rikedom *c*
wealthy ['welθi] *adj* förmögen
weapon ['wepən] *n* vapen *nt*; **weapons of mass destruction** *n* massförstörelsevapen *c*
***wear** [wɛə] *v* *vara klädd i, *bära; **~ out** *slita ut
weary ['wiəri] *adj* trött, modlös; tröttsam
weather ['weðə] *n* väder *nt*; **~ forecast** väderleksrapport *c*
***weave** [wiːv] *v* väva
weaver ['wiːvə] *n* vävare *c*
website ['webˌsait] *n* webbplats *c*
wedding ['wediŋ] *n* bröllop *nt*
wedding ring ['wediŋriŋ] *n* vigselring *c*
wedge [wedʒ] *n* klyfta *c*, kil *c*
Wednesday ['wenzdi] onsdag *c*
weed [wiːd] *n* ogräs *nt*
week [wiːk] *n* vecka *c*
weekday ['wiːkdei] *n* vardag *c*
weekly ['wiːkli] *adj* vecko-
***weep** [wiːp] *v* *gråta
weigh [wei] *v* väga
weighing machine ['weiiŋməˌʃiːn] *n* våg *c*
weight [weit] *n* vikt *c*
welcome ['welkəm] *adj* välkommen; *n* välkomnande *nt*; *v* välkomna
weld [weld] *v* svetsa
welfare ['welfɛə] *n* välbefinnande *nt*; socialhjälp *c*
well[1] [wel] *adv* bra; *adj* frisk; **as ~** likaså; **as ~ as** såväl som; **well!** ja ja!
well[2] [wel] *n* brunn *c*
well-founded [ˌwel'faundid] *adj* välgrundad
well-known ['welnoun] *adj* välkänd
well-to-do [ˌweltə'duː] *adj* välbärgad
went [went] *v* (p go)
were [wəː] *v* (p be)

west [west] *n* väst *c*, väster *c*
westerly ['westəli] *adj* västlig
western ['westən] *adj* västlig
wet [wet] *adj* våt
whale [weil] *n* val *c*
wharf [wɔːf] *n* (pl ~s, wharves) lastkaj *c*
what [wɔt] *pron* vad; **~ for** varför
whatever [wɔ'tevə] *pron* vad som än
wheat [wiːt] *n* vete *nt*
wheel [wiːl] *n* hjul *nt*
wheelbarrow ['wiːlˌbærou] *n* skottkärra *c*
wheelchair ['wiːltʃɛə] *n* rullstol *c*
when [wen] *adv* när; *conj* då, när
whenever [we'nevə] *conj* närhelst
where [wɛə] *adv* var; *conj* var
wherever [wɛə'revə] *conj* varhelst
whether ['weðə] *conj* om; **whether … or** vare sig … eller
which [witʃ] *pron* vilken; som
whichever [wi'tʃevə] *adj* vilken … än
while [wail] *conj* medan; *n* stund *c*
whilst [wailst] *conj* medan
whim [wim] *n* nyck *c*, infall *nt*
whip [wip] *n* piska *c*; *v* vispa, piska
whiskers ['wiskəz] *pl* polisonger *pl*
whisper ['wispə] *v* viska; *n* viskning *c*
whistle ['wisəl] *v* vissla; *n* visselpipa *c*
white [wait] *adj* vit
whiting ['waitiŋ] *n* (pl ~) vitling *c*
who [huː] *pron* vem; som
whoever [huː'evə] *pron* vem som än
whole [houl] *adj* fullständig, hel; oskadad; *n* helhet *c*
wholesale ['houlseil] *n* grosshandel *c*; **~ dealer** grossist *c*
wholesome ['houlsəm] *adj* hälsosam
wholly ['houlli] *adv* helt och hållet
whom [huːm] *pron* till vem
whore [hɔː] *n* hora *c*
whose [huːz] *pron* vars; vems
why [wai] *adv* varför
wicked ['wikid] *adj* ond
wide [waid] *adj* vid, bred
widen ['waidən] *v* vidga
widow ['widou] *n* änka *c*
widower ['widouə] *n* änkling *c*
width [widθ] *n* bredd *c*
wife [waif] *n* (pl wives) maka *c*, hustru *c*
wi-fi, **WiFi®** ['waifai] *n* Wi-Fi (*nt*), WLAN *nt*; **wi-fi hotspot** *n* Wi-Fi hotspot *c*
wig [wig] *n* peruk *c*
wild [waild] *adj* vild

will [wil] *n* vilja *c*; testamente *nt*
***will** [wil] *v* *vilja; *ska
willing ['wiliŋ] *adj* villig
willpower ['wilpauə] *n* viljekraft *c*
***win** [win] *v* *vinna
wind [wind] *n* vind *c*
***wind** [waind] *v* slingra sig; *vrida, linda, *dra upp
winding ['waindiŋ] *adj* slingrande
windmill ['windmil] *n* väderkvarn *c*
window ['windou] *n* fönster *nt*
windowsill ['windousil] *n* fönsterbräde *nt*
windscreen ['windskri:n] *n* vindruta *c*; ~ **wiper** vindrutetorkare *c*
windshield ['windʃi:ld] *nAm* vindruta *c*; ~ **wiper** *nAm* vindrutetorkare *c*
windy ['windi] *adj* blåsig
wine [wain] *n* vin *nt*
wine cellar ['wain,selə] *n* vinkällare *c*
wine list ['wainlist] *n* vinlista *c*
wine merchant ['wain,mə:tʃənt] *n* vinhandlare *c*
wing [wiŋ] *n* vinge *c*
winkle ['wiŋkəl] *n* strandsnäcka *c*
winner ['winə] *n* segrare *c*
winning ['winiŋ] *adj* vinnande; **winnings** *pl* vinst *c*
winter ['wintə] *n* vinter *c*; ~ **sports** vintersport *c*
wipe [waip] *v* torka av, torka bort
wire [waiə] *n* tråd *c*; ståltråd *c*
wireless ['waiələs] *adj* trådlös
wisdom ['wizdəm] *n* visdom *c*
wise [waiz] *adj* vis
wish [wiʃ] *v* önska, *vilja ha; *n* längtan *c*, önskan *c*
wit ['wit] *n* vett *nt*
witch [witʃ] *n* häxa *c*
with [wið] *prep* med; av
***withdraw** [wið'drɔ:] *v* *dra tillbaka
within [wi'ðin] *prep* inom; *adv* inuti
without [wi'ðaut] *prep* utan
witness ['witnəs] *n* vittne *nt*
wits [wits] *pl* förstånd *nt*
witty ['witi] *adj* spirituell
wolf [wulf] *n* (pl wolves) varg *c*
woman ['wumən] *n* (pl women) kvinna *c*
womb [wu:m] *n* livmoder *c*
won [wʌn] *v* (p, pp win)
wonder ['wʌndə] *n* under *nt*; förundran *c*; *v* undra
wonderful ['wʌndəfəl] *adj* härlig, underbar
wood [wud] *n* trä *nt*; skog *c*
wood carving ['wud,ka:viŋ] *n* snideriarbete *nt*
wooded ['wudid] *adj* skogig
wooden ['wudən] *adj* trä-; ~ **shoe** träsko *c*
woodland ['wudlənd] *n*

skogstrakt *c*
wool [wul] *n* ull *c*; **darning ~** stoppgarn *nt*
woollen ['wulən] *adj* ylle-
word [wə:d] *n* ord *nt*
wore [wɔ:] *v* (p wear)
work [wə:k] *n* arbete *nt*; syssla *c*; *v* arbeta; fungera; **working day** arbetsdag *c*; **~ of art** konstverk *nt*; **~ permit** arbetstillstånd *nt*
workaholic [,wə:kə'hɔlik] *n* arbetsnarkoman *c*
worker ['wə:kə] *n* arbetare *c*
working ['wə:kiŋ] *n* funktion *c*
working day ['wə:kiŋ] *n* arbetsdag *c*
workman ['wə:kmən] *n* (pl -men) arbetare *c*
works [wə:ks] *pl* fabrik *c*
workshop ['wə:kʃɔp] *n* verkstad *c*
world [wə:ld] *n* värld *c*; **~ war** världskrig *nt*
world-famous [,wə:ld'feiməs] *adj* världsberömd
world-wide ['wə:ldwaid] *adj* världsomspännande
worm [wə:m] *n* mask *c*
worn [wɔ:n] *adj* (pp wear) sliten
worn-out [,wɔ:n'aut] *adj* utsliten
worried ['wʌrid] *adj* ängslig
worry ['wʌri] *v* oroa sig; *n* oro *c*, bekymmer *nt*
worse [wə:s] *adj* värre; *adv* värre
worship ['wə:ʃip] *v* dyrka; *n* andakt *c*, gudstjänst *c*
worst [wə:st] *adj* värst; *adv* värst
worth [wə:θ] *n* värde *nt*; ***be ~** *vara värd; ***be worth-while** *vara lönande
worthless ['wə:θləs] *adj* värdelös
worthy of ['wə:ði əv] värdig
would [wud] *v* (p will)
wound[1] [wu:nd] *n* sår *nt*; *v* såra
wound[2] [waund] *v* (p, pp wind)
wrap [ræp] *v* *slå in
wreck [rek] *n* vrak *nt*; *v* *ödelägga
wrench [rentʃ] *n* skiftnyckel *c*; ryck *nt*; *v* *vrida
wrinkle ['riŋkəl] *n* rynka *c*
wrist [rist] *n* handled *c*
wristwatch ['ristwɔtʃ] *n* armbandsur *nt*
***write** [rait] *v* *skriva; **in writing** skriftligen; **~ down** *skriva ner
writer ['raitə] *n* författare *c*
writing pad ['raitiŋpæd] *n* skrivblock *nt*, anteckningsblock *nt*
writing paper ['raitiŋ,peipə] *n* brevpapper *nt*
written ['ritən] *adj* (pp write) skriftlig
wrong [rɔŋ] *adj* orätt, fel; *n* orätt *c*; *v* *göra orätt; ***be ~** *ha fel
wrote [rout] *v* (p write)

X

Xmas ['krisməs] jul *c*

X-ray ['eksrei] *n* röntgenbild *c*; *v* röntga

Y

yacht [jɔt] *n* lustjakt *c*
yacht club ['jɔtklʌb] *n* segelsällskap *nt*
yachting ['jɔtiŋ] *n* segelsport *c*
yard [jɑːd] *n* gård *c*
yarn [jɑːn] *n* garn *nt*
yawn [jɔːn] *v* gäspa
year [jiə] *n* år *nt*
yearly ['jiəli] *adj* årlig
yeast [jiːst] *n* jäst *c*
yell [jel] *v* *tjuta; *n* tjut *nt*
yellow ['jelou] *adj* gul
yes [jes] ja
yesterday ['jestədi] *adv* igår
yet [jet] *adv* ännu; *conj* dock, likväl

yield [jiːld] *v* *ge avkastning; *ge efter
yoghurt ['jɔgət] *n* yoghurt *c*
yoke [jouk] *n* ok *nt*
yolk [jouk] *n* äggula *c*
you [juː] *pron* du; dig; ni; er
young [jʌŋ] *adj* ung
your [jɔː] *adj* din; er
yours [jɔːz] *pron* din; er
yourself [jɔː'self] *pron* dig; själv
yourselves [jɔː'selvz] *pron* er; själva
youth [juːθ] *n* ungdom *c*; ~ **hostel** ungdomshärbärge *nt*
yuppie ['jʌpi] *n* yuppie *c*

Z

zap [zæp] *v* knäppa
zeal [ziːl] *n* iver *c*
zealous ['zeləs] *adj* ivrig
zebra ['ziːbrə] *n* sebra *c*
zebra crossing ['ziːbrə krɔsiŋ] *n*, **crosswalk** *nAm* övergångsställe *nt*
zenith ['zeniθ] *n* zenit; höjdpunkt *c*
zero ['ziərou] *n* (pl ~s) nolla *c*
zest [zest] *n* lust *c*
zinc [ziŋk] *n* zink *c*
zip [zip] *n* blixtlås *nt*; ~ **code** *nAm* postnummer *nt*
zipper ['zipə] *n* blixtlås *nt*

zodiac ['zoudiæk] *n* djurkretsen
zone [zoun] *n* zon *c*; område *nt*
zoo [zu:] *n* (pl ~s) zoo *nt*
zoology [zou'ɔlədʒi] *n* zoologi *c*

Some Basic Phrases	Några vanliga uttryck
Please.	Var så god.
Thank you very much.	Tack så mycket.
Don't mention it.	Ingen orsak.
Good morning.	God morgon.
Good afternoon.	Hej. / God dag.
Good evening.	God kväll.
Good night.	God natt.
Good-bye.	Hejdå.
See you later.	Vi ses.
Where is/Where are…?	Var är…?
What do you call this?	Vad heter det här?
What does that mean?	Vad betyder det?
Do you speak English?	Talar du engelska?
Do you speak German?	Talar du tyska?
Do you speak French?	Talar du franska?
Do you speak Spanish?	Talar du spanska?
Do you speak Italian?	Talar du italienska?
Could you speak more slowly, please?	Kan du vara snäll och tala lite långsammare?
I don't understand.	Jag förstår inte.
Can I have…?	Kan jag få…?
Can you show me…?	Kan du visa mig…?
Can you tell me…?	Kan du säga mig…?
Can you help me, please?	Kan du hjälpa mig?
I'd like…	Jag skulle vilja ha…
We'd like…	Vi skulle vilja ha…
Please give me…	Var snäll och ge mig…
Please bring me…	Var snäll och hämta…
I'm hungry.	Jag är hungrig.
I'm thirsty.	Jag är törstig.
I'm lost.	Jag har gått vilse.
Hurry up!	Skynda på!
There is/There are…	Det finns…
There isn't/There aren't…	Det finns inte…

Arrival	**Ankomst**
Your passport, please.	Passet, tack.
Do you have anything to declare?	Har du någonting att förtulla?
No, nothing at all.	Nej, ingenting alls.
Can you help me with my luggage, please?	Kan du vara snäll och hjälpa mig med mitt bagage?
Where's the bus to the centre of town, please?	Var står bussen till centrum?
This way, please.	Den här vägen.
Where can I get a taxi?	Var kan jag få tag på en taxi?
What's the fare to…?	Vad kostar det till…?
Take me to this address, please.	Var snäll och kör mig till den här adressen, tack.
I'm in a hurry.	Jag har bråttom.

Hotel	**Hotell**
My name is…	Mitt namn är…
Do you have a reservation?	Har du reserverat?
I'd like an ensuite room.	Jag skulle vilja ha ett rum med badrum eller dusch.
What's the price per night?	Hur mycket kostar det per natt?
May I see the room?	Kan jag få se på rummet?
What's my room number, please?	Vilket rumsnummer har jag?
There's no hot water.	Det finns inget varmvatten.
May I see the manager, please?	Kan jag få tala med hotelldirektören, tack?
Did anyone call?	Har någon ringt mig?
Is there any mail for me?	Finns det någon post till mig?
May I have my bill (check), please?	Kan jag få räkningen, tack?

Eating out	**Äta ute**
Do you have a fixed-price menu?	Har ni någon fast meny?
May I see the menu?	Kan jag få se på menyn?

May we have an ashtray, please?	Kan vi få en askkopp, tack?
Where's the toilet, please?	Var är toaletten?
I'd like a starter.	Jag skulle vilja ha en förrätt.
Do you have any soup?	Har ni någon soppa?
I'd like some fish.	Jag skulle vilja ha fisk.
What kind of fish do you have?	Vad har ni för fisk?
I'd like a steak.	Jag skulle vilja ha biff.
What vegetables have you got?	Vad finns det för grönsaker?
Nothing more, thanks.	Ingenting mer, tack.
What would you like to drink?	Vad vill du ha att dricka?
I'll have a beer, please.	Jag tar en öl, tack.
I'd like a bottle of wine.	Jag skulle vilja ha en flaska vin.
May I have the bill (check), please?	Får jag be om notan, tack?
Is service included?	Ingår dricks?
Thank you, that was very good.	Tack, det var mycket gott.

Travelling / På resa

Where's the railway station, please?	Var ligger järnvägsstationen?
Where's the ticket office, please?	Var är biljettluckan?
I'd like a ticket to…	Jag skulle vilja ha en biljett till…
First or second class?	Första eller andra klass?
First class, please.	Första klass, tack.
Single or return (one way or roundtrip)?	Enkel eller tur och retur?
Do I have to change trains?	Måste jag byta tåg?
What platform does the train for… leave from?	Från vilken perrong avgår tåget till…?
Where's the nearest underground (subway) station?	Var ligger närmaste tunnelbanestation?

Where's the bus station, please?	Var ligger busstationen?
When's the first bus to…?	När går första bussen till…?
Please let me off at the next stop.	Kan du släppa av mig vid nästa hållplats?

Nöjen	**Relaxing**
Vad går det på bio?	What's on at the cinema (movies)?
När börjar filmen?	What time does the film (movie) begin?
Finns det några biljetter till i kväll?	Are there any tickets for tonight?
Var kan vi gå och dansa?	Where can we go dancing?

Träffa folk	**Meeting people**
Hej.	(*formal*) How do you do?
Hur står det till?	How are you?
Tack bra. Och själv?	Very well, thank you. And you?
Får jag presentera…?	May I introduce…?
Jag heter…	My name is…
Roligt att träffas.	I'm very pleased to meet you.
Hur länge har du varit här?	How long have you been here?
Det var trevligt att träffas.	It was nice meeting you.
Har du något emot att jag röker?	Do you mind if I smoke?
Förlåt, har du eld?	Do you have a light, please?
Vill du ha något att dricka?	May I get you a drink?
Får jag bjuda dig på middag i kväll?	May I invite you for dinner tonight?
Var ska vi träffas?	Where shall we meet?

Handel och service	Shops, stores and services
Var ligger närmaste bank?	Where's the nearest bank, please?
Var kan jag lösa in resecheckar?	Where can I cash some travellers' cheques?
Kan jag få lite växel, tack?	Can you give me some small change, please?
Var finns närmaste apotek?	Where's the nearest chemist's (pharmacy)?
Hur kommer jag dit?	How do I get there?
Kan man gå dit?	Is it within walking distance?
Kan du hjälpa mig?	Can you help me, please?
Hur mycket kostar den här? Och den där?	How much is this? And that?
Det är inte riktigt vad jag vill ha.	It's not quite what I want.
Den här tycker jag om.	I like it.
Kan du rekommendera någonting mot solsveda?	Can you recommend something for sunburn?
Jag skulle vilja klippa mig.	I'd like a haircut, please.
Jag skulle vilja ha manikyr.	I'd like a manicure, please.

Fråga om vägen	Street directions
Kan du visa mig på kartan var jag är?	Can you show me on the map where I am?
Du är på fel väg.	You are on the wrong road.
Kör/Gå rakt fram.	Go/Walk straight ahead.
Det är till vänster/till höger.	It's on the left/on the right.

Nödsituationer	Emergencies
Ring genast efter en läkare.	Call a doctor quickly.
Ring efter en ambulans.	Call an ambulance.
Var snäll och ring polisen.	Please call the police.

Swedish Abbreviations

AB	*aktiebolag*	Ltd., Inc.
adr.	*adress*	address
ang.	*angående*	regarding
ank.	*ankomst, ankommande*	arrival, arriving
anm.	*anmärkning*	remark
avd.	*avdelning*	department
avg.	*avgång, avgående*	departure, departing
avs.	*avseende; avsändare*	respect; sender
bet.	*betydelse; betalt*	meaning; paid
bil.	*bilaga*	enclosure, enclosed
bl.a.	*bland annat*	among other things
ca	*cirka*	approximately
doc.	*docent*	senior lecturer, associate professor
dvs.	*det vill säga*	i. e.
eftr.	*efterträdare*	successor (firm)
e.Kr.	*efter Kristus*	A.D.
el.	*eller; elektrisk*	or; electrical
em.	*eftermiddag*	(in the) afternoon
f.d.	*före detta*	former, ex-
f.Kr.	*före Kristus*	B.C.
fm.	*förmiddag*	(in the) morning
f.n.	*för närvarande*	at present
FN	*Förenta Nationerna*	UN
forts.	*fortsättning*	continued
fr.o.m.	*från och med*	as of
f.v.b.	*för vidare befordran*	please forward
ggr	*gånger*	times
HKH	*Hans/Hennes Kunglig Höghet*	His/Her Royal Highness
ind.omr.	*industriområde*	industrial area
inv.	*invånare*	inhabitants, population
JK	*justitiekansler*	Attorney General
JO	*justitieombudsman*	Ombudsman for the Judiciary and Civil Administration
kl.	*klockan; klass*	o'clock; class
kr.	*krona (kronor)*	crown(s) (currency)

LO	*Landsorganisationen*	Association of Swedish Trade Unions
moms	*mervärdeskatt*	VAT, value added tax
n.b.	*nedre botten; nota bene (märk väl)*	ground floor (exit); nota bene
ngn	*någon*	any(one), some(one)
ngt	*något*	any(thing), some(thing)
obs.	*observera*	note
o.s. a.	*om svar anhålles*	please reply
osv.	*och så vidare*	etc.
p.g.a.	*på grund av*	because of
RÅ	*riksåklagare*	Director of Public Prosecutions
s.	*sidan*	page
sa/s:a	*summa*	the sum, total
sek.	*sekund*	second (clock)
SJ	*Statens Järnvägar*	Swedish National Railways
skr.	*svenska kronor*	Swedish crowns
SR	*Sveriges Radio*	Swedish Broadcasting Corporation
st.	*styck*	piece
STF	*Svenska Turistföreningen*	Swedish Tourist Association
t.h.	*till höger*	to the right
tim.	*timme*	hour
t.o.m.	*till och med*	up to (and including)
tr.	*trappa (trappor)*	stairs; floor
t.v.	*till vänster; tills vidare*	to the left; until further notice
UD	*Utrikesdepartementet*	Swedish Foreign Office
vard.	*vardagar*	working days
VD	*verkställande direktör*	managing director
v.g.	*var god*	please
v.g.v.	*var god vänd*	P.T.O., please turn over
ö.g.	*över gården*	across/in the courtyard
ö.h.	*över havet*	above sea level

Engelska förkortningar

AA	*Automobile Association*	brittisk motororganisation
AAA	*American Automobile Association*	amerikansk motororganisation
ABC	*American Broadcasting Company*	privat amerikanskt radio- och TV-bolag
A.D.	*anno Domini*	e.Kr.
Am.	*America; American*	Amerika; amerikansk
a.m.	*ante meridiem (before noon)*	för tid mellan kl. 00.00 och 12.00
Amtrak	*American railroad corporation*	sammanslutning av privata amerikanska järnvägar
AT & T	*American Telephone and Telegraph Company*	privat amerikanskt telefonbolag
Ave.	*avenue*	aveny
BBC	*British Broadcasting Corporation*	statligt brittiskt radio- och TV-bolag
B.C.	*before Christ*	f.Kr.
bldg.	*building*	byggnad, hus
Blvd.	*boulevard*	boulevard
Brit.	*Britain; British*	Storbritannien; brittisk
Bros.	*brothers*	bröder (i firmanamn)
¢	*cent*	1/100 dollar
Can.	*Canada; Canadian*	Kanada; kanadensisk
CBS	*Columbia Broadcasting System*	privat amerikanskt radio- och TV-bolag
CID	*Criminal Investigation Department*	kriminalpolisen (Scotland Yard)
c/o	*(in) care of*	under adress
Co.	*company*	bolag
Corp.	*corporation*	korporation, bolag
D.C.	*District of Columbia*	Columbiadistriktet (Washington, D.C.)
DDS	*Doctor of Dental Science/Surgery*	tandläkare
dept.	*department*	departement, avdelning
EU	*European Union*	Europeiska Unionen

e.g.	*for instance*	t.ex.
Eng.	*England; English*	England; engelsk
excl.	*excluding; exclusive*	ej inräknad, exklusive
ft.	*foot/feet*	fot (mått)
GB	*Great Britain*	Storbritannien
H.E.	*His/Her Excellency; His Eminence*	Hans/Hennes Excellens; Hans Höghet
H.H.	*His Holiness*	Hans Helighet (påven)
H.M.	*His/Her Majesty*	Hans/Hennes Majestät
H.M.S.	*Her Majesty's ship*	Hennes Majestäts fartyg (brittiskt örlogsfartyg)
hp	*horsepower*	hästkrafter
Hwy	*highway*	huvudväg, allmän landsväg
i. e.	*that is to say*	dvs.
in.	*inch*	tum
Inc.	*incorporated*	AB, aktiebolag
incl.	*including, inclusive*	inräknad, inklusive
£	*pound sterling*	brittiskt pund
L.A.	*Los Angeles*	Los Angeles
Ltd.	*limited*	AB, aktiebolag
M.D.	*Doctor of Medicine*	leg. läk.
M.P.	*Member of Parliament*	ledamot av parlamentet
mph	*miles per hour*	miles per timma
Mr.	*Mister*	titel före namn för en man, motsvaras närmast av 'herr' i svenskan
Mrs.	*polite or formal title used in front of the name of a woman who is married*	titel före namn för en gift kvinna, motsvaras närmast av 'fru' i svenskan
Ms.	*polite or formal title used in front of the name of a woman's surname when you do not know whether she is married or not*	titel före namn för en kvinna med okänt civilstånd, motsvaras närmast av 'fru' i svenskan
nat.	*national*	nationell
NBC	*National Broadcasting Company*	privat amerikanskt radio- och TV-bolag

No.	*number*	nummer
N.Y.C.	*New York City*	New York (staden)
O.B.E.	*Officer (of the Order) of the British Empire*	Riddare av brittiska imperieorden
p.	*page; penny/pence*	sida; 1/100 pund
p.a.	*per annum*	per år
Ph.D.	*Doctor of Philosophy*	fil. dr.
p.m.	*post meridiem (after noon)*	för tid mellan kl. 12.00 och 24.00
PO	*Post Office*	postkontor
POO	*post office order*	postanvisning
pop.	*population*	folkmängd, befolkning
P.T.O.	*please turn over*	var god vänd
RAC	*Royal Automobile Club*	Kungliga Brittiska Automobilklubben
RCMP	*Royal Canadian Mounted Police*	Kanadas ridande polis
Rd.	*road*	väg
ref.	*reference*	referens, hänvisning
Rev.	*reverend*	pastor
RFD	*rural free delivery*	utbärning av post på landsbygden
RR	*railroad*	järnväg
RSVP	*please reply*	o.s. a., om svar anhålles
$	*dollar*	dollar
Soc.	*society*	förening
St.	*saint; street*	sankt(a); gata
UN	*United Nations*	FN
UPS	*United Parcel Service*	privat företag som levererar paket
US	*United States*	Förenta staterna
VAT	*value added tax*	moms, mervärdeskatt
VIP	*very important person*	vip, betydelsefull person
Xmas	*Christmas*	jul
yd.	*yard*	yard (mått)
YMCA	*Young Men's Christian Association*	KFUM
YWCA	*Young Women's Christian Association*	KFUK
ZIP	*ZIP code*	postnummer

Mini Grammar

Articles

All Swedish nouns are either common or neuter in gender.

1. Indefinite article (a/an)

common:	***en* man**	a man
neuter:	***ett* barn**	a child

2. Definite article (the)

Whereas in English we say "the house", the Swedes say the equivalent of "house-the", i. e. they tag the definite article onto the end of the noun. Common nouns take an **-(e)n** ending, neuter nouns an **-(e)t** ending.

common:	**mann*en***	*the* man
neuter:	**barn*et***	*the* child

Nouns

1. As already noted, nouns are either common or neuter. There are no easy rules for determining gender. Learn each new word with its accompanying article.

2. The plural is formed according to one of five declensions.

		singular		indefinite plurals	
Declension	1	**flicka**	girl	**flick*or***	girls
	2	**bil**	car	**bil*ar***	cars
	3	**dam**	lady	**dam*er***	ladies
		sko	shoe	**sko*r***	shoes
	4	**äpple**	apple	**äppl*en***	apples
	5	**hus**	house	**hus**	houses
				definite plurals	
				flick*orna*	the girls
				äppl*ena*	the apples
				hus*en*	the houses

There are also various irregular plurals.

3. Possession is shown by adding **-s** (singular and plural).

Note: There is no apostrophe.

Göran*s* bror	George's brother
hotellet*s* ägare	the owner of the hotel
vecka*ns* första dag	the first day of the week
den resande*s* väska	the traveller's suitcase
barnen*s* rum	the children's room

Adjectives

1. Adjectives agree with the noun in gender and number. For the indefinite form, the neuter is formed by adding **-t**; the plural by adding **-a**.

(en) stor hund	(a) big dog	**stor*a* hundar**	big dogs
(ett) stor*t* hus	(a) big house	**stor*a* hus**	big houses

2. For the definite declension of the adjective, add the ending **-a** (common, neuter and plural). This form is used when the adjective is preceded by **den, det, de** (the definite article used with adjectives) or by a demonstrative or a possessive adjective.

den stor*a* hunden	the big dog
de stor*a* hundarna	the big dogs
det stor*a* huset	the big house
de stor*a* husen	the big houses

3. Demonstrative adjectives

	common	neuter	plural
this/these	**den här/ denna**	**det här/ detta**	**de här/ dessa**
that/those	**den där/ den**	**det där/ det**	**de där/ de**

4. Possessive adjectives agree in number and gender with the noun they modify, i. e. with the thing possessed and not the possessor.

	common	neuter	plural
my	**min**	**mitt**	**mina**
your	**din**	**ditt**	**dina**
his / her / its	**sin**	**sitt**	**sina**
our	**vår**	**vårt**	**våra**
your	**er**	**ert**	**era**
their	**sin**	**sitt**	**sina**

In modern Swedish the forms **er, ert, era** correspond to the personal pronoun **ni** and refer to several possessors.

The forms **sin, sitt, sina** always refer back to the subject:

Han har sin bok. He has his (own) book.
De har sina böcker. They have their (own) books.

The genitive forms of the personal pronouns (see p. 398) are also used to show possession. However, the meaning changes:

Han har hans bok. He has his (another person's) book.

5. Comparative and superlative

The comparative and superlative are normally formed by adding the endings **-(a)re** and **-(a)st,** respectively, to the adjective (and an umlaut where necessary, see stor/större/störst below), or by putting **mer** and **mest** (more, most) before the adjective.

Hans arbete är lätt. His work is easy.
Hans arbete är lätt*are*. His work is easier.
Hans arbete är lätt*ast*. His work is easiest.

Er bil är stor. Your car is big.
Er bil är stör*re*. Your car is bigger.
Er bil är stör*st*. Your car is the biggest.

Det är imponerande. It's impressive.
Det är *mer* imponerande. It's more impressive.
Det är *mest* imponerande. It's most impressive.

Adverbs

Adverbs are generally formed by adding **-t** to the corresponding adjective.

Hon går snabb*t*.	She walks quickly.

Personal pronouns

	subject	object	genitive
I	**jag**	**mig**	–
you	**du**	**dig**	–
he	**han**	**honom**	**hans**
she	**hon**	**henne**	**hennes**
it	**den/det**	**den/det**	**dess**
we	**vi**	**oss**	–
you	**ni**	**er**	–
they	**de**	**dem**	**deras**

Like many other languages, Swedish has two forms for "you". The formal word **ni,** traditionally the correct form of address between all but close friends and children, has now been replaced by the informal **du.**

Verbs

Here we are concerned only with the infinitive, imperative, and present tense. The present tense is simple, because it has the same form throughout. The infinitive of most Swedish verbs ends in **-a** (a few verbs of one syllable end in other vowels). Here are three useful auxiliary verbs:

	to be	to have	to be able to
Infinitive	**(att) vara**	**(att) ha**	**(att) kunna**
Present tense (same form throughout)	**är**	**har**	**kan**
Imperative	**var**	**ha**	–

The present tense of Swedish verbs ends in **-r**:

	to ask	to buy	to believe	to do/make
Infinitive	**(att) fråga**	**(att) köpa**	**(att) tro**	**(att) göra**
Present tense (same form throughout)	**frågar**	**köper**	**tror**	**gör**
Imperative	**fråga**	**köp**	**tro**	**gör**

There is no equivalent of the English present continuous tense. Thus:

Jag reser. — I travel/I am travelling.

Negatives

Negation is expressed by using the adverb **inte** (not). It is usually placed immediately after the verb in a main clause. In compound tenses **inte** comes between the auxiliary and the main verb.

Jag talar svenska. — I speak Swedish.
Jag talar inte svenska. — I do not speak Swedish.
Hon har inte skrivit. — She has not written.

Questions

Questions are formed by reversing the order of the subject and the verb:

Bussen stannar här. — The bus stops here.
Stannar bussen här? — Does the bus stop here?

Jag kommer i kväll. — I am coming tonight.
Kommer du i kväll? — Are you coming tonight?

Irregular Verbs

The following list contains the most common irregular Swedish verbs. Only one form of the verb is shown below as the form is conjugated the same throughout within a given tense. There is a large number of prefixes in Swedish, like *an-*, *av-*, *be-*, *efter-*, *fram-*, *från*, *för-*, *in-*, *med-*, *ned-*, *ner-*, *om-*, *und-*, *under-*, *upp-*, *ut-*, *vid-*, *åter-*, *över-*, etc. A prefixed verb is conjugated in the same way as the stem verb. The supine form is a special form of the past participle; the past participle itself is only used as an adjective. The perfect tense is formed by using the auxiliary *att ha* (to have) together with the supine.

Infinitive	*Present*	*Imperfect*	*Supine*	
be(dja)	ber	bad	bett	*ask, pray*
binda	binder	band	bundit	*bind, tie*
bita	biter	bet	bitit	*bite*
bjuda	bjuder	bjöd	bjudit	*offer; invite; bid*
bli(va)	blir	blev	blivit	*become; remain*
brinna	brinner	brann	brunnit	*burn*
brista	brister	brast	brustit	*burst*
bryta	bryter	bröt	brutit	*break*
bära	bär	bar	burit	*carry*
böra	bör	borde	bort	*ought to*
dra(ga)	drar	drog	dragit	*pull*
dricka	dricker	drack	druckit	*drink*
driva	driver	drev	drivit	*propel, drive*
dyka	dyker	dök/dykte	dykt	*dive*
dö	dör	dog	dött	*die*
dölja	döljer	dolde	dolt	*conceal*
falla	faller	föll	fallit	*fall*
fara	far	for	farit	*go away, leave*
finna	finner	fann	funnit	*find*
flyga	flyger	flög	flugit	*fly*
flyta	flyter	flöt	flutit	*float, flow*
frysa	fryser	frös	frusit	*be cold; freeze*
få	får	fick	fått	*get, may*
förnimma	förnimmer	förnam	förnummit	*perceive*
försvinna	försvinner	försvann	försvunnit	*disappear*

ge (**giva**)	ger	gav	gett/givit	*give*
gjuta	gjuter	göt	gjutit	*cast (iron)*
glida	glider	gled	glidit	*glide, slide*
glädja	gläder	gladde	glatt	*delight, please*
gnida	gnider	gned	gnidit	*rub*
gripa	griper	grep	gripit	*seize, grasp*
gråta	gråter	grät	gråtit	*weep, cry*
gå	går	gick	gått	*go, walk*
göra	gör	gjorde	gjort	*do, make*
ha	har	hade	haft	*have*
hinna	hinner	hann	hunnit	*have time, catch*
hugga	hugger	högg	huggit	*hew, cut*
hålla	håller	höll	hållit	*hold, keep*
kliva	kliver	klev	klivit	*stride, climb*
klyva	klyver	klöv	kluvit	*split*
knipa	kniper	knep	knipit	*pinch*
knyta	knyter	knöt	knutit	*tie*
komma	kommer	kom	kommit	*come*
krypa	kryper	kröp	krupit	*crawl, creep*
kunna	kan	kunde	kunnat	*can*
le	ler	log	lett	*smile*
lida	lider	led	lidit	*suffer*
ligga	ligger	låg	legat	*lie*
ljuda	ljuder	ljöd	ljudit	*sound*
ljuga	ljuger	ljög	ljugit	*tell a lie*
låta	låter	lät	låtit	*let; sound*
lägga	lägger	lade	lagt	*lay, put*
måste*	måste	–	–	*must*
niga	niger	neg	nigit	*curtsy*
njuta	njuter	njöt	njutit	*enjoy*
nypa	nyper	nöp	nupit	*pinch someone*
nysa	nyser	nös/nyste	nyst/nysit	*sneeze*
pipa	piper	pep	pipit	*chirp*
rida	rider	red	ridit	*ride*
rinna	rinner	rann	runnit	*run, flow*
riva	river	rev	rivit	*tear; demolish*
ryta	ryter	röt	rutit	*roar*
se	ser	såg	sett	*see*

* present tense

sitta	sitter	satt	suttit	*sit*
sjuda	sjuder	sjöd	sjudit	*seethe*
sjunga	sjunger	sjöng	sjungit	*sing*
sjunka	sjunker	sjönk	sjunkit	*sink*
ska*	ska	skulle	–	*shall*
skina	skiner	sken	skinit	*shine*
skjuta	skjuter	sköt	skjutit	*shoot; push*
skrida	skrider	skred	skridit	*stride, stalk*
skrika	skriker	skrek	skrikit	*shout*
skriva	skriver	skrev	skrivit	*write*
skryta	skryter	skröt	skrutit	*boast*
skära	skär	skar	skurit	*cut*
slippa	slipper	slapp	sluppit	*not need to*
slita	sliter	slet	slitit	*wear out; tear*
sluta	sluter	slöt	slutit	*close*
slå	slår	slog	slagit	*beat; strike*
smita	smiter	smet	smitit	*slip away*
smyga	smyger	smög	smugit	*sneak, snuggle*
smörja	smörjer	smorde	smort	*grease*
snyta (sig)	snyter	snöt	snutit	*blow one's nose*
sova	sover	sov	sovit	*sleep*
spinna	spinner	spann	spunnit	*spin; purr*
spricka	spricker	sprack	spruckit	*burst, crack*
sprida	sprider	spred	spritt	*spread*
springa	springer	sprang	sprungit	*run*
sticka	sticker	stack	stuckit	*sting*
stiga	stiger	steg	stigit	*rise*
stinka	stinker	stank	–	*stink*
stjäla	stjäl	stal	stulit	*steal*
strida	strider	stred	stridit	*fight*
stryka	stryker	strök	strukit	*iron*
strypa	stryper	ströp/strypte	strypt	*strangle*
stå	står	stod	stått	*stand*
suga	suger	sög	sugit	*suck*
supa	super	söp	supit	*booze*
svida	svider	sved	svidit	*smart*
svika	sviker	svek	svikit	*betray, let down*
svälja	sväljer	svalde	svalt	*swallow*
svär(j)a	svär	svor	svurit	*swear; curse*

* present tense

säga	säger	sa(de)	sagt	*say*
sälja	säljer	sålde	sålt	*sell*
sätta	sätter	satte	satt	*place, set*
ta(ga)	tar	tog	tagit	*take*
tiga	tiger	teg	tigit	*be silent*
tjuta	tjuter	tjöt	tjutit	*yell*
tvinga	tvingar	tvingade/ tvang	tvingat/ tvungit	*force*
umgås	umgås	umgicks	umgåtts	*associate with*
vara	är	var	varit	*be*
veta	vet	visste	vetat	*know*
vika	viker	vek	vikit/vikt	*fold*
vilja	vill	ville	velat	*want, will*
vina	viner	ven	vinit	*howl, whine (storm)*
vinna	vinner	vann	vunnit	*win*
vrida	vrider	vred	vridit	*twist, wrench*
välja	väljer	valde	valt	*choose; elect*
vänja	vänjer	vande	vant	*accustom, get used to*
äta	äter	åt	ätit	*eat*

Minigrammatik

Artiklar

Den **bestämda artikeln** har samma form i sing. och plur.: **the**

the room, the rooms	rummet, rummen

Den **obestämda artikeln** har två former: **a** som används framför ord som börjar på konsonant och **an** som används framför vokal eller stumt h.

a coat	en kappa
an umbrella	ett paraply
an hour	en timme
a small village	en liten by
an old town	en gammal stad

Some anger obestämd mängd eller obestämt antal. Det används framför substantiv i både sing. och plur. och motsvarar på svenska någon, något, lite, några.

I'd like some tea, please.	Jag skulle vilja ha lite te.
Give me some stamps, please.	Var snäll och ge mig några frimärken.

Any betyder någon eller vilken som helst och används mest i nekande och frågande satser.

There isn't any soap.	Det finns inte någon tvål.
Do you have any stamps?	Har ni (du) några frimärken?
Is there any mail for me?	Finns det någon post till mig?

Substantiv

Pluralis bildas som regel genom att lägga **-(e)s** till singularformen.

cup – cups	kopp – koppar
dress – dresses	klänning – klänningar

Obs! Om ett substantiv slutar på **-y** i sing. ändras stavningen i plur. till **-ies** om **y** föregås av en konsonant. Om det föregås av en vokal används den normala pluraländelsen **-s.**

lady – ladies	dam – damer
day – days	dag – dagar

Men ingen regel utan undantag ...

man – men	man – män
woman – women	kvinna – kvinnor
child – children	barn – barn
foot – feet	fot – fötter

Genitiv

1. Då ägaren är en person och då substantivet inte slutar på **-s** lägger man till **'s.**

the boy's room	pojkens rum
the children's clothes	barnens kläder

Om substantivet slutar på **-s** lägger man endast till apostrofen (').

the boys' room	pojkarnas rum

2. Då ägaren inte är en person används prepositionen of.

the end of the journey	resans slut (slutet på resan)

Adjektiv

Adjektivet förblir oförändrat både framför substantivet och när det står ensamt.

a large brown suitcase	en stor brun resväska

Det finns två sätt att bilda **komparativ** och **superlativ.**

1. Adjektiv med en stavelse och de flesta med två stavelser får ändelsen **-(e)r** och **-(e)st.**

small – smaller – smallest	liten – mindre – minst
pretty – prettier – prettiest	söt – sötare – sötast

Obs! **-y** efter konsonant ändras till **i** framför **-er** och **-est.**

2. Adjektiv med fler än två stavelser och vissa adjektiv med två stavelser (t.ex. de som slutar på **-ful** eller **-less**) bildar komparativ och superlativ med hjälp av **more** och **most.**

expensive (dyr) – **more expensive – most expensive**
careful (försiktig) – **more careful – most careful**

Följande adjektiv är oregelbundna:

good (bra) – **better – best**
bad (dålig) – **worse – worst**
little (lite) – **less – least**
much (mycket) } – **more – most**
many (många) }

Pronomen

	personliga		possessiva	
	subjekts-form	objekts-form	förenade	själv-ständiga
jag	**I**	**me**	**my**	**mine**
du	**you**	**you**	**your**	**yours**
han	**he**	**him**	**his**	**his**
hon	**she**	**her**	**her**	**hers**
den/det	**it**	**it**	**its**	–
vi	**we**	**us**	**our**	**ours**
ni	**you**	**you**	**your**	**yours**
de	**they**	**them**	**their**	**theirs**

Exempel på förenat possessivt pronomen:

Where's my key? Var är min nyckel?

Exempel på självständigt possessivt pronomen:

It's not mine. Det är inte min.
It's yours. Det är er (din).

Obs! Engelskan har inte skilda former för "du" och "ni". Båda heter **you.**

Oregelbundna verb

Nedanstående lista innehåller de vanligaste engelska oregelbundna verben. Sammansatta verb och de verb som har en förstavelse (prefix) böjs som de enkla verben: t.ex. *withdraw* böjs som *draw* och *mistake* som *take*.

Infinitiv	*Imperfektum*	*Perfekt particip*	
arise	arose	arisen	*uppstå*
awake	awoke	awoken/ awaked	*vakna*
be	was	been	*vara*
bear	bore	borne	*bära*
beat	beat	beaten	*slå*
become	became	become	*bli*
begin	began	begun	*börja*
bend	bent	bent	*böja*
bet	bet	bet	*slå vad*
bid	bade/bid	bidden/bid	*bjuda*
bind	bound	bound	*binda*
bite	bit	bitten	*bita*
bleed	bled	bled	*blöda*
blow	blew	blown	*blåsa*
break	broke	broken	*bryta*
breed	bred	bred	*uppföda*
bring	brought	brought	*medföra*
build	built	built	*bygga*
burn	burnt/burned	burnt/burned	*bränna, brinna*
burst	burst	burst	*brista*
buy	bought	bought	*köpa*
can*	could	–	*kunna*
cast	cast	cast	*kasta; gjuta*
catch	caught	caught	*fånga*
choose	chose	chosen	*välja*
cling	clung	clung	*klänga sig fast*
clothe	clothed/clad	clothed/clad	*klä*
come	came	come	*komma*
cost	cost	cost	*kosta*

* presens indikativ

creep	crept	crept	*krypa*
cut	cut	cut	*skära*
deal	dealt	dealt	*handla med; dela ut*
dig	dug	dug	*gräva*
do (he does*)	did	done	*göra*
draw	drew	drawn	*rita; dra*
dream	dreamt/ dreamed	dreamt/ dreamed	*drömma*
drink	drank	drunk	*dricka*
drive	drove	driven	*köra*
dwell	dwelt	dwelt	*vistas*
eat	ate	eaten	*äta*
fall	fell	fallen	*falla*
feed	fed	fed	*(ut)fodra, mata*
feel	felt	felt	*känna (sig)*
fight	fought	fought	*slåss*
find	found	found	*finna*
flee	fled	fled	*fly*
fling	flung	flung	*kasta*
fly	flew	flown	*flyga*
forsake	forsook	forsaken	*överge*
freeze	froze	frozen	*frysa*
get	got	got	*få*
give	gave	given	*ge*
go (he goes*)	went	gone	*resa*
grind	ground	ground	*mala*
grow	grew	grown	*växa*
hang	hung	hung	*hänga*
have (he has*)	had	had	*ha*
hear	heard	heard	*höra*
hew	hewed	hewed/hewn	*hugga*
hide	hid	hidden	*gömma*
hit	hit	hit	*slå*
hold	held	held	*hålla*
hurt	hurt	hurt	*såra; värka*
keep	kept	kept	*behålla*
kneel	knelt	knelt	*knäböja*

* presens indikativ

knit	knitted/knit	knitted/knit	*sticka*
know	knew	known	*veta; kunna*
lay	laid	laid	*lägga*
lead	led	led	*leda*
lean	leant/leaned	leant/leaned	*luta (sig)*
leap	leapt/leaped	leapt/leaped	*hoppa*
learn	learnt/learned	learnt/learned	*lära sig*
leave	left	left	*lämna*
lend	lent	lent	*låna (ut)*
let	let	let	*låta, tillåta*
lie	lay	lain	*ligga*
light	lit/lighted	lit/lighted	*tända*
lose	lost	lost	*förlora*
make	made	made	*göra*
may*	might	–	*få, kunna (kanske)*
mean	meant	meant	*mena*
meet	met	met	*möta*
mow	mowed	mowed/mown	*meja*
must*	must	–	*vara tvungen*
ought* (to)	ought	–	*böra*
pay	paid	paid	*betala*
put	put	put	*sätta*
read	read	read	*läsa*
rid	rid	rid	*befria*
ride	rode	ridden	*rida*
ring	rang	rung	*ringa*
rise	rose	risen	*stiga upp*
run	ran	run	*springa*
saw	sawed	sawn	*såga*
say	said	said	*säga*
see	saw	seen	*se*
seek	sought	sought	*söka*
sell	sold	sold	*sälja*
send	sent	sent	*sända*
set	set	set	*sätta*
sew	sewed	sewed/sewn	*sy*
shake	shook	shaken	*skaka*

* presens indikativ

shall*	should	–	*skola*
shed	shed	shed	*fälla*
shine	shone	shone	*skina*
shoot	shot	shot	*skjuta*
show	showed	shown	*visa*
shrink	shrank	shrunk	*krympa*
shut	shut	shut	*stänga*
sing	sang	sung	*sjunga*
sink	sank	sunk	*sjunka*
sit	sat	sat	*sitta*
sleep	slept	slept	*sova*
slide	slid	slid	*glida*
sling	slung	slung	*slunga*
slink	slunk	slunk	*smita*
slit	slit	slit	*sprätta upp*
smell	smelled/smelt	smelled/smelt	*lukta*
sow	sowed	sown/sowed	*så*
speak	spoke	spoken	*tala*
speed	sped/speeded	sped/speeded	*hasta*
spell	spelt/spelled	spelt/spelled	*stava*
spend	spent	spent	*tillbringa; ge ut*
spill	spilt/spilled	spilt/spilled	*spilla*
spin	spun	spun	*spinna*
spit	spat	spat	*spotta*
split	split	split	*klyva*
spoil	spoilt/spoiled	spoilt/spoiled	*skämma* (*bort*); *förstöra*
spread	spread	spread	*sprida*
spring	sprang	sprung	*rusa upp*
stand	stood	stood	*stå*
steal	stole	stolen	*stjäla*
stick	stuck	stuck	*fästa*
sting	stung	stung	*sticka, stinga*
stink	stank/stunk	stunk	*stinka*
strew	strewed	strewed/strewn	*strö*
stride	strode	stridden	*kliva*
strike	struck	struck/stricken	*slå* (*till*)
string	strung	strung	*trä* (*upp*)

* presens indikativ

strive	strove	striven	*sträva*
swear	swore	sworn	*svär(j)a*
sweep	swept	swept	*sopa*
swell	swelled	swollen/ swelled	*svälla*
swim	swam	swum	*simma*
swing	swung	swung	*svänga, gunga*
take	took	taken	*ta*
teach	taught	taught	*lära (ut)*
tear	tore	torn	*slita sönder*
tell	told	told	*berätta*
think	thought	thought	*tänka*
throw	threw	thrown	*kasta*
thrust	thrust	thrust	*stöta*
tread	trod	trodden	*trampa*
wake	woke/waked	woken/waked	*vakna; väcka*
wear	wore	worn	*ha på sig*
weave	wove	woven	*väva*
weep	wept	wept	*gråta*
will*	would	–	*vilja*
win	won	won	*vinna*
wind	wound	wound	*veva (upp)*
wring	wrung	wrung	*vrida (ur)*
write	wrote	written	*skriva*

* presens indikativ

Numerals

Cardinal numbers		Ordinal numbers	
0	noll	1:a	första
1	en/ett	2:a	andra
2	två	3:e	tredje
3	tre	4:e	fjärde
4	fyra	5:e	femte
5	fem	6:e	sjätte
6	sex	7:e	sjunde
7	sju	8:e	åttonde
8	åtta	9:e	nionde
9	nio	10:e	tionde
10	tio	11:e	elfte
11	elva	12:e	tolfte
12	tolv	13:e	trettonde
13	tretton	14:e	fjortonde
14	fjorton	15:e	femtonde
15	femton	16:e	sextonde
16	sexton	17:e	sjuttonde
17	sjutton	18:e	artonde
18	arton	19:e	nittonde
19	nitton	20:e	tjugonde
20	tjugo	21:a	tjugoförsta
21	tjugoen/tjugoett	22:a	tjugoandra
30	trettio	23:e	tjugotredje
31	trettioen/trettioett	24:e	tjugofjärde
40	fyrtio	25:e	tjugofemte
41	fyrtioen/fyrtioett	26:e	tjugosjätte
50	femtio	27:e	tjugosjunde
51	femtioen/femtioett	28:e	tjugoåttonde
60	sextio	29:e	tjugonionde
61	sextioen/sextioett	30:e	trettionde
70	sjuttio	31:a	trettioförsta
80	åttio	40:e	fyrtionde
90	nittio	50:e	femtionde
100	ett hundra	60:e	sextionde
101	hundraen/hundraett	70:e	sjuttionde
200	två hundra	80:e	åttionde
1 000	ett tusen	90:e	nittionde
2 000	två tusen	100:e	hundrade
1 000 000	en miljon	1 000:e	tusende
2 000 000	två miljoner	10 000:e	tiotusende

Räkneord

Grundtal		Ordningstal	
0	zero	1st	first
1	one	2nd	second
2	two	3rd	third
3	three	4th	fourth
4	four	5th	fifth
5	five	6th	sixth
6	six	7th	seventh
7	seven	8th	eighth
8	eight	9th	ninth
9	nine	10th	tenth
10	ten	11th	eleventh
11	eleven	12th	twelfth
12	twelve	13th	thirteenth
13	thirteen	14th	fourteenth
14	fourteen	15th	fifteenth
15	fifteen	16th	sixteenth
16	sixteen	17th	seventeenth
17	seventeen	18th	eighteenth
18	eighteen	19th	nineteenth
19	nineteen	20th	twentieth
20	twenty	21st	twenty-first
21	twenty-one	22nd	twenty-second
22	twenty-two	23rd	twenty-third
23	twenty-three	24th	twenty-fourth
24	twenty-four	25th	twenty-fifth
25	twenty-five	26th	twenty-sixth
30	thirty	27th	twenty-seventh
40	forty	28th	twenty-eighth
50	fifty	29th	twenty-ninth
60	sixty	30th	thirtieth
70	seventy	40th	fortieth
80	eighty	50th	fiftieth
90	ninety	60th	sixtieth
100	a/one hundred	70th	seventieth
230	two hundred and thirty	80th	eightieth
1,000	a/one thousand	90th	ninetieth
10,000	ten thousand	100th	hundredth
100,000	a/one hundred thousand	230th	two hundred and thirtieth
1,000,000	a/one million	1,000th	thousandth

Time

Although official time in Sweden is based on the 24-hour clock, the 12-hour system is used in conversation.

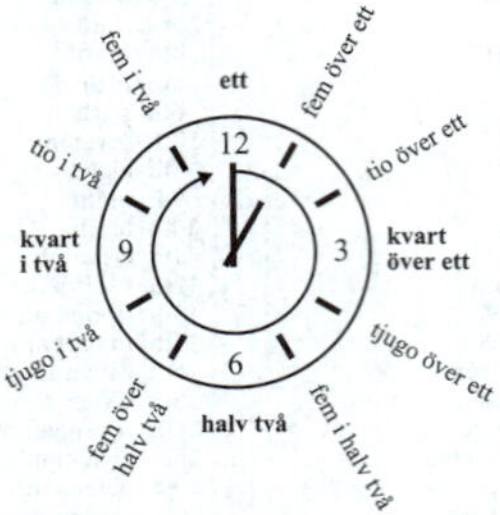

If you have to indicate that it is a.m. or p.m., add *på morgonen, på förmiddagen, på eftermiddagen, på kvällen, på natten.*

Thus:

klockan sju på morgonen	7 a.m.
klockan elva på förmiddagen	11 a.m.
klockan två på eftermiddagen	2 p.m.
klockan sju på kvällen	7 p.m.
klockan två på natten	2 a.m.

Days of the week

söndag	Sunday	*torsdag*	Thursday
måndag	Monday	*fredag*	Friday
tisdag	Tuesday	*lördag*	Saturday
onsdag	Wednesday		

Klockan

Engelsmännen och amerikanerna använder 12-timmarssystemet vid tidsangivelser. För att ange vilken tid på dygnet det är, lägger man till *a.m.* för tiden mellan midnatt och kl. 12 och *p.m.* för tiden mellan kl. 12 och midnatt. I Storbritannien börjar man mer och mer att använda 24-timmarssystemet vid officiella tidsangivelser.

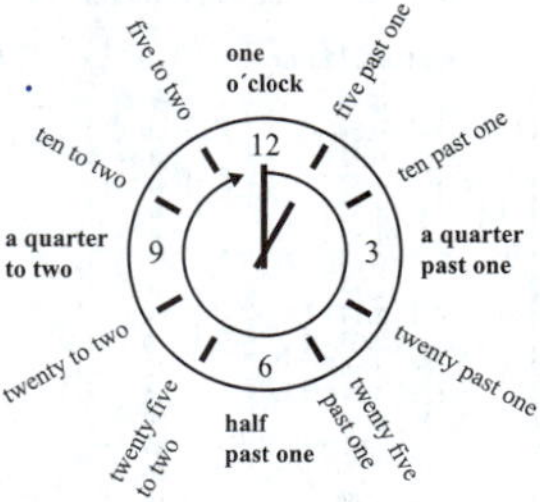

I'll come at seven a.m.	Jag kommer kl. 7 på morgonen.
I'll come at three p.m.	Jag kommer kl. 3 på eftermiddagen.
I'll come at eight p.m.	Jag kommer kl. 8 på kvällen.

Veckodagar

Sunday	söndag	*Thursday*	torsdag
Monday	måndag	*Friday*	fredag
Tuesday	tisdag	*Saturday*	lördag
Wednesday	onsdag		

Conversion Tables/Omvandlingstabeller

Metres and feet

The figure in the middle stands for both metres and feet, e.g. 1 metre = 3.281 ft. and 1 foot = 0.30 m.

Meter och fot

Siffran i mitten gäller för både meter och fot, dvs. 1 meter = 3,281 fot och 1 fot = 0,30 meter.

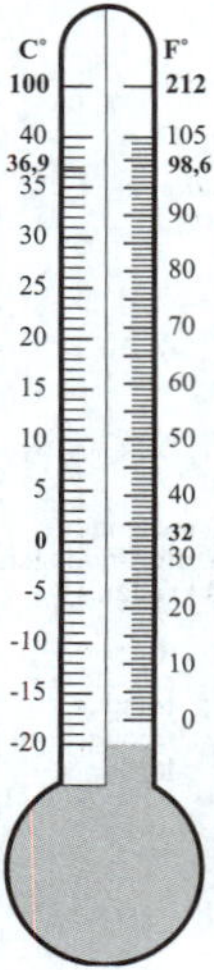

Metres/Meter		Feet/Fot
0.30	**1**	3.281
0.61	**2**	6.563
0.91	**3**	9.843
1.22	**4**	13.124
1.52	**5**	16.403
1.83	**6**	19.686
2.13	**7**	22.967
2.44	**8**	26.248
2.74	**9**	29.529
3.05	**10**	32.810
3.66	**12**	39.372
4.27	**14**	45.934
6.10	**20**	65.620
7.62	**25**	82.023
15.24	**50**	164.046
22.86	**75**	246.069
30.48	**100**	328.092

Temperature

To convert Centigrade to Fahrenheit, multiply by 1.8 and add 32.
To convert Fahrenheit to Centigrade, subtract 32 from Fahrenheit and divide by 1.8.

Temperatur

För att räkna om Celsius till Fahrenheit multiplicerar man med 1,8 och lägger till 32.
För att räkna om Fahrenheit till Celsius, drar man ifrån 32 och dividerar med 1,8.